JOHN CALVIN
by T. H. L. Parker

Copyright © 1975 by T. H. L. Parker
Published by J. M. Dent & Sons Ltd., London, England.
All rights reserved.

Korean Edition published by Word of Life Press, Seoul 1986, 2009.
Translated and published by permission.
Printed in Korea.

JOHN CALVIN

존 칼빈

구 제목: 존 칼빈의 생애와 업적

ⓒ 생명의말씀사 1986, 2009

1986년 8월 20일 1판 1쇄 발행
1999년 9월 20일　　 6쇄 발행
2009년 10월 20일 2판 1쇄 발행

펴 낸 이	김창영
펴 낸 곳	생명의말씀사
등　　록	1962. 1. 10. No.300-1962-1
주　　소	110-101 서울 종로구 송월동 32-43
전　　화	(02)738-6555(본사), (02)3159-7979(영업부)
팩　　스	(02)739-3824(본사), 080-022-8585(영업부)
기획편집	김정옥, 태현주, 이은정
디 자 인	박소정, 박인선
제　　작	신기원, 오인선, 홍경민
마 케 팅	이지은, 선승희, 박혜은
영　　업	박재동, 김창덕, 김규태, 이성빈, 김덕현, 황성수
인　　쇄	영진문원
제　　본	정문바인텍

ISBN 978-89-04-11085-8 (03230)

저작권자의 허락 없이 이 책의 일부 또는 전체를
무단 복제, 전재, 발췌하면 저작권법에 의해 처벌을 받습니다.

JOHN CALVIN

존 칼빈

서문
A FOREWORD

　　　　　　영어로 번역된 칼빈의 전기가 20세기만도 4권이나 출판되었다. 그 저자들은 워커Williston Walker(1906), 레이번H. Y. Reyburn(1914), 헌트R. N. C. Hunt(1933), 그리고 맥키넌J. Mackinnon(1936)이다. 이 전기들은 각기 배울 점들이 있기 때문에 우열을 가리기 어렵다. 레이번의 책은 그동안 부당하게도 큰 주목을 끌지 못했다. 그것은 아마도 세계 대전이 발발한 해에 책이 발행되는 비운을 겪었기 때문일 것이다. 레이번은 많은 원자료들을 참조했으나 고지식하게 있는 그대로 옮긴 것이 아니라 자유롭게 인용했다. 그럼에도 불구하고 레이번의 전기보다 윌리스턴 워커의 『존 칼빈John calvin』이 훨씬 뛰어나고 훌륭한 전기임에는 틀림없다. 그의 최근판은 애독할 필요가 있을 것이다.

　　칼빈에 대한 새로운 전기를 써달라는 부탁을 받았을 때 나는 서너 가지 이유로 흔쾌히 동의했다. 위에서 언급한 책 가운데 가장 나중에 발간된 책이 모습을 드러낸 지도 어언 40년이나 흘렀다는 사실은 그동안 세계뿐 아니라 특히 교회가 큰 변화를 체험했기 때문에 우리의 생각 이상의 큰 의미를 지닌다. 워커나 레이번, 심지어는 헌트가 전기를 저술했던 시대는 히틀러 이전 시대, 즉 교회에 대한 핍박이 얼마나 무서운지 직접 체험할 수 없었던 시대였다. 고백 교회가, 용기가 필요한 사람들에게 하나님의 말씀을 과감하게 선포했던 루터와 칼빈에게 집중했던 것은 결코 칼빈 연구와 무관하지 않다. 누가 전기를 쓰든 칼빈이 '독일 교회의 투쟁'에서 담당한 큰 역할을 부인하고는 전기를 쓸 재간이 없을 것이다. 게다가 제2차 바티칸 공의회가 1930년대와 70년대 사이에 열렸다. 전부터 로마 가톨릭 교회 내에서 일기 시작했던 변화와 발전은 칼빈을 해석하는 문제와 큰 관련이 있다. 지난 수십년간 칼빈에 관한 가장 흥미있고 독창적인 연구들이 로마 가톨릭 학자들에게서 나왔다는 사실은 결코 우연이 아니다. 아마도 이들이 논쟁만을 일삼던 구습을 버리고 칼빈을 다시 연구하다보니 그에게서 자기들과 같은 사고의 세계를 기대 이상으로 발견한 것은 아닐까?

내가 새로운 칼빈 전기를 쓰는 데 동의한 이유에는 한 가지가 더 있다. 단지 맥키넌의 전기에만 칼 바르트Karl Barth의 영향을 받은 것이 나타나는데 그것마저도 별로 신통치 못하다. 그러나 이제는 바르트의 칼빈에 대한 비평뿐 아니라 칼빈의 여러 교리들에 대한 그의 새로운 조명에 대한 언급 없이 칼빈을 다루다가는 완전 고물이라는 딱지를 면키 어렵다. 물론 과거의 칼빈 전기 작가들이 그런 실수를 저질렀다 해도 그 당시에는 어쩔 수 없는 것이었기에 결코 그들의 잘못이 아니다. 그 당시는 우리가 부러워하는 몇몇 장점들이 없었던 것은 아니었다. 우선 그들은 칼빈이 살았던 세계와 똑같은 질서 있는 세계 속에서 살았으며 칼빈과 함께 고전적 전승을 공유하고 있었다. 그러나 제2차 바티칸 공의회와 칼 바르트 이후 시대를 살아가는 이들에게는 과거의 칼빈 전기 작가들이 애처롭게도 칼빈 신학의 어설픈 해석자로밖에는 보이지 않는다. 물론 그들은 신학이란 지나간 이야기에 불과하다고 생각했음에 틀림없다. 더욱이 이들은 칼빈의 설교나 신학에는 문외한이었기에 칼빈에게 가장 중요한 이런 활동들을 무시함으로써 균형잡힌 칼빈의 모습을 제시하지 못했다.

본서가 이미 알려진 것 외에 새로운 사실을 보태지는 못해도 한두 가지 면에서는 조금 다르다고 주장할 수 있다. 첫째, 본서는 칼빈의 대학 생활이나 대학에서의 연구 활동에 대해 기존 전기들보다 상세히 다룸으로써 그의 학창 생활에 중점을 두려고 했다. 학창 생활 후의 설교나 성경 연구 활동에 대해서도 자세히 다루려고 한 것도 사실이다. 그러나 그것보다 더 중요한 차이점은 칼빈을 해석하는 데 있다. 내가 전기를 써나가는 동안 더욱더 분명해진 것은 칼빈이 보편 교회의 교사의 성격과 능력을 소유하고 있다는 점이었다.

칼빈이 '개혁자'라고? 물론 그렇다. 왜냐하면 교회를 개혁하는 일은 교회의 교사들의 임무요 교회는 항상 개혁되어야 하기 때문이다. 그러나 항상 역사적인 의미에서의 '개혁자'는 아니다. 칼빈은 칼빈주의자나 칼빈파나 '개혁 교회'나 장로 교회의 첫 번째 인물은 아니다. 오히려 서방 교회들이 지방적으로 나누어져 가는 때에도 칼빈은 보편 교회의 교사였다. 아마도 독자들은 이 책을 읽어나가면서 내가 느꼈던 만큼이나 강렬하게 그 사실을 통감하게 될 것이다.

마지막으로 내게 도움을 준 분들에게 감사의 말을 드리고 싶다. 먼저, 가장 어렵고 까다로운 문제였던 16세기 초의 파리 대학의 형편에 대해서 지도와 경고를 해주신 더럼 대학의 오플러H. S. offler 교수님께 감사를 드린다. 오플러 교수님께서 지도해 주신 것을 잘못 적용하지는 않았는지 그것이 염려된다. 또한 더럼 대학 도서관 직원들 가운데서 인내심을 가지고 도서관 상호 간의 도서 대출을 도와준 분들과, 수년 동안 오래 참으며 몇 가지 귀중한 조언을 해주신 본서 초판의 편집자들께 감사를 드린다. 내가 받았던 다른 여러 도움들은 본서 뒷부분의 참고 도서 목록에 분명히 밝혀두는 것으로만 만족하려고 한다. 수년 동안 내가 받은 간접적인 여러 도움들은 지면 관계상 약하려고 한다.

파커 T. H. L. Parker

CONTENTS

서문 | 4
서론 | 10

제1장　칼빈의 소년기와 청년기 25
학예 학도 31 | 철학 수업 41

제2장　법률, 문학, 그리고 복음 49
친구들과 친지들 57 | 부르주 대학과 새로운 시작 62 | 칼빈의 첫 번째 저서 72 | 부정으로부터의 도피 84

제3장　신학자 칼빈 95
율법, 신앙 그리고 기도 101 | 성례 112 | 그리스도인의 자유 126

제4장　제네바에서의 시련 132
16세기의 제네바 137 | 교회의 권위 144 | 교회 조직 154

제5장　스트라스부르의 프랑스인 목사 164
새『기독교 강요』 175 | 칼빈의『로마서 주석』 179 | 제네바가 심경의 변화를 일으키다 186

CONTENTS

제6장 제네바 교회의 개혁 194
예배하는 교회 198 | 설교자 칼빈 207

제7장 도전받는 경건한 사회 222
가정에서의 칼빈 231 | 여타의 신약 성경 주석 237 | 반대가 심해지다 244 | 권징에 관한 투쟁 249

제8장 패배에서 안정으로 262
세르베투스의 재판 263 | 반대 세력이 꺾이다 276 | 새로운 대학 282 | 『기독교 강요』의 최종판 286

제9장 교회들에 대한 염려 294
편지 쓰기 명수 칼빈 307 | 대외적 영향력 316

제10장 사나 죽으나 그리스도는 내게 유익이라 329

부록1 칼빈의 회심 | 344
부록2 칼빈의 연대 재추정 | 353
자료와 참고도서 목록 | 365
색인 | 379

서론
AN INTRODUCTION

　이 이야기는 투쟁의 시대에 태어났던 질서와 평화의 사람에 관한 것이다. 천성으로 보나, 교육 배경으로 보나, 신념으로 보나 보수적인 그의 사상이 유럽에 가장 큰 변혁을 일으킨 사상들 가운데 하나가 되었다. 그가 높이 평가했고 전 인생을 바쳐 세워보려고 했던 질서－그 경향이 귀족적인－는 그 후 수세기 동안 민주주의로 나아가는 발판이 되었다. 칼빈의 신학은 근본적으로 구식이었기 때문에 색다른 것처럼 보였다. 원래는 그늘진 숲길과 한적한 숲속을 즐겨 찾았던 칼빈이었지만, 부득이한 이유 때문에 의혹의 시선을 던지는 외국인들 가운데서 매우 어렵고 힘든 목회를 하지 않을 수 없었다.

　마침내, 그 당시 어느 누구보다도 통일의 필요성을 절감했던 그는 죽기 전에 유럽 대륙이 세 개의 주요 '교파'로 나누어지는 것그 중 한 교파는 그를 지도자로 떠받들었음뿐 아니라 종교적 견해 차이가 처참한 내란으로 발전되는 모습을 목도할 수밖에 없었다. 그는 결코 투쟁을 야기하진 않았다. 투쟁의 소지가 이미 그가 생존하던 시대의 문화와 신학과 정치 속에 내재해 있었다. 사실상 공직을 맡고 있는 사람이라면 그 누구도 그런 투쟁을 피할 수는 없었을 것이다. 공직자 자신에게도 내부에 투쟁의 소지가 있었거나, 아니면 그의 행동이, 심지어는 투쟁을 해소하려고 시도한 행동이 오히려 역효과를 일으켜 일을 그르치게 되었거나 둘 중의 하나일 것이다. 뉘렘베르크의 인문주의자인 빌리발트 피르크하이머Willibald Pirckheimer가 그러했으며 기욤 브리소네Guillaume Briçonnet와 토머스 모어Thomas More 경이 또한 그러했다. 투쟁을 피하기 위해 여러 차례 시도도 해보았으나 트리엔트 회의를 이런 관점에서 볼 수 있을 것이다, 문을 닫았다고 해서 투쟁을 계단 밖으로까지 몰아낸 것은 아니었다. 별다른 일이 없다 해도 집 안에 있는 사람들은 계속 불안에 떨 수밖에 없었던 것이다.

  칼빈이 태어났을 때는 이미 장차 그가 날카롭게 첨예화시키게 될 투쟁의 소지가 세계의 이곳저곳에 산재해 있었다. 그러나 통찰력이 가장 뛰어난 사람만이 변화들을 혁명으로 인지했던 것이다. 평범한 사람들에게 삶의 방향이란 그들의 조상 때부터 내려온 방향과 다를 바가 없는 것이었다. 1400-1500년 어간에는 지금 내가 글을 쓰는 시대와 백 년 전의 나의 아버지 시대 사이에 세계를 크게 변화시킨 것과 같은 기술 혁명이나 변화 같은 것은 없었다.

  그러나 16세기 초에는 방위의 필요성이 생기자 건축 양식에 큰 변화가 생기기 시작했다. 화약의 사용으로 전쟁 양식은 획기적으로 바뀌었고 인쇄 기술의 발달로 지식의 문이 활짝 열렸으며 해양 탐험가들이 신세계로 진출함에 따라 수평선도 극적으로 확장되었다. 그러나 농부, 직공, 주부, 그리고 아이들은 그들의 먼 조상이 하던 것과 똑같은 방식으로 그들의 일과를 수행해 나갔으며, 인쇄기, 화약, 아메리카의 영향은 단지 먼 발치로만 간신히 느낄 수 있을 따름이었다. 여러 면에서 볼 때 삶이 1400년대보다 1500년대가 결코 더 불안한 것은 아니었다. 단지 극소수의 사람만이 그들의 사회의 긴장의 심각성을 느끼고 있었을 뿐 그 누구도 이제 막 시작에 들어선 그 세기에 교회와 국가와 사회의 구조 자체가 뿌리채 바뀔 것이라는 것은 짐작하지 못했다.

그 누구도 상상치 못했으나, 많은 사람들이 그들의 존재에 대한 막연한 위협을 느끼고 두려워한 것은 사실이었다. 아이러니컬하게도 그들이 처한 세계에 대한 평가가 정확했던 사람들은 반反계몽주의자들이었다. 15세기의 기독교 인문주의자들은 기독교와 그리스, 로마의 고전 문화를 종합시킬 수 있을 것이라 확신했고, 심한 경우에는 고대 철학들을 사용하여 복음에 유익을 줄 수 있다고 생각했으며, 한 술 더 떠서 이런 모든 일들을 사회의 구조에는 어떤 영향도 주지 않고 수행할 수 있다고 장담했다. 그러나 반계몽주의자들이 필사적으로 중지시키려고 노력했던 유럽의 세속화를 가속시키고야 말았다. 또한 고전뿐 아니라 신약 성경이나 헬라 교부들에 정통하기 위해서 필요한 헬라어 연구는 많은 이들의 선망의 대상이었다. 오히려 헬라어는 라틴 교회의 종말을 알리는 시작이었다는 반계몽주의자들의 통찰력이 옳았다.

종교 개혁자들이 교회 구조의 문제점에 대한 개선안을 제시했을 때 분열을 획책할 생각은 조금도 없었다. 반계몽주의자들의 염려, 즉 이런 일이 일견 아무 것도 아니나 마침내는 중대한 결과를 초래하게 될 것이라는 불안한 예감이 현실로 드러나게 되었다. 그러나 칼빈이 태어난 해인 1509년에는 이런 불길한 의혹이 10년 후만큼은 아직 구체화되지 않았다. 교회 개혁의 요구가 있었기 때문에 이보다 70년 전에 이미 바젤에서 대규모의 교회 회의가 열린 바 있었으나, 불행하게도 이 회의의 결론은 교회의 요구를 만족시키지 못했다.

1512년에 열린 라테란 회의Lateran Council에서도 긴급성의 결여로 아무런 소득을 얻을 수 없었다. 이 회의는 실천적 문제의 내면적인 신학적 의미를 파악하는 천재적인 능력과 자기 신념을 용기 있게 주장하고 옹호하는 대담성과 작가로서의 기질과 능력을 고루 갖춘 루터Martin Luther가 등장하기 전에 로마 교회가 가졌던 최후의 기회였다.

세상이 루터를 대대적으로 환영한 데는 그럴 만한 이유가 있었다. 그가 순식간에 수많은 추종자들을 모을 수 있었던 것은 그리 놀라운 일이 못된다. 왜냐하면 루터의 신학이 아우구스티누스적인데다가 그 당시의 서방교회의 공식 신학이 아우구스티누스주의였기 때문에 많은 사람들이 루터를 따른다고 해서 그들의 신앙이나 지식을 포기할 필요가 없었기 때문이었다. 많은 교인들이 이미 많은 논쟁을 불러일으켰던 문제인 면죄부에 대한 루터의 입장을 지지할 것임은 충분히 예상되는 일이었다.

그뿐 아니라 기독교 인문주의자들이 그를 한 배를 탄 친구로 환영할 것이며 루터와 그의 추종자들은 기독교 인문주의자들의 어학 실력을 십분 활용해서 성경과 교부들을 더 잘 이해하려고 할 것이라는 사실도 충분히 예상했던 일이었다. 에라스무스Erasmus는 알을 낳았고 루터는 그 알을 부화했다는 옛말이 지나치게 사실을 단순화시킨 것은 사실이나 종교개혁이 소위 기독교 르네상스에 실제로 의존해 있었음을 단적으로 잘 표현해 주고 있다. 그러나 무엇보다도 그 당시 교회의 상황을 염두에 두고 생각해 보면 루터에 대한 교회의 공식적 반응은 누구라도 예상할 수 있는 것이었다.

　1517년 늦가을에 루터는 신학적이고 목회적인 근거를 들어 면죄부 판매를 공격했으며 교황에게 이런 악습에서 손을 떼고 제도를 교정해줄 것을 요청했다. 그러자 교황은 루터와 로마 교회에 충성하는 어떤 신학자와의 대화를 주선하는 정책을 써서 그 문제를 우선 무마하려고 했다. 그러나 이 대화는 문제를 무마하기는커녕 루터로 하여금 권위의 문제를 다시 한 번 분명하게 생각해 보게 함으로써 사람의 권위보다는 교회 회의의 권위가 우선하나 그 무엇보다도 성경의 권위가 가장 우선적임을 확신하게 했다. 이런 루터의 권위에 대한 의식적인 심경의 변화는 아무리 강조해도 지나치지 않다. 왜냐하면 그것은 교회가 이제는 더 이상 고소인인 동시에 심판자가 될 수 없으며 성경에 계시된 하나님의 객관적인 고소와 심판 아래 있음을 의미하는 것이었기 때문이다.

　이 진리는 이론적으로는 그 때까지 늘 진리였으나, 루터에 이르러서야 실제적이고 직접적인 의미에서 진리가 되었다. 결국 그 당시 형편상 어쩔 수 없이 교황은 루터를 파문하지 않을 수 없었는데, 파문을 당하면 갈 수 있는 길은 두 갈래밖에 없었다. 회개하고 교회 안으로 돌아오거나 자기 신념을 굽히지 않고 교회 밖에서 살거나 양자택일이었다. 그러나 두 번째 길을 택하게 되면 세속 권력이 개입해 투옥당하거나 죽임을 당함으로써 사회와 영원히 격리되는 것이 보통이었다. 그러나 루터는 복잡한 여러 정치적인 이유 때문에 이런 비극을 당하지 않고 여생 동안 말과 행동의 자유를 누릴 수 있었다. 그를 추종하는 대부분의 사람들이 그와 함께 파문당할 각오가 되어있었다는 사실은, 그리스도인들의 영성한 예배 공동체가 로마 교회 밖에 생겨나고 있었으며 결국 이것이 나중에는 신교 교회로 발전되어 나갈 것을 암시하는 징조였다.

스위스에서는 츠빙글리Zwingli의 지도 아래―루터와는 별개인지 그의 영향을 받았는지는 모르나 어쨌든―그 목표나 방법이 그와 아주 유사한 한 운동이 전개되고 있었고 취리히, 바젤, 베른 같은 대도시를 그 종교적인 영향권 안에 장악하고 있었다. 그 후 이런 좀더 급진적인 개혁의 형태가 바다 건너 영국뿐 아니라 남부 독일과 라인란드 지방까지 확대되게 되었다.

네덜란드나 독일, 영국뿐 아니라 칼빈의 조국 프랑스에 루터가 나타나기 이전에 기독교 인문주의자들이나 개혁자들이 없었던 것은 아니었다. 1510년대에는 파리에 강한 에라스무스적인 운동이 있었고 현명한 교인들 사이에서는 개혁을 요구하는 목소리가 이전부터 고조되어 오고 있었다. 파리 대학의 신학부는 전통적으로 프랑스 내의 가톨릭 신앙을 사수하고 대변하는 역할을 담당했을 뿐 아니라 새로운 지식과 개혁을 주장하는 모든 운동을 탄압하는 데도 앞장을 서왔다. 이것을 주도해 온 인물로는 자크 바르텔레미Jacques Barthélémi, 뒤센Duchesne 등이 있는데 그 대표 격인 사람은 노엘 베디에Noël Bédier 또는 Beda이다.

이 마지막 인물은 몽테귀 대학Callège de Montaigu의 학장을 지낸 사람으로서 그 당시까지도 이 대학의 정신을 주도하던 인물이었다. 피에르 벨Pierre Bayle은 그를 가리켜 "그 당대에서 가장 시끄럽고, 가장 편견이 심하며, 가장 당파심이 강한 사람"[1]이라고 평했다. 사나우며 편견이 심하고 고집불통이었던 그는 책을 쓸 때마다 특정 신학자나 그룹을 반대한다는

---

1) P. Bayle, *Dictionary* 1, 714.

의미에서 반박한다 혹은 반대한다는 말을 사용해서 표제를 만들어 붙였다― '파베르와 클리크토베우스에 반대해서 한 인물이며 유일한 막달라 마리아를 주장함,' '파베르의 복음서와 서신 주석에 반박함, 그리고 에라스무스의 복음서 주석에 반박함', '비밀 루터교를 반대하는 변증서.'

루터의 명성이 처음으로 높아지게 되자 그의 글이 파리에서 많이 팔리게 되었다. 심지어 신학부 교수 가운데 몇몇 사람들은 독일인만큼이나 프랑스인의 마음을 상하게 한 면죄부 판매에 대한 루터의 비난에 동조하기도 했다. 그러나 1520년 루터가 교황에 의해 정죄를 당하게 되자 베디에는 프랑스에서 루터주의를 몰아내는 운동을 전개했다. 1521년 4월 15일, 교수회는 루터의 주장을 신학적으로 반박하기보다는 루터를 불경건한 자, 성령을 훼방하는 분리주의자, 이교도의 우두머리, 에비온파·마니교·아리우스파·카타르파·위클리프파·후스파의 후예, 교회의 악한 대적자라고 혹평하는 데 급급한 선언문을 공포하여 교황 레오Leo의 정죄를 타당한 것으로 인정했다. 『교회의 바빌론 유수Babylonian Captivity of the Church』, 루터가 쓴 책 중의 하나―역자 주는 코란과 맞먹는 위험한 책이므로 공중 앞에서 불태워 버려야 한다고도 했다. 이런 교수회의 결정은 파리 의회가 루터의 모든 저서를 압수할 것을 결정함으로써 4개월 후에 실제적으로 실행되고 말았다.

그러나 이미 루터 이전에도 이 교수회는 에라스무스의 신약 성경과 그 성경을 가지고 헬라어를 공부하는 것 자체를 정죄함으로써 가톨릭 신앙에 대한 충성심을 과시한 적이 있었다. 루터 문제가 끝나자 베디에는 종교 개혁자들, 특히 르페브르Lefévre와 에라스무스에게 눈을 돌렸다. 그는 에라스무스에게 자신도 마음속으로 항상 자신의 구원에 대해 생각하고 있다고 말하면서 에라스무스와 르페브르는 모두 아리우스주의자요, 사벨리우스주의자요, 도나투스파요, 위클리프파요, 또 후스파라고 공박했다. 사실상 루터를 가능하게 했던 것은 바로 이 두 사람이었다. 베디에는 르페브르의 바울 서신 주석에서 루터파적인 이단 교설을 143군데나 발견했다고 주장했다. 에라스무스는 그의 『신약 성경 주석Paraphrases of the New Testament』을 베디에가 181번의 거짓말과 310번의 중상과 47번의 모략으로 깎아내렸다고 반격에 나섰다. 물론 베디에의 책에는 이보다 더 많은 에라스무스에 관한 잘못된 평가가 있는데 에라스무스는 쭉 읽어나가다가 눈에 띠는 것만 세어본 것뿐이다. 에라스무스가 볼 때에 베디에는 인간이라기보다는 나무토막에 불과했다.

종교 개혁자들에게 지적이고 영적인 자극을 주어 분발하게 한 사람은 성경학자인 자크 르페브르 데타플Jacques Lefévre d' Etaples, 라틴어로는 파베르 스타풀렌시스(Faber Stapulensis)였다.[2] 르페브르는 종교 개혁의 선구자라기보다는 중세 신비주의의 르네상스적인 후예였다. 신비주의는 르페브르가 삶을 살아나가는 믿음이었고 성경을 푸는 열쇠였다. 그의 신약 성경 주석 『바울 서신 주석』(1512년); 『복음서 주석』(1522년)에는 예수 그리스도께 대한 신비주의적 헌신의 요소가 잘 가미되어 있다. 언뜻 보기에 그는 종교 개혁의 그리스도 중심성을 향해 나아가는 도상에 있는 것처럼 보인다. 따라서 그를 루터와 연결시키는 것은 보수주의자들의 견해만은 아니었다.

그러나 르페브르는 바울이나 루터의 믿음으로만 의롭게 된다는 교리

---

[2] 르페브르에 대해서는 Imbart de la Tour, Les Origines 3, L' Evangélisme, ch. 3; Dagens, Humanisme et Evangélisme chez Lefévre; Renaudet, Un probléme historique ; Dörries, Calvin und Lefévre ; Carriére, La Sorbonne et L' Evangélisme을 보라.

는 가르치지도 않았을 뿐 아니라 심지어는 그런 방향으로도 나아가지 않았다. 그에게 있어서 구속이란 정죄淨罪와 조명이라는 신비적인 길을 따라감으로써 얻을 수 있는 것이었다. 인간이 명상을 통해 하나님의 지식 안에서 조명을 받으려면 죄가 깨끗해져야 될 뿐 아니라 저급한 자아의 감각의 지배로부터 해방되어야 한다. 이렇게 함으로써 인간은 하나님의 나라에서 완전함이라는 축복에 이르게 되는 것이다. 정죄는 조명과 의롭게 됨에 이르는 준비 단계이다. 인간이 정죄의 단계를 통과하게 되면 그는 단순히 '육체를 따라서'가 아니라 영적으로 그리스도를 알게 되기 시작한다. 여기서 특기할 만한 것은 이렇게 되면 비록 교회 비판적일는지는 모르나 교회에 변함없는 충성을 보이게 된다는 것이 그의 이론이다.

그렇다면 종교 개혁에 영적인 에너지를 공급해줄 만한 요소가 르페브르의 어디에 있단 말인가? 차츰 별로 큰 관련이 없음이 시간이 지나감에 따라 밝혀지게 되었다. 그러나 그들의 종교적 자유가 무너지는 모습을 보았고 오랫동안 교회의 개혁을 갈망해왔던 그 당시의 프랑스 사람들에게 르페브르의 순수한 복음과 그리스도에게로 돌아오라는 호소는 루터와 츠빙글리의 대안으로서 환영받을 만했던 것처럼 보인다. 르페브르는 우선 프랑스 사람이었고, 그의 신학은 독단적인 데가 없는데다 합리적이었다. 그러나 그는 확고부동하게 보였으며 그의 원리는 조금도 잘못이 없어 보였다.

그러나 프랑스의 종교 개혁 운동의 행동적인 지도자는 르페브르가 아니었고 그의 제자인 기욤 브리소네Guillaume Briçonnet였다.[3] 그는 아내가 죽은 후 목사가 되어 대주교가 된 후에 왕실 목사를 역임했던 사람의 아들로 태어났다. 이 아버지와 두 아들이 맡은 직책을 합치면 3번의 대수도원장과 5번의 주교와 2번의 대주교의 직위까지 도합 10번이 된다. 기욤 브리소네는 주위 상황이나 신념에 의해 갑자기 각광을 받았던 무명의 인사가 아니라 출생 신분이나 연줄로 인해 유명 인사가 된 사람이요 권위를 올바로 행사한 부유한 인물이었다.

젊었을 때 벌써 로데브의 주교가 된 그는 오래된 파리 수도원의 개혁을 실행에 옮기기 위해 아버지 후임으로 생제르맹데프레Saint-Germain-des Prés 수도원의 수도원장으로 발탁되었다. 그는 교황 율리우스 2세와 레오 10세가 파견한 사절의 임무를 마치고 돌아와서는 이미 2년 전인 1516년에 임명을 받았던 모Meaux 주교 관구에 정착했다. 그는 르페브르에게서 배운 사상들을 실천에 옮기려 했다. 그는 그의 교구민들에게 성경을 펴서 보여줌으로써 기독교의 핵심인 예수 그리스도께서 그들 가운데서 구원의 역사를 일으키실 것을 기대했다. 여기서 그가 말하는 예수 그리스도란 중세 신앙의 예수 그리스도를 의미했다. 또한 여기서 그리스도의 구속 사역이란 신비적인 영혼의 정화를 뜻했다. '영혼을 정화시키고, 조명하고, 완전하게 하는 천사적인 직무를 수행하는' 사람은 다름 아닌 주교, 즉 '그리스도의 보내심을 받은 천사'였다. 모의 주교는 그의 뛰어난 조직력을 사용해서 그의 교구민들을 이런 문자적이고, 신비주의적이고, 보수적인 성직자직의 패턴을 따라 개혁해 나갔다.

그는 그의 교구를 26구역으로 나누고 각 구역에 사순절과 강림절에 설교할 설교자를 파송함으로 개혁의 첫발을 내딛기 시작했다. 1521년부

---

3) 브리소네에 대해서는 Imbart de la Tour, op. cit.; Mousseaux, *Briçonnet et le mouvement de Meaux*을 보라.

터 그는 개혁의 열정을 가진 것으로 알려진 학자들과 설교자들을 초청해서 그의 개혁을 추진해 나갔다. 이들 가운데는 르페브르, 생제르맹데프레 수도원 소속이었다가 후에 파리의 왕실 히브리어 강사가 된 프랑수아 바타블François vatable, 후에 올레롱Oléron의 주교가 될 제라르 루셀Gérard Roussel, 피에르 카롤리Pierre Caroli, 그리고 르페브르의 제자인 기욤 파렐Guillaume Farel 등이 끼어 있었다. 1520년대 초기에 이들의 주요 활동은 프랑스어 성경 번역, 설교 그리고 강의를 통해서 사람들이 성경을 가까이 하고 이해할 수 있도록 하는 데 중점을 두었다. 그러나 곧 교구 내의 네 군데 주요 도시에 성경을 가르치는 강사들이 속출하게 되었다. 이미 적대적인 태도를 보여 오던 탁발 수도사들이 루터파처럼 성경을 강조하는 이들의 자세에 대해 비난과 공격을 서슴지 않았다.

실제적인 교회 개혁은 미약했다. 고질적인 악습이나 폐습, 미사의 판매, 무비판적인 성인 숭배, 성물聖物, 성인이나 순교자의 유물-역자 주 숭배 등은 공공연히 비난했으며, 그리스도의 지상 생활을 묘사한 성상聖像은 그냥 인정했으나 삼위일체를 그린 초상은 거부했다. 예배 의식도 과감하지는 못하지만 조금은 바꾸어 보려고 했으며 미사곡의 몇 군데는 프랑스어로 노래했으며 '살베 레기나' Salve Regina, '거룩한 여왕을 찬송하라' 는 뜻의 라틴어로, 서방 교회에서 예배 순서 끝에 부르는 고대 마리아 교송 성가 중 하나-역자 주는 생략했다. 이 설교자들 중 한 둘은 그들을 초청한 주교의 비위를 건드릴 정도까지 지나치게 앞으로 나아갔다. 예를 들어, 마쥐리에Mazurier는 장례예배에서 몇 가지 기도 절차를 생략했으며 파렐도 공개 토론에서 자기 입장을 유리하게 하기 위해 적을 매수하는 졸렬한 방법을 택함으로써 개혁 운동의 정신과는 먼 행동을 스스럼없이 저질렀다.

르페브르와 브리소네는 그들의 개혁 열망이 어떤 결과를 초래할는지에 대해서는 조금도 알지 못했다. 그들 계획의 목표는 교회의 회원 하나하나의 심령 부흥을 통해서 교회를 정화淨化하는 것이었다. 1523년에 이르자 그 교구는 대소동이 일어나게 되었다. 탁발 수도사들이 브리소네에 대해 공개적으로 대항하기 시작했을 뿐 아니라 브리소네를 중심한 인물들의 설교와 강의를 받아들인 하층계급의 몇몇 사람들이 그들의 신앙을 예배의식 없이 위험한 방법으로 표현하기 시작한 것이다. 그러자 교회를 이탈해 나가는 그룹들이 생겼고 성상을 파괴하거나 설교자를 조롱하는 현상이 나타나게 되었다. 모Meaux 지방에서의 개혁 운동은 이제 끝나버린 것이었다.

브리소네는 그가 뜻하지 않게 벌여놓은 사태를 수습하기 위해 애를 썼다. 1523년 봄, 그는 파렐을 포함한 몇몇 과격한 설교자들에게서 자격을 박탈해 버렸고, 그 해 10월에는 교구 회의를 열어 루터의 성경 해석과 결혼관을 정죄했을 뿐 아니라 루터가 쓴 책을 소지하거나 읽는 것을 금했다. 그 후 브리소네는 성직자들에게 목회 편지를 보내 자신의 복음주의적 의도를 재천명하고 연옥의 존재, 죽은 자를 위한 기도의 유효성, 동정녀나 성인의 도움을 호소하는 것의 적법성을 부인하는 자를 정죄했다. 그는 1524년 3월에 루터주의를 재차 정죄하기에 이르렀다. 그러나 그는 이미 반계몽주의자들에게 요주의 인물이 되었기에 자기의 주장을 철회한다고 해서 정통이 될 수는 없었다.

모 지방은 활동적이고 강력한 사람이 활동하기에는 무대가 너무나 좁았다. 브리소네는 자기의 교구를 넘어서까지 개혁을 추진할 의도를 가지고 있었다. 즉 그는 다른 주교들이 자기의 뒤를 따르고 권위 있는 교회

회의를 열게 되면 프랑스 교회를 개혁할 수 있을 것이라는 야망을 품고 있었던 것이다. 이미 콘스탄츠 회의대분열을 막고 교회를 개혁하고 여러 이단들을 다루기 위해 지그문트(Sigismund) 황제의 사주에 의해 교황 요한네스 23세(Johannes XXIII)가 1413년에 소집한 회의-역자 주와 바젤 회의콘스탄츠 회의의 임무와 문제점을 이어받아 마르티누스 5세(Martinus V)에 의해 1431년에 소집된 회의-역자 주, 그리고 1438년의 부르주 칙령바젤 회의가 열리고 있는 도중인 1438년에 프랑스 성직자에 의해 공포된 것으로 교황권 제한주의의 원리를 그 골자로 하고 있다-역자 주에선 교회 회의의 권위가 교황의 권위보다 우선한다는 원리가 공포된 바가 있었다. 프랑스가 원하는 몇 가지 요구-예를 들면 주교 선정을 성직자들이 투표로 결정하게 해달라는 것과 로마 교황청에 내야하는 세금을 줄여달라는 것-는 들어 주었었으나, 이제 부르주 칙령은 왕의 인가가 있어야 효력을 발생하게 되었고 프랑수아 1세Francis I와 교황이 그 조직을 1516년에 무효화시킬 때까지는 지킨다기보다는 무시했다고 하는 편이 더욱 타당할 것이다. 이제 선거로 주교를 뽑는 제도넓은 의미에서 브리소네의 주요 관심이 여기에 있었음는 폐기되었고 왕이 주교를 임명했고 교황이 그 임명을 비준했다. 왕이 주교 임명을 마음대로 하게 되자 결국 16세기에 이르러서는 성직자들이 교회의 비용을 쓰면서까지 왕의 환심을 사려고 했던 것이다.

부르고뉴를 패퇴시킨 후에 프랑스는 강력해졌으며 프랑스를 다스리는 참된 통치자는 왕이었다. 그는 프랑스를 다스렸고 파리 대학을 지배했으며 교회를 다스렸다. 그뿐 아니라 이 중앙 집권적 정부는 일반적으로 능률적이고 강력한 힘을 소유하게 되었다. 그러나 왕들이란 달랠 수도 있고 설득시킬 수도 있었다. 프랑수아 왕을 먼저 설득시키게 되면 종교 개혁자 편이든 반대자 편이든 간에 그가 살아있는 동안은 교회를 손에 넣을 수 있었다. 종교 개혁자들은 먼저 유리한 고지를 점령한 상태에서 개혁을 시작할 수 있었다. 왕의 모후가 이들을 반대했으나 프랑수아 왕 자신은 이들에게 호의를 보였으며 왕의 누이가 이들을 강력하게 지지하고 있었다. 후에 알랑송의 여공작이 되었다가 마침내는 나바라의 여왕이 된 왕의 누이, 앙굴렘의 마르그리트 Marguerite d' Angoulême는 그리스도 신비주의에 대해 강한 확신과 종교적 열망을 소유하고 있었다. 그녀의 이런 확신과 열망은 가슴에서 우러난 그녀의 정상급 시들과 끔찍한 악조건 하에서도 인간의 미덕을 포기하지 않는 인간들을 주제로 한 그녀의 소설 속에 잘 표현되어 있다. 그녀는 그리스도-신비주의에 대한 열정뿐 아니라 개혁에 대한 열정이 있었기 때문에 많은 종교 개혁자들의 보호자와 후원자가 되기를 서슴지 않았으나 신학부의 미움을 한몸에 받지 않을 수 없었다.

왕과 교황이 서로 다투는 동안에는 잠시 해가 반짝했다. 궁정에서 '복음'이 울려 퍼졌고, 신학이 그 당시 유행하던 대화의 주제였으며, 프랑수아 왕 자신도 르페브르의 책을 읽느라고 정신이 없었고 르페브르의 신약 성경 출판을 쉽게 승인해 주었다. 그러나 1522년 마르그리트가 그녀의 영적 조언자인 브리소네와 남동생인 왕 사이의 대화를 추진하려고 애썼으나 결과는 생각보다 훨씬 미흡했다. 회의가 열렸으나 얻은 것이라곤 루터의 책을 정죄한 것과 공중도덕의 개혁에 관한 법령 몇 가지를 얻어낸 것이 고작이었다. 르페브르는 수심에 잠겨 파렐에게 이렇게 편지했다. "한 때는 하나님께서 우리에게 밝은 빛을 허락하실 것 같았소. 그러나 이제는, 이제는 암흑밖에 아무 것도 없소."[4]

1525년 프랑수아 왕은 파비아 전투에서 패배를 당해 스페인의 감옥으로 끌려가고 말았고 모후와 누이의 섭정이 시작되었다. 교회사적으로 보면 이어서 루이즈Louise de Savoie, 프랑수아 1세의 모친의 반개혁 정책이 실시되었고 심한 박해가 뒤따랐다. 르페브르의 신약 성경은 정죄당해 불에 소각되었고 르페브르는 그의 동료들처럼 도피하여 박해를 간신히 면할 수 있었다. 주베르라는 젊은 청년이 루터주의를 신봉한다는 죄목으로 화형을 당했고, 모 교구 출신인 장 르클레르는 메스에서 화형당했으며 자크 푸앙은 일 년 뒤에 파리에서 죽음을 당했다. 종교 개혁자들에겐 다행스럽게도 프랑수아 왕이 일 년 조금 더 묶여 있다가 귀국하자마자 망명한 사람들 몇을 다시 불러 위신을 세워 주었다. 그러나 이러한 행복의 상태는 오래 가지 못했다. 왕들이란 달랠 수도 있고 돈으로 꼼짝 못하게 할 수도 있었다. 왕들과 왕자들은 돈 몇 푼으로 흥정할 수 있는 인물들이 아니기 때문에 돈이 있어야만 했다. 따라서 교회는 귀족들과 마찬가지로 언제라도 많은 돈을 기부할그 대가로 루터주의를 핍박하기 위해 준비를 갖추고 있었다. 그럼에도 불구하고 개혁의 불길은 파리, 리옹, 그리고 다른 여러 대도시로 번져나갔다. 또한 모를 중심으로 샬롱 같은 다른 여러 교구로 개혁운동이 확산되어 나갔다. 늦어도 1520년대 중반에는 우리가 이제 살펴보려고 하는 누아용이라는 피카르디 지방 도시에는 '루터파들'이 있었음에 틀림없다.

---

4) Herminjard 1, 227.

제1장
칼빈의 소년기와 청년기

    칼빈은 가끔 자신을 가리켜 '보통 사람들 가운데 한 사람에 불과' 하다고 했다. 우리가 두 세대를 거슬러 올라가면 칼빈의 조부를 만나게 되는데 그는 일개 평민에 불과했다. 그 당시에 그들은 코뱅Cauvin이라는 이름으로 불렸으며, 누아용Noyon에서 2마일 떨어진 항구로서 우아즈 강을 가로지르는 돌다리가 있는 마을인 퐁레베크Pont-l'Evêque에서 살고 있었다. 이 15세기 중반에 살았던 칼빈의 조부는 한 기록에 의하면 사공boatman, 매우 애매한 말임일 수도 있으며, 다른 기록에 의하면 통 제조업자cooper일 수도 있고, 또 다른 기록에 따르면 두 직업을 다 가지고 있었을 수도 있다. 왜냐하면 센 강으로 흘러들어가는 우아즈 강은 북해로 빠지는 상업로였을 뿐 아니라 포도주를 선적하는 곳이 바로 퐁레베크였기 때문이었다.

    코뱅가家는 퐁레베크에 오래 살았다고 전해진다. 그러나 15세기 하반기에는 사공이요 통 제조업자의 아들 가운데 둘, 셋이 자신의 운명을 개척하기 위해 고향을 떠남으로써 집안이 서로 헤어지게 되었다. 리샤르Richard와 자크Jacques 아버지와 아들처럼 보이나 사실 형제 사이인는 각기 파리에서 자물쇠 제조공 혹은 대장장이로 하나는 생제르맹오세루아, 다른 하나는 생메리 근처 르나르 거리에서 개업했다.

남아 있던 아들인 제라르Gérard는 전문직에 종사할 만큼 충분한 교육을 받았음에 틀림없다. 1480년에 그는 하나의 대성당과 두 개의 수도원, 그리고 4개의 시교구가 있는 교회가 지배하는 작은 도시인 누아용으로 이주했다. 그는 여기서 줄곧 번창해 갔다. 성당 참사회는 그를 성당 공증인과 프로모터로 삼아 교회 법정의 서기일을 하게 했다. 그는 얼마 후에 이 직책에 교황의 공증인과 중요한 직책의 하나인 주교의 재정 공증인까지 맡게 되었다. 그는 확실히 사공이나 통 제조업자와는 상대도 되지 않을 정도로 높은 자리에 올라서게 된 것이다. 주교와 참사회가 그를 우대했을 뿐 아니라 일 처리가 능숙하다는 명성을 얻었기 때문에 그 지방의 큰 여러 가문에서 그를 고용하기에 이르렀다.

1497년에 그는 명실공히 중산층bourgeois 행세를 할 수 있게 된 것이다. 그가 40세가 되었을쯤에 그는 누아용에서 은퇴 생활을 즐기고 있는 캉브레의 여인숙 주인의 딸인 잔 르 프랑Jeanne Le Franc과 결혼했다. 제라르의 장인은 제라르보다 일 년 후에 중산층이 되었을 뿐 아니라 시의회의 의석 한 자리를 차지하고 있었다. 장 르 프랑Jean Le Franc이 4리브르livre 보통의 2배 가량 됨의 세금을 내고, 제라르 코뱅이 단지 14 수sou의 세금을 낸 사실을 볼 때 코뱅은 경제적 이점을, 신부는 사회적 승진을 노린 결혼이었음을 미루어 짐작할 수 있다.

그들이 살던 집은 1552년의 대화재에서는 무사했으나 1614년에 없어지고 말았다. 그 집은 포르슬레 거리와 과거에는 프로망티에르 거리였으나 이제는 칼빈 거리가 된 거리 사이의 곡물 시장 자리에 있었다. 교회를 중심으로 말한다면 누아용에 대해서도 같이 말할 수 있는데, 집의 한쪽은 노트르담 성당을 향해 있었고 다른 쪽은 생트고드베르트의 교구 교회를 향하고 있었다. 그들의 둘째 아들인 장Jean이 1509년 7월 10일에 태어난 직후에 세례를 받은 곳이 바로 이 교회였다. 그의 대부代父는 성당 참사회 의원인 장 데 바틴Jean des vatines이었다. 이 부부는 장 외에 아들만 서넛을 더 두었다. 큰아들 샤를Charles, 장Jean 그리고 어려서 죽은 프랑수아François, 그리고 아마도 둘째 다음에 낳았으나 일찍 죽어서 뒤에 낳을 아들에게 이름을 넘겨준 앙투안Antoine이 있었을 것이다. 1515년이나 혹 그보다 일이 년 앞서서 잔 코뱅Jeanne Cauvin이 세상을 떠났다. 그 후 홀아비가 된 제라르는 곧 재혼을 했고 후처를 통해서 두 딸을 낳은 것 같은데 한 명은 마리Marie이고 다른 한 명은 이름을 알 수가 없다.

이같이 아들들은 어려서 어머니를 여의었다. 그들은 중세 말의 전형적인 가정 교육을 받았음이 분명하다. 그들은 아마도 채찍을 많이 맞고 자랐을 것이며, 어려서부터 책임질 것을 요구당하면서 작은 어른 취급을 받았을 것이다. 그들은 위험한 소아병뿐 아니라 여름마다 누아용을 휩쓸고 간 전염병의 위협을 받으며 자랐을 것이고 질병을 이겨낼 수 없을 나이에 질병에 걸리기도 했을 것이다. 그러나 이런 모든 어려움에도 불구하고 한 해 한 해가 미리 예상한 대로 흘러가 사회는 안정적이었다.

16세기와 함께 삶을 시작한 이 소년들의 가정은 하나님의 교회의 영원성의 두 상징이요 하나님의 교회의 막강한 활동의 살아있는 두 중심인 노트르담 성당과 생트고드베르트가 각기 오른쪽과 왼쪽에서 굽어보고 있었다. 칼빈이 자신의 유년 시절을 잠깐 회고한 기록을 보면 쓸데없는 종교적 기쁨과 잔치 기분으로 사람들이 들떠 있었음을 살펴볼 수 있다. 그는 어머니와 함께 우르스캉 수도원을 순례하다가 성물, 즉 성모 마리아의 어머니인 안나Anne의 유골에 입맞추는 것을 허락받았다.
그 때는 생트고드베르트의 크리스마스와 미가엘 축일이었다.

"나는 어린 소년이었을 때 우리 교구 교회에서 성상에 어떤 일이 일어났는지를 눈으로 본 기억이 난다. 스데반 축일날12월 26일에 사람들은 스데반의 성상聖像, images뿐 아니라 그를 돌로 쳐죽인 폭군들보통 명사를 사용했다의 상像들까지도 묵주와 장식띠로 장식했다. 믿기 잘하는 여인들이 이렇게 멋진 장식을 한 폭군들을 보자 스데반 성인의 동료들로 착각하고 그들 각각을 위해서 촛불을 켰었다. 그런데 심지어는 이곳에서도 대천사 미가엘의 적인 사탄에게도 그런 짓을 하는 것이 아닌가."[1]

그 당시의 사람들의 이런 모습을 살펴볼 때 제라르가 세 아들을 모두 사제로 만들려고 했다는 것은 너무나 당연하지 않은가? 그는 주교와 참사회에 영향력을 행사할 수 있었기에 적어도 샤를과 앙투안에게는 안정된 생활을 보장해 줄 수 있었고 아마도 장에게는 출세의 가도를 달릴 수 있도록 해줄 수 있었다. 아들들의 교육 경비를 충당하기 위해서 그는 주교에게서 성직록聖職祿의 형식으로 하사금을 얻어냈다. 라 제진La Gésine, '탄생'이라는 의미임, 흔히 '해산의 성모' (nostre Dame accouchée)라고 불렸음의 성당 제단의 성직록 일부는 마치 옷이 커서 물려주듯이 샤를에게서 장을 거쳐 앙투안에게로 이어졌다. 첫째와 둘째 아들은 퐁레베크로 가는 도중에 있는 카페트 대학le Collège des Capettes의 부속학교에 다녔다. 샤를은 이 때문

---

[1] Opera Calvini (Corfus Fepormatirum) 6, 452. 이후로는 약자로 OC라고 표기한다.

에 성당 성가대에서 노래할 수 없었으나 참사회는 성가대에서 얻는 수입 대신에 재정적 지원을 해주었다. 그는 1522년 10월까지는 학교에 다녔으나 적어도 14세 이상이 된 그에게 대학 공부를 시킬 생각이 아버지에게는 없었던 것 같다. 그는 아마도 특별히 공부에 재능이 없었던 것 같다. 그에 반해 장은 학교 성적이 뛰어났다. 이에 대해 데스메Jacques Desmay는 그 지방의 구전을 예로 든다. "그는 학교에서 인문학에 대해 뛰어난 능력과 천부적 소질을 보여 주었다."[2] 이에 대해 파피르 마송Papire Masson도 동의한다.

"그는 소년 시절을 고향에서 자기 또래의 아이들과 함께 교사와 선생 밑에서 공부하면서 보냈으나, 뛰어난 이해력과 좋은 암기력 덕택에 남들보다 훨씬 뛰어났다."[3]

장이 라 제진 제단의 성직록의 1/3을 받을 때가 왔다. 성당 참사회 기록이 지금까지 전해져 내려온다.

"1521년 5월 19일. 존경하는 신부님이시오 누아용의 주교이신 샤를 드 앙제스트Charles de Hangest 각하의 비서인 자크 르냐르는 상기上記 각하의 감독 대리가 미셸 쿠르탱Michel Courtin님샤를이 1520년에 라 마들렌의 성직록을 받으면서 라 제진의 성직록을 물려받은 사람의 성직록 일부를 12세 난 제라르의 아들 장 코뱅에게 주었음을 보고합니다."[4]

---

2) *Remarques* 388.
3) *Elogia* 2, 409.

결국 장은 12세의 나이에 성직자가 되어 삭발을 하게 된 것이다안수는
받지 않았으나 삭발식이 이를 의미함. 당시의 일반적 관습대로 그의 부친은 봉록 일부를 떼어 주는 조
건으로 아들 대신 미사를 집전할 대리인을 고용하였다–역자 주.

주교에 의해 채용된다는 것은 힘 있는 가문과 연결될 수 있음을 의미했다. "16세기 초부터 앙제스트가家는 그 지역의 명문으로서 교회 일에 강한 결정적 입김을 행사해 오고 있었다. 이들은 보수가 좋은 성직을 손아귀에 넣고 소위 75년간 주교직을 독점하고 있었다."[5] 또 이들은 프랑스 전국뿐 아니라 왕궁에서도 한 자리씩을 차지하고 있었다. 주교와 그의 두 형제의 어머니는 루이 12세의 측근인 추기경 조르주 당부아즈Georges d'Amboise의 누이였다. 주교의 한 형제는 누아용에 있는 가문의 우두머리인 루이Louis로서 몽모르Montmor와 샬르랑주Chaleranges의 영주요 안 드 브르타뉴Anne de Bretagne의 시종이었으며, 다른 형제는 아드리앵Adrien인데 장리의 영주요 프랑스 궁정 연회의 술 따라 올리는 장長이었다.

제라르 코뱅은 아들을 위해 주교의 후원을 얻어냈을 뿐 아니라 아들을 몽모르 가문의 집에 들어가 살게 했다. 어떻게 이렇게 될 수 있는지는 정확히 알 수 없다. 아마도 장은 누아용에서 그들과 함께 살았고 제라르가 비용을 대고 한 선생 밑에서 공부했을 가능성이 매우 짙다. 으레 자기 이야기는 간단하게 쓰던 습관대로 칼빈은 그의 첫 책의 헌정사에서 다만 아래와 같이 썼을 뿐이다. "오늘의 내가 된 것은 모두가 당신의 덕택입니다. …… 소년 시절에 나는 당신 가문에서 자랐고 당신과 함께 공부를 시작했습니다. 내가 삶과 학문의 첫 수업을 받은 것은 모두가 당신의 고

---

4) Lefranc, *La Jeunesse* 195.
5) Lefranc, *La Jeunesse* 34. 앙제스트가에 대해서는 M. Reulos, *Les attaches de Calvin*을 보라.

귀한 가문 덕택이었습니다."[6] 몽모르가의 아들로는 무아앵쿠르의 조아생과 디브리의 이브둘 다 1537년에 전사함, 그리고 이름은 알 수 없으나 1547년에 제네바로 피신한 셋째 아들이 있었다. 이들의 사촌 형제, 즉 아드리앵의 아들들과도 장은 친분을 나누었다. 이들 중 하나는 누아용에 소재한 두 수도원 중 하나인 성 엘르 수도원과 수도원장 클로드Claude였고, 다른 하나는 1532년 누아용의 주교이자 백작이 된 에브뢰의 참사회 회원 장Jean이었다.

우리는 몽모르 가문의 지위나 영향력을 지나치게 과대평가해서는 안 된다. 만일 장에게 일이 달리 전개되었다면 이들이 장의 교회 내에서의 앞길을 열어 주었을 것이라 보기는 어렵기 때문이다. 장이 프랑스 궁정에 소개된 것이 그들을 통해서인 것 같지는 않다. 앙제스트가의 주교 장은 장 코뱅을 도와주기에 가장 적합한 사람이었으나 성당 참사회와 체신없이 계속 싸움을 지속해 나가는 도중에 줏대 없는 인간임이 드러나게 되었다. 사실상 앙제스트가는 장 코뱅에게 예의 바른 사회의 진면목을 가르쳐준 것이 그에게 베푼 최대의 혜택이었다. 평민의 일원에 불과했고 사공이요, 통 제조업자의 손자요 여인숙 주인의 외손자에 불과한 장 코뱅이 귀족들이 모인 곳에 갖다 놓아도 어색하지 않을 세련되고 개성이 있으며 확신에 찬 인물이 된 것이다.

학예 학도

아마도 1520년이나 혹은 1521년에부록 2를 참조해 보라 장 코뱅은 몽모르가

---

6) Opera Calvini (Corpus Reformatorum) 5, 8; Battles and Hugo, *Commentary on De Clementia* 12-13.

의 자녀들과 함께 파리에 갔다. 같이 간 이유는 같은 대학에 들어가기 위해서가 아니면 같은 선생의 감독 밑에서 함께 살기 위해서일 것이다. 그가 라 마르슈 대학Collège de la Marche을 다니던 초기의 파리 생활에 대해서는 지금까지 일반적으로 잘 알려지지 않고 있다. 엄격히 말해서 그는 문학사를 따기 위한 공부를 하고 있었던 게 아니라 문학사 과정arts degree을 밟을 준비를 하고 있었던 것이다. 학생이 신학이나 의학이나 법학이 셋을 '상급' 학부라고 함을 시작하기 위해서는 학예學藝 과정을 이수해야만 했다. 그러나 학예 과정순전히 자연 철학과 도덕 철학으로 구성되어 있음을 이수하려면 순전히 라틴어로 진행되는 강의를 따라가기 위해서 라틴어로 유창하게 말할 줄 알고 글을 쓸 줄 아는 능력이 있어야 했다. 이 예비 단계를 문법 과정文法 過程, grammar course이라고 불렀다. 문법 과정을 마치는 데 드는 시간은 문학사 학위 이수 과정에 넣어 계산하지 않았다. 그러므로, 비록 칼빈이 파리 대학에 들어가 그 대학 내의 단과 대학의 일원이 되었다고 말하는 것이 정확한 표현이겠지만 그는 먼저 기초 문법 과정을 마쳐야 했다. 이렇게 보는 것이 우리가 가지고 있는 역사 자료의 솔직한 해석이 된다. 베자Bèza는 두 번째 칼빈의 전기 가운데서 이렇게 썼다. "그는 문법 과정에서 성적이 좋았기 때문에 다른 동료들을 앞질러서 변증법과 소위 다른 학예 과목들을 공부하게 되었다."[7] 앞으로 베자의 첫 번째 칼빈 전기는 베자 1, 두 번째 칼빈 전기는 베자 2로 표기할 것이다.

그러므로 마르슈 대학에서 11세가 된 장 코뱅이 학예 과목, 그리고 그 다음에는 신학을 공부하기 위해서 예비 공부를 하고 있었다고 보아야 할 것이다. 그러나 '문법' 공부라고 해서 라틴어의 어미 변화를 암기하

---

7) OC (Corpus Reformatorum) 21, 121. Cf. Colladon, OC 21, 54; and Masson, *Elogia* 2, 411.

고 있었던 것만으로 생각해서는 안 된다. 튀로Thurot에 의하면[8] 문법 과정은 세 단계로 나누어져 있었다. 첫째 단계아마도 장은 파리에 오기 전에 이미 이 단계는 마쳤을 것이다는 읽고 쓰는 법과 라틴어의 기초 문법을 배우는 과정으로, 기초 문법 교재론 아마도 도나투스Donatus의 『8부분에 관하여de octo partibus』가 쓰였을 것이다. 둘째 단계는 구문과 시형론뿐 아니라 문법적인 불규칙과 변칙을 배우는 과정으로, 1200년에 나온 후에 정상급 문법으로 자리를 굳혀온 듣기만 해도 소름 끼치는 빌 디외의 알렉상드르 Alexander of Wille-Dieu의 『원리Doctrinale』가 교재였다. 그러나 한 때는 신학문을 배운 사람들이 무엇인가 변화가 있어야 한다고 생각했다. "알렉상드르의 책을 공부하는 데 너무 시간을 빼앗기지 마시오. 그는 어떤 것은 지나치게 간단하고, 어떤 것은 모호하며, 많은 요점들을 언급하지 않았고 잘못된 원칙들을 주장하고 있소"[9]라고 이탈리아의 문법학자인 술피키우스 베룰라누스Sulpicius Verulanus는 애원하듯이 말한다. 많은 중세의 소년들은, 알렉상드르는 너무 짧다고 하는데 어째서 술피키우스는 길다고 하는지 도무지 이해할 수 없을지 모른다. 2,645행이나 되는 시를 이해하든 못하든 가능하면 머리 속에 암기해야 했다. 그러나 이것은 어린아이들을 놀지 못하게 하고 노인들을 난로가에서 편히 못 쉬게 하는 잠꼬대 같은 허튼 소리를 모아 놓은 것은 아니다.

마르슈 대학의 교사들도 다음과 같은 술피키우스의 말에 동의했는지 모른다. "모든 선생들이 알렉상드르와 씨름하느라고 너무 오랜 시간을

---

[8] Thurot, *De l' Organisation* 2, 94; 또한 Thorndike, *University Records*; Rashdall, *Universities of Europe* 1; Renaudet, *Préréforme et Humanisme*; and the same, *L' Humanisme et L' Enseignement*을 보라.

[9] Reichling, *Das Doctrinale* LXXXVI을 보라.

허비한다. ……그들은 많은 문법학자들 가운데서 알렉상드르밖에 모른다. ……그들은 알렉상드르의 문법책을 소년들에게 설명하느라고 평생을 허비한다. 오! 불쌍한 소년들! 나는 울 수밖에 없었다. 외칠 수밖에 없었다. 알렉상드르를 경멸하자! 그를 몰아내자!"[10] "그렇게 되면 에라스무스의 책으로 소년들을 가르칠 수 있지 않겠는가!" "아마 알렉상드르도 용서할 것이다."[11]

분명히 1500년에 이미 100판이나 인쇄되었고 계속해서 파리의 인쇄소에서 그 책을 출판하고 있었다는 사실은 『원리』가 1520년대까지도 널리 사용되었음을 보여 준다. 알렉상드르의 문법책을 가지고서든, 다른 이의 책을 가지고서든 간에 장 코뱅은 "다른 모든 학문의 문지기요, 떠듬거리는 혀를 교정해주는 최고의 수단이요, 논리학의 종이요, 수사학의 선생이요, 신학의 해석자이며, 의학의 음식물이요 4과중세 대학의 산수·기하·천문·음악-역자 주의 기초인 라틴어 문법을 힘들여 배우고 있었다."[12] 마르슈 대학의 라틴어 강의는 고칠 점이 많았고 장이 그 대학을 입학했을 때는 그 문제점이 극에 달해 있었다. 문제점이란 다름 아닌 하급반 선생들이 문법과 문장 구조를 천천히 그리고 꾸준히 공부해야 함에도 불구하고 이것을 무시하고 학생들을 너무 졸속으로 가르치는 데 있었다. 따라서 최상급 반을 맡은 교사가 일 년 동안 제4급 반을 맡아 가르치게 되었다. 결국 제4급 반의 학생이었던 장은 그의 라틴 문법책이 19C 초기까지 사용될 정도로 위대한 라틴어 교사인 마튀랭 코르디에Mathurin Cordier에게 라틴어를 배울 수 있는 지극한 영광을 얻게 된 것이다. 그로부터 30

---

10) Reichling, *Das Doctrinale* LXXXVI을 보라.
11) *Opera Omnia* 1, 514.
12) *Glossa notabilis to Doctrinale*, Reichling III.

년 후에 코뱅은 코르디에에게 책을 헌정하면서 그에게 그들의 첫 번째 만남을 상기시킨다.

"제 선친께서 저를 파리로 보내실 때 저는 일개 어린아이로서 라틴어의 기초를 겨우 맛본 데 지나지 않았습니다. 하나님의 섭리는 저로 하여금 얼마 안 되는 기간이지만 선생님의 문하에서 배우게 하셨습니다. 그리하여 제가 선생님에게서 참된 학습 방법을 배운 결과 후일에 큰 보탬이 되게 된 것입니다. 아주 뛰어난 라틴학도로 자처하는 학생들로 구성된 제1급 반을 선생님께서는 맡아 가르치셨습니다. 그러나 얼마 안 되어 다른 선생님들이 자신 있게 가르쳤다는 학생들이 확고한 기초가 없는 허울뿐임을 발견하시고 선생님께서는 아예 생 기초부터 그들을 가르치셔야만 했습니다. 선생님께서는 이 일에 너무 피곤을 느끼신 나머지 제4급 반으로 내려오셨습니다. 그것은 선생님 자신의 목적하신 바였지만 제게는 훈련의 첫 시작을 바르게 하기 위한 하나님의 특별하신 축복이었다고 생각합니다. 저는 선생님의 학급에서 극히 짧은 기간밖에는 공부하지 못하고 곧 상급반에 올라가게 되었기 때문에, 또 다시 아무 계획 없이 내키는 대로 가르치는 우둔한 사람들 밑에서 공부하지 않을 수 없게 되었습니다. 그러나 선생님께로부터 배운 원칙을 혼자서 잘 활용했기 때문에 그것은 큰 도움이 되었습니다. 따라서 그 후의 모든 진보는 오로지 선생님의 은덕이라고 생각합니다."[13]

문법 과정의 세 번째 단계는 아리스토텔레스의 『기관*Organon*』을 요약

---

13) *Comm. on I Thess.* Oprea Calvini(Corpus Reformatorum) 13, 525-6; Calvin Translation Society 234.

한 『개요summulae』를 교과서로 사용해서 기초적인 논리학을 배우는 과정이었다. 만일 대학의 명예 총장인 장 주르송의 규칙이 그 때까지도 적용되었다면 학생들은 "비록 한 번에 그것을 이해하지 못한다 해도"[14] 『개요』를 암기해야만 했을 것이다. 이것과 라틴 문법과 라틴 시주로 고전시, 아마 중세시도 몇 편 있었을 것임를 공부하는 것 외에도 예비 과정에는 여러 계층의 사람들에게 편지를 쓰는 일종의 비서 훈련과 산수 훈련이 포함되어 있었다.

곧, 그러니까 아마도 1년이 채 안 되어서 장 코뱅은 학예 과정arts course, 즉 철학을 시작할 수 있다는 평가를 받았다. 이때에 그는 마르슈 대학에서 몽테귀Montaigu 대학으로 전학했다. 몽테귀 대학은 그 전 대학과는 전혀 다른 학교로서 장차 신학도가 되기에는 적합한 곳이었다.[15] 그때보다 40년 전에 벌써 몽테귀 대학은 학장인 장 스탄동크Jean Standonck에 의해 개혁을 경험했었다. 그는 공동 생활의 형제단에서 복음주의적 신비주의의 교육을 받았고 형제단의 창시자인 게르하르트 그루테Gerard Groote의 정신과 목표에 큰 감화를 받았다.

또한 그는 고대 수도원의 영향을 받아 몽테귀 대학을 교육하는 수도원, 종교적인 대학, "엄격한 규율 밑에서 사제와 '개혁적인' 수사修士가 될 준비를 하는 가난한 성직자의 공동체"[16]로 만드는 일에 착수했다. 성무 일과daily offices를 낭송했고, 교회의 큰 축일뿐 아니라 성모 축일, 복음 전도자와 사도 축일, 카타리나 축일, 니콜라스 축일, 스페라투스 축일을

---

14) *Opera* 1, 21; Thurot, *De l' Organisation* 2, 94를 보라.
15) 대학들에 대해서는 Renaudet, Préréforme; M. Godet, *Le Collège de Montaigu*; the same, *Le Congr gation de Montaigu*; Quicherat, *Historie de Sainte-Barbe*를 보라.
16) Renaudet, *Paris de 1494 à 1517*, 7.

지켰다. 엄격한 생활 도덕을 강조했으며 정기적이고 공적인 죄의 고백을 준비하면서 각자의 양심을 돌아볼 것을 학생들에게 가르쳤다. 서로 충고해 줄 것을 장려했으며, 일주일마다 각자 한 행동을 검토해 보게 하였다. 아마도 이것이 칼빈이 그의 동료들에 의해 '대격'the accusative case, 對格이라고 불렸다는, 사람들이 자주 인용하는 말의 근거가 아닌가 생각한다.[17] 음식이 항상 빈약할 뿐 아니라 값싼 것이었기에 항시 금식을 했다고 해도 과언이 아니었다. 주식으로 학생들은 원하는 만큼의 빵과 버터 1/30파운드와 약간의 삶은 과일을 먹을 수 있었다. 고기가 나올 때는 항상 청어 토막이나 계란 1개, 그리고 야채 약간이 같이 나왔던 것 같다. 신학생들은 치즈나 과일뿐 아니라 청어 한 마리 전부 혹은 계란 2개를 먹을 수 있었으므로 다른 과 학생들의 선망의 대상이 되었다. 신학생들에게도 다른 학생들처럼 포도주는 싼 것으로 1/3파인트 가량 물에 타서 먹는 것이 허용되었다.

학생들은 세 그룹으로 나뉘었다. 기숙사 공동 식탁에서 식사하는 부유한 '기숙생'pensionnaires 혹은portionnistes과 대학 근처의 하숙집에서 자비로 식사하는 역시 부유한 '하숙생'camèristes과 개혁되기 이전의 옥스퍼드와 케임브리지 대학의 특대생들과 다소 유사한 지위를 차지하고 있으면서도 대학 자체 내에 거주하는 '빈민 학생'les pauvres의 세 계급이 있었다. 빈민 학생은 집안일을 해야만 했을 뿐 아니라 예배드릴 때도 별도의 예배당을 사용했고 학예 과정을 이수중인 학생들의 경우에는 부유한 학생들이 강의실에 들어오기 전에 먼저 들어가서 따로 떨어져서 앉아야만 했다. 또한 기숙생과 하숙생은 벼룩과 이가 몸에 있어도 당연시하는 반

---

17) Cf. Bèza 2: "심지어는 그렇게 어린 나이에도 그는 놀랄 정도로 경건했으며 그의 동료 학생들의 잘못을 엄히 꾸짖었다 - OC 21, 121.

면, 빈민 학생은 정기적으로 검사를 받아야 했다.

장 코뱅의 대학 시절, 몽테귀 대학에는 책임자가 둘 있었는데 실질적인 책임자는 베디에였고 명목상으로는 탕페트Tempête였다. 전자는 매우 반동적인 인물이었고, 후자는 성미가 매우 급한 사람이었다. 베디에는 보수적인 파리 신학자들의 우두머리였고 또 얼마간은 그럴 예정이었다. 그는 수상한 사람의 낌새를 맡으면 먼저 물어버리고 후에 변명 한마디 없는 집을 지키는 개였다. 그는 기독교회의 신조나 중세 교회 회의에 기준을 두지 않고 중세 말 파리의 편협하기 그지없는 신학에 기준을 두었다. 그리고는 그에게 새로운 교리는 어느 것이라도 무조건 다 '루터파 교리'라고 매도하면서도 스스로 신앙의 챔피언이라는 망상을 버리지 못했다.

칼빈이 대학 재학시 내내 학장이었던 탕페트는 라블레Rabelais처럼 '무서운 폭풍은 뾰족한 산도 어지럽힐 것이다'라고 멋들어지게 표현하지는 못할망정 아무리 둔한 학생들도 쉽게 농담할 수 있는 이름을 가지고 있었다. 탕페트는 몽테귀 대학에서 학생들을 때리기로는 정평이 나 있었다.[18]

라블레는 몽테귀 대학을 가리켜 '수많은 악행과 비열함'이 난무하는 '역겨운 학교'라고 불렀다. 사실상 칼빈이 대학을 들어갈쯤에 라블레가 지적한 대로 매우 추잡한 사건이 몽테귀 대학에서 일어났었다. 몽테귀 대학과 생생포리양 거리의 건너편에 있는 생트바르브Sainte-Barbe 대학 사이에는 늘상 다투는 문제가 하나 있었다. 시앵Chien, '개'라는 의미-역자 주 거리라는 별명이 붙어있는 이 거리는 도적과 살인자가 자주 출몰하는 곳

---

18) *Gargantua and Pantagruel* 4, 21.

이었을 뿐 아니라 심지어는 중세 때에도 매우 더럽고 악취가 나는 곳이었다. 왜냐하면 몽테귀 대학에서 나오는 온갖 더러운 오물이 이곳으로 흘러 들어갔기 때문이다. 마침내 시 의회에서는 몽테귀와 생트바르브 대학이 함께 비용을 대서 포장 공사를 하도록 명령하기에 이르렀다. 그러나 그 결과 이제는 온갖 오수가 땅 속으로 스며들 수가 없었다. 따라서 하수구 포장의 경사가 생트바르브 대학 쪽으로 나게 되어 시궁창 물이 그리로 흘러가게 되었던 것이다. 생트바르브 대학은 아무리 말로 사정해도 소용이 없자 행동에 옮기기로 결심했다. 학생들이 장비를 갖추고 밤에 경사를 고치기 위해 포장을 다시 하는 작업에 들어갔다. 아뿔싸! 아침까지 했는데도 공사는 끝나지 않았고 몽테귀 대학에서는 생생포리양 거리가 반쯤 포장되지 않은 모습에 저으기 놀라지 않을 수 없었다. 짐꾼들은 2층 방에 돌을 잔뜩 쌓아 놓으라는 지시를 받았고, 그날 밤 생트바르브 대학생들이 날이 밝아 하지 못했던 작업을 재개하려고 했을 때 미사일 세례를 받고야 말았다. 격렬한 투석전이 뒤따랐다. 머리가 터지고, 유리창이 박살나고 성당의 십자가가 심하게 부서졌다. 그 다음날 양교 학장들 사이에 협의가 있었고 하수구를 건설하기로 결정했다. 이것이 바로 16세기 초의 파리의 모습이었다.

몽테귀 대학에서 장 코뱅은 부유한 특권층에 속했다는 것이 일반적인 견해이다. 콜라동Colladon의 표현을 보면 그가 '하숙생'caméristes이었던 것처럼 보인다. "그 후 칼빈은 학급에서는 스페인 사람인 어떤 교사의 감독 밑에서, 방에서는 후에 의학 박사가 된 스페인 선생 밑에서 지도를 받으며 몽테귀 대학에서 살았다."[19] 그러나 그가 학교 밖에서 생활했다

---

19) OC 21, 54.

고 해서, 엄격한 훈련과 규칙을 받지 않았다고 보기는 어려우며 아마도 그의 일상생활은 다음과 같은 패턴을 따랐을 것이다:

　4시에 잠을 깨서 아침 예배를 드리고 6시에 미사를 올릴 때까지 강의가 있음. 미사 후에는 아침 식사. 8시부터 10시까지는 주 강의 그리고 한 시간은 토론. 11시에는 점심 식사. 이때는 성경이나 성인 전기가 읽혀지고, 기도하고, 대학 내의 광고 사항이 전해지는 시간임. 12시에는 각자 오전의 한 일을 반성하고 검토. 1시부터 2시까지는 일반 독서를 하며 쉬는 시간. 우리가 갖고 있는 자료들에는 그 다음 한 시간이 생략되어 있음. 아마도 3시부터 5시까지는 오후 강의가 있을 때까지 완전한 자유 시간인지도 모름. 5시에 저녁 기도를 올리고 난 후에는 오후 강의에 관한 토론이 있음. 부수적인 낭독과 함께 저녁을 마치고 겨울에는 8시 여름에는 9시의 취침 시간 사이에는 질문 시간과 예배 시간이 있음. 일주일에 이틀 정도 레크리에이션 시간이 있음. 학생들은 이 때 대학 오락운동장인 프레오클레르Pr´e-aux-clercs에서 게임을 즐기거나 산책을 할 수 있음. 몽테귀 대학은 생생포리양 거리 건너편에 대학 건물과 구름다리로 연결된 운동장이 있었으나 신학생만이 사용할 수 있었던 것 같다.

　이것이 10월 1일, 레미의 축일에 시작해서 7월에 방학으로 누아용에 내려갈 때까지 1년의 거의 대부분을 살았던 장 코뱅의 몽테귀 대학 생활의 모습이었다. 크리스마스와 부활절에 며칠간의 휴가가 있었으며 여러 성인들의 축일에는 정규적인 일과를 조금 느슨하게 진행했다. 아니 오히려 보통 때와는 다른 일과표가 미리 짜여져 있었다고 보는 것이 옳을 것이다.

철학 수업

우리는 코뱅이 몽테귀 대학뿐 아니라 파리 대학University of Paris의 학생이었으며 무엇보다도 문학사 학위를 따기 위해 공부하고 있었다는 사실을 기억해야만 한다. 그 당시 파리 대학의 학예 과정 커리큘럼에 대해서는 자세히 알 수가 없다. 얼마나 증거 자료가 희박하며 일치된 견해가 없는지는 이 주제에 대한 고전적인 서적을 읽어 보면 쉽게 알 수 있다. 물론 우리는 법규와 규칙과 엄연한 역사적 사실 자료들을 가지고 있다. 그러나 선생마다 스스로 법으로 정해놓은 수많은 충고와 특별한 양보 규정과 규칙의 허점 보완 규정 등이 있었기 때문에 단정을 내리는 것은 매우 위험하다.

그러나 장 코뱅도 다른 학생들과 똑같이 공부했음은 분명한 사실이다. 강의는 항상 몇몇 정해진 책들의 주석을 가지고 진행되었다. 주석의 형식은 본문의 직접적인 '설명'주해 expositio이 아니면 본문의 내용에 암시된 것을 가지고 질문하고 답하는 '질문' quaestio 방식 2가지가 있었으며, 이 두 방식에는 다 엄격한 규정이 있었다.

주해 방식의 핵심은 구분하는 데 있었다. 책은 우선 주제에 따라 크게 1부section, 2부 등으로 나누었다. 1부는 다시 1부 주제의 다양한 국면에 따라 세분했다. 강의자는 최종적으로 한 문장씩, 한 절clause씩, 한 구phrase씩 자세하게 구분해서 강의했다. 강의자는 각 요점을 세밀히 주해하기 전에 앞으로 뛰어넘는 것이 규칙으로 금지되어 있었기 때문에 한 단원씩 차례로 다루어야 했을 것이다.

질문quaestio 방식은 본문의 각 부분들에서 가장 중요한 문제를 뽑아 찬반 토론을 벌이는 형식이었다. 질문 방식은 일종의 1인 토론이었고, 본래의 토론이란 또 다른 중세 교수 방법이었다. 현대의 '소론' 小論, essay식의 필기시험은 중세 때에는 물론 알지도 못했다. 토론 방식이란 논제 하나나 일련의 논제가 주어지면 그것에 대해 선생을 상대로 학생이 동료들이 보는 앞에서 자기의 주장을 펴는 형식을 말한다. 이 때 질문의 방식을 사용하거나 삼단논법을 사용했다. 토론이 어떤 것이었는지 알고 싶은 사람은 예를 들어 옥스퍼드에서 니콜라스 리들리 Nicholas Ridley와 다른 이들 사이에 벌어졌던 토론을 읽으면 쉽게 만족할 수 있을 것이다.[20] 신학문을 접한 사람들은 삼단논법을 너무 진부하다는 이유로 경멸했을지는 모르나 자신의 이런 지적 습관을 떨쳐 버리기가 쉽지 않았음을 곧 발견했을 것이다. 칼빈의 저술 속에서 자주 발견되는 삼단논법은 그가 파리 대학에서 얼마나 철저히 훈련받았는가를 웅변으로 보여준다. 명석한 학생에게 있어서 토론 방식은 그가 연구하는 주제를 계속적으로 독창성 있게 사고하는 법과 분명한 이해력, 그리고 무엇보다도 토론에서의 자신감을 증진시키는 데 크게 기여했다 – 토의는 사람을 재빠르게 한다.

이런 정규적인 토론은 학위 획득을 위한 구두 시험인 '측정' determinations을 위한 준비였고 동시에 그 시험의 일부분이었다. 이 '측정'은 대학 내에서나 기숙사에서 마르탱의 축일 11월 11일과 크리스마스 사이에 한번, 그리고 1월말에서 2월 사이에 다시 한 번 치렀다. '시험 응시자'에게는 그가 지금까지 배운 책들과 주제들을 옹호할 일련의 논제 論題들이 주어졌다. 학위 획득 때까지 치러야 할 대부분의 시험처럼 이것도 감당해내기 어려울 것처럼 보이나 석사 학위에 요구되는 최소 기준도 그리 높은 것은 아니었다. 예를 들어 1503년의 어떤 학장은 "말구종,

---

20) *Works of Ridley*, Parker Society, 189ff.

마부, 소치는 사람들이 문학 석사 학위를 받고 있다. 그들은 아리스토텔레스에 대해 무식할 뿐 아니라 심지어는 카토Cato나 문학의 초보에 대한 지식도 없는 자들이다."라고 불평한다. 토론 역시 교수직의 일부일 수밖에 없었다. 선생과 토론하던 데서 따로 혼자 서서 학생들과 토론하는 데까지는 단지 한 단계의 차이에 불과했다〈학생이 선생이 되는 것이 불과 한발자국 거리밖에 안 된다는 뜻이다-역자 주〉. 그러나 이렇게 되기 위해서는 오래전 석사 1학기부터 자신의 수업의 일부분으로 가르치는 일에 종사했을 것으로 보인다. 학사들이 가르치는 강의는 형이상학, 윤리학, 수사학, 자연 과학 등이 있었으나 논리학은 가르치지 못했다.

따라서 우리는 12-13세에 학예 과정을 공부하기 위해 대학에 입학한 장 코뱅이 라틴어 강의를 듣고 토론하는 법을 배웠으며 2년 동안 학사 학위 획득을 위해 '측정을 받았으며' 그 후에 가르치면서 공부를 계속했고 1년 뒤면 16-17세〈아마도 그는 적어도 21세가 되어야 석사 학위를 받을 수 있다는 규정의 예외가 되기 위해서는 대학 측의 양보가 있었을 것이다〉의 나이에 석사 학위에 응시해서 석사 학위를 따게 되는 모습을 상상해 볼 수 있다.

그가 무슨 책을 읽었을까? 책 이름은 정확히 댈 수 없으나 누구의 책을 읽었을 것인지는 짐작할 수 있다. 코뱅은 중세의 세계관을 대표하는 책들, 그러니까 단순히 '규정 교과서'가 아닌 그 나름의 분야에서는 권위 있는 책들을 읽고 이해했을 것이다. 이 책들은 권위 있는 책으로 인정되고 있었으나 더 높은 권위〈예를 들면, 성경〉나 혹은 그것들 사이의 차이점을 설명할 수 있도록 나름대로의 주장을 펴야 했다. 우리가 여기서 특별히 언급하고자 하는 것은 아리스토텔레스의 저술들이다. 물론 몇몇 중세기에 쓰여진 책들도 연구한 것은 사실이나 그들은 아직도 아리스토텔레스의 관점 아래서 살고 있었다.

아리스토텔레스의 저서는 물론 라틴어 번역판이었을 뿐 아니라 아랍 주석가나 중세 주석가의 손을 거쳐 전해져 내려온 것이 대부분이었다. 그러나 '최장수 독재자로 군림해 오던' 아리스토텔레스도 이제는 그 종말을 맞기 시작하고 있었다.[21] 1452년에 학예 과정 커리큘럼의 개혁이 있었으나 그 내용에 대해서는 학자들 간에 의견이 일치하지 않는다. 그러나 아리스토텔레스의 저서를 주석가들의 견해를 참조하면서 한 요점씩, 한 절씩 주해하는 종전의 과목들은 변동 없이 그대로 시행되고 있었음은 분명해 보인다. 아마도 아리스토텔레스의 저서를 가지고 강의하는 과목은 인간이 획득할 수 있는 자연적인, 즉 비계시적인 모든 지식을 포괄하고 있었다. 자연 과학은 아리스토텔레스의 『물리학Physica』을 주 교재로 하고, 보에티우스Boethius의 『수학Arithmetica』, 그리고 피에르 다이Pierre d' Ailly의 『천체론de Sphaera』, 존 페컴John Pecham의 『광학론Perspectiva communis』, 유클리드Euclid의 초기 저서 6권, 프톨레마이오스Ptolemy의 알마게스트Almagest 위대한 천문학 논문-역자 주를 부교재로 사용했던 것 같다. 심리학 교재론 아리스토텔레스의 『영혼에 관하여de Anima』를, 윤리학은 그의 『니코마코스 윤리학Nicomachean Ethics』을, 자연 철학으론 그의 『형이상학Metaphysica』을, 논리학은 그의 『기관機關』을 교재로 사용했던 것 같다.

학예 과정의 핵심을 이루는 과목은 논리학이었는데 장 코뱅이 배운 논리학은 유명론唯名論적이고 명사론名辭論, 14세기에 오컴(Willian of Ockham)에 의해 제창된 유명론-역자 주적인 것이었음이 분명하다. 그러나 명사론실재하는 것은 다

---

21) 그러나 우리는 그가 교과서만 읽었을 것이라고 생각할 필요는 없다. 다른 학예 과정 학생(1522년에 죽은 장 부샤르)의 장서는 놀랄 만큼 많은데 그 중에는 특히 성경, 베르길리우스의 작품들, 여러 권의 키케로의 책들, 발라(Valla)의 책, 그리고 오비디우스(Ovid)의 서신들이 포함되어 있다(Villostrada, *La Universidad de Paris*, 445-6을 보라).

만 개물(個物)뿐이며 보편(普遍)은 실재하지 않는다. 그것은 다만 다수의 개물을 나타내는 명사(名辭)이며 정신 앞에 개념으로서 존재하는 데 불과하다고 한다. 명사론은 정밀한 논리를 취하여 부활한 유명론이며 후기 스콜라 철학을 형이상학적 경향으로부터 절연시켜 경험적, 실증적 경향으로 향하게 한 계기가 되었다-역자 주은 다양한 형태가 있었기 때문에 코뱅을 가르친 선생이 누구인 줄 알아야 어떤 형태의 명사론을 배웠는지 알 수 있다. 베자는 칼빈이 한 스페인 교사에게 가르침을 받았다고 전하고, 콜라동은 두 스페인 교사에게 교육을 받았는데 그 중 한 교사가 후에 의학 박사가 되었다는 기록을 남겼다. 어찌됐든 칼빈을 가르친 선생은 그 당시 몽테귀 대학에 재직하고 있었다고 알려진 명사론 철학자인 안토니오 코로넬Antonio Coronel이 아닌가 추측해 오고 있을 뿐이다. 또한 1525-31년에 몽테귀 대학의 교수였던 스코틀랜드 신학자인 존 메이저John Major가 젊은 칼빈을 가르친 것이 아닌가라는 추측도 나돌고 있다.[22] 몇몇 한두 명의 학자들은 메이저가 칼빈에게 신학을 가르쳤다는 주장을 강하게 펴기까지도 한다. 이 주장의 유일한 근거는 메이저 교수와 칼빈이 몽테귀 대학에 함께 있었다는 데 있다. 그러나 우리의 계산이 옳다면 칼빈은 1525년이나 1526년에 파리를 떠났기 때문에 이 두 사람이 몽테귀 대학에 오랫동안 같이 있었던 것은 아니었다. 그러나 한 가지 분명해 보이는 사실은 칼빈은 파리에서는 학예 과정 이상을 공부하지 않았고 따라서 메이저 교수가 신학을 강의했다 할지라도 그 강의에는 참석하지 않았을 것이라는 점이다. 칼빈이 메이저의 철학 강의를 들었을 가능성을 배제하긴 어렵다.

칼빈의 철학 교수가 누구였고 따라서 그가 어떤 논리학을 배웠는지에

---

22) K. Reuter, *Das Grunduerständnis der Theologie Calvins*에 의해 유명하게 된 가설.

대해 확증 없는 상상에 몰두하기보다는 그가 배운 철학이 유명론적이고 명사론이었다는 거의 확실한 사실만을 언급하는 것이 더 유익할 것 같다. 16세기에 접어들면서 소위 신학파新學波, via moderna; 토마스 아퀴나스의 스콜라 철학을 계승한 구학파(舊學波, via antiqua)에 대항하여 휴머니즘의 영향을 받고 오컴과 그의 추종자인 피에르 다이와 가브리엘 비엘(Gabriel Biel)의 철학을 지지하는 학파, 'via moderna'를 고풍의 방법 'via antiqua'에 반대하여 현대적 방법이라고 번역하기도 함—역자 주도 그 구태의연한 모습이 분명히 드러나게 되었다. 그러나 강력한 반대에도 불구하고 신학파는 파리 대학의 철학 과정 속에 아직도 굳게 자리를 지키고 있었다.

명사론적 논리학이란 그 용어가 암시하고 있듯이 언어의 분석, 즉 사물에 관한 언어, 사물에 대한 정신 안의 개념과 사물 자체의 관계의 분석과 관련이 있다. 명사론은 처음에는 매우 단순했으나 갈수록 아주 복잡한 언어 사용의 문제에 봉착하자 다양한 여러 종류의 명사名辭, term; 개념이 언어적 표현을 취할 때 이를 명사라고 한다. 개념과 명사는 이론적으로는 틀리나 실제로는 같은 것으로 볼 수 있다—역자 주들을 구분하는 일에 주로 골똘하게 되었다. 결국 명사론은 스스로 만들어낸 매우 조잡한 전문 용어categorematic, syncategorematic, absolute categorematic, connotative categorematic, terminus prolatus, terminus scriptus, terminus conceptus에 시달리게 되었다.

그러나 명사 논리학은 인식자와 인식 대상 사이의 관계를 이해하려는 시도였음은 분명하나, 곧 이 시도는 사물을 의미하거나 혹 대표하는 명사, 명사에 의해 전달되는 사물에 대한 정신 안의 개념과 사물 자체 사이의 관계를 밝히려는 시도로 바뀌었다. 이 둘 사이의 관계를 밝혀내려는 과정에서 지식의 사슬에는 두 군데에 약한 연결점이 있음이 분명하게 되었다. 첫 번째 약한 연결점은 명사와 그것이 의미하거나 대표하는 것이 정말로 일치하는가라는 데 있다. 우리는 명사가 그것이 의미하려고 의도했던 바와 똑같은 것을 진짜로 의미하고 있는지 물어봐야 할 뿐 아니라 어느 정도까지 명사가 그 사물을 대표할 수 있는지 혹은 심지어는 명사가 그 사물을 조금이라도 대표할 수 있는지의 여부에 대해서도 질문해야 한다. 두 번째 약한 연결점은 '명사'term에 대한 정신 안의 개념과 명사 자체가 정말로 일치하는가라는 데 있다. 따라서 모든 형태의 유명론에 늘 따라다니기 마련인 큰 문제점은 '정신 안의 개념'mental concept이 어떤 근거로 사물 자체와 일치할 수 있는가라는 점에 있었다. 이 문제점을 해결하기 위해서 명사론자들은 인식 행위, 명사의 형태들과 관련된 지식의 양태에 주위를 기울였던 것이다.

명사론의 영향은 첫 번째로 지식을 주관적으로 만들었고 사물을 희생시켜 인식과 정신 안의 개념을 강조하는 방향으로 흘러갔다. 이런 주관적인 철학은 중세 말의 주관적인 종교와 동질의 것으로 이 둘은 서로 영향을 주고 받으면서 성장해갔다. 두 번째로 주관주의와 회의주의는 함께 나타나기 마련이다. 내가 사물 자체를 알 수 있는가? 즉, 내가 사물과 올바른 관계에 서 있는가? 우리가 명사만을 알 뿐이라면 명사는 진짜 사물을 대표하는 것인가? 아니면 이런 정신의 신비한 메커니즘 속에서, 내가 사물 자체를 그대로 대표하지 않을지도 모르는 명사에 대해 가진 개념만을 알고 있는 것인가? 이러한 사고를 종교에 적용해 보라. 진정한 의미에서 신학이 가능하겠는가? 이런 경우에 할 수 있는 것이라곤 독단적인 주장을 늘어놓는 일뿐이다. 이미 14세기에 오컴William of Ockham이 철학적 신학의 영역에서 신 존재나 '화체설'transubstantiation 같은 교리를 끄집어내서 맹신의 대상, 즉 교회의 말씀에 근거해서 인정된 교리로 만들어 버린 것은 그리 놀라운 일이 못된다.

따라서 청년 장 코뱅이 이런 명사론적 철학의 훈련을 받았다면 – 그럴 가능성이 매우 크다―지식이란 주관과 객관의 관계요, 명사term란 사물의 본성을 대표하는 것이며 지성intellect은 사물객관을 나름대로 형성시키는 것이 결코 아니요 사물 자체에 의하여 사물 인식 능력에 따라 형성되는 것임을 확신과 기쁨에 넘치는 마음으로 이해하기까지 얼마나 철저한 지적 변환이 필요했을지는 쉽게 이해할 수 있을 것이다.

제2장
법률, 문학 그리고 복음

    1525년, 혹은 1526년에 장의 인생에는 큰 변화가 일어났다. 제라르는 장이 어렸을 때부터 사제가 될 수 있는 대학의 신학부 과정을 공부시킬 생각이었다. 우리가 이미 보았던 대로 '학예 과정'arts course은 세 '상급' 학부에 입학하기 위해서는 반드시 거쳐야 하는 준비 단계였다. 그러나 이제 장이 학예 과정을 마치고 석사 학위를 획득하게 되자 아버지의 마음이 급변해 그를 파리를 떠나게 하고 오를레앙 대학University of Orléans에 입학시켜 법률 공부를 하게 했다.

    칼빈 자신이나 베자 2나 콜라동에 의하면 이렇게 된 동기는 제라르가 법률가가 되는 것이 더 많은 수익을 올릴 수 있을 것이라고 생각한 고상치 못한 욕심에 있었다고 간단하게 못박는다. 이런 통찰력의 진위에 의심을 품고 싶은 성직자는 거의 없을 것이다. 그러나 여기에 한 가지 문제점이 있다. 제라르 자신이 법률가인데다가 능력 면에서도 성공적인 인물이었고 그가 잘 알고 있는 두 세계, 즉 법률과 교회에 관련된 물질적인 문제에 대해서는 약삭빠른 존재였다. 그런데 이렇게 뒤늦게서야 비로소 법률이 교회보다는 더 수지 맞는다는 사실을 깨달았다는 말인가? 아마도 변한 것은 제라르가 아니라 환경이었던 것 같다. 장은 '아주 어린 소년' 시절부터 '신학'을 할 것으로 예정되어 있었다. 그 때가 몇 세 때인가? 10세는 채 못되었음이 분명하고, 아마도 일곱, 여덟 살이었을 게다- 다시 말하면 1516-19년 어간이었을 것이다. 이때는 마틴 루터가 교회에 대해, 사실에 있어서나 그 영향에 있어서, 큰 영향을 미치기 전이었다. 그러나 1525년에 이르자 독일 일부가 로마에 성공적으로 대항하고 있었고 스위스와 프랑스에서는 종교 개혁과 개혁 주의가 활발하게 일어나고 있었다. 선견지명이 있는 아버지라면 아들을 위해 교회가 별로 수지 맞는 곳이 아님을 쉽게 짐작할 수 있었을 것이다. 종교 개혁이 성공을 거둔다면 그렇게 바라던 좋은 자리는 어떻게 될 것인가? 여러 교회를 맡아 고생은 죽어라 하고 소득은 별볼일 없을 것이 아닌가?

오를레앙 대학으로 진학하게 됨으로써 장은 한 도시 혹은 한 대학에서 다른 도시, 다른 대학으로 옮겨가게 되었을 뿐 아니라 전혀 새로운 세계를 접하게 되었다.[1] 몽테귀 대학에서와 같은, 몸, 정신, 영혼에 가해지는 엄격한 제한은 이제 사라져 버렸다. 오를레앙 대학은 단체 조직이 전혀 없었다. 물론 학생 기숙사를 맡은 선생이나 교사가 규율을 책임지고 있었으나 사회 질서를 위한 것이었지 구원을 원하지 않을 수도 있는 인간 영혼들을 무자비하게 구원하기 위한 것이 아니었다. 이 대학에는 오직 하나의 학부, 즉 법률 학부밖에 없었는데 5명의 교수가 있는 시민법이

---

[1] 오를레앙 대학에 대해서는 Fournier, *Histoire de la science du droit* t. 3; Bimbenet, *Histoire de l' Université de Lois d' Orléans*; Rashdall, *Universities of Europe* vol. 2; Doinel, *Calvin à Orléans*; Boussard, *L' université d' Orléans*; Mesnard, *Calvin, étudiant en droit, à Orléans*을 보라.

세 명의 교수밖에 없는 교회법을 압도하고 있었다. 그러나 이 대학이 법률만을 가르친 학교라고 해서 세속적인 학교였다고 생각해서는 안 된다. 다른 중세 대학들처럼 이 대학도 기독교 사회에 없어서는 안 될 중요한 한 부분이었다. 교수 중 여럿이 성직자였고, 학생들 가운데는 장차 사제가 될 사람도 있었다. 우리는 장도 아직까지는 삭발을 하고 있었을 것이나, 16세기에 흔히 볼 수 있었던 직업의 하나인 정식 법률가가 되기 위한 길에 들어섰다고 보아야 할 것이다.

팡타그뤼엘이 프랑스의 여러 대학을 순방하는 가운데 오를레앙을 방문했을 때 그는 놀기 잘하는 일단의 학생들이 법률보다는 정구를 더 잘하는 모습을 목도했었다고 한다.[2] 우리가 아는 한도에 있어서는 십칠팔 세 된 장은 정구나 치러 다니는 학생은 아니었다. 신입생으로서 그는 입학금을 낸 처지였기 때문에 그의 아버지가 요구하는 새로운 임무를 열심히 감당해 내야 할 효자가 되기로 결심했다. 베자는 그가 후일 건강이 약해져서 고생하게 된 것은 이 때 너무 과로한 때문이라고 전한다.

"그와 함께 지낸 바 있는, 지금도 살아있는 친한 친구들의 말을 빌리면 그는 저녁을 조금 먹고 저녁 늦게까지 공부하는 것이 습관처럼 되어 있었으며 그 다음날 아침에 일어나서는 오랫동안 침대에 누워 그가 저녁에 읽었던 것을 다시 명상해 보고 기억을 되살리곤 했기 때문에 주위에서 시끄럽게 방해하는 것을 조금도 용납하지 못했다고 한다. 이렇게 매일 밤샘하다시피 했기 때문에 많은 학식과 뛰어난 기억력을 소유할 수 있었으나 위가 약해져서 다른 여러 합병증이 나타났고 마침내는 오래 살지 못하고 일찍 죽고 말았다."[3]

---

2) *Gargantua and Pantagruel* Bk 2, ch. 5.

이런 법률 공부는 칼빈의 성장에 있어서 매우 중요한 의미를 지니기 때문에 여기서 좀 자세하게 살펴볼 필요가 있을 것이다.[4]

『로마법 대전*Corpus Iuris Cilvilis*』은 유스티니아누스 황제의 치세 기간인 529-534년 사이에 집대성되었다. 로마법 대전은 그 전부터 내려오는 로마법과 법률 문서를 철저하게 구분 배열하고 근대화시켜서 공포한 것으로 발행 순서로 보면 '칙법휘찬' 勅法彙纂, *Codex*, '학설휘찬' 學說彙纂, *Digesta*, '법학제요' 法學提要, *Institutiones*의 3부작으로 되어있다.

칙법휘찬은 권위 있는 로마법의 진술이라는 점에서 로마법 대전의 핵심이다. 총론*Pandecta*이라고도 알려진 학설휘찬은 초기 로마 재판관들의 중요한 진술들을 주제별로 편찬한 것이요, 칙법휘찬의 순서를 따르지 않고 주석한 칙법휘찬에 대한 역사적 주석이었다. 법학제요는 법학도를 위한 기초적인그러나 권위 있는 교과서였다. 이 3부작 외에 학설휘찬을 편찬할 때에 드러난 문제점을 다룬 법률이나 『로마법 대전』 발행 이후에 제정된 법률을 모아 놓은 '신칙법' 新勅法, *Novellae*이 있다.

중세를 거치면서 이 자료들은 재배열되었다. 학설휘찬은 '구학설휘찬' *Digestum vetus*, '인포르티아툼' *Infortiatum*, '신학설휘찬' *Digestum novum*으로 나누어졌다. 중간 부분인 인포르티아툼은 더 세분되어 예를 들어 35편 2-38장*Book 35, 2-38*은 3부*Tres partes*라고 알려져 있었다. 오를레앙에서 학사학위를 따기 위해서는 '규정' 과목으로 칙법휘찬과 구학설휘찬의 강의를 들어야 하고 '특별' 과목으로 인포르티아툼, 신학설휘찬, 법학제요, 3부, 공인서公認書, *Authenticum* 즉 신칙법의 번역서, 1614년에 헬라어로부터 믿을 만하

---

3) OC 21, 122.
4) 법학에 대해서는 주 1에 열거된 책을 참조하라. 그리고 Jolowicz, *Historical Introduction to the Study of Roman Law*; Hunter, *Introduction to Roman Law*; Savigny, *Histoire du droit romain*; Bohatec, *Calvin und das Recht*도 참조하라.

게 번역했다는 의미-역자 주 등의 강의를 들어야 했다는 말은 학생들이 이론적으로 『로마법 대전』을 남김없이 다 공부했다는 뜻이다.

그러나 실제적으로 학생들은 『로마법 대전』을 직접 대한 것이 아니라 한 다리나 두 다리를 거쳐서 대한 것 같다. 학생들은 『로마법 대전』을 중세에 주석해 놓은 것을 교수들이 다시 주해하는 강의를 통해서 『로마법 대전』을 접했을 것이다. 『로마법 대전』을 주해하고 논쟁하는 일은 중세 내내 지속되어 왔다. 이런 초기 주해들은 아쿠르시우스Accursius의 『장치Apparatus』에 이미 잘 요약되어 있었는데 그 당시에도 이 책은 계속 사용되고 있었다. 그러나 14세기 법률가인 바르톨루스Bartholus의 이름을 딴 후기 학파가 생겨나서 강한 영향력을 행사하고 있었다. 이 학파는 신학에서 사용하는 변증법적인 방법을 법학에 응용함으로써 생겨난 학파였다.[5]

이 학파에서는 그 당대의 법률을 이해하고 개정할 때는 항상 『로마법 대전』을 그 기초로 사용하였다. 이같이 이 학파도 실천상의 편견을 버리지 못했다. 바르톨루스는 16세기까지 법률학계를 지배했으며 장 코뱅을 포함한 오를레앙 대학의 법학도들이 로마법을 공부할 때는 바르톨루스의 학설휘찬과 인포르티아툼의 방대한 주석을 가지고 씨름했을 것임은 너무나도 분명하다.

그러나 이미 이전에 또 다른 변화가 생기고 있었다. 일찍이 15세기 전반부터 몇몇 인문주의자들은 중세의 주석가들의 견해를 제쳐두고 바로 『로마법 대전』으로 들어갔다. 이런 방법론의 채용으로 『로마법 대전』과 그 당시 법률과의 관련성은 사라지게 되었고 『로마법 대전』은 문헌적이

---

5) Viard, *André Alciat* 116. n. 3.

고 역사적인 원전原典이 되게 되었다. 왜냐하면 그들은 부분적으로는 언어 연구를 위해, 부분적으로는 그 법전이 고대 로마의 역사와 사회적 풍습을 어떻게 조명해줄 수 있는가를 보기 위해 그 대전을 읽었기 때문이다. 이와 같이 칼빈이 법률을 공부할 때에는 이 상반되는 두 법률 방법론이 공존하고 있었을 뿐 아니라 '신학파'modern school는 발라Valla, 폴리치아노Poliziano, 그리고 뷔데Budé 같은 인물을 통해 시민법의 '바이블'이라고 일컬어지는 『로마법 대전』에 대한 본문적이고 언어적이고 역사적인 연구를 웅장하게 쌓아가고 있었다.

우리는 이 기간에 무슨 공부를 했는지 알 수 있다. 법학제요는 정의 iustitia, 법 지식iurisprudentia, 자연법ius naturale, 시민법ius civile 그리고 보편법 ius gentium, 국가들이나 개인들 사이에 보편적으로 인정되는 행동 법전, 즉 시민이나 외국인 모두에게 적용되는 법-역자 주, 그리고 법lex 등의 기본용어에 대한 정의로 시작한다. 이 각각의 용어들은 법률적인 의미뿐 아니라 도덕적이거나 혹은 윤리적인 의미, 그리고 심지어는 신학적인 의미를 가지고 있다. 예를 들어 정의란 "모든 사람에게 그에 합당한 권리를 돌리려는 부단하고 영속적인 의지"[6]이며, 법 지식이란 "신적인 일과 인간적인 일의 지식, 정의와 불의에 관한 과학"[7]이다. 그러므로 근본적으로 볼 때 법률가란 한 인간과 그 이웃과의 관계, 즉 실천적인 의미에서뿐 아니라 사회의 일치와 불화를 야기하는 힘에 관해서 인간 상호 간의 관계에 관심을 갖는 존재였다.

더욱이 『로마법 대전』이 시민법이라고 해서 세속적인 비종교적 법률이라고 생각하는 우를 범해서는 안 된다. 로마제국이 기독교 국가가 되

---

6) *Corpus Iuris Civilis* 1, 3a.
7) *ibid.*

기 이전에도 종교와 법률은 밀접한 관계를 맺고 있었다. 물론 시민법도 기독교 국가 안의 법률을 성문화한 것을 말하는 것이었다. 더욱이 중세의 사회관이 성聖, 속俗의 분명한 구별을 허용하지 않았다. 따라서 시민법은 땅 위에서 공부되어지는 것이었지만 분명히 그것도 하늘 아래에서 이루어지는 것이었다.

시민법은 자연 신학과 관계가 있었을 뿐 아니라 제한된 범위 내에서는 계시된 신학과도 연관이 있었다. 칙법휘찬의 앞부분에는 로마의 교회법뿐 아니라 교회 건축, 주교, 세례, 이단, 성물聖物 등에 대해서도 한 장씩 할애하여 언급하고 있으며 첫 장에는 니케아-콘스탄티노플 신조의 삼위일체 교리에 대한 언급이 있을 정도이다. 따라서 학생들은 초대 교리사뿐 아니라 초대 교회의 교리, 특히 기독론에 대한 지식을 갖고 있어야만 했다. 칼빈의 첫 번째 신학 수업은 파리 대학에서가 아니라 오를레앙 대학에서였던 것 같다.

그러나 법 철학과 신학은 그 분량으로 보면 『로마법 대전』의 적은 일부분에 불과했다. 오를레앙에서 보낸 대부분의 시간을 칼빈은 빗물의 처리 문제, 도로 사용토지, 건물 따위의, 차용 문제, 거래와 소유권 문제, 결혼과 이혼, 상속의 문제 등 인간사에서 갈등을 일으키는 수많은 문제들과 그 문제들에 대한 로마와 중세 법률가들의 판결문들을 연구하는 데 사용했을 것이다. 이 모든 것은 후에 그의 삶에 크게 유익하게 사용될 것이었다.

한편 그의 친구들이 개인적인 문제나 가정의 문제가 작게 발생했을 때 그에게 도움을 청한 것을 보면 그는 매우 젊었을 때부터 본성이 재빠르고 실천적인 성향을 갖고 있었음을 암시해 준다.

약 3년에 걸쳐 학사 학위를 획득한 그는 그의 목표인 법률 면허증을 취득하는 과정에 들어간 것 같다. 더욱이 그는 이제 '특별' 과목 강의이 강의는 학사들이 가르치는 중요하지 않은 강의였다를 해야 할 특권과 의무를 동시에 갖게 되었다. 그가 파리에서 특별 과목을 강의한 것이 확실하다면 오를레앙에서도 법률을 강의했을 것이라고 확신할 수 있다. 사실상 그는 특별 과목 강의 이상의 것을 한 것 같다. 칼빈이 강의를 했다고 전하는 베자나 콜라동의 말은 그동안 정당한 대접을 받지 못했다.

베자 1과 콜라동의 말을 들어보자. "당분간 그는 학자로서가 아니라 특별 과목 강사로 인정받았다. 그리고 그는 수강자라기보다는 선생인 경우가 더 많았다."[8] 베자 2에는 이렇게 기록되어 있다. "매우 자주 그는 교사들doctors 대신 섰으며 수강자라기보다는 선생으로 간주되었다."[9] 이런 기록들을 살펴볼 때 칼빈은 규정 과목 강의도 했던 것 같다.

그러나 칼빈의 전기를 쓴 사람들은 이것을 놀라운 사실로 받아들일 하등의 이유가 없었다. 왜냐하면 비록 어떤 대학에서는 규정 과목을 가르치는 강사doctores actu ordinarie regentes 외에는 그 누구도 규정 과목 강의를 할 수 없다는 규칙이 있었던 것도 사실이나 다른 대학에서는 곧 박사 학위를 딸 자격자lixentiates에게는 이런 특권을 허락한 데도 있었다.[10]

어찌되었든 간에 장이 상당기간 규정 과목을 강의했을 뿐 아니라 임시 대리 강사—1512년에 정해진 법에 이런 조항이 있음—로도 활동했을 것이라는 점에서 그는 뛰어난 학생 중의 하나였다. 1531년에 면허소지자[11]licenciés, 학사와 박사 사이의 학위—역자 주만이 대리 강사가 될 수 있다는 법이

---

8) OC 21, 29 and 54.
9) OC 21, 122.
10) Fournier, *Histoire* 3, 106-7; Bimbenet, *Histoire* 213.
11) Bimbenet, *Histoire* 237.

제정된 것을 보면 그 이전에는 이런 법령이 제정되어야 할 만큼 학사들이 대리 강사로 크게 활동하고 있었음을 시사해 준다.

'면허소지자가 되는 과정' licentiate's course은 무려 3년이나 걸렸으며 학생 신분으로는 마지막 과정이었다. 왜냐하면 엄격히 말해서 박사 학위는 시간과 연구를 얼마만큼 많이 하느냐에 달려있는 학위가 아니라 면허소지자가 된 후에 곧바로 수여되는 일종의 직함이었다.[12] 장이 면허소지자가 된 것은 우리 모두가 알고 있는 사실이다. 왜냐하면 1532-36년 사이의 법정 문서들을 살펴보면 법률 면허소지자로 장이 언급된 것을 찾아볼 수 있기 때문이다. 그러나 그는 박사 학위까지는 따지 않았던 것 같다. 베자 1과 콜라동에 의하면 장에게 여러 번 무시험으로 박사 학위를 수여하겠다고 했지만[13] 오를레앙 대학의 체제에 맞음 그가 거절했다고 한다. 베자 2는 그가 박사 학위의 명예를 거절했다는 사실을 언급하지 않는다.

친구들과 친지들

오를레앙 대학에서 코뱅그 자신도 이 때부터는 그랬듯이 코뱅이라는 이름을 앞으로 쓰지 않겠다, 아니 칼빈은 파리 대학에서의 깊게 그늘진 삶으로부터 벗어나게 되었다. 왜냐하면 단지 이름으로만 알려진 학생의 신분에서 뛰어난 유명인사가 되었기 때문이다. 더구나 그는 익명을 사용하는 이상한 버릇이 있음에도 불구하고 저명 인사가 된 것이다. 때로 그는 샤를 데스프빌 Charles d'Espeville, 즉 에스프빌의 샤를이라는 익명을 사용했다. 에스프빌 혹은 에프빌은 라 제진 제단의 목사직이 지대를 받는 앙제스트가에 속한 마을

---

12) Fournier, *Histoire* 118.
13) OC 21, 29 and 54.

이었다. 앙제스트가는 퐁레베크의 이웃 마을인 파셀도 소유하고 있었는데 여기서 칼빈의 익명 하운데 하나인 파셀리우스Passelius가 나온 것이다. 이 두 이름은 칼빈의 생전에 주고 받은 편지에 칼빈을 지칭하는 이름으로 사용되고 있다. 때때로 그는 마르티누스 루카니우스Martinus Lucanius라는 이름도 사용했고 후에는 알쿠이누스Alcuinus라는 익명으로 책을 출판하기도 했으나 이런 모든 가명들을 쓴 인물이 칼빈임은 쉽게 알아차릴 수 있었다.

칼빈의 여러 친구들이 누구였는지도 오늘날 잘 알려져 있다. 몽모르가의 사촌인 앙제스트가의 장과 클로드는 그의 학우였고 특히 클로드는 그가 속한 특정 그룹의 한 멤버였다. 칼빈의 초기 서신 중 현존하는 것은 오직 1530년에 쓴 것뿐이다. 그러나 그 서신들의 수신자나 그 내용에 언급된 인물들은 주로 오를레앙 대학 출신들이다.

그 중에는 칼빈을 폼미에 거리에 있는 자신의 기숙사에서 함께 살게 해 주었던 법률 면허소지자인 니콜라 뒤 슈맹Nicolas du Chemin이 있는데 칼빈은 그를 가리켜 '나의 생명보다 귀한 친구'라고 했다. 프랑수아 드 코낭François de Connan은 파리의 정부 관리의 아들로서 자신도 정부의 고급 문관이 되었는데 그의 『시민법 주석Commentarii Iuris Civilis』은 그에게 빛나는 그러나 덧없는 명성을 안겨다 주었다. 오를레앙 시의 서적 판매상이었던 필리프 로레Philip Lore는 저술가가 되려는 사람은 꼭 한번 사귀고 싶어하는 좋은 친구였고 다른 지역에서 발행되는 책들을 쉽게 접할 수 있게 해 준 인물이었다. 그러나 그의 대부분의 초기 서신은 오를레앙 대학의 법학도였던 프랑수아 다니엘François Daniel에게 보낸 것들이었다. 그의 가족들은 칼빈을 새 식구로 환영해 주었고 가족의 일을 처리하는 가정 비서로 채용해 주었다.

칼빈의 친구들은 종교 개혁자건 아니건 간에 학생 시절에는 자유사상을 가진 인물들이었다. 그들은 에라스무스의 후견인 중 한 명인 쉬케Sucquet, 멜키오르 볼마르Melchior Wolmar, 그리고 파리의 니콜라스 코프Nicolas Cop와도 친교를 맺고 있었다. 몇몇 친구들은 인문주의적 법률가의 강의를 들으려고 부르주Bourges대학으로 전학하려는 강한 열망을 가지고 있었으며, 몇몇 친구들은 헬라어를 알고 있었거나 배우고 있었다. 사실상 이들은 종교 개혁자들에게 내심 동조했던 것 같다. 아니 이들은 신학문에 큰 매력을 느끼고 있었을 뿐인지도 모른다.

그러나 어찌됐든 간에 그들은 모든 개혁의 건의와 모든 새로운 사상을 반대하는 반계몽주의자obscurantist들은 아닌 것이 분명했다. 그렇다면 만일 칼빈이 오를레앙에서 이런 친구들과 친분을 맺고 교제를 계속해 나갔다면, 비록 칼빈이 몽테귀 대학의 전형적인 계승자로서 종교와 학문에 있어서 반계몽주의자였었다 할지라도, 새로 오를레앙 대학에 들어와서 2-3년이 지난 후에는 더 이상 반계몽주의자는 아니었을 거라고 확신할 수 있다.

칼빈의 친구 가운데는 이미 종교 개혁자의 반열에 결정적으로 몸을 투신한 친구들도 있었다. 그 중 첫 번째 친구는 칼빈의 친척으로서 누아용의 교회 법정 대리인인 장 로베르의 아들 피에르 로베르Pierre Robert, 올리베탕과 동일인였다. 프랑스 종교 개혁의 앙리 마르탱Henry Martin, 이 뛰어난 젊은이에 대해서는 알려진 것이 거의 없다. 칼빈이 그의 사촌과 공통점이 있다면 밤늦게까지 공부하는 것이었다. 왜냐하면 그의 친구들이 피에르 로베르를 가리켜 농담으로 올리베타누스Olivetanus, 혹은 한밤중의 기름이라는 닉네임을 붙여 주었는데 이것이 훗날 그의 별명이 되었기 때문이다. 그는 아마도 파리에서 칼빈과 함께 있었던 것 같다. 1528년 오를레앙에서 박해의 위협을 느낀 그는 개혁 도시인 스트라스부르Strasbourg로 피신하게 되었다. 베자1과 콜라동은 칼빈을 회심시킨 인물이 바로 피에르 로베르라고 전한다. "그(칼빈)가 그의 친척인 피에르 로베르 올리베탕에게서 참된 종교에 대해 가르침을 받게 되었을 때부터 그는 성경을 읽는 일과 미신을 멀리하는 일에 전념하기 시작했고 잘못된 의식으로부터 자신을 멀리하게 되었다."14)

이런 일이 오를레앙 대학의 재학 시절 이전에 일어났다고 말하는 것은 그들의 실수로 보이나, 피에르 로베르가 칼빈의 회심에 결정적인 영향력을 미쳤을 가능성은 결코 배제할 수 없다.

또 다른 친구는 멜키오르 볼마르였다. 비록 칼빈보다는 13세나 위였지만 그는 파리 대학에서 교양 과정을 같이 수학했다. 파리 대학에서 그는 자격 응시 시험에서 100명의 응시자 가운데서 톱을 차지했다. 그것도 거의 모든 시간을 헬라어를 연구하고 『일리아드Illiad』의 주석 2권을 펴내는 데 써버리면서도 수석을 차지했던 것이다.

그가 칼빈에게 헬라어를 가르치기 시작한 것은 오를레앙 재학 시절의 말년이었던 것 같다. 그러나 칼빈의 『요한복음 주석』의 대영 박물관 사본의 속표지 인사말인 '존 칼빈이 나의 특별한 친구 멜키오르 볼마르에게 이 책을 드립니다'에서 볼 수 있는 이들 사이의 평생의 우정은 이미 오래 전에 싹트고 있었다. 볼마르는 이미 오를레앙 재학 시절부터 그의 스승인 자크 르페브르의 개혁주의를 넘어서서 종교 개혁에 직접 몸을 투신하고 있었다. 어떤 학자들에 의하면 칼빈에게 복음주의적 신앙을 심어준 사람은 바로 볼마르라고 하는데 이도 불가능한 일은 결코 아니다.

---

14) OC 21, 29 and 54 and 121.

우리는 칼빈의 집과 누아용 교회 당국 사이의 불화가 칼빈에게 속박감을 덜 느끼게 했을 가능성을 간과해서는 결코 안 된다. 왜냐하면 장이 오를레앙 대학에서 오락을 경멸하고 공부에만 전념하는 동안 그의 아버지와 성당 참사회 사이에는 불행한 갈등과 불화가 계속 심각한 상태로 발전되고 있었다. 어떤 학자들은 불화의 원인을 누아용의 수많은 '루터파' 가운데 한 사람에 대한 은밀한 핍박 문제 때문으로 본다.

다른 학자들은 주교의 부하인 제라르가 주교와 참사회 사이의 눈에 보이지 않는 알력 때문에 곤경을 당한 것이라고 주장하는데 이 견해가 조금 더 타당하다. 또 다른 이들은 제라르가 직업상의 부주의나 부정을 저질렀기 때문이었을 것이라고 간단하게 생각한다. 교구 교회의 재산 관리자인 제라르는 1526년 레미의 축일까지 보고서를 올리라는 참사회의 명령을 받게 되었다. 이 요구를 만족시키지 못하게 되자 그는 혹평을 듣지 않을 수 없었다.

일 년이 지나갔다. 그러나 그때까지는 참사회의 명령을 이행하지 못했다. 1년의 기회가 더 주어졌고 마지막 마감일인 레미의 축일도 지나가 버렸다. 그로부터 한 달 후인 1528년 11월 2일, 제라르는 파문당했고 회계감사가 임명되었다.

고통을 당하게 된 것은 단지 아버지뿐만은 아니었다. 1526년 4월 16일, 장과 샤를은 교구 성직자로서 참사회 총회에 참석하지 않았다는 이유로 '반항적인 인물'이라는 선언을 듣게 되었다. 내내 누아용에 살고 있었던 것처럼 보이는 샤를이 왜 참사회 총회에 참석하지 않았는지는 그 이유를 알 수 없다. 장의 잘못은 아마도 그가 재학 중인 대학 학장에게서 증명서를 떼어 대리로라도 참사회에 제출하지 않은 데 있는 것 같다. 그 다음해 1월, 그들은 다른 사람들과 함께 '반항적인 인물'이라는 선언을 또 듣게 되었는데 그들의 잘못이 무엇인지는 언급하지 않았다. 5월에 다시 그들은 징계를 받았다. 데스메Desmay에 따르면[15] 장이 마르트빌의 성직록을 받기 전에 세 번 참사회에 '참석' 한 기록(마지막 두 회의는 1527년 7월 24일과 8월 7일, 그러니까 그의 긴 방학 기간에 있었다)이 전에는 있었다고 한다. 이런 정죄의 이유가 무엇인지는 적혀있지 않았다고 한다.

데스메는 어떤 고대 교회법을 보다가 그 당시 참사회의 회의 기록부의 한 페이지가 '요안니스 칼비니의 정죄' Condemnatio Joannis Calvini라는 무시무시한 말만 달랑 적혀 있는 한 대목을 읽은 적이 있다고 말한다. 데스메는 이 구절을 읽을 때 어찌나 화가 나던지 정신이 아찔했다고 한다.

장과 앙투안이 성직록을 받았던 것은 결코 모순되지 않는다. 장이 1527년 9월에 누아용에서 약 20마일 떨어진 마을인 마르트빌의 생마르탱의 성직록을 받은 것은 참사회가 지급하는 것이 아니었다. 앙투안이 받고 있는 라 제진의 성직록도 주교가 지급하는 것이었다. 또한 퐁레베크의 목사보 자리(그는 1529년에 퐁레베크로 자리를 옮겼다-역자 주)도 그의 동료 학우였던 앙제스트가의 클로드가 생텔루아 수도원장의 직책으로 장에게 준 것이었다. 코뱅가의 형제들에 대한 적대감이 충만했음에도 불구하고 참사회는 그들을 불편하게 만들었을지는 몰라도 성당 내의 성직록을 지급하는 것을 방해하기에는 너무 무력했던 것 같다.

부르주 대학과 새로운 시작

마르트빌의 생마르탱 성직록(실제로 모든 의무를 다 수행하는 목사보(牧師補)보다는 적

---

15) *Remarques* 390.

은 액수의 성직록이지만의 경제적 지원을 받아 칼빈은 18세나 혹은 19세의 나이에 법학사 학위를 땄고 『로마법 대전』을 공부하고 강의하면서 면허소지자 과정을 밟기 시작했다. 그러나 1529년 초에 칼빈과 그의 친구들은 부르주 대학에 인기 있는 새로운 교수 한 명이 얼마 전에 임명되었다는 소식을 듣고 그리로 옮겨가기로 결정했다. 이 밖에 다른 여러 도시의 학생들도 같은 결정을 내렸다.

대학으로서 부르주는 오를레앙 대학이 누리고 있는 것과 같은 오래된 특권이라곤 조금도 없었다.[16] 이 대학은 1460년대에 가서야 파리와 오를레앙 대학으로부터 오는 반대에 대항하기 위해 설립된 학교로서 그 후반 세기 동안은 그 대학을 지지하는 사람들의 기대에 부응하지 못했다. 그러나 1517년 프랑스 왕이 앙굴렘의 마르그리트에게 베리공국公國, Duchy of Berry을 하사하게 되자 오래 전부터 그 공국의 수도였던 부르주는 마르그리트의 개혁의 입김을 느끼기 시작했다. 그러나 1527년까지는 1512년 오를레앙이 겪었던 것과 비슷한 개혁은 이 대학 내에서 일어나지 않았다. 그러나 저명한 교수, 가능하다면 '프랑스 제일의 교수로 손꼽히는 사람'을 초빙해서 학문을 부흥시키려는 노력은 계속 시도되었다. 그 첫 케이스요 또 그런 케이스 중에 가장 유명한 인물은 이탈리아 출신의 법학자인 안드레아 알치아티Andrea Alciati였다.[17] 아비뇽Avignon에서 부르주로 오는 데 거액의 봉급에 일 년 후 100%의 봉급 인상의 제의를 받은 알치아티는 학생들과 시민으로부터 전례 없는 대대적인 환영을 받았다. 칙법휘찬의 한 부분인 '의무편'에 관한 그의 취임 강연은 4월

---

16) 부르주 대학에 대해서는 Raynal, *Histoire du Berry* t. 3; Rashdall, *Universities of Europe* vol. 2를 보라.
17) 알치아티에 대해서는 Viard, André Alciat; Biographie universelle t. 1.

19일 월요일에 그랑드제콜Grandes-Ecoles, 국립대학보다 훨씬 사회적인 권위가 높은 고등교육기관의 총칭-역자 주의 문을 여는 데 기여했다. 이 건물이 최근까지 시립 병원-최근에 새로운 건물로 이사를 갔는데-이었다는 사실은 결코 명예를 손상시키는 일이 아니었다.[18] 만일 우리가 알치아티의 말을 믿는다면 그는 어려서부터 천부적인 법률학자였다. 왜냐하면 15세의 나이에 학설휘찬에 등장하는 헬라어에 관해 첫 번째 책을 쓸 정도였기 때문이다. 이 말이 사실이든 아니든 간에 그는 16세기의 법학 발전사에 있어서는 가장 중요한 인물이었다. 그는 본문 비평을 통해서 문서들을 언어적으로, 역사적으로 해석하려고 애쓰는 위대한 인문주의 법률학자였을 뿐 아니라 그 이전의 바르톨루스 학파들처럼 그 당시의 문제점을 해결하기 위해 『로마법 대전』을 연구하는 실천적인 법학자였다. 그러므로 그는 구舊방법론과 신新방법론의 중개자로 부를 수도 있다. 따라서 그는, 그 자신이나 학생들이 그 이유를 의식하지 못한 상태에서, 구방법론의 몇 가지를 사용해서 강의를 하지 않을 수 없었던 것이다. 부르주 대학생들의 불만을 야기시킨 것도 바로 이 때문이었다. 우리는 이것을 알치아티 자신의 이야기 속에서 찾아볼 수 있다.

"우리 대학의 명성 때문인지 탐구하기를 좋아하는 사람들이 항상 갈구하는 신기함 때문인지는 몰라도 높은 귀족들과 위대한 학자들이 프랑스와 독일 전국 각지에서 속속 이리로 모여 들었다. 그러나 그들은 내 강의를 수개월 듣고 나선 내가 자기들이 전에 들었던 선생들과 같은 노선을 걷고 있음을 보고는 내게서 떨어져 나가기 시작했고 나보다 더 권위 있

---

18) 레날은 1529년의 환호성의 메아리에 정신이 나갔던지 1884년에 'Ils furent glorieusement ouvertes'라고 외쳤다.

는 선생들에게로 가버렸다. 그리고 그들은 그렇게 할 수밖에 없었던 이유를 내게 밝혔다."[19]

간단히 말해서 학생들이 떨어져 나간 이유는 그의 학식이 뛰어날 뿐 아니라 새로운 방법론을 사용한다는 소문을 듣고 찾아왔으니 실상은 그렇지 않았다는 것이다. 소문과는 달리 그는 그들이 익숙하게 듣고 보아온 바르톨루스 학파와 그 외 사람들의 방법론을 그대로 답습하고 있었다는 것이다. "나는 그들 모두가 한결같이 환상보다는 수업을, 불명확성보다는 명확성을, 천한 것보다는 고상함을, 야만보다는 라틴을 좋아하는 것을 보고는 그들의 소원을 들어주기로 했다."[20]

물론 그 결과 모든 것이 원하는 대로 되었다고 한다. 그러나 알치아티의 위의 이야기는 학생들의 자못 심각한 항의를 극소화시켜서 말한 것에 불과하다는 앙리 르쿨트르Henri Lecoultre의 생각이 옳을는지도 모른다.[21] 선생에게 불만을 품은 학생들 가운데는 칼빈과 그의 그룹이 포함되었으리라고 보는 것이 우리의 추측이다. 알치아티가 마침내 자신의 참 모습을 띠고 말을 할 때는 당장 만족은 되었으나 곧 얼마 안 가서 또 다른 불만이 생기게 되었다. 이보다 훨씬 전에 오를레앙 대학을 주도하던 피에르 드 레스투알Pierre de l'Estoile은 그의 저서 『반복Repetitiones』에서 알치아티를 비평한 적이 있었다.[22] 그러자 이 이탈리아인은 익명으로 레스투알과 두 명의 파리 법률학자들을 공격하는 반박서를 출판한 적이

---

19) Preface to *Ad rescripta principium; Opera Omnia* 3, 178.
20) *ibid*.
21) Une gréve d'etudiants au XVIe siécle.
22) 레스투알에 대해서는 *Biographie universelle* t. 7을 보라.

있었고 뷔데의 『여우De Asse』와는 큰 이견을 보인 저서를 출판하기도 했었다. 이 모든 일들은 부르주에 오기 얼마 전의 사건들이었다. 따라서 그는 부르주 대학으로 초빙되자 아마도 그가 전에 예의 없이 대했던 사람들과 관련을 맺지 않을 수 없는 어색한 위치에 놓이게 된 것 같다. 결국 그는 뷔데의 견해를 반박하는 저서 출판을 정지시켰으나 다른 책들은 이미 늦어서 손을 쓸 수가 없었다. 알치아티는 레스투알보다는 훨씬 뛰어난 법학자였던 것 같다. 그러나 오를레앙 대학 출신들의 애교심과 충성심에 불을 붙이는 결과가 되어 1529년 중반에 이르자 니콜라 뒤 슈맹이 역습으로 응수하게 되었다. 그의 소책자는 2년이나 연기된 후에 출간되었다. 칼빈은 이 책이 결국은 자신의 헌정사가 추가되어서 출간되는 것을 보았다. 칼빈 자신은 레스투알의 편이었으며, 칭찬할 것은 칭찬하면서도 알치아티에 대해서는 비판적이었다. 그가 그의 첫 저서에서 알치아티를 언급할 때에도 그의 비판의 어조가 누그러진 것은 아니었다. 알치아티가 칼빈에게 큰 영향을 미쳤다고 보아야 할 하등의 이유가 없다. "칼빈이 이같이 신세계, 아름다움이 넘치는 세계를 발견한 것을 보면 그것이 그에게는 신주神酒와 같았음에 틀림없다"[23)]는 과장된 이야기는 차라리 하지 않는 편이 낫다.

칼빈이 이 이탈리아 교수에 대해 만족을 했든 하지 않았든 부르주 대학에서 보낸 그의 18개월의 학창 생활은 그의 삶에서 매우 중요한 시기, 아니 어떤 의미에서는 결정적인 시기였다. 왜냐하면 그는 여기서 법률 공부 외에 마르그리트가 부르주 대학에 역시 초빙한 바 있는 볼마르 교수에게서 헬라어를 배웠기 때문이다. 칼빈이 후에 그의 위대한 라틴어

---

23) Breen, *John Calvin*, 46.

선생에게 주석 한 권을 헌정한 것과 같이 그의 헬라어 선생에게도 책 한 권을 헌정했다. 그는 헌정사에서 아래와 같이 말했다.

"내 선친께서 나에게 법학을 공부시키기 위해 나를 부르주 대학에 보내서 헬라어의 권위자인 교수님 밑에서 법학뿐 아니라 헬라어를 배울 수 있게 해 주셨던 그 때보다 더 중요한 시기는 별로 없었던 것 같습니다. 선생님께서는 그 과정 끝까지 마다하지 아니하시고 친절하게 가르쳐 주셨는데도 저는 큰 진전이 없기에 선생님께 누를 끼치게 될까 그것이 염려스러울 따름입니다. 부친상을 당하는 바람에 선생님께 단지 기초밖에 배우지 못했으나 후일에 이것이 나에게 큰 도움이 되었음을 솔직히 고백하고 싶습니다." [24]

이것은 아직도 헬라어 하면 이단을 연상하는 그런 시기이기 때문에 매우 의미심장한 한 단계의 발전이 아닐 수 없었다. "우리는 헬라어라고 불리는 새로운 언어가 있음을 알고 있다. 이 언어는 온갖 이단을 만들어 내는 온상이기에 무슨 일이 있더라도 피해야 한다. 특히 헬라어 신약 성경은 주의해야 한다. 왜냐하면 그것은 가시와 찌르는 것으로 가득 차 있기 때문이다." [25] 이 말은 칼빈이 헬라어를 배우기 몇 년 전에 한 말임은 분명하나 1530년만 해도 헬라어는 두 세계의 경계선을 대표하고 있었다. 헬라어를 배웠던 사람들은 이미 그가 태어났던 구세계를 콜럼버스보다 훨씬 멀리 떠나 항해함으로써 더 새로운 신세계를 발견해냈던 것이다. 칼빈은 이제야 비로소 뒤 벨레du Bellay가 말한 바 '프랑스—헬라인

---

24) OC 12, 364-5; Calvin Translation Society 100-1.
25) Cuissard, *L'Etude du Grecá Oreéans*, 93.

들의 소문난 국가'에 합류하게 된 것이다.

칼빈은 종일 법학과 헬라어만 가지고 씨름을 하지는 않았다. 그는 미래의 개혁자인 오귀스탱 마를로라Augustin Marlorat가 이미 수도원장으로 있었던아니면 곧 수도원장이 될 아우구스티누스 수도회에 나가 수사학 강의아마도 교양 과정에 입학하기 위한 예비 공부였을 것임를 하고 있었다. 이보다 더 중요한 것은 "그가 자주 지금도 오래된 교회 안에 그대로 서 있는 돌로 된 강단에서 설교를 했으며,"[26] 아스니에르라는 마을에서 가끔 설교했는데 "이곳에 뿌려진 그의 말은 아무리 짓밟아도 죽지 않을 만큼 깊이 뿌리박혔으며."[27] 리니에르에서는 어떤 이유에서인지는 모르나 그 지방 유지인 필베르 드 보죄를 포함한 청중들을 모아놓고 '강 옆 창고에서' 가끔 설교했다는 말이 전해져 온다. 필베르 드 보죄Philbert de Beaujeu는 칼빈의 설교에 매료되었으나('어쨌든 그가 우리에게 새로운 것을 말해주었다'), '가톨릭 신도'로 남아 있었다고 한다.[28] 이렇게 전해져 내려오는 말 속에는 전설적인 야사 그 이상의 것이 내포되어 있는 것 같다. 왜냐하면 필베르 드 보죄는 역시 메이앙의 영주이기도 했는데 우리가 소유하고 있는 칼빈의 첫 번째 편지를 쓴 것이 바로 메이앙에서였기 때문이다. 두메르그Doumergue의 의견처럼[29] 아마도 칼빈은 새로 지은 그의 성에 거주했을 것이다.

만일 그가 설교했다고 전해져 내려오는 이야기들이 사실이라면 우리는 여기서 칼빈의 새로운 면을 찾아볼 수 있다. 비록 아직까지는 로마 가

---

26) Raynal, *Histoire* 3, 308.
27) *ibid.*
28) Raynal, *Histoire* 3, 309.
29) *Jean Calvin* 1, 611.

톨릭의 신도이거나, 혹은 인문주의자였다 할지라도 칼빈은 분명히 설교를 할 수는 있었을 것이다. 그러나 그가 꼭 그렇게 했어야 할 필연적인 동기이유가 있었을까라고 의문을 제기할 사람도 있을 것이다. 그러나 만일 복음주의적인 그리스도인의 특징 중 하나가 그의 신앙을 증거해서 다른 이들을 그리스도의 장성한 분량에 이르기까지 양육하려는 강한 충동이라면, 그리고 칼빈의 회심을 1529년이나 혹은 1530년 초기로 보는 우리의 계산이 옳다면, 칼빈이 부르주 체류시 설교를 했다는 말들이 조금도 모순되지 않는다. 심지어 우리는 한 걸음 더 나아가서 만일 이 때 칼빈이 설교하지 않았다는 확실한 증거가 있다면 그 증거는 그 때까지 칼빈이 복음주의자가 아니었다는 근거도 제시해야 한다고 주장한다.

1529년이나 1530년 초 무렵 칼빈은 회심을 경험했다부록 1을 보라. 우리는 그 때 상황을 정확히 알지 못한다. 만일 회심 동기가 있었다 해도 그 동기가 무엇일까에 대해서는 일반적인 의견의 일치를 보지 못하고 있다. 칼빈 자신도 『시편 주석 Commentary on the Psalms』 서문의 경우를 제외하고는[30] 이 일에 대하여 침묵으로 일관한다.

칼빈이 『시편 주석』 서문에서 자신의 회심을 언급한 것은 자신이 시편의 주석자로서 적합하다는 것을 입증하기 위해서였다. 자신이 시편 기자들의 마음을 공감할 수 있는 근거로 그가 겪었던 큰 고초와 신앙을 위한 투쟁을 언급한 후에, 특히 그가 보기에 자신의 인생 경로와 다윗의 인생 경로 사이의 유사점을 지적한다. 사실 다윗은 목동이었다가 뜻밖에 왕이 된 인물이었다. 다윗은 특히 하나님이 택했기 때문에 목동의 자리에서 보좌에 오른 인물이라는 이 점에 칼빈이 자신과 다윗을 비교한 진

---

[30] OC 31, 19-34; Calvin Translation Society 1, xl-xlviii.

의가 드러나 있다. 칼빈의 인생도 다윗과 비슷하게 하나님의 보이지 않는 섭리에 의해 큰 변화를 경험했고 또 인도하심을 받았다. 칼빈도 천한 출생이었으나 일약 복음 사역자가 되었다.

한편 결정적인 칼빈의 인생의 변화는 아래와 같이 일어났다. 사제가 되려던 계획이 갑자기 바뀌어서 그는 법률학을 공부하게 되었다. 이것이 그의 삶의 첫 번째 변화인데 매우 정상적이고 인간적인 계획의 변경이었다. 그러나 얼마 안 있어 두 번째 변화가 일어났다. 이 두 번째 변화는 칼빈의 인생에 대한 하나님의 간섭으로서 그의 두 번째 계획을 송두리째 뒤집어 엎어버리는 것이었다. 그는 갑자기 멈추어 섰다가 새로운 방향으로 방향 전환을 했다는 사실을 스스로 알기 전까지는 누가 등에 탄지도 모르고, 입에 재갈이 물린지도 모르는 채 어디론가 아버지의 손에 끌려가는 말과도 같았다. 이것이 칼빈의 회심이었다.

칼빈은 회심의 경험을 과장해서 말하는 사람과는 거리가 먼 인물이었다. 불시에 당한 회심의 체험은 단지 시작, 즉 '참 경건을 맛만 본 것'에 지나지 않았다. 그는 회심 즉시 후일 『기독교 강요Institutes』에 표현한 바와 같은 완전한 신학에 도달한 것이 아니었다. 그는 회심하자마자 자신의 새로운 신앙이 갖는 전교회적인 의미가 무엇인지를 깨달은 것도 아니었으며, 그가 어렸을 때부터 맺어오던 교회와의 모든 연관을 즉각적으로 끊어버렸던 것도 아니었다. 회심의 결과로 일어난 것은 다른 여러 권위들에 대해 제멋대로 복종하던 그의 마음이 이제는 하나님의 권위만을 유일의 권위로 받아들이게 된 것이 전부였다. 한 때는 거친 황소였던 그가 이제 길들여져 주인을 알아보게 된 것이며, 잃었다 찾은 양이 이제 주인의 음성을 알아차리게 된 것이다. 이제 칼빈은 가르치면 먹혀들어 갈 수 있는 사람이 된 것이다.

시편 기자들처럼 칼빈도 깊은 곳, 기가 막힐 웅덩이와 수렁에서 끌어 올림을 받았다. 젖먹이 때부터 몸에 젖어온 신앙과 예배 의식은 이제 미신이요 하나님께서 주신 것이 아닌 인간들이 자의적으로 만든 종교에 불과하다는 생각이 칼빈의 머리를 스쳐가기 시작했다. 칼빈은 참 경건, '피에타스' pietas, 즉 "하나님의 축복을 아는 지식으로 말미암아 생기는 하나님께 대한 경외감 넘치는 사랑"[31]을 이미 맛보아 알고 있었다. 많은 학자들은 칼빈의 회심은 '경건주의적' pietistic인 회심이 아니었다고 주장한다. 이들이 '경건주의적'이라는 말을 어떤 뜻으로 사용하는지를 알면 누구나 이에 대해 찬성하거나 반대할 수 있을 것이다. 사실상 칼빈 스스로가 묘사한 회심은, '경건주의적'이건 아니건 간에, '경건적'임에는 틀림없다. 그는 경건의 첫 맛을 느껴보았고, 하나님을 자신의 아버지로 사랑하고 존경하기 시작했으며, 하나님을 아는 지식과 사랑 안에서 성장해 나가려는 열망에 불이 붙기 시작했다.

그가 당시 특별히 연구하던 주제는 종교 개혁자들 사이의 성체론 논쟁에 관한 것이었다. 루터가 『교회의 바빌론 유수』1520년에서 성체 성사 교리를 부인하고 성체eucharist를 하나님의 약속의 성례요 믿음으로 말미암는 그리스도의 선물로 해석한 지도 어언 9-10년이 흘렀다. 단지 최근에 들어서서, 1529년 10월에 마르부르크Marburg에서 루터와 츠빙글리 사이에 격심한 논쟁이 일어났다. 칼빈은 『교회의 바빌론 유수』와 독일어에서 라틴어로 번역되어 1524년과 1527년에 출판된 성체론에 대한 루터의 설교 2편을 그 당시에 읽었을 것이라고 생각된다. 그로부터 약 30년 후에 칼빈은 자신이 '교황 정치의 암흑에서 헤어 나와 참된 가르침의 맛을

---

31) *Inst.* I. ii. 1.

조금 보았을 때' 루터의 저서 속에서 츠빙글리파들은 성례를 텅 비고 공허한 상징으로 격하시키는 사람들이라는 내용을 읽어본 적이 있다고, 한 반대파의 인사에게 술회했다. 이 때문에 그는 츠빙글리파에 대한 반감이 생겼고 그 후 오랫동안 그들의 저서는 읽지 않게 되었다. 그가 읽었을 것으로 확신이 가는 책이 또 한 권 있다. 그것도 그냥 읽은 것이 아니라 새롭게 눈을 크게 뜨고, 잘 알고 있었다고 생각했는데 전혀 한 번도 읽어 본 적이 없었던 것처럼 보여 크게 놀라면서 읽었던 책이 있다. 아마도 그는 에라스무스가 펴낸 헬라어 신약 성경-그 당시는 1527년 판이 최신의 것이었고 헬라어와 에라스무스의 라틴어 번역이 나란히 나와 있었는데-을 읽을 때 날로 발전하는 그의 헬라어 실력을 십분 활용했을 것이다. 또한 그는 자신이 히브리어 실력이 없기 때문에 구약 원문 대신 불가타 성경을 사용할 수밖에 없음을 느끼고 크게 당황했을 것이다.

칼빈의 첫 번째 저서

우리는 아직 법학도로서 부르주에 머무르고 있으나 이제 막 샘솟기 시작한 새로운 애정의 폭발적인 힘을 소유한 칼빈의 모습을 그려가고 있다. 그는 1531년 봄까지는 그 곳에 머물러 있었는지도 모른다. 그러나 1530년 10월 학기 시작 초에 오를레앙으로 되돌아왔고 그 때쯤에는 면허소지자의 학위를 땄을 가능성이 더 크다. 1530년의 긴 방학이 끝나갈 즈음에 칼빈이 프랑수아 다니엘에게 편지를 띄운 것은 부르주 아니면 부르주에서 남쪽으로 약 30마일 가량 떨어진 메이앙-이 곳일 가능성이 더 큼-에서였을 것이다.[32] 그 편지는 학문적인 기지가 번뜩이는 재미있는 편지이다당시에도 그랬을 것이다. 그는 람프리디우스Lampridius와 헬라어까지 들먹거리면서 자신이 빌린 여행용 비옷을 돌려보낸다고 썼다. 그는 자신에게 『오디세이 Odyssey』를 빌려준 쉬케를 위시해서 여러 친구들이 자신을 기억해주었으면 좋겠다고 했다. 그는 다니엘에게 칼빈이 그 책이 필요해서 갖고 있는 중이라고 쉬케에게 선의의 거짓말을 해줄 것을 부탁했다. 그리고는 '나의 가장 친한 친구여 안녕' 이라고 편지 끝에 썼다.

부르주에서 왔든지 오를레앙에서 왔든지 간에 1531년 3월 초에 그는 파리에 나타났다. 그가 파리에 온 이유는 자신의 저서를 출판해 줄 출판업자를 찾아보기 위해서일 수도 있고, 파리 대학에서 공부를 더 계속할 수 있을지의 여부를 타진해 보기 위해서일 수도 있다. 그는 거기서 알치아티를 반박하는 뒤 슈맹의 『반박 변증 Antapologia』의 서문을 썼고 그것이 출판되어 나오는 것을 보았다.

오를레앙으로 되돌아가려는 그의 의도는 아버지가 위독하다는 소식 때문에 좌절되었고 그는 급히 누아용으로 내려갈 수밖에 없었다. 이제 70 고개를 막 넘어섰음이 분명한 제라르는 후처와 그가 낳은 여식과 함께 살고 있었다. 물론 샤를도 계속 누아용에 살고 있었는데 계속해서 참사회와 마찰을 일으키고 있었다. 1531년 2월, 그는 자신에게 명령을 전달하러 온 참사회의 권표 봉지자權標棒持者를 폭행했으며 이틀 후에 또 막시밀리앙이라는 교회 서기를 두들겨 패기에 이르렀다. 참사회는 그가 스스로 자신을 파문에서 해제하는 주제넘은 짓을 했다는 결론에 도달했다. 왜냐하면 폭행하지 않겠다고 약속해 놓고 지키지 못했기 때문이었다. 따라서 장은 아버지와 형이 모두 파문당한 채 곤경에 빠져있는 집으

---

32) O C 10b, 3-6; Herminjard 2, 278-82; English Translation of Calvin's letters 1, 5-6.

로 돌아오지 않을 수 없었다.

그러나 그의 마음은 이미 누아용을 떠나 있었다. 그가 뒤 슈맹에게 쓴 편지를 보면 오를레앙의 친구들에게 가고 싶은 마음은 굴뚝같으나 아버지의 병 때문에 꼼짝 달싹 못하고 있었음을 알 수 있다.

"내가 떠나올 때 곧 돌아오리라고 약속했으나 원하는 대로 될 것 같지 않아 심히 염려되네. 지금이라도 돌아가고 싶은 심정이야 말로 할 수 없지만 아버님의 병환 때문에 어쩔 도리가 없네. 의사들이 곧 완쾌할 것이라고 한 말은 시간이 흐를수록 하루 빨리 자네를 만나고 싶은 나의 마음을 더할 뿐이었네. 하루하루가 지나고 우리는 더 이상 아버님이 회복할 가능성이 없다는 결론에 다다르게 되었네. 아버님은 회복할 수 없을 것 같네. 그러나 결과야 어찌됐든 자네를 한번 찾아가 보고 싶네." [33]

이 편지를 쓴 때가 5월 14일이었다. 제라르는 그 후 12일간을 또다시 간신히 목숨만을 연명하는 상태로 보냈다. 파문당한 채로 아버지가 돌아가시자 샤를은 거룩한 땅에 시신이라도 묻게 해 달라는 간청을 올렸다. 그 후에야 비로소 장은 자유의 몸으로 오를레앙에 돌아올 수 있었다. 우리 중에는 방금 언급한 서신에서 칼빈이 어떻게 자기 아버지의 죽음을 그처럼 무감각하고 이기적인 태도로 말할 수 있으며 이와 반대로 뒤 슈맹에게는 '생명보다 귀한 나의 친구'라는 표현을 쓸 수 있을까라는 점에 대해 매우 불쾌감을 느끼는 사람도 있을 것이다.

그는 오를레앙에서 오랫동안 머물지 않았다. 왜냐하면 6월 27일에 그

---

33) OC 10b, 7-9; Herminjard 2, 331-3; English Translation of Calvin's letters 1, 1-2.

는 파리에서 다니엘에게 편지를 띄웠기 때문이다. 그는 파리에서 헬라어 공부를 계속하면서 새로 히브리어 공부를 시작했다. 그가 피에르 단 Pierre Danès의 강의실 근처에서 묵을 곳을 찾고 있었던 것으로 보아 그는 당분간 그 곳에 머물 작정이었다. 단은 프랑스 왕이 새로 세운 언어 학교의 히브리어 왕실 강사였다. 뷔데의 제자인 그는 당시에 이미 많은 사람들에게서 스승을 능가하는 학자라는 평을 들었다. 여러 친구들이 칼빈에게 호의를 베풀어 주었는데, 특히 오를레앙의 칼빈 친구들과도 친분이 있는 쿠아파르라는 사람의 아버지가 극진한 호의를 아끼지 않았다. 만일 강의실에서 그의 집이 멀지만 않아도 그의 초청을 수락했을 것이다. 우리는 갑자기 칼빈이 파리에서 폭넓은 친구들을 가지게 되는 모습과 파리의 친구들이 오를레앙의 친구들에게도 소개되는 모습을 보게 된다.

 6월 27일자 편지의 주요 목적은 다니엘 가문이 칼빈에게 요청했던 일의 결과를 보고하는 데 있었다.[34] 다니엘가는 딸을 파리에 있는 수도원에 입학시키기 위해 여자 수도원장을 만나 입학 수속 절차를 밟는 일을 칼빈에게 의뢰했던 것이다. 따라서 6월 24일 일요일에 그는 친구인 코프-아마도 니콜라스였을 것임-을 데리고 여자 수도원장을 만나러 갔다. 수도원장이 다른 일로 정신이 없자 칼빈은 그 소녀를 밖으로 불러내 그녀가 하려고 했던 일이 무엇인지 이해했는지를 물어보았다. 재삼재사 그 소녀는 수도원 생활을 하고 싶었으나 기회가 없었다고 열변을 토했다. 칼빈의 임무는 소녀를 설득하여 단념시키는 것이 아니었다. 따라서 그는 소녀에게 자신의 힘을 의지하지 말고 하나님의 능력만을 의지해야

---

34) OC 10b, 9-11; Herminjard 2, 346-8; English Translation of Calvin's letters 1, 3-4.

할 것을 거듭 강조할 수밖에 없었다. 여자 수도원장이 자신의 일을 끝내고 난 후, 칼빈에게 한 날을 정해 입학 절차를 마치자고 했다.

단의 지도 하에 헬라어를 배우는 일은 갑자기 흑사병이 돌아 파리 시민들이 이웃 도시로 피난을 가버리는 바람에 얼마 못가 중단되어 버리고 말았다. 칼빈이 어디로 갔는지는 우리로서는 알 길이 없다. 그리고 1532년 1월 중순까지는—만일 그 편지가 1532년에 씌여진 것이라면—그의 향방에 대해서 아는 바가 전혀 없다.[35] 다시 한 번 칼빈은 다니엘의 집안일에 관여하게 되었다. 칼빈은 다니엘의 동생에게 '우리와 함께'—문자적인 의미이든 비유적인 의미이든 간에—있을 것을 설득하고 있었다. 다니엘의 동생이 낙제한 것을 보고 칼빈은 어찌됐든 고향인 오를레앙으로 돌아가야 한다고 권면했으나 이 제안은 오히려 그를 성내게 만들었을 뿐이었다. 칼빈은 순진하게도 어느 날 그와 그의 친구와 저녁 식사를 같이 하려고 기다렸다. 그러나 그들이 오지 않을지도 모른다는 생각이 불현듯 들어 사람을 여관에 보냈더니 다니엘의 동생은 이미 프랑스를 떠나 이탈리아로 가버렸다는 소식을 전해 줄 뿐이었다. 다니엘 가家가 칼빈을 비난할 것은 없었다. 칼빈은 서신에서 다니엘의 동생이 가족에게서 멀리 도망치는 것을 막기 위해 최선을 다했을 뿐이라고 자신을 변호하고 있다.

1532년 2월 14일에 그가 파리에 있었다는 사실은 분명하다. 칼빈과 동생 앙투안은 부모가 남겨준 얼마 안 되는 땅을 자기들 대신 팔아줄 대리인으로서 샤를을 지명한다는 내용의 진술서를 공증인 앞에서 선서했다.

---

35) OC 10b, 15-16; Herminjard 2, 397-8; English Translation of Calvin's letters 1, 6-7.

"우리는 파리의 샤스텔레즉, 법정에서 우리 주 왕의 공증인인 시몽 르 장 드르와 피에르 르 루아 앞에서, 누아용의 주교 각하의 서기였던 고故 제라르 코뱅과 그의 아내 잔 르 프랑의 아들이요, 현재 파리에 살고 있는 법률 면허소지자 석사 장 코뱅과 그의 동생 서기 앙투안 코뱅이 출석하여……음을 공표합니다."[36]

4월에 그의 첫 번째 저서가 파리에서 자비自費로 출판되었다. 아마도 아버지가 남겨 주신 유산 중에 자기 몫으로 출판했을 것이다. 그는 이 첫 저서를 부르주 대학의 학생 시절에, 그러니까 1530년 - 영어 번역판 편집자의 의견을 따르면 - 이전부터 써왔을 가능성이 매우 크다. 칼빈 자신의 말에 의하면 그는 처음에는 출판할 의도 없이 책을 저술하기 시작했으나 친구들이 읽어 보고는특히 코낭이 출판할 것을 종용했다고 한다.

에라스무스가 편집한 여러 책들 가운데는 젊은 세네카Seneca가 네로에게 '모든 사람이 흠모하는 관용' 을 더 폭넓게 보여달라는 호소가 담긴 작품도 포함되어 있다. 이 『관용론de clementia』은 1515년에 발행된 에라스무스 편의 세네카 전집 속에 들어 있다. 위대한 인문주의자인 에라스무스의 수많은 편집자적 노력에도 불구하고 불완전했기에 비평가들에 의해 신랄하게 비평되고 있었다. 에라스무스는 1529년 1월에 개정판을 내었다. 칼빈으로 하여금 『관용론』에 대한 주석을 쓰게 한 동기는 개정판 서문의 글이 그 원인이었다는 것이 일반적인 통설이다.

"그러나 나는 더욱 학식이 있고 더욱 행복해지기를 원하는 사람은 누구

---

[36] Lefranc, *La Jeunesse* 201-2.

나 시간을 투자하면 이 개정판을 통해서 큰 유익을 얻을 수 있게끔 최선을 다해 개정했습니다. ……나는 세네카를 읽을 때 수고는 최소로 하면서도 최대의 많은 유익을 얻을 수 있었으면 하는 바람뿐입니다. ……나는 본문을 개악시키려는 자들의 만용을 막기 위해서라도 이 세네카의 본문에 작은 별들과도 같은 주석을 달아 설명해 주는 저서가 나오길 고대하고 있습니다."[37]

칼빈이 왜 하필이면 이 관용론을 택해서 주석을 썼을까에 대해서는 의견이 분분하다. 옛날의 칼빈 전기 작가들은 프랑스 왕도 그의 복음주의적 백성들에게 관용을 보여줄 것을 요청하는 간접적인 호소로 이해했다. 그러나 대부분의 현대 전기 작가들은 칼빈의 첫 저서를 어떤 정치적이거나 종교적 의도가 전혀 깔리지 않은 순전한 '인문주의자'의 저서로 본다.

그러나 이 견해는 칼빈이 그 때까지 회심을 체험하지 않았다는 또 다른 증거도 제시해야 한다. 물론 이 두 견해는 각기 진리의 일면들은 가지고 있지만 내가 보기에는 칼빈이 처한 위치를 너무 무시하는 경직되고 독단적인 견해처럼 보인다. 칼빈이 그 당시 프랑스 상황과 어떤 연관도 의식하지 않고 그의 책을 저술하고 출판했을 것이라고 보기는 어렵다.

한편 그의 첫 저서가 '인문주의자' 라는 말이 갖고 있는 여러 의미 중의 한 의미인 고전 문헌에 심취한 사람이라는 뜻에서 인문주의자의 저서라는 것을 부인할 수도 없다. 따라서 『관용론』주석을 올바로 해석하기 위해서는 실제로 그에게 일어났던 일에 대한 우리의 지식은 무시하고 칼

---

37) *Opus Epistolarum Erasmi* (Allen) 8, no. 2091.

빈이 그 당시 처해 있던 상황에 우리 자신을 놓아보려고 애써야 한다.

그는 20대 초반이다. 그는 법학 수업을 쌓았다. 그는 얼마 전부터 로마 교회와는 결별하기 시작했다. 그의 인생은 앞으로 어떻게 전개될 것인가? 그가 지금까지 받은 훈련에 맞는 직업을 택하는 길 외에 달리 무슨 방도가 있을 수 있겠는가? 전에는 이것도 교회적인 상황 안에서의 시민법으로 보였을 것이나 이제는 그의 개종으로 그 문도 닫혀 버렸다. 그는 교회 밖의 작은 공간에서 법률 지식으로 먹고 사는 수밖에 없었다. 넓게 말하자면 이제 남은 길은 개업을 하거나 가르치는 일뿐이었다. 오를레앙 대학에서는 대리 강사의 역을 맡는 학사라기보다는 교수 대우를 받아왔다. 그는 분명히 학자로서의 능력이 자신에게 있음을 감지했을 것이다.

데스메에 의하면 칼빈은 이때부터 포르테 대학Collège Fortet에서 공식적인 강사로 첫 출발을 시작했다고 한다.[38] 그런데 그는 칼빈이 어떤 학부의 강사인지는 말하지 않는다. 그렇다면 칼빈이 학문적인 법률학자로서의 직업을 계획한 것이 매우 당연하지 않은가? 오늘날뿐 아니라 그 당시에도 학자 지망생은 자기 연구 분야에서 탁월한 자질을 인정받기 위해서는 깊이 있는 학문적 저술을 할 필요가 있었다. 사실이 그렇다면 칼빈이 왜 기독교 작가가 아닌 고전 작가의 책을 선택해서 주석했는지는 이미 답변이 된 셈이다. 법률학자가 히브리서 주석을 써서 그의 학문적인 경력을 빛나게 할 수는 없지 않은가?

그러나 이것으로 모든 문제가 해결된 것은 아니며 아직 거론할 문제가 남아 있다. 세네카는 지금 우리에게 보이는 것만큼 16세기에는 세속적

---

38) *Remarques* 393.

인 학자로 보이지는 않았다. 세네카와 사도 바울 사이에는 서신 교환까지 있어서 히에로니무스 같은 이는 그를 공공연히 기독교인이라고 부를 정도가 아니었는가? 물론 이 서신들은 에라스무스 편의 세네카 전집 속에 포함되어 있었다. 칼빈이 주석하기 위해 선택했던 작가는 이방 작가가 아니라 적어도 기독교인은 공감할 수 있는 작가였다.

뷔데의 『로마법 대전』 총론 주석에 도움을 많이 받은 칼빈의 방법론은 부분적으로는 문학적인 방법이었고 부분적으로는 철학적인 방법이었다. 칼빈은 헬라어 사용과 언어적 접근 방법과 문맥에 주의를 기울이는 자세와 세심하긴 하나 조각이 날 것만 같은 문체, 그리고 근거들을 쭉 나열하는 방법을 택한 점에서 신학문의 진정한 후계자였다. 아래의 보기가 그의 저서를 대표할 수 있는 전형적인 예이다.

세네카의 본문: "평화스럽고 질서가 잡힌 제국의 얼굴은 화창하고 밝은 하늘과도 같다" The face of a peaceful and ordered empire is like a serene and bright sky.

칼빈의 주석:
'평화스럽고……과도 같다' The face……is like. 세계의 눈인 태양이 밝게 비친다면 전제국이 어찌 미소를 띠우지 않겠는가? 제왕의 행복은 혼자서 즐기는 사적인 즐거움이 아니다. 모든 백성이 제왕의 행복을 기뻐한다. 따라서 밝은 하늘이 사람의 마음을 밝게 하고 고통을 덜어준다는 비유는 매우 적절한 것이다(얼굴Face. 헬라어론 스케마schema나 혹은 프로소폰prosopon일 것임).

쉬네시우스: 헤아레퀴아스 폴레오스 스케마 healekuias poleos schema.

키케로: 우리는 여기서 프로소폰 폴레오스prosopon poleos는 볼 수 없다. 왜냐하면 '얼굴'face은 인간의 육체의 한 부분을 가리킬 뿐 아니라 '나타남'appearance처럼 다른 어떤 것도 가리킬 수 있기 때문이다.

오비디우스: 이것이 함락된 트로이의 '얼굴'face이었다.

베르길리우스: 죄의 다양한 '얼굴들'faces.

겔리우스와 노니우스 마르켈루스도 역시 참조해 보라.[39]

그의 학식은 언뜻 보기에도 굉장해 보인다. 그의 저서에는 자그마치 74명의 라틴계 저자와 22명의 헬라계 저자가 인용되어 있다. 그는 필요한 경우에는 에라스무스와 견해 차이가 나는 것도 주저하지 않고 자신이 보기에 옳은 라틴 본문을 채택해서 그것을 입증해 나갔다. 우리는 그가 언급한 저자들의 책을 모두 직접 보고 인용한 것이 아니라 남이 편찬해 놓은 것을 자유롭게 인용한 것에 불과하다는 것을 알게 되면 그에 대한 경외심이 조금은 사그라지는 것을 느끼게 된다. 칼빈이 인용한 편집물은 주로 고전 작가들의 것예를 들면 아울루스 겔리우스(Aulus Gellius)의 『아티카의 밤, Noctes Atticae』 등이었으나 그 당시 작가들인 뷔데의 『헬라어 주석 Commentarii Linguae Graecae』과 『총론 주석 Annotationes on the Pandects』, 그리고 베로알두스Beroaldus의 수에토니우스Suetonius와 아풀레이우스Apuleius와 키케로에 관한 『주석 Commentarii』 등에서도 인용했다. 따라서 그의 주석에 드러난 학식의 많은 부분은 2차적인 것이었다. 그러나 그는 고전에 정통해 있었고 남에게서 빌려온 도구를 쉽게 사용할 줄 알았다.

---

39) De clementia I, vii. OC 5, 62 Battles and Hugo, Commentary on De Clementia 134 and 135; 배틀스와 위고의 서론은 그 추론과 결론이 항상 만족스런 것은 아니지만 흥미있는 자료와 제안들이 많이 있다.

그러나 언어적이고 문헌적인 주석은 단지 본문의 의미를 설명하는 데 도움을 주는 것에 불과하다. 칼빈의 철학적 주석의 내용에 대해서는 비평가들마다 의견이 또 분분해진다. 세네카는 스토아 학파였다. 칼빈도 그 당시 스토아 학파인가? 두메르그는 칼빈은 "진보적인 인물일 뿐 아니라 철학적으로나 도덕적으로 볼 때는 반스토아 학파적antistoic이다. ……처음부터 칼빈은 섭리에 대한 스토아 학파의 견해를 거절하고 '저 유명한 우리 종교의 신앙 고백' illa confessio religionis nostrae에서 그 견해에 대해 이의를 제기한다."40) 방델Wendel이 볼 때는 이와는 반대이다. "칼빈은 스토아 학파와 기독교 사이의 유사성을 강조하기 위해 애쓴 흔적이 보인다. 그는 스토아 학파와 그리스도인은 우연을 배제하고 심지어는 제왕까지도 지배하는 초자연적 섭리의 존재를 주장한다는 점에서 하나라고 확신하고 있다."41)

여기에서 현재 의논되고 있는 본문이 보여주는 바에 따르면 적어도 방델이 조금은 타당한 것 같다. 그러나 이 두 사람의 논증은 우리가 조금 전에 언급한 바 있는 오해 위에 근거한 논증이라는 점에서는 같다. 16세기인들에게 세네카는 그리스도인들이 공감할 수 있는 스토아 학파 철학자였다. 따라서 그의 몇몇 사상들은 그에 상응하는 기독교 교리들과 강한 유사성을 띰은 충분히 미리 예견할 수 있다. 칼빈은 두 개념이 심각한 차이를 내포하고 있음에도 불구하고 때로는 유사점을 지적하기 위해 애를 쓴다.

그는 그의 첫 저서를 이미 뒤 슈맹의 『반박 변증』을 헌정받은 바 있는 앙제스트가의 클로드에게 헌정했다. 칼빈의 헌정사는 신학문의 표본적

---

40) Jean Calvin 1, 216.
41) Calvin (English Translation of Calvin's letters) 29.

인 작문이다. 이 글은 추천사이면서 동시에 서론도 된다. 그는 우선 미리 출판하지 못한 이유를 변명한다. 그리고 그는 자신이 에라스무스가 편집한 세네카의 본문을 개선할 수 있었다는 점에서 자신의 저서의 가치를 인정한다. 그는 자신의 저술 목적이, 한 뛰어난 작가에게 그가 당연히 받아야 할 것을 받게 해 주며 두 번째로 키케로와 그동안 주목의 대상이 되지 못했던 자들에게 그 영예를 돌리는 데 있다고 설명한다. 그리고 마지막으로 셍텔루아 수도원장의 가정에서 그가 어떻게 양육되고 교육받았는지를 회상한다.

책을 출판하고 난 후 칼빈은 자신의 책을 사 줄 것을 요청하는 서신을 이곳저곳에 보냈다. 칼빈은 프랑수아 다니엘에게 6권의 책을 보내서 한 권은 갖고 나머지 5권은 부르주에 있는 친구들에게 하나씩 돌릴 것을 요청했다. 이 요청을 받고 아그네투스Agnetus도 그의 강의 시간에 칼빈의 책을 언급했으며, 다니엘은 랑드랭Landrin에게 오를레앙 대학에서 칼빈의 책을 가지고 강의해 달라고 요구했다.[42] 칼빈은 오를레앙의 서점상인 필리프 로레에게 편지를 보내 자신의 저서를 적어도 100권쯤은 판매해 줄 것을 강요하다시피 했다. 칼빈은 파리 대학의 몇몇 교수들에게도 자신의 책으로 강의해 줄 것을 부탁했다고 한다.[43]

이런 칼빈의 온갖 노력에도 불구하고 그의 책에 대한 세평世評은 기대 이하이었다. 파리, 부르주, 오를레앙 대학에 각기 광고를 했음에도 불구하

---

[42] OC 10b, 20-1; Herminjard 2, 418-19; English Translation of Calvin's letters 1, 8-9.
[43] OC 10b, 19-20; Herminjard 2, 417-18; English Translation of Calvin's letters 1, 7-8. 이 편지는 로레에게 보낸 것이지(Herminjard-질문 형식-와 O C) 다니엘에게 보낸 것이 아니라는 사실은 배틀스와 위고, 『관용론 주석, Commentaty on de Clementia』 387-91을 보라. 이 사실은 파리의 마자린 도서관에 있는 주석 사본에 인쇄업자의 이름 대신 로레의 이름이 있는 것으로 확증된다(R. Peter's review of Battles and Hugo in Rev. d'Hist. et de Phil. Relig. 1971, 79-81).

고 학문의 세계에서는 그의 첫 저서를 걸작으로 인정해주지 않았고 오늘날은 다른 것으로 유명해진 한 위인의 첫 번째 작품으로만 기억될 뿐이다.

부정으로부터의 도피

칼빈은 그의 책이 몰고 올 불행한 미래에 대해서는 전혀 예상치 못했다. 비록 세상 사람들은 칼빈의 첫 저서의 공로에 대해서는 일체의 관심도 보이지 않았으나 그를 전도유망한 청년으로 생각했을 뿐 아니라 이미 그 가능성을 충분히 보여 주목할 만한 인물로 보지 않을 수 없었다. 칼빈이 다니엘에게 만일 뒤 슈맹이 자신에게 숙소를 제공해 주지 않았다면 청천 하늘 밑에서 얼어 죽을 뻔했다는 유머 섞인 편지를 보내면서 오를레앙으로 되돌아갈 계획을 세웠을 때는, 이미 그에겐 이런 명성이 따라다니고 있었다. 그가 왜 오를레앙 ─ 그곳에서 약 1년간 체류한 것 같은데 ─ 으로 돌아가려고 했는지는 알려져 있지 않다. 그러나 그가 오를레앙 대학과 연고를 맺고 있었음이 분명하고 이미 전 과정을 마치고 면허 소지자 자격을 획득한 것을 감안하면 그가 오를레앙에서 가르쳤을 것이라는 결론을 내리지 않을 수 없다.

여기서 우리는 중세 대학 생활의 또 다른 일면을 언급하고 지나가야 할 것 같다. 중세 대학에는 학생들이 그들의 국적이나 출신 지방에 따라 단체를 구성하는 시스템이 있었다. 이런 '국민단' 國民團, 학생들이 도시의 주민들이 방 값이나 생활 필수품 값을 올리는 것뿐 아니라 교수들의 태만이나 무성의에 공동적으로 대처하기 위해서 동 지방 출신의 학생들이 모여서 만든 강력한 조직의 학생 단체로서 중세 여러 도시에 이미 널리 퍼져 있던 동업 조합(guild)을 모방한 것으로 보임. 이에 대한 자세한 내용은 해스킨

즈 著, 『大學의 起源』을 참조하라-역자 주은 대학의 절대 필요한 구성 요소였으나, 나름대로의 지위와 결정권과 권리와 의무를 행사하는 자치단체였다.[44] 파리 대학은 프랑스인, 노르망디 사람, 피카르디 사람, 영국인프랑스인은 라틴 제 민족을, 피카르디 사람은 저지대 지방(오늘날의 베네룩스 3국)을, 영국인은 영국과 독일과 유럽의 북부 및 동부를 각기 포함-역자 주이라는 4개의 국민단단지 교양 학부 학생으로만 구성된으로 나누어져 있었다. 장 코뱅은 물론 10개의 국민단으로 나누어져 있는 오를레앙 대학에서와 마찬가지로 피카르디인 국민단에 속해 있었다. 조합의 간부들, 특히 조합장은 대학 내 문제에 중요한 결정권을 가지고 있었다. 각 국민단에서 선출되는 조합장은 국민단 회의를 주재했고 오를레앙 대학에서는 대학 운영을 책임진 회의인 교사 조합敎師組合이 각 국민단을 대표하는 역할을 담당하였다.

1533년 5월과 6월 두 차례에 걸쳐서 칼빈은 "임기 1년의 조합장 대리"[45]로서 오를레앙 대학의 피카르디인 국민단 회의를 주재했다. 우리가 권위를 인정하는 자료들 가운데는 위의 직책에 관한 언급이 거의 없는 것같다. 아마도 칼빈은 의장 부재시만 직무를 행하는 소위 우리가 말하는 부의장이었을 것이다. '임기 1년'이란 말은 칼빈이 그 학년도의 공부기간에 오를레앙에 있었음을 암시해 준다.

우리는 위의 사실로 추측해 볼 때 칼빈은 그를 뽑아준 학생들에게 이미 널리 알려져 있었을 뿐 아니라 그가 선출되기 이전부터 오를레앙 대학과는 매우 밀접한 관계였음을 분명히 알 수 있다. 그럼에도 불구하고 오를레앙 대학은 그를 1년 이상 붙잡아 두지 못했다. 1533년의 긴 방학

---

44) 국민단에 대해서는 Bimbenet, *Histoire*; Rashdall, *Universities of Europe* vol. 2; Kibre, *Nations in the Medieval Universities*을 보라.
45) Doniel, Calvin à Orléans 174-85. 두 개의 문서가 179-80에 인쇄되어 있다.

을 라 제진의 목사로서, 흑사병을 물리쳐 주시기를 기원하는 공중 기도회를 계획하는 참사회를 도와주면서 누아용에서 보낸 후에 파리로 돌아온 칼빈은 생시몽 축일 전날10월 27일에 '나의 형제요 친한 친구이며 오를레앙의 변호사인 다니엘 선생'에게 편지를 띄웠다. 이 서신과 그 다음 서신에서 그는 수도 파리의 종교적인 갈등에 대한 자극적인 소식을 담고 있다.[46]

최근까지만 해도 사태는 개혁주의자들에게 유리하게 전개되어 왔었다. 루터파에 대한 박해와 1520년대와 같은 핍박은 사라져 버렸었다. 국제 정치의 변화 때문에 프랑수아는 최근에 로마의 구속으로부터 벗어난 영국과 그리고 독일의 신교 지도자들과 화해하지 않을 수 없었다. 따라서 종교 개혁자들은 관용되었을 뿐 아니라 마르그리트의 보호 아래 과감히 표면으로 드러나기 시작했던 것이다. 이에 소르본 대학The Sorbonne은 날카로운 반응을 나타내고 심지어는 감히 나바라의 왕과 여왕마르그리트를 의미함-역자 주을 이단자로 몰아 공격을 시도하기까지 했다. 프랑수아는 이것만은 견디지 못했다. 따라서 즉각 노엘 베디에와 그의 동료 한 둘을 추방시키기에 이르렀다. 보수주의자들은 마르그리트와 그녀의 시여물施輿物 분배 관리인인 제라르 루셀Gérard Roussel을 풍자하는 연극을 나바라 대학Collège de Navarre 학생들을 시켜서 10월 1일에 공연함으로써 반격을 시도했다. 이에 경찰이 나바라를 포위하고 몇 명의 범죄자들을 체포해서 가택 연금시켰다.

그러는 동안 신학자들은 마르그리트의 저서인 『죄진 영혼의 거울Le miroir de l'âme Pecheresse』, 1531년을 금서로 만들기 위해 그녀의 책 사본을

---

46) OC 10b, 25-30; Herminjard 3, 103-11; English Translation of Calvin's letters 1, 11-16.

압수하면서 또 다른 전선에서 공격을 개시했다. 마르그리트는 오빠에게 청원을 했고 오빠인 프랑수아 왕은 파리 대학에 사문查問 위원회를 설치할 것을 명령했다. 이 때 그 학년도의 파리 대학의 장은, 우리가 전에 칼빈과 함께 여자 수도원에 같이 갔던 것으로 추측한 바 있었던 의학 박사 니콜라스 코프였다. 그는 강력한 종교 개혁자였는데, 심지어는 '루터파'였을 가능성도 있다. 또한 그는 마르그리트와 개인적인 친분도 있어서 마르그리트가 자신의 저서인 『죄진 영혼의 거울』을 출판하기 전에 사본을 보내줄 정도였다그의 아버지는 왕실 의사로서 궁정에 알려진 인물이었다. 그 당시에 학부들faculties과 국민단들the nations로 구성된 사문 위원회를 주재하였던 인물이 바로 코프였다. 칼빈의 신상에 관한 상세한 이야기는 코프에게서 나왔을 가능성이 크다. 사문 위원회의 결과 신학자들의 비난은 너무 지나친 것이라는 결론이 나왔고 따라서 대학 당국은 프랑수아 각하에게 아버지와 같은 따스함에 감사한다는 내용의 재치 있는 편지를 써 보냈다.

그러나 오히려 패배보다 못한 결과가 생겼으니 그것은 바로 너무 성공적이었거나 아니면 때 이른 성공이었기 때문이었다. 칼빈이 그렇게 당당히 다니엘에게 편지를 써 보낸 지 6일밖에 안 지나서 코프는 학장 취임 연설─그 당시의 취임 연설은 대학의 재정이나 10년 후의 추정 학생 수 등을 언급하는 정도로 그치지 않았는데─을 해야만 했다. 연설의 본문으로 팔복마 5 : 2 이하을 택한 코프는 사실상 에라스무스의 『위로Paraclesis』, 그의 신약 성경의 서언들 중 하나와 라틴어로 번역된 루터의 『교회설교집 Kirchenpostille』을 거의 참조하다시피 한 설교를 했다. 오늘날의 로마 가톨릭이라면 그의 연설에서 그를 책할 만한 것을 별로 찾지 못할 것이다. 그러나 그의 연설을 이단으로 본 것을 보면 그 당시 파리의 신학이 얼마나 편협하고 옹졸했는지를 쉽게 알 수 있다. 이 때까지 왕은 개입하지 않았다. 그러나 그들이 코프를 체포하러 왔을 때는 이미 그는 바젤Basel로 도피한 후였다.

칼빈은 코프의 사건에 연루되었다. 베자에 따르면 사실상 코프의 연설을 작성한 자는 바로 칼빈이었다는 것이다. 그러나 이 견해는 장 로트 Jean Rott가 설득력 있게 그 가능성을 옹호하기까지는 거의 모든 현대 학자들의 지지를 받지 못했다. 칼빈은 혐의를 받게 되었다. 포르테 대학 내의 그의 방은 수색당했고 그의 책들과 서신들은 압류당했다. 칼빈 자신도 코프의 뒤를 따라 수도 파리를 떠나야 했다.

그러나 그는 그 다음해까지 내내, 실제적인 위험과 이에 못지않게 마음을 혼란시키는 가상적인 위험을 무릅쓰고 여행을 계속했다. 그는 그럴 가능성에 있어서나 실제적으로 나타난 면에 있어서나 '루터파'로 알려져 있었다. 왜냐하면 칼빈은 그가 후에 꾸짖은 바 있는, 유대인이 두려워 밤에 몰래 예수님을 찾아온 니고데모와 같은 부류의 인물은 아니었기 때문이었다. 그럼에도 불구하고 그는 후에 제네바에서 한 설교 중에 사람들을 두려워한 나머지 마땅히 할 말을 하지 못했던 때가 있었다고 스스로 고백했다.

"저는 20년, 아니 거의 30년 전에 프랑스에서 깊은 실의에 빠져 차라리 죽어 이런 더러운 꼴을 보지 않거나, 아니면 최소한 혀라도 잘려나가 말을 할래도 할 수 없으면 얼마나 좋을까라고 탄식을 한 적이 있었습니다." [47]
그는 결국 약속을 지키지 않은 미카엘 세르베투스Michael Servetus를 몰래 만나러 파리에 가는 것은 목숨을 건 모험이었다고 말한 것으로 보아 파

---

[47] Sermon 14, on II Sam. 5. 13. *Supplemanta Calviniana* 122.

리에 위험이 도사리고 있다고 믿었음이 분명하다.

11월에 크게 한번 놀란 후—이 때 아마도 누아용으로 잠적했던 것 같은데—그는 곧 파리로 되돌아 왔다. 베자에 따르면 그 이유는 마르그리트가 왕에게 종교 개혁자들을 위해 청원했기 때문이라고 한다. 나바라의 여왕의 호의적인 배알이 허락되었음에도 불구하고 그는 다른 곳이 더 안전할 것이라고 생각했다. 따라서 그는 비록 지금 처음 등장하지만 파리에서의 초기 학생 시절부터 계속 친구로 지내온 것으로 보이는 한 부자 청년의 초청을 받아들였다. 루이 뒤 티예Louis du Tillet는 4형제 중 막내로서, 첫째는 파리의 브리외의 주교였다가 후에 모Meaux의 주교가 된 인물이었다. 루이는 그 당시에는 클레 마을의 교구 목사요 앙굴렘의 지역 성당의 참사회 회원의 지위까지밖에 오르지 못했다. 이것이 오히려 이제는 무서운 강풍으로부터 칼빈을 보호해준 은신처가 될 수 있었던 것이다.

칼빈이 『기독교 강요』를 쓰기 시작한 것은 바로 여기에 머물 때부터였다는 사실은 플로리몽 드 레몽Florimond de Raemond의 말에 근거한 것인데 학자들 사이에서는 거의 정설로 받아들여져 왔다. 또한 콜라동과 베자 2에 따르면 칼빈은 "사람들에게 예수 그리스도로 말미암는 구원의 참되고 순수한 지식의 맛을 조금이라도 보여주기 위해"[48] 인근 여러 마을의 미사 때 선포할 설교와 '기독교항의서'를 작성했다고 한다. 또한 1550년에 그 지방의 신사인 피에르 드 라 플라스Pierre de la Place가 칼빈에게 보낸 편지를 보면 그가 그곳에서 복음 전도 활동을 했다는 강한 증거를 찾아볼 수 있다.[49] 그러나 칼빈이 뒤 티예의 "엄청난 장서를 이용해서 교

---

48) OC 21, 56f. and 123.
49) OC 13, 681.

부들에 대해 폭넓고도 정확한 지식을 얻게 되었다"고 말하는 것은 클레나 앙굴렘에서의 그의 체류를 너무 과장되게 표현한 것이 아닌가 생각한다. 그가 거기서 4-5개월 이상 머물렀을 가능성은 거의 없다.

1534년 5월에 그는 누아용을 방문해서 성직자로서의 그의 직업을 종결하는 결정적인 조치를 취했다. 참사회 기록을 살펴보면 5월 4일자로 칼빈이 라 제진의 목사직을 사임했음이 기록되어 있다. 이와 동시에 퐁레베크의 성직록도 사양했을 것으로 추측되나, 이에 대해서는 어떤 증거도 없다. 옛날의 작가들과 심지어는 놀랍게도 몇몇 현대 작가들은 칼빈이 그 당시 파란만장한 한 달을 보냈다고 생각한다. 그들은 5월 26일자 서기 문서의 기록 사항을 르프랑Lefranc이 오독誤讀한 것을 그대로 받아들인다. 그에 의하면 기록 내용은 "예앙 코뱅M.Iean Cauvin이 삼위일체 축일Trinity Sunday 전날 교회에서 소란을 피운 죄로 코르보 문 감옥에 투옥되었다"50)는 것이었다. 그는 6월 3일 석방되었다가 6월 5일 재투옥되었다고 한다.

그러나 그 문서의 기록을 제대로 읽으면오래 전 1927년에 두메르그가 밝혀낸 것인데51) "뮈디라고 불리는 예앙 코뱅이라는 사람Un Iean Cauvin, dict Mudit이 투옥되었다"고 기록되어 있다. 이 동명이인은 아마도 1551-52년우리의 장 코뱅은 그 당시 제네바에 있었기 때문에 명백한 알리바이가 성립되는데에 집안에 "악한 행실의 아내"52)를 두었다는 이유로 참사회 회원의 직위에서 해제된 바로 그 사람일 가능성이 크다. 5월 이후에는 그의 향방을 정확히 말하기가 불가능하다. 왜냐하면 누아용에 있다가 갑자기 오를레앙에 나타나고 푸아티

---

50) Lefranc, *La Jeunesse* 201.
51) *Jean Calvin* 7, 575.
52) Desmay, *Remarques* 390; Le Vasseur, *Annales* 1170.

에에 있는가 싶으면 클레에 그 모습을 드러냈기 때문이다. 그가 파리에 상당 기간 체류했었다는 이론은 의심받아 마땅하다. 그는 이 때서론 1534년 오를레앙에서라고 되어 있다 앞으로 수년 내에는 출판되지 않을 논문을 쓰고 있었다.

이 당시 재세례파는 프랑스에서 큰 활동을 보여 많은 대중들을 끌어 모은 것 같다. 칼빈은 그들의 견해를 잘 알고 있었고 몇몇 지도자들과도 접촉한 바 있었다. 그들의 교리 가운데는 죽을 때 영혼은 잠을 자기 시작해 죽은 자의 마지막 부활 때 잠을 깬다는 교리가 있었다. 이 교리를 반박하기 위해서 후에 『혼수론魂睡論, Psychopannychia』, psycho(영혼)와 pannychios(밤새 계속되는)란 두 단어의 합성어로 '영혼의 밤새 내내의 잠'이라는 뜻-역자 주 이라고 알려진 논문을 써서 "그리스도를 믿는 믿음 안에서 죽은 성도의 영혼은 자는 것이 아니라 그리스도 안에서 사는 것이다"라고 주장했다.

프랑스 내에서 여기 저기 불안하게나마 숨어다니는 일은 10월 중순에 '벽보 사건'이 일어남으로 극적인 종지부를 찍지 않을 수 없었다. 파리를 포함한 프랑스의 수많은 주요 도시에 미사는 우리의 주요 유일한 중보자요 구원자이신 예수 그리스도의 성찬에 정반대되는 더 이상 참을 수 없는 크고 무서운 악용惡用이라는 과격한 내용의 벽보가 나붙었던 것이다. 이에 정부는 즉각 대응 조치를 취하기 시작했다. 범인 제보에 현상금을 내걸었다. 11월 중순까지 무려 200명이나 체포되었다. 그 후 3개월 동안 약 20여 명이 사형을 당했다. 1월에는 칼빈이 파리에 있을 때 함께 거주한 바 있었던 친구인 상인 에티엔 드 라 포르주Etienne de la Forge가 화형을 당했다. 1월 말에는 '루터파'를 잡아들이라는 칙령이 반포되었다.

이런 상태에서 칼빈이 도주를 결심한 것이나 위태롭게 된 그의 친구 루이 뒤 티예가 동행을 결심한 것은 그리 놀라운 일이 못 된다. 하인 중

한 명이 모든 돈과 말 한 마리를 가지고 도주했기 때문에 그들의 도피 행각은 실패할 뻔했으나 운이 좋게도 다른 하인이 충분한 여비가 될 만한 돈을 가지고 있었기에 한 고비를 넘길 수 있었다.

그들은 1535년 1월에 츠빙글리의 친구요 에라스무스의 협조자인 오이콜람파디우스Oecolampadius에 의해 종교 개혁이 착착 진행되던 자유롭고 우호적인 도시인 바젤에 도착했다. 여기에 늙어 바깥 출입을 못하는 에라스무스뿐 아니라 볼프강 카피토Wolfgang Capito, 세바스티안 뮌스터Sebastian Münster, 칼빈은 아마도 그와 히브리어 공부를 계속했을 것이다, 하인리히 불링거Heinrich Bullinger, 기욤 파렐, 피에르 로베르가 살고 있었다. 코프도 역시 불운을 가져다주었던 학장 취임 연설 직후 이곳으로 도피해 있었다. 따라서 치욕적인 모욕감으로 계속 분개했던 그의 유랑 생활시에도 칼빈에게 친구가 전혀 없었던 것은 아니었다. 비록 그는 독일어 사용 도시에서 독일어를 말할 줄 몰랐으나 프랑스인들은 스스로 거류민단을 만들 만큼 그 수가 많았다.

바젤에 머무르는 동안 칼빈은 주로 두 편의 작품을 만드는 데 전념했다. 첫째는 '신 프랑스어 성경 번역판'을 만드는 피에르 로베르의 조수의 일이었다. 로베르는 그리스도인을 위해 1532년 9월에 이 작업을 시작했고 1535년 6월 4일 피에르 드 뱅글Pierre de Wingle에 의해 뇌샤텔Neuchâtel 근처 세리에르Serrières에서 출판되었는데 '세리에르 성경' the Serrières Bible 이라는 이름은 여기서 기원한 것이다. 칼빈이 번역에 직접 가담했는지는 매우 의심스러우나 두 편의 서언을 작성한 것은 분명하다. 첫 번째 서언은 라틴어로 된 '존 칼빈이 그리스도의 지배를 받는 모든 황제, 왕, 제후, 그리고 백성들에게' 라는 타이틀이 붙은 것이고, 두 번째 것은 프랑스어 타이틀로 '예수 그리스도와 그의 복음을 사랑하는 모든 이에게' 가

붙어 있다. 이 번역판이 출간되자마자 로베르는 개정할 계획을 갖고 있었다. 그러나 자신이 바젤을 떠나게 되었기에 칼빈에게 신약 부분을 읽고 개정해줄 것을 요청했다.

구약은 뛰어난 히브리어 실력을 갖춘 로베르가 원문에서 직접 번역을 했으나 신약은 때로는 헬라어 원문을, 때로는 에라스무스의 라틴역을 대조해 가면서 르페브르의 신약 성경을 개정했다는 점에서 신약 부분은 구약 부분보다는 로베르의 마음에 들지 않았던 것이다. 9월에 칼빈은 자신의 친구도 되고 로베르의 친구도 되는, 그 당시 토농Thonon에 있었던 리베르테Christopher Libertet 혹은 Fabri에게 개정 작업의 진보를 알리는 편지를 보냈다.

"우리의 올리베탕이 자신의 신약 성경 출판을 연기하기로 결정했다고 말하고 떠난 후에 얼마 안 되어서 즉시 나에게 편지를 보내왔네. 그전에 이미 내가 대충 훑어 보아 주겠다고 약속한 바가 있었지. 나는 이 일을 한가로울 때까지 연기해도 좋으리라고 생각했네. 그동안 나는 다른 공부를 하느라고 이 일에 대해서는 까맣게 잊어버리고 있었네. 아니 늘상 하던 대로 게으름에 빠져든게지. 어쨌든 나는 그 일을 아직 시작도 하지 못했네. 그러나 이제부터는 하루에 한 시간씩 이 일에 몰두할 작정이네. 내가 이 일을 마칠 때까지 올리베탕이 돌아오지 않는다면 나의 견해 - 만일 견해차이가 생긴다면 - 를 적은 것을 오직 자네에게만 맡길 작정이네." [53]

그러나 그 때 그가 주로 매달렸던 주요 일은 프랑스 지도자들과 그리

---

53) OC 10b, 51f; Herminjard 3, 348-9; English Translation of Calvin's letters 1, 18-19.

스도를 배고파하며 목말라하는 그의 민족을 위해 기독교 신앙의 정수를 보여주는 책을 저술하는 일이었다. 『기독교 강요The Institutes of the Christian Religion』는 1536년 3월 바젤의 인쇄업자인 토마스 플라터Thomas Platter와 발타사르 라시우스Balthasar Lasius에 의해 출판되었으나 원고는 헌정일인 1535년 8월 23일 이전에 완성되었을 가능성이 크다. 이 사실로 미루어 볼 때 『기독교 강요』의 대부분은 바젤에 오기 전에 이미 쓰여졌을지도 모른다. 처음 세 장章은 비록 그 전에 쓰여지지 않았다 해도 적어도 설교-주기도문과 십계명 강해가 제일 처음 떠오르는데-의 자료로는 미리 준비되어 있었을 가능성도 있다. 우리는 앞부분의 여러 장들이나 혹은 그 초고가 사본으로 이미 일이 년 전부터 주위 사람들에게 읽히기 위해 쓰여졌을 가능성도 배제할 수 없다. 그러나 이것은 모두 추측일 뿐이다. '프랑수아 왕께 바치는 서한'의 첫 문장이 분명히 암시하는 대로 칼빈은 그것을 변증apologia으로 왕에게 바치려는 생각을 하기 이전부터 그 일을 계획하고 있었다.

제3장
신학자 칼빈*

『기독교 강요Christianae Religionis Institutio』는 책 표제의 맨 앞부분에 불과하다. 책 표제를 다 써보면 아래와 같다.

"경건의 총체總體와 구원의 교리에 관해 필요한 모든 지식을 거의 포함하고 있는 기독교의 기본 가르침. 경건을 알기 원하는 사람은 누구나 한 번 읽어볼 가치가 있는 신간 서적. 저자인 누아용의 존 칼빈이 신앙 고백으로 이 책을 프랑스의 기독교 왕에게 헌정하면서 바치는 서언."

("The Basic Teaching of the Christian Religion comprising almost the whole sum of godliness and whatever it is necessary to know on the doctrine of salvation. A newly published work very well worth reading by all who are studious of godliness. A preface to the most Christian

---

* 일반적인 칼빈의 신학 해설은 Niesel의 *Calvin's Theology*, Wendel의 *Calvin*을 보라.

King of France, offering to him this book as a confession of faith by the author, Jean Calvin of Noyon.")

여기서 우리는 칼빈의 2중 목적을 본다. 한편으로, 이 책은 칼빈의 신앙을 옹호하는 변증, 즉 복음주의자들의 교리적 위치에 대한 결정적인 진술 역할을 담당하도록 쓰여졌다. 그 당시의 혼동된 상황은 이런 변증의 필요성을 크게 야기시켰을 뿐 아니라 종교 개혁자들 자신도 자신들의 위치를 분명히 밝혀야 할 의무를 크게 절감하고 있었다. 적어도 두 종교 개혁 지도자들은 이 일을 성공리에 수행할 수 있었다. 일찍이 1521년에 필리프 멜란히톤Philip Melanchthon은 그리스도를 믿음으로만 구원을 얻는다는 공통 주제로 묶을 수 있는, 일련의 기본 교리들에 관한 논문인 『로키 콤무네스Loci communes』를 출판했다. 울리히 츠빙글리는 1525년에 『참 종교와 거짓 종교에 관한 주석Commentarius de vera et falsa religione』에서 비루터파 복음주의자들을 옹호했다. 기욤 파렐은 프랑스어 사용 복음주의자들을 위한 상당히 작은 소책자인 『요약Sommaire』, 즉 '그리스도인들이 하나님을 신뢰하고 이웃을 돕기 위해서 꼭 필요한 몇 가지에 대한 짧은 선언'을 저술했다1534년. 따라서 프랑스 복음주의자들을 위해서 더 자세하고 분명한 변증을 필요로 하고 있었다.

둘째로, 칼빈은 프랑스 왕이 1534-35년에 행한 박해에 대한 해명의 내용을 듣고 가만히 있을 수 없었다. 1535년 2월 1일 독일의 신교 제후들에게 보낸 전언에서 왕은 '벽보 사건'은 정부 전복의 기도였으며 그 의도가 적그리스도적이었던 것이 매우 분명하다고 했다. 왕이 그렇게 심하게 박해한 것은 프랑스의 개혁주의는 독일의 루터주의와는 매우 달라서 재세례파처럼 엄하게 다룬 것뿐이라고 변명했다. 그러한 파당을 진압하는 것이 기독교 국왕의 임무가 아니고 무엇이겠느냐는 것이었다.

이에 대한 칼빈의 응답은 『기독교 강요』의 서언인 '프랑수아 1세에게 보내는 서신'이었다. 그 시대가 저술가의 열성과 진지함의 증거로 요구했던 논쟁상의 독설로 인해 몇 군데가 얼룩진 것을 제외하면 『기독교 강요』는 법률가의 예술의 찬란하고도 유력한 샘플을 보여준다. 아무런 이유 없이 그가 오를레앙과 부르주 대학을 다니고 또 로마법을 강의했던 것이 아니었다. 그는 자비나 관용을 간청하는 것이 아니라 공평을 간청하는 것이다. "무적의 폐하시여, 그러므로 저는 그동안 재판상의 공평함과 신중함을 잃고 법적 절차 없이 혼란 가운데서 감정적으로 일관되어 처리되어 온 이 모든 문제의 전말을 폐하께서 처음부터 끝까지 다 알아주시기를 정당하게 요구하는 바입니다."[1]

칼빈의 논법의 저변에 깔린 전제는 국가의 종교는 기독교이며 기독교란 니케아-콘스탄티노플 신조를 믿는 종교란 것이다. 만일 복음주의자들이 기독교 밖의 종교를 신봉하는 자들이라면 박해를 받아도 마땅하다는 것이다. 이 점에 모든 것이 달렸다. 칼빈의 주장은 복음주의자들을 관용해 달라는 것이 결코 아니었다. 그는 또한 한 국가 내에 하나 이상의 교회가 있을 수 있다는 것을 주장하지도 않았다.

그의 주장은 다름 아닌 복음주의자들은 초대 기독교의 정통 후계자이며 따라서 복음주의자들의 교회는 유일의 거룩하고 보편적인 사도적 교회이며 프랑스 안에 세워진 복음주의자들의 교회 또한 합법적으로 설립된 교회라는 것이었다.

따라서 이 전제는 복음주의적 가르침에 대한 반대 견해-복음주의의

---

[1] Opera selecta (Barth and Niesel) 1, 22.

가르침은 새로운 것이라느니, 특기할 만한 교리가 없다느니, 교리를 확증해 줄 만한 이적이 없다느니, 교부의 가르침이나 교회의 전승과 일치하지 않는다느니, 분파의 위험성이 있다느니 등의－에 대한 그의 응답을 끌어내는 원천이다. 첫째 반대 견해에 대한 그의 응답에 나타나 있는 특유의 재치('나는 우리의 가르침이 그들에게 새롭게 보일 것이라고 확신한다. 왜냐하면 우리의 가르침은 성경과 초대 교부들에게서 나온 것이기 때문이다') 때문에 우리는 이 말이 품고 있는 역사적 관련성을 쉽게 놓치기 쉽다. 복음주의적 신앙은 그것이 초대 교회의 기원에서 멀리 떠난 16세기의 신학에는 생소하고 이해할 수 없는 그 무엇으로 나타났다는 점에서는 새로운 것이었다. 사실상 칼빈은 15세기와 16세기 초에 유행하던 신학은 '신학파' via moderna였을 뿐 아니라 중세의 모든 교회는 비록 그 정통성을 자랑하기는 하지만 초대 500년간의 성경 신학과 교부들의 신학에 생기를 불어넣던 정신으로부터는 완전한 결별을 선언했다고 말하고 있는 것이다.

문제의 핵심은 교회가 될 수 있다는 주장에 있었다. '복음주의자' the evangelicals란 말만 가지고는, 비록 그것이 성경의 근거와 교부들의 부분적 지지가 있기는 하지만, 불충분하였다. 반대자들은 교회란 유형을 갖추고 있어야 하며 그 유형은 교황과의 교제를 갖는 계급제도에 있다는 견해를 피력했다.

이에 반대해서 칼빈은 실제에서 가능으로 논증해 가면서 교회란 유형적인 면을 결여할 수도 있다고 주장했다. 교회는 엘리야 시대에 유형의 모습을 갖추고 있지 않았다는 것이다. 엘리야는 이스라엘에 동지가 하나도 없음을 보고 자기만 홀로 남았다고 생각했으나 주님께서는 바알에게 무릎 꿇지 아니한 7,000명의 보이지 않는 성도들이 있음을 알고 계셨다는 것이다. 더욱이, 교회는 계급 제도의 존재나 기구의 존재에 의하여 유형적이 되는 것이 아니라, 그 존재에 상응하는 활동, 즉 복음의 선포와 성례의 본성과 목적에 합치하는 방식대로 실시하는 성례의 신실한 집행에 의해 유형적이 되는 것이다.

이 책은 한편으로는 신앙 고백이었다. 그러나 이 책은 또한 *institutio christianae religionis*, 즉 '기독교 종교의 가르침'이었다. 더욱이 이 책은 추상적 진리를 모아 놓은 교과서가 아니라, 한 인간이 그 위에 자신의 삶의 행위를 세울 수 있는 그리고 생사의 문제가 걸리더라도 자신을 전적으로 맡길 수 있는 '경건', 즉 마음과 심장으로 믿을 수 있는 신앙에 대한 가르침이 담긴 책이었다. 칼빈은 이 책을 기초적인 저서로 만들 의도를 갖고 있었다. 칼빈은 그의 저서 첫 문단에서 왕에게 다음과 같이 말한다.

"저의 의도는 종교에 관심이 있는 자라면 누구나 이것으로 참된 경건을 습득할 수 있도록 약간의 기본 원리를 제시하려는 것이 전부였습니다. 저는 제 동족 프랑스인들을 위해 특별히 이 과업을 떠맡았습니다. 왜냐하면 그리스도를 배고파하고 목말라하는 사람은 수없이 많으나 오직 소수의 사람만이 그것도 그리스도에 대해 피상적으로 알고 있음을 저 스스로 눈여겨 보았기 때문입니다. 본서 자체를 읽을 때 그 가르침의 단순하고 기초적인 형태를 보고 누구나 이것이 저의 목적임을 깨닫게 될 것입니다."[2]

결국 칼빈은 세례받은 자들, 자신의 종교를 진지하게 받아들이는 자

---

[2] Opera selecta (Barth and Niesel) 1, 21.

들, 선한 그리스도인이 되고 싶으나 마음대로 되지 않아 고통하는 자들, 무엇보다도 자신이 믿는 종교가 양심의 평화를 가져다 주지 않아 번민하는 자들을 위해 이 책을 썼던 것이다. 이들은 세례를 받음으로 유전되어 내려온 죄의 죄책은 용서함을 받았다. 그러나 세례 이후 죄를 지어 그들은 신앙에 있어서 그리고 하나님과의 관계에 있어서 난파당한 배의 지경에 이르게 되었다. 그래서 이제 그들은 옛날 히에로니무스Jerome가 '두 번째 판자' the second plank라고 부른 고해 성사에 필사적으로 매달리게 되었다. 그들은 자신의 죄에 대해 수치스럽게 생각했다. 아니, 그들은 더욱 진지하면 진지할수록 자신의 죄에 대해 수치스럽게 생각해야만 한다는 것을 더욱 절실히 깨달았고 그들이 더욱 수치스러워지기를 원했다. 그들은 하나님을 자신들의 죄에 대한 대가를 호리도 남김 없이 갚으려는 무서운 심판자로 알고 있었다. 그들은 '무슨 죄든지 땅에서 풀면 하늘에서도 풀리리라.'는 약속의 말씀을 알고 죄를 고백했다. 그러나 마땅히 있어야 할 평강은 어디에 있는가? 그들은 모든 죄를 고백하지 않았는가? 잊어버린 죄는 없는가? 단지 고백한 죄만이 용서받는다고 했다. 따라서 그들은 자신들의 죄에 대해 교회에서 요구하는 의무를 이행해야 했다.

그들은 이 정도로 그친 것이 아니었다. 그들은 초서의 시에 나오는 것과 같은 휴일에 떠나는 유쾌한 순례 여행이 아니라 그들이 이미 잡은 것 바로 위에 것을 잡으려고 항상 발버둥이치면서 무엇인가를 찾으려는 고달픈 순례 여행을 다녔다. 그들은 가능하면 이웃을 물질로 도우려고 했으며 자기 부인과 금욕을 실시했다.

이러는 동안에도 그들은 죄를 버리고 온 몸과 온 영혼으로 주님을 사랑하는 자들에게 그 크신 자비로 그들의 노력에 대한 상급으로 큰 은혜를 부어주시는 하나님을 신뢰하면서 최선을 다해 양심과 하나님의 율법을 따르려고 노력했다. 그러나 그렇게 바라던 마음의 평화 대신 불안이 엄습해왔다. 최선을 다했었는가? 그것은 말할 수 없었다. 왜냐하면 그것을 알기란 불가능하기 때문이었다. 그러나 만일 그들이 할 수 있는 최선을 다하지 않았다면 하나님께서는 그들에게 상급을 주실 리 없었다. 『기독교 강요』는 중세 교회 목회자들의 무자비함 때문에 고통당하고 있던 사람들을 대상으로 쓰여졌다.

『기독교 강요』의 형태는 그 목적과 잘 부합된다. 요리 문답catechism의 구조를 그대로 받아들여 칼빈은 그리스도의 삶의 세 가지 기본 권위인 십계명, 사도신경, 주기도문을 주해해서 믿음의 기초 도리를 가르치던 옛날 방식을 그대로 답습했다. 여기에 처음 세 장, 즉 '율법에 관하여', '믿음에 관하여', '기도에 관하여'가 덧붙여졌고, 4장인 '성례에 관하여'는 독자들로 하여금 하나님께서 은혜를 주시는 방도수단에 대하여 깨닫게 하고, 5가지의 성례를 상대화하거나 거부하는 내용을 담은 5장과 6장은 그리스도인의 자유, 교회 정치, 시민 정치에 대해 설명한다.

율법, 신앙 그리고 기도

『기독교 강요』는 칼빈의 전체적인 신학 접근 방법을 요약해주는 주목할 만한 문장으로 시작한다. "거룩한 교리의 총체總體는 하나님에 대한 지식과 우리 자신에 대한 지식 두 부분으로 거의 나누어져 있다."[3] 인간과의 관계 밖의 하나님이나, 하나님과의 관계 밖의 인간에 관심을 갖는 것은 결코 신학의 임무가 아니다. 루터의 영향을 받은 칼빈은 당시의 신

---

3) Opera selecta (Barth and Niesel) 1, 37.

학을 풍미하던 주관주의에 등을 돌리고 하나님의 판결과 심판은 인간에 대한 궁극적이고도 실재적인 진리라는 신념 위에 그의 신학을 세웠다. 이것은 그가 인간의 본성을 다룰 때 하나님 앞에 선 인간을 고려한 것을 보면 명백해진다.

우리는 인간의 본성에 대한 논의를 하는 곳곳에서 '코람 데오'*coram Deo*, 하나님 앞에서, '아푸드 데움' *apud Deum*, 하나님과 함께과 같은 표현을 접하게 된다. 칼빈은 인간의 기원과 종국destiny을 정통 교리의 관점에서 묘사한다. 하나님의 형상대로 창조함을 받아 지혜와 의로움과 거룩함을 소유하게 된 아담이 타락하게 되었다. 하나님의 은사들은 잃어버린 바 되었고, 하나님의 형상은 말살되었으며(이 점에서 종교 개혁자들은 전통적인 신학보다 훨씬 멀리 나아갔다), 인간은 하나님과는 관계없는 존재가 되어버려 한마디로 무지하고 불의하며 무능하여 죽음과 심판을 면할 수 없는 위치로 전락되어 버렸다. 이런 죄 많은 아담의 상태가 그의 모든 후손에게 전달되었다.

아무도 자신은 하나님의 표준을 몰랐다고 자기 변명을 늘어놓을 수 없다. 왜냐하면 모든 인간에게 하나님이 주신 양심이 하나님께 대한 인간의 의무를 상기시키며 옳고 그른 것이 무엇인지를 가르치고 죄를 고발하기 때문이다. 우리는 하나님께서 무엇을 요구하시는지를 알려면 '우리 자신 속으로 들어가 보기만' 하면 된다.

그러나 인간의 교만은 내면의 죄의 고발에 자신을 굴복시키는 굴욕적인 일을 하기를 거절한다. 따라서 하나님께서는 이 동일한 율법을 완전한 의의 교훈인 모세 율법이라는 형태로 기록하시기를 기뻐하셨다. 누구든지 모세 율법에 명한 모든 것을 완전하게 그리고 정확하게 지키면 영생을 얻게 될 것이다. 만일 누구든지 율법의 작은 것 하나라도 어기면 영원한 죽음의 저주를 받게 될 것이다.

율법이 하나님의 구속 사역에서 일익을 담당하는 것은 바로 여기 완전한 절망의 지점에서이다. 율법은 하나님은 의로우시고 진실하시나 인간은 완전히 부패하고 거짓된 존재라는 사실을 인정하지 않을 수 없는 극단까지 요구하고 위협의 고삐를 늦추지 않는다. 하나님의 관점에서 자신의 참 모습을 알게 되는 이런 수치와 낙담의 밑바닥까지 내려가게 되면 남는 것이라곤 항복하고 자비를 구하는 길뿐이다. 그 때야 비로소 심판주는 자신을 "선하시고 자비롭고 은혜가 많으시며 관대하신"[4] 아버지로 나타내신다.

그러나 율법을 수여하신 하나님은 그의 율법을 깨뜨려 버리고 불의를 용서하시는 그런 비도덕적인 분은 아니시다. 율법은 그 안에서 율법의 수여자이신 하나님이 모든 인간과 연합하게 되는 한 사람에 의하여 지상에서 완성되었던 것이다. 율법은 그 사람이 그것을 완전하게 복종했다는 점에서는 긍정적으로 그리고 모든 인간이 지은 죄의 형벌을 대신 받으셨다는 점에서는 부정적으로 지상에서 성취되었다. 율법의 수여자는 동일한 죄를 두 번 벌하지는 않으실 것이며 그가 인간과 맺은 연합의 실효성을 부인하지도 않으실 것이다.

따라서 우리가 율법을 지키기 위해 최선을 다했는가 그리고 은혜를 보상으로 받을 수 있느냐에 대한 의심은 멀리 사라져 버린다. 그리스도께서는 그가 육신의 몸을 입으실 때 자신과 연합한 우리들을 위해 율법을 지키셨다. 그러므로 상급을 받으실 분은 바로 그리스도신데 그가 이것을 우리에게도 나누어 주신 것이다. 그러나 그래도 우리의 겸손과 회개

---

4) Opera selecta (Barth and Niesel) 1, 40.

의 진실성과 깊이, 우리의 믿음의 양과 질에 대해 일말의 불안이 남아있는 것은 사실이 아닌가? 구원의 확신은 우리 자신과 우리의 행동의 가치성에 근거한 것이 아니라 그리스도와 그의 사역의 가치성에 근거한 것이다. 회개나 믿음은 항상 불완전한 것이기 때문에 하나님의 요구를 완전하게 충족시킬 수 없다.

믿음의 능력은 완전한 복종으로 죄의 대가를 완전히 보상하신 우리의 믿음의 대상이신 예수 그리스도의 능력에 있는 것이다. 아무리 작은 믿음이라 해도 그 믿음의 대상인 그리스도의 강한 능력에 의하여 전적으로 정당화된다.

10계명을 주해하는 데 있어서 칼빈은 10계명이 신자들과 갖는 관련성을 중심으로 거의 모든 이야기를 전개해 나간다. 따라서 율법은 하나님을 향한 우리의 두려움과 사랑의 적극적인 표현이요 하나님 때문에 비롯되는 이웃에게 진 사랑의 적극적 표현이다. 율법의 전체적인 의도는 "사랑을 가르치는 것이다."[5] 10계명의 모든 계명(칼빈이 아마도 잊어버리고 쓰지 않은 2계명을 제외하고는)은 하나님을 경외하고 사랑하는 방법이라는 문구로 요약된다. 한 가지 분명한 것은 계명을 지키기가 매우 어렵다는 것이다. 그러나 이것이 태만의 이유가 되어서는 안 된다. 신자들은 "당신의 계명을 나에게 주십시오. 그리고 당신이 원하시는 것을 명령하십시오"라는 아우구스티누스의 기도를 본받아야 한다.

신자들은 과거의 죄를 용서받은 후에 율법의 의에 따라 살며 자신들의 도덕적이고 종교적인 순종에 의해 하나님의 인정을 받는 그런 존재가 아니다. 우리는 계속적인 우리의 범죄 때문에 항상 사유의 은총을 필요

---

[5] Opera selecta (Barth and Niesel) 1, 53.

로 하는 것이다. 신자들이 율법을 따라 사는 것은 다시금 불확실함 가운데로 굴러 떨어지는 것이다. 이렇게 되면 율법을 자신이 완전히 지켰다고 확신할 수도 없을 뿐더러 자기가 다시는 털끝만한 죄도 짓지 않을 것이라는 보장도 없다.

그렇다면 그리스도인들은 도대체 어디서 확신을 얻을 수 있겠는가? 믿음이란 도대체 어디에 있는 것인가? "동요하고, 변하며, 요동하고, 주저하며, 불안에 떨고, 모든 희망을 상실하는 것은 믿음이 아니다. 믿음이란 확고하고 분명하며 명백한 '마음의 결심'이며, 의지하고 그 위에 설 수 있는 그 무엇을 가지는 것이다."[6] 칼빈이 2장에 '데 피데' De Fide라는 표제를 붙였는데 이것을 '신앙에 관하여'라고 번역해야 할지 '교의에 관하여'라고 번역해야 할지가 분명하지 않다. 만일 '데 피데' De Fide를 그리스도 안에 계시된 하나님에 관한 모든 것, 즉 기독교 가르침의 총체總體인 '교의에 관하여'라고 번역한다면 칼빈은 그 당시의 관습을 따라서 사도신경을 교회의 신앙 진술표현로 취한 것이 된다.

이와 반면에 '신앙에 관하여'라고 번역한다면 여기서 신앙이란 하나님께서 예수 그리스도 안에서 인간과 맺으신 관계의 승인과 비준을 의미한다. 신앙이란 사도신경의 교리에 대한 이해와 그 교리들이 내포하는 일반적 진리의 가납嘉納을 의미할 뿐 아니라 그 교리들에 대한 자발적인 찬성을 의미한다. 신앙은 하나님이 존재하심을 믿을 뿐 아니라 그 분이 우리의 하나님임을 믿는다. 신앙은 신약에 나타난 그리스도에 대한 기록이 참될 뿐 아니라 "그리스도는 우리에게 예수, 즉 구세주가 되심"[7]

---

6) Opera selecta (Barth and Niesel) 1, 59.
7) Opera selecta (Barth and Niesel) 1, 69.

을 믿는다.

우리는 성경이 그렇게 말하기 때문에 '구원의 교리'의 진리들을 안다. 우리는 하나님께서 성경에서 그렇게 약속하셨기 때문에 그 진리들이 우리에게 적용된다고 믿는다. 따라서 신앙의 직접적인 대상은 하나님의 말씀 혹은 약속이다. 『기독교 강요』 초판에는 성경에 관한 교리에 대해서는 언급이 없고 다만 우리는 하나님의 약속이나 말씀을 믿고 신뢰하며 성경이 바로 하나님의 말씀이라는 사실을 믿는다는 주장만을 피력한다.

결국 신앙이란 그의 말씀 속에 하나님에 관한 진리가 포함되어 있을 뿐 아니라 하나님께서 일반적으로 약속하신 것이 바로 우리 자신에게도 특별히 적용된다는 사실을 믿는 강한 확신이다. 더욱이 히브리서 11 : 1이 말한 대로 신앙이란 하나님께서 약속하신 것을 분명하고 확실하게 소유하는 것이다. 우리는 아직 소유하지 못한 것을 소망하는 까닭에 약속의 소유는 소망의 개념을 끌어들인다롬 8 :24-25. 신앙이란 우리가 아직 소망하는 것의 현재적 소유요, 가졌으나 가지지 않은 것이요, "보이지 않는 것들을 보는 것이며, 희미한 것들의 명료함이며, 부재不在하는 것들의 현존現存이며, 감추어진 것들을 보는 것"[8]이다.

신앙에 대한 설명과 조화를 이루게 하려는 듯이 칼빈은 사도신경의 첫 조목을 신뢰trust의 견지에서 주해한다. "여기서 우리는 우리가 성부 하나님을 완전히 신뢰한다는 사실을 고백한다……."[9] 우리와 모든 만물을 창조하신 하나님은 그의 섭리로 온 피조물을 유지하고 아끼신다. 육체적인 것이든 영적인 것이든, 기쁜 일이든 슬픈 일이든 간에 일어나는 모

---

8) Opera selecta (Barth and Niesel) 1, 70.
9) Opera selecta (Barth and Niesel) 1, 75.

든 것죄 하나만을 제외하고는은 그 분, 즉 그의 아버지와 같은 자애로움에서 나온 것이다. "그러한 아버지께 감사의 마음과 불타는 사랑으로 경배를 드리자. 우리 자신을 모두 바쳐 그 분께 순종하고 만사에 그에게 영광을 돌리도록 하자."[10]

사도신경 주해의 두 번째 부분에서 칼빈은 예수 그리스도는 그 본질상 영원 전에 아버지에게서 나신 하나님의 독생자라고 고백한다. 우리는 그가 천지의 창조주이신 참 하나님이요 성부와 함께 우리의 신앙의 대상임을 주장한다. 그는 성육신으로 사탄의 압제로부터 우리를 구원해내신 구세주이시다. 성육신 때 하나님의 엄위는 인간에까지 내려오셔서 신성이 인성과 연합하심으로써 우리의 임마누엘이 되셨고 인성을 진정으로 취하심으로 우리의 근처에, 아니 우리와 직접 접촉하시기에 이르렀다.

칼빈의 성육신 교리의 중심 사상은 그리스도의 인간과의 연합에 있다.

"그는 우리 자신과 똑같아지시기 위해서 우리의 몸으로부터 자신의 몸을, 우리의 육신으로부터 자신의 육신을, 우리의 뼈로부터 자신의 뼈를 취하셨다. 그 자신에게 본질적인 것이 우리에게 속하고 그리고 자신이 하나님의 아들인 동시에 우리와 같이 사람의 아들이 되시도록 하기 위해 우리에게 본질적인 것은 그 자신에게도 속하기를 자진해서 원하셨다."[11]

연합의 개념, 즉 하나님의 삼위 연합, 예수 그리스도의 인격 안의 신성

---

10) Opera selecta (Barth and Niesel) 1, 76.
11) Opera selecta (Barth and Niesel) 1, 78.

과 인성의 연합, 그리스도와 인간의 연합, 머리와 몸의 연합, 인류의 연합통일이 칼빈의 사고를 지배한다는 점은 아무리 강조해도 지나치지 않다. 그리스도의 인간과의 연합은 그리스도 안에서의 하나님의 인간과의 연합에 달려있는 것이기 때문에 칼빈은 여기서 최선을 다해 이 중심 교리를 분명히 해명해 보려고 애쓰는 것이다.

그리스도 안에서의 하나님과 인간과의 연합에 구원이 달려 있다. 만일 그리스도께서 하나님과 인간이 연합된 그런 분이 아니었다면 우리를 구원하실 수가 없었다. 그러나 지금 우리는 그가 예수, 즉 구세주이시며, 천지의 모든 것을 다스리는 왕과 십자가 위에서 자신이 희생 제물이 되사 아버지와 우리 사이를 화목하게 하신 제사장의 2중 직분으로 기름 부음받은 그리스도라는 사실을 믿는다. 결국 신앙이란 그리스도께서 성육신 때 이미 객관적으로 이루어놓으신 그리스도와의 연합을 주관적으로 승인하고 차지하는 것이다.

따라서 신앙이란 그리스도와의 연합이다. 믿음에 의하여 우리는 그와 하나가 되고 그와 본질적인 것을 공유하게 되기 때문에, 우리도 역시 그리스도 안에서 사탄과 죄와 죽음과 지옥을 이기는 권세를 가진 왕인 동시에, 그리스도 안에서 기도와 감사와 우리 자신과 우리가 가진 모든 것을 아버지께 드리는 제사장인 것이다.

죽은 자 가운데서 일어나 다시 영원한 생명을 얻게 된 자가 하나님과 그리고 모든 인류와 연합된 분이었기 때문에 그의 부활은 다른 인간들의 부활을 확증해주는 가장 확실한 보증인 것이다. 인간의 육신을 입으시고 하늘로 승천하셔서 절대적인 권위의 보좌에 앉으셨기 때문에 다시 오셔서 모든 인간을 행한 대로 갚으실 때까지 그의 백성을 성화시키고 다스리고 인도하실 것이다.

칼빈은 계속해서 부드럽고도 훨씬 간단하게 성령에 대한 사도신경의 신앙고백을 주해한다. 성령은 성부와 성자와 함께 한 분이신 하나님이신 동시에 우리가 경배하고 신뢰할 우리의 하나님이시다. 그는 성부에게로 우리를 이끄시는 지도자시요 인도자이시다. 우리 안에 내주하시면서 성령은 우리가 그리스도 안에서 소유하게 된 축복의 보화가 얼마나 풍성한 것인가를 깨닫게 하신다. 그는 우리의 마음에 하나님과 이웃을 향한 사랑에 불을 붙이고, 우리 안의 모든 탐욕의 죄를 불사르시며, 선한 행실의 열매를 맺게끔 우리를 소생시키신다.

'보편 교회'Catholic church는 "천사이건 인간이건 간에 택자의 전체"[12]를 의미한다. 그러나 '보편성'catholicity은 넓이의 개념전체, universal number일 뿐 아니라, 통일unity의 개념이기도 하다. 교회는 "한 교회요, 한 하나님의 백성"[13]이다. 통일성은 하나님께서 창세 전에 택한 자들을 주신 그리스도와 전체 택자와의 관계 속에 놓여 있다. 따라서 교회는 사회적 동맹을 맺으려는 어떠한 인간의 의도에도 의존하지 않는다. 단지 예수 그리스도 안에 실현된 영원하고 불변한 하나님의 의지에 달려 있는 것이다. 교회의 보편성과 하나님의 백성의 선택은 뗄래야 뗄 수 없는 것이다.

칼빈이 선택을 다룰 때 우리의 주의를 집중시키길 원한 것은 그리스도와 그를 믿는 믿음에 관해서이다. 우리는 그리스도 안에서만 우리를 향한 하나님의 뜻을 배우게 된다. 따라서 우리는 그리스도로만 충족해야 한다. 만일 우리가 그리스도로 만족하지 못하고 하나님의 뜻에 대해서 더 깊이 알기를 원한다면 그의 엄위의 깊은 심연에 빠지게 되고 그의 영광에 압도당하고 말 것이다.

---

12) Opera selecta (Barth and Niesel) 1, 86.
13) Opera selecta (Barth and Niesel) 1, 86.

우리는 믿음 안에서 그리스도와 연합될 때 우리가 선택자이며 따라서 교회의 참 회원임을 안다. 다른 이들의 선택에 대해서는 물어볼 필요도 없다. 왜냐하면 이런 지식은 오로지 하나님께만 속한 것이기 때문이다. 우리는 다른 사람들에 대해서는 사랑의 판단을 내려야 하며 입으로, 선한 삶으로, 성례의 참여로 같은 하나님과 그리스도를 주로 고백하는 모든 사람은 누구나 택자요 교회의 회원으로 간주해야 한다. 그 밖의 다른 모든 사람들은 언젠가는 그들도 우리 중의 하나가 될 것이라는 분명한 소망을 가지고 교회의 '장래' 회원으로 간주해야 한다.[14]

교회의 통일성의 결과는 "모든 소유의 상호 통용通用과 분배"[15]라는 성도의 교제로 나타난다. 이것이 사유 재산을 금하는 것은 아니다. 더욱이 사회주의 정치 체제를 언급하는 것도 아니다. 이것은 단지 영적이든 물질적이든 간에 모든 소유는 정당하다면 필요를 따라 서로서로 빚을 지는 사랑의 정신으로 그리스도인들 사이에 서로 통용되어야 함을 의미한다. 하나님께서는 각 사람에게 필요를 따라 나누어 주셨으나 그의 백성이 모여서 한 몸을 이루는 한에 있어서는 각 사람은 자신의 소유를 남과 나누어야 한다. "이것이 보편 교회요 신비한 그리스도의 몸이다."[16]

여기서 다시금 칼빈의 저술 목적을 상기해 보는 것이 좋겠다. 칼빈은 그리스도를 배고파하며 목말라하는 이들에게 구원의 길을 가르치기 위해서 기독교 신앙의 개요를 서술한 것이다. 지금까지 그가 말한 것을 요약해 보면 하나님께서는 자체 내에는 아무 것도 가지지 못한 가난한 우리에게 그리스도 안에서 그의 은혜의 보화를 준비해 주셨다는 내용이

---

14) Opera selecta (Barth and Niesel) 1, 87, 89, 90, 107.
15) Opera selecta (Barth and Niesel) 1, 91.
16) Opera selecta (Barth and Niesel) 1, 92.

다. 따라서 우리는 그에게로 돌아가 우리의 필요를 채워주시기를 갈구해야 한다. 여기에서 기도에 대해 논의할 필요가 생긴다. 따라서 다음 장章은 기도에 관한 것이다.

기도의 첫 번째 '법칙'은 자신의 가난함을 깨닫고 자신의 필요를 인정하는 겸손이다. 겸손은 기도에서 주관적인 원동력의 역할을 담당한다. 여기에 우리의 '더없이 자비로운 아버지'께서 두 가지 객관적인 기도의 계기, 즉 기도하라는 명령과 구하면 들어주신다는 약속을 덧붙여 주셨다. 그러나 죄로 오염된 인간이 어떻게 거룩한 하나님의 임재 앞에 나아갈 수 있겠는가? "하나님께서는 그의 아들 예수 그리스도를 대언자와 중보자로 우리에게 주셨다."[17] 이 독특한 대언자와 후원자의 인도를 받게 되면 하나님의 보좌는 엄위의 보좌인 동시에 은혜의 보좌도 됨을 깨닫게 된다. 칼빈은 '기도의 기술'을 설명하는 자들이 매우 아끼는 방법인 대지와 소지를 세분해서 기도를 설명하려고 하지 않고 간단하게 간구와 감사로 이분해서 설명한다.

> "간구란 하나님께 우리 마음의 소원을 아뢰는 것으로서 처음에는 하나님께 영광을 돌리는 것을, 그 다음에는 나에게 유익이 되는 것을 하나님의 선하심을 믿고 간청하는 것이다. 감사란 우리에게 베푸신 하나님의 은혜를 깨닫고 찬양하면서 온 세상의 모든 선한 것을 하나님의 선하심의 덕택으로 인정하는 것을 말한다."[18]

이 교리는 칼빈의 주기도문 주해 패턴에 딱 들어맞는다.

---

17) Opera selecta (Barth and Niesel) 1, 98.
18) Opera selecta (Barth and Niesel) 1, 101.

한두 가지 실제적인 문제를 지적하고 넘어가야겠다. 우리는 단지 일반적인 패턴을 보여주는 이 특정 형식에 굳이 얽매일 필요는 없다. 비록 우리의 마음이 항상 하나님을 향해 고양되어 있어야 하지만 꼭 기도를 해야 할 때가 있다. 아침에 일어났을 때라든지, 식사 시작 전과 후에라든지, 취침 전이라든지 말이다. 우리나 혹은 다른 이들이 고통에 직면해 있을 때는 하나님께 나아가 도움을 구해야 하며 좋은 일이 일어날 때는 하나님께 엎드려 감사의 기도를 드려야 한다.

또한 우리는 하나님의 주권적인 자유를 인정하고 그 분께 무엇을 하시느냐고 묻는 주제넘은 짓은 삼가야 한다. 우리는 우리의 의지를 제멋대로 움직이지 말고 주님께 전적으로 맡겨야 한다. 만일 우리가 그러한 순종과 인내의 틀 속에 우리 마음을 끼워 맞출 수만 있다면 기도하다가 지치는 일은 결코 없을 것이다.

성례

다음 장章으로 넘어가면서 글의 어조에 변화가 생긴다. 칼빈은 신자들에게 성례의 가치와 용도를 가르쳐야 할 뿐 아니라 오래 전부터 널리 뿌리박혀 온 잘못들을 폭로하고 바로 교정해야 한다고 주장한다. 교리상의 날카로운 의견 대립이 생긴 문제는 '성체 교리' doctrine of the eucharist에 관한 것이었다. 이런 의견 대립이 종교 개혁자들로부터 시작된 것은 아니었다. 왜냐하면 이미 로마 가톨릭 내에서도 다양한 견해 차이가 있었기 때문이다. 단지 종교 개혁은 이 견해 차이를 첨예화시킨 것뿐이었다.

성례는 "주님께서 우리를 향한 그의 선의善意를 대표하시고 입증하시는 외적인 표적"[19]이다. "성례는 외적인 상징에 의해 우리에게 선포되는 하나님의 은혜의 증거이다."[20] 우리는 땅을 기어다니는 육신에 매인 동물이며 영적인 것은 아무것도 생각하거나 상상할 줄 모르는 존재에 불과하다. 그러나 성례에서는 하나님께서 자신을 우리가 이해할 수 있는 모습으로 적응시키시며, "우리를 이런 육신적인 요소를 통해서 자신에게로 이끄신다. 그리고 우리로 하여금 이런 육신적인 것 안에서 영의 것을 보게 하신다!"[21] 성례의 유일한 직무는 우리의 눈을 돌려 하나님의 약속을 바라보게 하는 데 있다. 즉 성례란 하나님의 말씀을 청각 외의 다른 감각으로 지각할 수 있게 만드는 것이다.

칼빈의 신학은 그의 일생 동안 처음 신학을 언급한 때부터 끝까지가 성례의 신학이다. 하나님께서는 인간을 직접적으로 만나시지 않는다. 하나님께서는 이미 참조 가능한 인간적인 용어가 된 것들, 즉 인간적인 의사전달의 수단과 가시적인 상징을 사용해서 인간을 만나신다. 의사전달의 수단과 상징은 모두가 하나님 자신과의 만남, 즉 인간의 전 자아와 하나님과의 진정한 만남이 되는 것이다. 더욱이 칼빈은 단지 2가지 성례만을 인정함으로써 성례의 시스템의 가치를 하락시킨 것이 아니라 오히려 성례만을 하나님과 인간의 유일한 만남의 지점, 즉 신자가 하나님의 형상으로 변화될 수 있는 수단이 되는 지위로까지 격상시킨 것이다. 칼빈은 성례가 "믿음을 시작시키고 보호하고 완성하시는"[22] 성령을 대치시킬지도 모른다는 반론을 반박하면서 구원의 경륜을 아래와 같이 설명한다.

---

19) Opera selecta (Barth and Niesel) 1, 118.
20) Opera selecta (Barth and Niesel) 1, 118.
21) Opera selecta (Barth and Niesel) 1, 118.
22) Opera selecta (Barth and Niesel) 1, 120-1.

"그들은 하나님의 한 가지 축복만을 전파하는 반면에 우리는 세 가지 하나님의 축복을 강조한다. 첫째로, 주님은 우리를 그의 말씀으로 가르치신다. 그 다음 주님은 그의 말씀을 성례로 확증하신다. 그리고 마지막으로 주님은 그의 성령의 빛으로 우리 마음을 비추시고 그의 말씀과 성례를 받아들일 수 있도록 우리 마음을 열게 하신다. 성령의 조명이 없다면 그의 말씀이나 성례는 내적으로 아무런 영향도 끼치지 못한 채 청각과 시각만을 자극할 따름이다."[23]

첫째, 세례는 '정화'淨化, 즉 '사유'赦宥의 상징이다. 세례를 통해 하나님께서는 죄를 영원히 용서하신다. 세례의 은혜는 그 이후에 짓는 죄로 인해 무효화될 수도 없으며 두 번째 은혜로 보충될 필요도 없다. 왜냐하면 세례를 받는 가운데, 우리의 죄에 압도당하지 않고 오히려 우리의 죄의 오염을 압도하고 정화시키는 그리스도의 순결이 우리 위에 쏟아 부어지기 때문이다.

또한 세례를 통해 그리스도께서는 우리를 그의 죽음과 부활의 동참자로 만드신다. 세례를 통해서 우리는 그리스도와 하나가 된다. 즉 죄에 대해서는 죽었으나 하나님께 대해서는 산 그 분과 하나가 되는 것이다. 이와 같이 이 보이는 말씀visible Word, 성례를 이렇게 부르기도 함-역자 주은 우리도 또한 죄에 대해 죽었으나 하나님께 대해서는 살았음을 여실히 선언한다. "우리는 우리 육신의 죽음 안으로 세례를 받았다. 세례 때에 우리 육신의 죽음은 우리 안에서 시작되었다. 날마다 우리는 우리 육신의 죽음을 실습한다. 우리가 이생을 떠나 주님께로 갈 때 우리의 육신은 완전히

---

23) Opera selecta (Barth and Niesel) 1, 121.

죽게 될 것이다."[24]

유아들도 세례를 받아야 한다. 우리는 유아들이 믿음이 없다고 확신할 아무 근거도 없다. 주님께서 유아들 중 몇몇을 하나님 나라의 상속자로 칭한 마가복음 10 : 13 이하의 기사를 볼 때 그것은 명백하다. 그렇다면 왜 유아들이 그리스도께서 주시는 축복을 미리 맛볼 수 없겠는가? 어째서 유아들은 그리스도를 거울을 보듯이 희미하게 볼 수 없단 말인가? 유아들에게 신앙이 없다고 말하는 것은 교만이다. 유아들은 성인들과 동일한 신앙을 소유하고 있기에 세례를 받을 권리가 있다.

남은 또 하나의 성례인 성찬을 지칭할 때 칼빈이 사용한 두 가지 용어-'코에나 도미니' Coena Domini, 주의 만찬, 주께서 그의 백성을 먹이심와 '유카리스티아' Eucharistia, 성찬, 감사하다는 뜻의 헬라어-는 성찬에 대한 칼빈의 개념을 잘 표현해 준다. 주님께서 주신 음식은 바로 자신이다. 주의 만찬은 십자가 위에서 그 자신을 우리에게 주신 그리스도를 주고 받는 것이다.

성찬은 그리스도를 우리에게 주신 하나님의 선하심에 대한 공동체의 감사, 즉 공동체가 자신을 하나님과 서로서로에게 준다는 사실을 표현하는 감사의 희생제이다. 그리스도와 그의 축복들은 그리스도에게서 탈취하여 우리에게 양도함으로써가 아니라, 우리가 그리스도와 연합함으로써 우리의 것이 된다. 결국 주의 만찬도 그리스도와의 연합이라는 견지에서 이해되어야 한다. 예수님의 성찬 제정의 말씀눅 22 : 19-20; 고전 11 : 23-25은 그리스도와의 이런 연합을 분명하게 선포한다.

왜냐하면 주님께서 "이것은 내 몸이라……이것은 내 피라"고 말씀하셨을 뿐 아니라 "이 떡을 먹으며 이 잔을 마시라"고 하셨기 때문이다. 진

---

[24] Opera selecta (Barth and Niesel) 1, 132.

실로 "성례의 전체 의미는 '너희를 위하여 주는', '너희를 위하여 붓는' 이란 어구 속에 들어 있다."[25]

여기서 우리는 칼빈의 성체 교리의 핵심과 본질을 찾아볼 수 있다. 그러나 당시에 열띤 격론을 벌이기 위해서는 더 자세히 이야기할 필요가 있었다. 특히 '쿠모도 quomodo' 즉 '어떻게'라는 숙명적인 질문은 피할 수가 없었다. 어떻게 떡과 포도주가 그리스도의 몸과 피가 되는가?

이 물음은 교부들이 부정확하게 그리고 심지어는 앞뒤가 맞지 않게 대답해 놓고서는 자족했던 질문이었다. 이 물음은 중세 학자들이 '실체' substantia와 '우유성' 偶有性, accidentia을 구별하는 아리스토텔레스적인 구분법을 사용해서 결정적인 답변을 내린 질문이었다. 이 용어를 '실체' substance와 '우유성' accidents이라는 용어로 번역하여 사용하는 것은 오해의 소지가 많다. 왜냐하면 '우유성'은 '지각할 수 있는 외견'과 같은 것이기 때문에 '실체'라고 하기보다는 '본질적 본성' essential nature이라고 하는 편이 좋기 때문이다.

이런 구분을 사용해서 중세 학자들은 "어떻게 떡과 포도주가 그리스도의 몸과 피가 되는가?"라는 질문을 2가지 방법으로 답변했다. 로마 가톨릭의 정통 교리가 된 견해는 떡과 포도주의 본질적 본성이 그리스도의 몸과 피의 본질적 본성으로 대치되는 이적이 일어난다는 주장이다. 다른 견해는 그리스도의 몸과 피의 실체가 떡과 포도주의 실체에 덧붙여져서 그것들과 함께 공재共在한다는 이론이다. 첫째 견해는 '화체설' transubstantiation이라고 부르고 둘째 견해는 '공재설' consubstantiation이라고 부른다.

---

25) Opera selecta (Barth and Niesel) 1, 137f.

초기의 종교 개혁자들은 이 교리에 대해서는 어색해 하면서도 "어떻게 떡과 포도주가 그리스도의 몸과 피가 되는가?"라는 이 질문을 초월할 수가 없었다. 그들이 이 문제를 초월할 수 없었던 주된 이유는 그들 사이에 치명적인 불화가 생겨났기 때문이었다. 루터는 공재설을 약간 변형시킴으로써 이 질문에 긍정적으로 답변했으나 츠빙글리파들은 예수님의 성찬 제정의 말씀들을 비유적으로 해석함으로써 부정적으로 답변했다. 그러나 1536년에 칼빈은 단 일격만을 가해 그 당시의 성례론 논쟁뿐 아니라 12세기 이후의 모든 학문적 노고를 백지화시켰다. 이에 관한 그의 견해를 『기독교 강요』에서 상세히 인용할 가치가 있을 것이다.

"캐묻기를 좋아하는 사람들은 어떻게 그리스도의 몸이 떡 속에 임재하는지를 정의하고 싶어했다. 어떤 이들은 자신들의 명민함을 과시하기 위해 성경의 단순성 위에 그리스도께서 실제적으로really, 실체적으로substantially 임재한다는 이론을 덧붙였다. 다른 이들은 그가 십자가 위에 달리신 것과 동일한 차원에서 임재하신다고 한 걸음 더 나아가 주장하기를 원했다. 또 어떤 이들은 화체설이라는 이상한 괴물을 발명해 냈다. 혹자는 떡이 몸이라고 했고 혹자는 몸이 떡 안에 혹 떡 밑에 있다고 했으며 혹자는 떡은 단지 몸의 표적sign이요 비유figure라 했다. 이것이 이렇게 말도 많고 다툼도 많을 수밖에 없는 중요한 문제임엔 틀림없다. 또 그렇게들 보통 생각한다. 그러나 이것을 그렇게 중요하게 생각하는 사람들이 실제로 중요한 문제는 '어떻게 우리를 위해 주신 그리스도의 몸이 우리의 것이 되며 우리를 위해 흘리신 피가 우리의 것이 되느냐, 다시 말해서 어떻게 우리가 십자가에 못 박힌 그리스도 전부를 소유하고 그의 모든 축복에 참여할 수 있는가?'에 있다는 사실을 깨닫지 못한다. 이 주된 질문이 중요하지 않은 것으로 생략되고, 사실상은 무시되고 또 잊혀져 버렸기 때문에 '어떻게 몸이 우리에 의해 먹혀지는가?' 라는 애매한 난제만을 가지고 왈가왈부 격론을 벌였던 것이다."[26]

칼빈이 여기서 말하고 있는 일은 성체에 관한 교리가 확정되기 이전으로, 500-700년간을 교회로 하여금 소급해 올라가게 해서, 단지 의성경적擬聖經的인 질문에 불과한 이런 질문 대신 성경 자체가 요구하는, 반드시 질문되어야 하고 또 답변될 수 있으며 답변되어야 하는 질문을 가지고 거기서부터 논의를 시작하도록 교회를 초청한 것에 불과하다.

"어떻게 그리스도의 몸이 떡에 임재할 수 있는가?"라는 질문은 "어떻게 동정녀가 신인神人을 잉태하였는가?" 혹은 "어떻게 하나님의 말씀이 빛을 창조할 수 있었는가?" 혹은 "어떻게 예수 그리스도가 죽은 자 가운데서 일어났는가?" 등의 질문처럼 성경에서 명백한 답변을 얻기가 힘들다. 그러한 질문들은 비성경적인 답변을 내지 않을 수 없게끔 만들고 결국 서로 불화만 조성하는 답변을 내게 해서 그리스도의 몸의 통일성을 깨뜨리는 결과를 초래하게 된다.

그러나 "어떻게 우리가 십자가에 못 박힌 그리스도 전부를 소유하며 그의 모든 축복에 참여할 수 있는가?"라는 질문은 신약의 주제이며 신조들의 전제이다. 따라서 칼빈은 이 질문이 자신을 진리에서부터 이탈하게 하지 않고 오히려 진리에 가까이 가도록 하게 할 것이라는 확신을 가지고 질문을 던지고 탐구해 나갈 수 있었던 것이다.

이제 칼빈이 다른 질문들에 대해서는 대답하려고도 하지 않았을 뿐 아니라 그런 질문 자체를 부정했다는 사실을 상기하면서 칼빈이 이 질문

---

26) Opera selecta (Barth and Niesel) 1, 139.

에 대해 어떤 답변을 내렸는지 살펴보도록 하자. 첫째로, 그는 "어떻게 그리스도가 우리의 소유가 되는가?"라는 질문에 대해서 답변한다. 둘째로, 그는 위의 지문을 조금 돌려서 어떻게 묻는다. "그것이 우리에게 갖는 영향과 관련된 한에 있어서, 그리스도의 몸이 어떤 방법으로 성체 안에 있는가?" 이에 대해서 칼빈은 '베레 에트 에피카치테르' *vere et efficaciter*, 즉 성실하고 효과적으로 답변한다. 그는 이것 이상을 넘어가길 원하지 않았다.

이제 그리스도의 인성부터 시작해 보도록 하자. 하나님의 아들은 동정녀에게서 우리의 육신을 자신의 것으로 취하셨으며, 육신으로 죄의 대가를 보상하기 위해 우리의 육신 안에서 고난을 당하셨고, 부활하실 때 우리 육신을 다시 받으셔서 하늘에서 우리 육신을 영원토록 간직하고 계신다. 부활하셔서 승천하신 그리스도의 인성은 비록 영화되었기는 하나 아직 인성이며, 인간 몸의 특성은 "인간 몸이 공간 안에 포함되어 그 자신의 차원을 가지고 있으며 그 자신의 외형을 가지고 있다"[27]는 데 있다.

그리스도께서 하늘에 오르사 성부의 보좌 우편에 앉아 계신 것은 그의 전능한 통치의 이미지이다. 그러나 첫째로 그의 통치는 하늘뿐 아니라 지상에까지 행사되는 보편적인 통치이며, 둘째로 그의 통치는 실효가 있다. 다시 말해서 그는 자신이 성육신 때 이미 성취했던 구속을 실현시키면서 자신의 통치의 모든 국면에서 주권적인 능력을 가지고 행동하신다. "그리스도께서는 자신이 기뻐하시는 곳은 하늘과 땅 어디에서나 자신의 능력을 행사하신다. 그는 자신을 권위와 능력 가운데서 나타내 보

---

27) Opera selecta (Barth and Niesel) 1, 140.

이시다. 그는 마치 자신이 몸으로 그들과 함께 있는 것처럼 항상 자신의 백성들과 함께 하며 그들 안에 살며, 그들을 양육하며 그들을 경건하게 하고 소생케 하며 보호하신다." [28]

성령의 능력에 의하여 참되며 실제적인 하나님의 임재가 사람들에게 주어지고 또 성령의 능력에 의하여 그들 안에 하나님의 임재가 참되며 실제적이 된다. 성령이 그리스도와 그의 축복을 인간들에게 가져다준다고 말하는 것은 그리스도께서 자신을 인간들에게 준다고 말하는 것이다. 이는 그것이 성령의 사역임에도 불구하고가 아니라 성령의 사역이기 때문에, 또 그리스도의 자연의 몸이 성부의 우편에 앉아 계심에도 불구하고가 아니라 우편에 앉아 계시기 때문에 그리스도의 참되며 실제적인 임재와 자기 증여自己贈與인 것이다.

성찬은 또한 '유카리스티아' eucharistia이다. 그리스도께서는 그의 죽음을 기념하여 성례를 거행하라고 명령하셨다. 단순히 과거의 사건을 기억하라고 한 것이 아니라 과거 지향적인 믿음의 행위, 즉 십자가에 못박힌 그리스도를 믿는 믿음으로 성례를 집행하라고 한 것이다. 따라서 그것은 세상에 대해서는 우리가 그리스도인임을, 교회 내와 하나님 앞에서는 그리스도께서 우리를 위해 죽으셨음을 고백하는 신앙 고백이다. 결국 이 신앙 고백은 그 본성상 십자가의 구속으로 인해 하나님께 드리는 감사, 즉 유카리스티아이다.

성찬은 '교제' communion, 즉 사랑과 평화와 일치를 향한 그리스도인들의 불타는 염원이다. 그리스도께서는 성육신 때 우리와 연합하게 하신 그 분과 하나가 될 수 있도록 하기 위해 자신의 몸을 우리에게 주신다.

---

28) Opera selecta (Barth and Niesel) 1, 142.

그러나 그리스도와 연합하여 한 몸을 이루고 있는 것은 다양한 신자들이다. 결국 다수가 한 몸으로 합체된 것이다. 분리와 불화는 통일의 정반대이다. 성육신에 의해 확립되고 성찬에 의해 입증되는 객관적 실재는 공동체 안에서 주관적 실재가 되어야 한다.

"우리가 형제 중 하나를 다치게 하고, 중상하고, 조롱하고, 모욕하고, 어찌되었든 상하게 하면 그와 동시에 그 안에 계신 그리스도를 다치게 하고 중상하고, 조롱하고, 모욕하는 결과를 빚게 마련이다. 우리가 형제들과 불화하게 되면 그와 동시에 그리스도와도 불화하지 않을 수 없다. 우리가 형제 안에 계신 그리스도를 사랑하지 않고는 그리스도를 사랑할 수 없다."[29]

칼빈의 주의 만찬에 관한 교리는 지금까지 살펴본 바와 같다. 이 장章의 주요 논박의 대상은 미사가 희생 제사라는 교리이다. 히브리서의 관련 구절의 엄격한 해설에 근거해서 칼빈은 이 교리를 구원과 속죄와 성례를 파괴하는 교리라고 비난한다. 즉 이 교리는 그 누구의 도움 없이 그 임무를 수행하시는 영원한 대제사장이신 그리스도에 대한 신성모독이다. 칼빈이 그리스도의 자기 희생 제사가 단번에 드려진 제사라고 말할 때에 그가 그 말에서 주로 언급하려 했던 것은 그 제사의 영원한 실효성이다. 영원히 실효가 있는 것은 갱신의 필요가 없다. 미사는 단번에 드려진 제사의 갱신이라고 주장되었다. 주의 만찬은 영원한 실효성을 가진 그리스도의 희생 제사를 주고 받는 것이다. 사실상 주의 만찬에는 희생 제사가 있다.

그러나 그 제사는 '사크리피치움 유카리스티콘' *sacrificium eucharistikon*,

---

29) Opera selecta (Barth and Niesel) 1, 146.

찬양과 감사의 희생 제사, 공동체의 자기 봉헌의 희생 제사이다. 더욱이 하나님의 진노를 피하기 위해서가 아니라 그를 찬미하고 높이기 위해서 이 희생 제사를 드리는 것이다. 이것은 교회가 마땅히 번제로 드려야 할 향기이며, 교회가 이제와 그리고 영원히 드려야 할 예배이다. 결국 성찬은 찬양의 희생 제사이며 이 때 그리스도는 제사장도 되시고 제단도 되신다.

칼빈은 이제 성례의 실제적 집행에 대해 눈을 돌린다. 첫째로 그 때 상황의 위험성으로 인해 자기 검토를 꼭 해야 한다. 왜냐하면 성례는 결코 중립일 수 없기에 생명이 아니면 죽음을 가져다주기 때문이다. 우리는 성례의 본성에 따라 세 가지 질문을 던져 자문해 보아야 한다. 첫째, 여기서 나에게 자신을 주시는 나의 구세주를 내가 내적으로 신뢰하는가? 둘째, 내가 그리스도를 믿는다고 고백하는가? 셋째, 나는 자신을 내 형제에게 주어 그들과 하나가 되려는 기꺼운 마음이 있는가? 고백에 대한 중세의 가르침은 결코 도달할 수 없는 청교도적인 표준을 요구했으며 성찬을 받으려면 윤리적인 순결성과 적합한 회개와 고백이 있어야 한다고 가르쳤다. 그러나 하나님께서 우리를 용서하시고 그의 인자하심으로 우리를 받으실 만하게 만드시도록 하기 위해 우리의 무가치함을 하나님께 드릴 때 우리는 정당하게 주의 만찬에 나아가게 되는 것이다. 우리는 자신의 회개와 믿음과 사랑이 주님이 받으실 만한 양질의 것인지에 대해서 질문조차 하지 않아도 된다. 단지 회개와 믿음과 사랑이 있다는 것만으로도 관련이 있는 것이다.

교회에서는 십자가에 못박힌 그리스도가 자주 기념되어야 한다. 말씀, 기도, 주의 만찬 그리고 구제에 대한 가르침이 없는 모임은 교회 명의로는 열려서는 안 된다. 적어도 성찬은 일주일에 한 번씩 기념되어야 한다.

분명한 것은 성찬은 공적으로 기념되어야 한다는 것이다. 사적인 성찬은 공동체를 파괴한다. 물론 주님과의 교제가 공적으로뿐 아니라 사적으로 이루어져야 함은 두말할 필요도 없다.

그리스도와 그의 백성의 성례전적 만남을 세례와 주의 만찬에 국한시키면서 칼빈은 나머지 5가지의 의식견진 성사, 고해 성사, 종부(終傅) 성사, 신품(神品) 성사, 혼배(婚配) 성사은 엄격한 의미에서 성례가 아니라고 했다. 그 이유에 대해서는 5장에 상세하고 길게 설명해 놓았다. 하나님을 제외하고는 그 누구도 마치 도장과도 같이 하나님의 뜻의 선언에 인印을 치는 역할을 하는 성례를 제정할 권위를 가지고 있지 않다. 하나님만이 자신의 의도를 입증할 수 있다. 그리스도에 의해 제정된 성례는 바로 이런 목적을 위해 선택되고 각색된 지상의 물체earthly things이다. 나머지 5가지 의식은 이렇게 제정되지 않은 것들이다. 우리가 칼빈의 논의를 다 훑어볼 필요는 없다. 단지 칼빈은 이런 모든 의식을 정죄하거나 교회 의식에서 빼버리려고 한 것이 아니라 그것들이 속해서는 안 될 범주에서 제외시킨 것에 불과하다는 것만을 주의하고 넘어가도록 하자.

구원은 단지 하나님의 사역이라는 말은 또한 인간이 아니라 하나님이 구원의 수단을 선택한다는 뜻도 된다. 교회는 구원의 수단을 선택할 권리가 없다. 왜냐하면 "목회자가 지켜야 할 첫 번째 규칙은 명령되지 않은 것은 어떤 것도 해서는 안 된다"[30]는 것이기 때문이다.

견진, 종부, 혼배 성사에 대해서 칼빈은 지면을 크게 할애하지 않았다. 상당한 분량을 차지하고 있는 이 장章의 대부분은 고해, 신품 성사에 할애되고 있다. 각각을 논하면서 칼빈은 로마 가톨릭의 도그마를 공격했

---

30) Opera selecta (Barth and Niesel) 1, 163.

을 뿐 아니라 대안으로 복음주의적인 교리를 제시한다. 그는 고해 성사 대신 복음주의적인 회개와 죄의 고백 교리를 대치한다. 회개는 죽음, 즉 우리의 육신과 옛사람, 곧 우리의 죄성을 죽이는 것이다. 여기서 우리는 또다시 그리스도와 연합하게 된다. 만일 우리가 믿음 안에서 그리스도와 연합하게 되면, 우리는 죄에 대해 죽으신 분과 연합하는 것이다. 결국 그리스도 안에서 우리는 죄에 대해 죽은 것이다. 그리스도 안에서 우리에게 사실인 것은 우리의 체험에서도 사실이 되어야 한다. 죄는 우리의 의지와 행동에 있어서도 마땅히 죽어야 한다. "인간이 중생하는 길은 그리스도에 참여하는 것이다. 그의 죽음 안에서 인간의 도착된 욕망은 죽고, 그의 십자가 위에서 인간의 옛사람은 못박히고, 그의 무덤 안에 인간의 죄의 몸은 장사지내게 되는 것이다. ……결국 그리스도인의 삶이란 육신을 죽이는 법을 계속적으로 연구하고 그것을 실행에 옮기는 과정이라고 볼 수 있다."[31]

칼빈이 마음의 통회痛悔, 입술의 고백, 행실의 수정으로 구성된 고해 성사 각 요소에 눈을 돌리기 시작한 것이 바로 여기에서부터이다. 칼빈의 반대의 핵심은 중세의 교리가 너무나 주관적이라는 데 있다. 중세 교리는 죄인은 자기가 진정으로 통회했는지 확인해야 한다고 가르친다. 그러면서도 어떻게 확인해야 하는지는 가르치지 않는다. 아니라고 부인하지만 통회는 용서의 원인이 되어 버렸다. 죄인은 통회의 우수성 때문에 용서를 받게 된 것이다.

이에 대해 칼빈은 말한다. "우리는 죄인에게 양심의 가책이나 눈물을 바라보지 말고 두 눈을 크게 뜨고 주님의 자비만을 뚫어지게 바라보라

---

31) Opera selecta (Barth and Niesel) 1, 172.

고 가르친다."³²⁾ 고백은 도덕가들의 궤변 연습이 되어 버렸다. 죄는 죄질罪質, 죄량罪量, 범죄 상황犯罪狀況으로 세분되었다. 이렇게 모두 구분한 후에야 모든 죄가 고백되어졌을까?

"나는 그것이 무엇을 뜻하는지 간단히 말하려고 한다. 첫째, 그것은 절대 불가능하다. 결국 그것은 파괴하며, 정죄하며, 당황케 하며, 낙심시킬 뿐이다. 둘째, 그것은 죄인들로 하여금 자신의 죄가 어떤 것인지 깨닫지 못하게 하며 하나님과 자신에 무지한 채 위선자가 되게 만든다. 죄인들은 자신들의 죄를 상세하게 구분하면서 일일이 열거하는 데 골똘한 나머지 자신의 숨겨진 죄악과 부정과 추악함이 얼마나 많은가를 잊어버린다."³³⁾

우리의 양심을 짓누르는 하나하나의 죄악을 고백할 필요가 있는 것도 분명하나, 어떤 행위는 덕이며 어떤 행위는 죄라고 범주화시키면서 모든 죄악을 다 기억해내려고 노력할 필요는 없는 것이다. 더욱이 이런 일을 하고 싶은 유혹을 받을 때는 아무도 자신의 마음의 깊이를 측량할 수 없다는 사실을 기억해야 할 것이다.

요약하면 중세의 속죄 제도는 시작은 뛰어난 목회적 동기에서 출발했으나 그 결과는 의도하던 바와는 정반대였다고 볼 수 있다. 죄인들을 양심의 가책에서 구해내서 용서의 확신을 심어주기는커녕 중세의 속죄 제도는 죄책감과 무력감만을 더욱 크게 느끼게 만들고 마침내는 의혹과 낙망으로 굴러 떨어지게 만들었다.

---

32) Opera selecta (Barth and Niesel) 1, 175.
33) Opera selecta (Barth and Niesel) 1, 183.

더욱이 이것이 이렇게 된 것은 중세인들이 라오디게아 교인처럼 차지도 않고 덥지도 않았기 때문이 아니라 너무나 종교적인 열정이 강했기 때문이었다. 진실로 고해 성사는 한 개인의 진지함에 비례해서 의혹과 죄책감을 더욱 짙게 느끼게 할 뿐이었다. 수도사로서의 루터의 체험은 극단적이었는지는 모르나, 종교적으로 진지한 사람들이라면 누구라도 체험했을 그것과 결코 다르지 않다.

참된 고해 성사는 세례의 성례이다.

"그들은 그들이 만들어낸 이 성례에 '난파 후의 두 번째 판자' the second plank after shipwreck라는 타이틀을 붙였다. 세례시 받은 무흠의 옷을 범죄로 인해 더럽힌 사람은 누구라도 고해를 통해 다시 깨끗이 할 수 있기 때문이라는 것이다. ……죄인이 그런 사실로 인해 마음을 다시 먹고 용기를 얻을 뿐 아니라 세례에 약속된 죄의 용서가 실현될 것이라는 그의 확신을 굳게 하기 위해서, 마치 세례는 죄를 지으면 말소되어 버리고 그가 죄의 용서를 생각할 때는 그의 마음에 다시 생각나서는 안 되는 것처럼 말이다세례는 고해에 의하여 회복된다는 것이다-역자 주. 따라서 여러분은 세례를 고해 성사라고 불러도 결코 틀린 것이 아니며 오히려 매우 적절한 것이다."[34]

그리스도인의 자유

마지막 장章은 그리스도인의 자유, 교회 정치, 시민 정치 세 주제를 포함한다. 우리가 후에 다른 상황에서 살펴보기 위해 유보해 둘 뒤의 두 주

---

34) Opera selecta (Barth and Niesel) 1, 202.

제는 첫째 주제에서 기인했기 때문에 첫째 주제와의 관련하에서 다루어진다. 우리는 여기서 칼빈의 2중 목적을 염두에 둘 필요가 있다. 자유는 전체주의 국가에서는 위험한 개념이다. 더욱이 그룹들이 복음의 이름으로 사회적 억제나 심지어는 사회에서 통용되는 도덕으로부터 자유를 요구할 때는 2배나 더 위험하다. 따라서 칼빈은 복음주의적 자유와 재세례파적 기미가 있는 자유를 구분하지 않을 수 없었다. 그는 또한 그리스도를 배고파하고 목말라하는 사람에게 그리스도를 찾는 법과 그 후에 그 안에서 사는 법을 가르치는 데 관심이 있었다.

이제 여기서 또 한 번 우리는 '코람 데오' 하나님 앞에서와 '아푸드 데움' 하나님과 함께을 자주 듣게 된다. 우리가 영적인 삶이나 신체적인 삶을 살아가는 것은 하나님과 함께이다. 그리스도인은 의혹과 어두움을 떠나 확신과 기쁨에 차 있어야 한다는 주장이 다시 등장한다. 그리스도인의 자유는 교의the faith의 필요한 한 부분으로 가르쳐져야 한다. 그 이유는 다음의 2가지이다.

첫째는 우리가 선하고 깨끗한 양심을 소유하기 위해서이고, 둘째는 불필요한 방해를 받지 않고 과감하고 확신에 찬 행동을 하기 위해서이다. 의심보다 행동을 구속하는 것이 어디에 있는가? 우리는 그리스도인의 자유의 교리에 대한 오해-이 교리를 제멋대로 하는 행동에 대한 변명으로 이용하는 자유 사상가들의 오해, 이 교리가 기존 질서를 전복해 버릴 것이라고 생각하는 반동주의자들의 오해-로 말미암아 이 교리를 가르치는 일이 방해받지 않도록 주의해야 한다.

그리스도인의 자유에는 세 가지 측면이 있다.

첫째, 그리스도인은 하나님 앞에 서는 점에 있어서는 구약 율법으로부터 자유롭다. 우리가 율법을 어기고 양심이 괴로워할 때 율법은 우리를 조금도 돕지 못한다. 단지 계속해서 고발을 반복하고 죄책감을 더 깊이 느끼게 할 뿐이다. 오직 예수 그리스도만이 우리를 도우실 수 있다. 하나님의 심판에서 우리는 율법으로부터 자유롭다.

둘째, 율법으로부터의 자유는 또한 어떤 의미에서는 그리스도인의 복종에까지 확대된다. 율법은 우리에게 온 마음과 영혼과 뜻과 힘을 다해 하나님을 사랑할 것을 명령한다. 그러나 우리는 결코 그 명령을 지킬 수가 없다. 하나님을 향한 진지하고 완전한 사랑을 방해하는 죄된 욕망이 우리 가운데 아직 남아 있음을 본다. 여기서 또한 율법은 아무런 도움도 되지 못한다. 율법은 단지 명령하고 위협하며 우리를 노예처럼 다룬다. 바로 이 이유 때문에 율법을 지키는 일은 심리적으로 불가능한 일이다. 사랑은 의지의 자유로운 운동이다. 사랑하라고 명령하는 것은 터무니없는 노릇이다. 그러나 신자는 어기면 벌 받는다는 조건 아래서 순종하도록 명령받은 노예는 더 이상 아니다. 처음 세 장章의 가르침-우리가 그리스도와 함께 우리의 아버지로 하나님을 소유하도록 하기 위해 하나님의 아들이 우리의 형제가 되셨다는-은 여기서 영광스러운 해방으로 개화開花되어 나타난다. 성부께서는 무서운 위협을 가하시면서 우리에게 명령하시는 것이 아니라 자신을 따라오도록 "아버지와 같은 자애로움으로 우리를 부르신다." 따라서 우리는 "자원하는 마음으로 기쁘게 그의 부르심에 응답하며 그가 인도하시는 대로 뒤를 따른다."[35] 하나님께서는 우리가 그에게 드리는 예배의 불완전함을 간과하시고 그 안에 있는 죄성을 용서하시면서 우리를 '귀여운 어린아이' 처럼 다루신다.

셋째, 그리스도인의 자유의 이 측면은 실제적인 문제와 아디아포라

---

35) Opera selecta (Barth and Niesel) 1, 225.

adiaphora, 중립적인 것, 즉 그 자체로는 선도 악도 아닌 것과 관련되어 있다. 한번 그러한 문제들에 대해 민감해지기 시작하면 끝없는 미로 속에서 헤매게 된다.

"누구라도 린넨으로 홑이불과 셔츠와 손수건과 냅킨을 만드는 것이 합법적이냐 아니냐에 대해 의심하기 시작하면 그는 곧 린넨으로 헤시안-린넨으로 만든 거친 옷-역자 주을 만드는 것도 불확실하게 생각하며 마침내는 캔버스로 사용하는 것이 합법적인가도 의심하기에 이른다. 그는 속으로 '냅킨 없이 식사를 해서는 안 되는가? 손수건을 가지고 다닐 필요가 진짜 있는가?' 라고 의심을 품는다. 좀 즐거운 식사도 비합법적이라는 생각이 들기 시작하면 흑빵이나 평범한 식사를 할 때마다 하나님 앞에서 양심이 거북해지는 지경에까지 이르게 된다. 왜냐하면 싼 음식을 가지고도 몸을 지탱할 수 있을텐데 너무 사치스러운 것이 아닌가라는 생각이 들기 때문이다. 양질의 포도주를 마시는 것에 대해서도 의혹이 생기기 시작하면 질 나쁜 술을 마실 때도 왠지 마음이 거북해지고 결국은 보통 것보다 달고 순수한 물을 건드리기조차 하지 않으려고 할 것이다. 결국 그러한 사람은 길 위에 떨어진 짚 한오라기를 밟는 것도 죄라고 생각하게 될 것이라고들 한다."[36]

이런 종류의 엄정주의puritanism는 삶의 현실 앞에서 비겁해지거나 경솔해지기 쉽다. 그리스도인의 자유는 하나님이 주신 은사를 즐거움과 감사의 마음을 가지고 사용하는 것이다.

그러나 자유는 육체적인 것이 아니라 영적인 것이다. 그것은 하나님

---

36) Opera selecta (Barth and Niesel) 1, 226-7.

앞에서의 자유이다. 우리가 향유하는 자유를 꼭 사용해야 할 필요가 있는 것은 아니다. 우리가 무엇인가를 사용할 자유도 있고 사용하지 않을 자유도 있다는 것을 깨닫게 되는 순간 우리는 자유롭게 된다. 예를 들어, 보통에는 금요일에 금식을 하다가 굳이 식사를 함으로써 새로 자유를 얻었다고 애써 보일 필요는 없다. 단지 우리가 그렇게 할 자유가 있다는 것만을 이해하는 것만으로도 충분하다. 아직 이런 자유를 이해하지 못한 사람들은 우리의 행동으로 인해 실족할지도 모르기 때문이다. 더욱이 자유란 이기적인 목적을 위해서가 아니라 형제를 사랑하는 데 사용되도록 주어진 것이다. 따라서 우리는 사랑의 결핍으로 인해 그리스도께서 대신 죽으신 형제들을 실족시키지 않도록 조심해야 한다.

실족이나 거침돌은 매우 간단하게 준 실족offences given과 당한 실족offences taken으로 구분해 볼 수 있다. 지나치게 남의 단점을 잘 들춰내는 사람은 어떠한 행동도 거슬리게 봐서 실족을 당하기도 하지만 당한 실족에 대해서는 그리 논할 것이 없어 보인다. 그러나 우리는 그 문제점에 대해서 확실하게 아직 이해하지 못한 형제들을 실족시키지 않도록 늘 조심해야 한다. "우리는 형제의 믿음을 강하게 할 수 있을 때에는 우리의 자유를 사용해야 한다. 그러나 이웃을 돕지 못할 때는 자유의 사용을 억제해야 한다."[37] 그러나 이것은 중립적인 것들, 즉 그 자체로서는 선도 악도 아닌 것들에 대해서만 사실이다. 하나님께서 명령하신 것은 어떠한 결과를 낳든 간에 행해야 한다. 그러나 이 때도 형제를 염두에 두어야 한다. 그렇다고 해서 믿음 약한 형제의 마음을 실족시킬까봐 두려워서 악을 묵인하고 폭동과 우상 등을 용인하라는 뜻은 아니다.

---

37) Opera selecta (Barth and Niesel) 1, 231.

결국 1536년에 우리가 지금 '칼빈의 신학'이라고 부르는 것이 이렇게 첫 모습을 드러내기 시작한 것이다. 교회사의 주요 신학자들 가운데 한 사람으로서 그의 위치가 단번에 인정받은 것은 아니다. 『기독교 강요』 초판을 보더라도 이에 대한 확실한 증거는 찾아 볼 수 없다. 칼빈 자신도 3년이 채 못 되어 자신의 책이 깊이가 없는데다 몇몇 주제들을 충분히 발전시키지 못한 것을 후회했다.

그러나 그 당시 사람들 가운데서도 식별력이 있는 사람들은 『기독교 강요』의 가치를 인정하는 데 인색하지 않았다. 확신에 차 있으나 결코 경솔하지 않은 신학, 저속하고 졸렬하지 않으면서도 평신도 그리스도인들의 필요를 만족시켜 주는 숭고한 신학, 그 지평선이 영국 펜스 지대잉글랜드 동부의 늪지대-역자 주만큼이나 넓고 높은 하늘이 아치 형을 이루어 덮고 있을 만큼의 넓고 견고한 땅을 가진 신학, 초대 교회까지 거슬러 올라가 그 영원한 공기를 흠뻑 마신 신학, 칼빈은 지금 분명해 보이나 그 당시에는 어떤 다른 신학자심지어는 멜란히톤까지도도 해낼 수 없었던 그 일을 해내고야 말았던 것이다. 칼빈은 종교 개혁의 주요 교리들에 참된 도그마 형태를 부여했을 뿐 아니라, 이 교리들을 기독교 신앙의 고전적 진술로 형성시켜 놓았던 것이다.

제4장
제네바에서의 시련

바젤에서 1여 년을 보낸 칼빈은 뒤 티예와 함께 이탈리아로 향했다. 그것은 고향을 떠난 유랑객으로서 어디에서도 정착할 수 없었던 단순한 이유 때문이었는지도 모른다. 아니면 그가 다시 프랑스에서 누릴 수 있을지도 모를 행복한 삶을 찾아서, 한 프랑스인 공작 부인의 궁정에서 유력한 지위를 차지하고 여생을 보내고 싶었기 때문은 아니었을까?

페라라Ferrara 공작 왕실에는 어울리지 않는 일단의 사람들이 식객으로 있었다. 악명 높은 루크레치아 보르자의 아들인 페라라 공작 에르콜레 데스테Ercole II d' Este는 가톨릭 교도인데다가 황제파였다. 그의 부인인 르네Reneé of France는 프랑스왕 루이 12세의 딸이었으며 그녀의 언니인 클로드는 프랑수아 1세루이 12세와 사촌 관계임-역자 주와 결혼했다. 프랑수아 1세와 나바라의 마르그리트와 6촌지간이었던 르네 공작 부인은 자신의 가문을 위해서 프랑스의 반황제 운동을 지지했다. 르네상스 시대의 문학과 예술의 후원자로 자처했던 페라라 공작의 휘하에는 벤베누토 첼리니 Benvenuto Cellini, 페라라 공작의 호의를 그가 소유한 공작새들을 쏴 죽임으로 갚은 인물. 그는 그 건에 대해 이렇게 말했다. "그곳에서 유일하게 괜찮은 물건이었지"[1] 라고 했다와 같은 독창적인 위대한 예술가들이 모여들고 있었다. '벽보 사건' 후에 종교 개혁주의자들과 종교 개혁자들 그리고 도망자들이 공작부인 밑에 모여들었는데 그 중에는 시인인 클레망 마로Clement Marot도 있었다. 이제 존 칼빈도, 아마 익명을 사용했겠지만, 그녀에게로 오게 되었다. 공작부인이 그에게 은신처이미 바젤에서도 그런 경험이 있었던 바와 같은뿐 아니라 직업, 아마도 비서 자리를 하나 주지 않았을까? 우리는 후에 일어난 일에 대한 우리의 지식으로 이런 일들을 판단해서는 안 된다. 칼빈은 목사가 되거나 공직에 나갈 의도는 없었다. 학자로서의 인생을 꾸려나가려는 것이 그의 의도였던 것 같다. 그러나 학자도 정규 직업이 있어야 한다. 프랑스 공주인 공작부인의 비서가 되면 생계를 유지해 나갈 수 있을 뿐 아니라 학문 연구를 할 수 있는 여가를 얻을 수 있었을 것으로 보인다.

그러나 만일 그가 페라라에서 오래 머물려고 했었다면 크게 낙심했을 것이다. 1536년 4월 14일 성 금요일부활절 전의 금요일-역자 주에 공작부인의 식객 가운데 한 프랑스인이 보란 듯이 미사에 참예하는 것을 거부했다. 그는 체포되었고 심문을 받았다. 결국 르네 주변의 다른 사람들도 연루된 것이 드러났다. 몇 사람이 더 체포되었다. 공작부인은 자신의 친구들을 옹호하고 용서해 줄 것을 간청하기에 이르렀다. 따라서 불쌍한 교황 파울루스Paul III는 한쪽 귀로는 재판을 요구하는 남편의 소리를, 다른 쪽 귀로는 마르그리트와 프랑스 주재 로마 교황 대사를 통해서 석방을 간

---

[1] *Life* (Everyman Edition) 214.

청하는 아내의 소리를 듣지 않을 수가 없었다. 결국은 르네가 승리를 거두었다. 그러나 그 전에 이미 칼빈은 처음이자 마지막으로 이탈리아에 작별 인사를 남기고 바젤로 돌아왔다가 거기서 다시 프랑스로 갔다. 5월 31일자 리옹 칙령의 내용은 이단자들도 6개월 이내에 로마 교황청과 화해한다는 조건을 수락하면 프랑스 내에서 살 수 있도록 허락한다는 것이었다. 그 바로 이틀 후에 칼빈은 "법률 면허소지자요 파리 거주자인 예앙 코뱅 교사Iehan Cauvin"[2)]로서, 당시 누아용에 있는 앙투안을 부모의 유산 문제를 매듭짓는 대리인으로 지명한다는 '위임장'을 작성하여 두 공증인의 서명을 받기 위해 파리 법정에 나타났다. 바젤에서 칙령이 공포되었다는 소식을 듣고 6월 2일에 파리까지 오는 것은 불가능하다. 결국 그는 사태가 불리하게 움직이지는 않을 것이라는 것을 알고바라고 칙령이 공포되기 전에 프랑스로 돌아왔음이 분명하다. 아마도 그는 안전통행권을 갖고 있었거나, 아니면 칙령이 공포될 것을 미리 알고 있었을 것이다. 어떤 경우이든 간에 이 모든 일은 르네가 미리 주선해 주었을 것이다.

앙투안은 그 일을 잘 마무리지었다. 8셉티에르프랑스 혁명 전 곡물이나 액체를 재던 단위—역자 주 나가는 약간의 땅이 144파운드의 값에 누아용의 르뇨라고 보통 알려진 몽생루아 수도원에 팔려서 양도되었다. 샤를은 그의 몫의 유산을 누릴 만큼 시간이 충분하지는 못했던 것 같다. 10월 말에 참사회 사이에 빚어졌던 모든 갈등은 그의 죽음으로 종말을 고하고 말았다. 그는 참사회와의 갈등이 너무 심해진 나머지 죽음을 당했다. 왜냐하면 참사회의 기록Registres은 그를 이단죄로 매우 분명하게 고소하고 있다. 그러

---

2) Lefranc, *La Jeunesse* 205.

나 만일 그가 복음주의 신앙으로 돌아서서 이단 소리를 들었다면 어째서 장과 앙투안과 마리와 동행하지 않았겠는가? 그가 죽자 그의 시체는 밤에 교수대 밑에 장사되었다.[3]

칼빈은 장래를 생각할 때 프랑스는 가망이 없음을 눈치 채고 당국이 베푼 은전의 6개월을 반도 채우기 전에 프랑스를 떠났다. 떠날 때 그는 앙투안과 배다른 누이 마리 그리고 편파적인 르프랑의 말을 믿는다면 콜몽Collemont의 참사회 회원과 누아용의 몇몇 주민들을 함께 데리고 떠났다. 이 작은 여행대는 8월 초쯤에 '풍랑 없고 고위 사제들의 분노를 찾아볼 수 없는' 스트라스부르를 향해 떠났다. 그러나 불행하게도 군대의 이동 때문에 직선 코스는 위험했다. 따라서 그들은 남쪽으로 돌아 여행할 수밖에 없었다. 이 때문에 그들은 제네바 시를 들러 여관에서 하룻밤을 묵게 되었다. 제네바는 칼빈이 풍문으로 들어서 조금은 알고 있는 터였다. 피에르 로베르가 줄곧 거기서 사역하고 있었고 아마도 루이 뒤 티예Louis du Tillet가 아직도 그곳에 체류하고 있었을 것이다. 그나 혹은 다른 친구가 기욤 파렐에게 칼빈이 제네바에 왔음을 알렸고 그는 곧장 칼빈을 찾아 나섰다. 파렐은 천사들이 토론을 벌이는 동안을 참지 못하고 행동에 옮기는 사람이었고 전혀 처음 보는 사람에게도 의무를 다하라고 큰 소리를 칠 줄 아는 사람이었다. 그러나 우리는 그들이 적어도 구면이었다고 보아야 그 때 일어났던 장면들이 더욱 신빙성 있어 보인다. 칼빈 자신이 『시편 주석』 서문에서 자서전적 이야기를 하는 가운데 이 사건을 언급한다.

---

3) *ibid.* 210.

"나는 어디를 가든지 내가 『기독교 강요』의 저자라는 것만은 숨기려고 늘 애써왔다. 따라서 나는 기욤 파렐이 상담과 훈계가 아니라 마치 하나님께서 하늘에서 그의 강한 손을 내밀어 나를 꽉 움켜잡는 것처럼 느끼게끔 하는 무서운 저주로 나를 마침내 제네바에 머물게 할 때까지는 계속해서 이 비밀을 유지하고 자신을 밝히려고 하지 않았다. 그 당시 내가 칩거하려 했던 스트라스부르로 가는 직선 코스가 전쟁으로 막히게 됨에 따라 나는 제네바에서 단 하룻밤만 머물고 떠나려고 했었다. 이보다 얼마 전부터 내가 방금 언급한 그 뛰어난 사람과 피에르 비레Pierre Viret에 의해 로마 가톨릭은 제네바 시에서 축출되고 있었다. 그러나 사태는 아직 결말이 나지 않았으며 시는 경건한 자들과 위험한 파당으로 양분되어 있었다. 결국 변절해서 로마 가톨릭으로 되돌아간 한 사람이 나를 알아내고는 다른 사람들에게 소문을 냈다. 이 소식을 듣고 복음을 전파하는 데 남다른 열심을 가진 파렐이 즉각적으로 찾아와서 나를 눌러 앉히느라고 사력을 다했다. 다른 일에 시간을 빼앗기고 싶지 않고 조용히 앉아 연구에 몰두하고 싶은 나의 마음을 알아차리고 협상으로는 아무 결과도 얻어내지 못하리라고 생각했던지, 사정이 이리도 급박한데 도움 주기를 거절한다면 하나님께서 나의 은거 생활과 조용한 연구생활을 저주하실 것이라는 악담을 늘어놓기 시작했다. 이 저주 섞인 악담에 겁에 질린 나는 여행 계획을 취소했다. 그러나 나는 천성적으로 수줌음을 잘 타고 소심하기 때문에 어떤 특별한 직무를 맡지 않기로 했다."[4]

이렇게 해서 칼빈은 제네바 시에서 봉사하게 된 것이다.

---

4) OC 31, 23-6; Calvin Translation Society 1, xlii-xliii.

16세기의 제네바

현대의 제네바 시를 알고 있는 우리는 16C의 제네바와 혼동하지 않을 것이다. 우리 중에 누구도 영국 정원Jardin anglais의 거리를 거닐거나, 멋진 상점의 진열장을 사고 싶은 눈초리로 쳐다보거나, 아니면 앉아서 커피를 마시다가 정확히 시간을 알리는 생 피에르 교회의 편종編鐘이 울린다고 해서 시대를 착오하는 사람은 아마도 없을 것이다. 그러나 고대 문서나 칼빈의 설교 가운데 등장하는 이름을 딴 거리, 예를 들면 부르 뒤 푸르 광장, 모라르 광장, 생 피에르 교회 구역 가운데 서게 되면 마치 옛날의 고도古都를 방문한 듯한 느낌에 빠져 시대를 착각하기조차 한다. 옛 인물들의 이름들은 거리 골목마다 살아있으나 사오백 년 전의 거리 모습은 보여주지 못한다. 구식 집이 모여 있는 지구에도 17세기 이전에 지은 개인 집은 찾아볼 수 없다고 한다. 물론 생 피에르 교회가 지금과 마찬가지로 그 때도 그 시를 굽어보고 있었다―칼빈이 처음 그 교회를 보았을 때1441년에는 벽이 한 발 가량 무너진 채 그대로 있었다고 한다. 멜로디 기념 엽서에서 지금도 그 소리를 들을 수 있는, 굵고도 낮은 소리가 나는 교회종, 라 클레망스가 그 당시의 떠들썩하던 사람들에게 새 시대가 왔음을 일깨워 주었다. 또한 라 마들렌 교회와 생 제르베 교회 같은 곳을 가보아도 칼빈 시대의 제네바에 온 듯한 느낌이 든다. 이상하게 경사진 곳에 세워진 시청Maison de Ville은 길 모서리에 서 있는데 그 밑으로 난 길을 따라 도시 성벽의 포르트 뇌브新門를 통과해 지나가면 바스티옹 공원, 대극장, 그리고 대학은 볼 수 없지만 들판을 지나 아르브 강을 가로지르는 다리에 다다르게 된다.[5]

그러면 도시의 대부분은 호수의 남쪽에 놓여있고, 일부분만 북쪽 제방에 놓여 있으며 새로 신축한 강한 수비용 성벽에 둘러싸인 비좁은 제네바 시를 상상해 보도록 하자. 1537년에 만 명의 시민이 있었으니 그 당시로는 바젤이나 취리히 못지 않은 큰 도시였다. 적으로부터의 공격 위험이 있었기 때문에 늘어나는 도시 인구에 발맞추어 늘어나는 건물은 모두 성벽 안에 건설할 수밖에 없었다. 제네바에는 교회가 없었다. 성벽은 목초지 위에 굳게 서 있었고 경지와 거친 땅이 마치 벼랑처럼 바다 위에 우뚝 솟아 있었다. 제네바는 그야말로 요새 중의 요새였다.

그렇다고 시 전체가 빌딩으로만 되어 있는 것은 아니었다. 제네바 시민들은 정원을 매우 좋아했다. 샤누안 거리나 생 피에르 교회 구역에 있는 멋진 저택이나 아래 쪽에 독일인 지역이나 리비에라 지역의 호화 저택에는 후원에 정원이 있었다. 하부 도시나 호수 건너 생 제르베 교회 근처의 복잡한 거리에 마치 서가에 꽂힌 책처럼 오밀조밀하게 늘어선 가난한 사람들의 집들조차도 나무 몇 그루를 심을 만큼의 정원은 가지고 있었다. 그럼에도 불구하고 주택난은 심각했으며 집을 지을 수 있는 대지는 프리미엄이 붙어서 거래되고 있었다.

사회적으로 볼 때도 16세기 초의 제네바는 오늘날의 제네바와는 너무나 달랐다. 그 당시에는 백만장자도 없었고 귀족도 없었다. 성당을 중심으로 한 상부 도시에 살고 있던 성당 참사회와 몇몇 전문 직업인들이 상류 사회를 이루고 있었을 뿐 중산층 공동체인 제네바는 몇몇 부자 상인들은 있었으나 상업에 종사하는 제후는 없었다. 제네바의 유일한 은행은 피렌체의 메디치가家의 분점이었다. 중산층 공동체의 복지는 문자 그대로의 상업, 즉 다른 공동체의 상호무역에 의존했다. 15세기의 3, 4분기

---

5) 제네바에 대해서는 Monter, *Calvin's Geneva*; neaf, *Les Orgines*; and bibliographies in Niesel, *Clavin-Bibliographie*, 48ff. and *Calvin Theological Journal* (6/2) 172f를 보라.

까지는 활발하게 움직이며 융성하던 제네바 시의 경제는 그 후로부터 매우 조금씩 하락세를 보이고 있었다. 생산은 많이 되었으나 수출이 잘 이루어지지 않았다. 1501-36년 사이에 시민권을 얻은 사람들-수많은 제화공, 재단사, 빵 장수, 푸주한, 목수, 석공, 이발사, 약제사들과 수명의 금 세공인, 인쇄업자들-의 면모를 살펴보면, 제네바 시가 의식주 산업과 의료 계통 산업이 크게 융성했음을 알 수 있다. 출판업도 약간은 있었으나 그리 큰 규모는 되지 못했으며 급료의 평준화를 이루는 데는 별로 큰 도움이 되지 못했다. 지형적인 이유 때문이 아니라 정치적인 이유로 쇠퇴하기 시작한 제네바 시의 경제의 퇴조를 너무 과장해서 이야기해서는 안 된다. 기차의 황금 시대에 수많은 마을의 상황을 뒤바꾸어 놓았던 것과 같은 운송 수단의 변화가 유럽의 주요 무역로의 중심지로서의 제네바의 위치를 격하시킨 것은 아니다.

한편 16세기 내내 제네바 시의 정치적 상황을 불안하게 한 것은 지형적인 원인 때문이었다. 다시 한 번 우리는 스위스의 한 도시로서의 오늘날의 제네바에 대한 선입관은 배제해야 한다. 1536년에 강한 성벽을 자랑하는 요새 도시인 제네바는 스위스 연방, 사보이 공국the duchy of Savoy과 프랑스 왕국의 틈새에서 꼼짝달싹 못하는 공화국이었다. 교외가 없고 단지 네다섯 개의 작고 뿔뿔이 흩어져 있는 소유지만 주변에 있는 것을 빼면 제네바는 처음에는 사보이의 영토에 있었으나 뒤에는 사보이의 동맹인 베른Bern의 영토에 편입된 일종의 섬이었다. 다른 관점에서 보면 제네바는 스위스 연방과 사보이 공국과 프랑스의 변경에 위치하고 있었다.

변경의 도시는 항상 경제적으로나 정치적으로 유리한 위치에 있는 법이다. 따라서 제네바는 오랫동안 양자 사이에 라이벌 의식을 충동질해

왔다. 중세 때에는 제네바의 제후 겸 주교들과 사보이의 공작들 사이에 지배권 쟁탈전이 벌어졌으나 주교직 임명이 공국의 권한 내에 들어오게 되자 쟁탈전은 종말을 고하게 되었다. 따라서 사보이가는 15세기 거의 내내 주교직을 독점적으로 차지해 왔다. 16세기에 들어오면서부터 지배권 쟁탈전은 내부적인 투쟁으로 바뀌었고 지배권을 무력으로 획득하려는 시도가 제네바 시 내부에서 일어나게 되었다. 제네바 공화국의 우두머리는 제후 겸 주교였으며, 정국을 운영하는 두 기관은 32명의 회원으로 구성된 성당 참사회와 중산층bourgeoisie이었다. 상인들의 입김이 센 후자는 연방과 우호적인 관계를 맺고 있었다. 참사회는 변덕스러웠다. 어떤 때는 시민의 편을 들어 주교에 대항했으나 전체적으로 보면 혈연관계나 후원 문제 때문에 자연히 주교와 사보이가 쪽으로 기울었다. 여기서 소위 에그노Eyguenots당과 마멜뤼Mamellus당, 즉 위그노Huguenot라는 말의 근원이 된 스위스파 에드그노Eidguenots당과 교황의 노예들인 사보이파 맘메뤼크Mammelukes당인 두 당이 생겨나게 되었다.

  1522년에 피에르 드 라 봄Pierre de la Baume 주교가 되었을 때 시의 상황이 이러했다. 그는 비록 출신은 사보이가에 속해 있지 않았으나 공작들에게는 안전한 인물로 보였다―이런 평가란 항상 어떤 근거가 있는 것은 아니다. 제네바에선 그렇게 불명예를 남겼던 사람이 얼마 안가서 추기경의 모자를 쓰고 대주교직에 오른 이 주교의 정치적 논리를 이해하기는 매우 어렵다. 그는 어떤 일관된 목적을 추구하지 않았으며 기회를 봐서 스위스파도 거들었다가 사보이파도 거들었다가 하면서 양다리를 걸쳤다. 시민들은 사태를 해결하기 위해 독립의 첩경이 그 방향에 있다고 판단하고는, 베른과 프리부르와 삼각 동맹을 맺고 콩부르주아지combourgeoisie를 결성했다. 그들의 행동은 불법적이었으나 기정 사실이라는 불가항력을 가지고 있었다. 이 불의의 일격으로 제네바 시에서 사보이가의 힘은 쇠퇴하기 시작했고 스위스파와의 관계가 강화되었다. 권력 투쟁이 두 정책의 동조자들 사이의 정면 대립 양상으로 선명히 드러나게 됨에 따라 몇몇 상인주도의 스위스파의 동맹을 지지하는 시민들과 사보이가를 옹호하는 참사회와 사보이가 관리들 사이의 분쟁으로 확연히 나타나게 되었다. 시민들이 더 강한 것이 입증되었고 결국은 시민들이 참사회까지 장악하였으며 참사회를 그 당시까지는 비워 두었다가 콩부르주아지의 도시들 가운데 한 도시의 원주민들로 하여금 참사회 회원을 맡게 했다. 비록 외부로부터 사보이 공국은 제네바 시정市政에 발언권을 행사할 수 있었으나 사보이가의 권위는 땅에 떨어지고 말았다. 샤를 공작이 간헐적으로 군사를 동원해서 습격해 왔으나 스위스 연방이 군대를 동원해서 제네바 시 공화국을 도와 주었다.

여기서 우리는 이 새로운 공화국의 정부 형태에 대해 설명할 필요가 있다. 정부의 수반은 남자 시민의 총회인 코뮌에서 매년 1월에 선출하는 4인의 행정관이었다. 행정관들은 25인으로 구성된 '제네바의 신사들' les Messieurs de Genéve이라고도 부르는 소의회小議會의 명목상뿐 아니라 실제적인 지도자였다. 이 소의회는 중앙 집행 기구로서 특히 모든 외교 문제를 다루었고 사형선고를 검토했으며 화폐를 관리했다. 소의회는 적어도 일주일에 세 번씩 시청에서 모임을 가졌다. 200인 의회는 법률 제정 문제를 의논하기 위해 한 달에 한 번씩 모이는 한 급 낮은 집행 회의였다. 200인 회의는 매년 2월에 소의회를 선출하기 위해 모이는 선거단의 역할을 하기도 했다. 그들의 선택은 '레 메시외' les Messieurs, 소의회의 의원—역자 주는 제네바에서 출생한 사람이어야 한다는 내용의 1526년에 공포된 법에 의해 제한을 받았다. 이것은 앞으로 30년간 큰 영향력을 끼칠 법이었다. 더욱이 실제적으로 보면 소의회는 종신직임을 자칭했다. 거의 같은 사람들이 소의회의 자리를 차지했으며 어떤 이들은 죽음이라는 강한 선택의 손에 의해서만 자리를 양보했다. 코뮌'공동생활을 함께 나누는 사람들의 작은 모임'이라는 의미의 중세 라틴어 'communia'에서 나온 말. 여기서는 자치도시의 시의회를 가리킴-역자 주은 보통 1년에 두 번 소집되어서 11월에는 포도주의 가격을 결정하고 시 법정의 의장을 뽑았고, 1월에는 우리가 조금 전에 언급한 대로 4인의 행정관을 선출했다. 60인 의회는 우리가 전개해 나갈 이야기에서는 맡은 역할이 별로 없으므로 생략해도 무방하리라 본다.

우리는 지금까지 제네바의 독립을 위한 투쟁을 단지 정치적인 면에서 고찰해 보았다. 제네바의 정치적 상황은 처음에는 종교적 논쟁으로 인해 복잡한 양상을 띠었으나 나중에는 오히려 그로 인해 분명한 모습을 보이게 되었다. 1520년대에도 제네바 시 안에는 다수의 복음주의자들이 있었으나 개혁자들이 제네바의 교회를 장악하기 위한 진지한 시도를 펼치기 시작한 것은 1530년대 초반이었다. 앙투안 프로망Antoine Froment, 파렐, 피에르 드 뱅글Pierre de Wingle, 피에르 비레, 피에르 로베르 등이 복음 전파에 열을 올린 것은 거의 때를 같이 해서였다. 이들은 1528년 1월에 종교 개혁을 이미 선언한 바 있는 베른 시의 지지를 받고 있었다. 그러나 로마 가톨릭을 지지하는 도시인 프리부르는 베른의 지지에 반대 입장을 표명했고 따라서 삼각 동맹은 붕괴의 위험에 직면하게 되었다. 게다가 성당 참사회 회원이며 프리부르 출신인 베를리는 제네바의 개혁자들을 적극적으로 반대하고 나섰다. 이에 1533년 성금요일 성만찬 기념이 있은 후에 폭동이 발생하게 되었으며 베를리가 피살되는 사건이 일어나고 말았다. 그러자 프리부르는 추방당해 있었던 드 라 봄 주교를 다시 복직

시켰다. 그러나 그는 아무런 권위도 행사할 수 없음이 곧 드러났다. 그는 베를리를 살해한 책임을 물어 복음주의 지도자들을 처벌하는 데 실패했다. 그리고는 7월 중순이 되자 제네바 시를 영원히 떠나고 말았다. 제네바 시는 프리부르 시가 주교와 짜고 군정 총독이라는 자리를 신설하고 프리부르 출신의 인사를 앉히려고 공모한다는 사실을 알고는 그 다음해 5월에 프리부르와의 동맹 관계를 파기했다. 이에 삼각 동맹은 베른 시와의 일대일 동맹 관계로 바뀌고 말았다.

정부는 복음주의적 개혁에 호의적인 것은 아니었다. 그러나 베른의 외부적인 압력과 그들 가운데서 복음 운동을 전개하고 있는 두 명의 종교 개혁 지도자, 즉 불 같은 성격의 기욤 파렐과 좀 부드러우나 더 설득력 있는 피에르 비레의 내적인 압력 때문에 중립을 지키고 있었으나 그들이 언제까지 중립을 지킬지는 의문이 아닐 수 없었다. 마침내 소동이 일어났다. 1535년 3월에 비레가 독이든 음식을 먹었으나 곧 회복되었다. 음식에 독을 넣은 하인은 참사회 회원인 한 사람을 위해서 그렇게 했다고 주장했다. 6월에 두 종교 사이에 공개 토론이 열려서 장장 한 달이나 지속되었다. 정부는 계속 주저주저 하고 있었다. 대중의 폭동이 일어나고 성상이 파괴된 후에야 결국 미사를 정지시켰다. 생 피에르 교회의 참사회 회원들과 생트 클레르 수도원의 많은 수녀들이 이제 도시를 떠나게 되었다. 도미니쿠스 수도사들과 프란체스코 수도사들에게는 추방을 당할 것인지 복음주의 예배에 참석할 것인지를 택일하라고 하였다. 그들 대부분이 후자를 택했다.

사보이가는 아직도 희망을 버리지 못했고 1535년에 샤를 공작은 제네바를 포위했다. 베른과 프랑스이제 국경에 있는 이 자유 도시에 관심을 갖게 된가 구원군을 보내 주어서 공화국은 구출되었다. 승리의 대가로 베른은 주권

제4장 제네바에서의 시련　143

을 요구했다. 그러나 자유를 사랑하는 제네바인들은 그 제의는 단호히 거절했으며 그 대신 감사의 표시를 충분히 하기로 했다. 이에 대해 베른도 충분한 감사의 표시를 보고 더 이상 주권을 요구하지 않기로 했다. 1536년 5월 25일 시민 총회는 '복음에 따라 살기로' 투표를 했다. 이제 제네바는 헌법상으로 복음주의적 도시가 된 것이다.

교회의 권위

이로부터 약 3개월 후에 칼빈이 그의 남동생과 여동생 그리고 친구들과 함께 제네바에서 하룻밤을 유숙하려고 하자 파렐이 극적으로 나타나 봉사해 줄 것을 강요하다시피 했을 때, 제네바의 형편이 바로 이러했다. 10월 13일자 프랑수아 다니엘에게 보낸 그의 서신에서, 그는 『시편 주석』 서문에서는 단 하룻밤이었다고 말한 반면에 파렐이 수일간이나 자신을 붙들었다고 다르게 말하는데 그럴 가능성이 많다. "그 형제는 나에게서 꼭 돌아오겠다는 확약을 받아내기까지 나를 제네바에 며칠 동안 머무르게 하였소. 그 후에야 나는 내 친척인 아르투아를 바젤에 데려다 주었는데 오고 가는 길에 같이 있어달라는 여러 교회의 부탁이 있었으나 그들을 실망시킬 도리밖에 없었소."[6] 제네바에 돌아온 후에 칼빈은 지독한 독감에 걸렸고 그 독감은 가을 내내 그의 곁을 떠나지 않았다. 그는 그리 바쁘지 않았기 때문에 서신과 함께 그 전부터 사본 하나를 보내기 희망했던 '나의 졸저아마도 『기독교 강요』일 것임의 프랑스어 판'을 만드는 일에 신경 쓸 수가 있었다.

---

6) OC 10b, 63; English Transltion of Calvin's letter 1, 121.

칼빈이 어떤 직책을 맡기로 동의했는지는 확실하지 않다. 베자나 콜라동에 따르면 그는 처음에는 목사가 아니라 신학 강사였다고 한다. 이것은 그가 다른 목회 업무에 매이지 않고 설교했음을 의미하거나 아니면 성경 강해 설교를 했음을 의미하는 것일 것이다. 1537년의 베른 회의는 그를 가리켜 '성경 강사'라고 했고, 바젤의 인쇄업자인 오포리누스Oporinus는 동년 3월에 "나는 당신이 바울 서신을 강의하여 큰 갈채와 함께 유익하다는 소리를 듣는다는 풍문을 듣고 있습니다."[7]라고 서신을 보냈다. 그러나 얼마 안 있어 그는 목사pastor로 선출되었다. 윌리스턴 워커는 1537년 8월 13일까지도 베른 회의가 파렐을 '설교자'로 칼빈을 '성경 강사'로 구분해서 지칭한 것을 근거로 해서 목사가 된 것은 "거의 아니 꼭 일 년 후"[8]의 일이라고 주장한다. 그러나 이와는 반대로 1537년 8월 3일자 제네바 시 기록에는 '설교자, 파렐과 칼빈'이라고 기록되어 있으며 콜라동에 의하면 『신앙 고백the Confession of Faith』이 의회에 제출된 1536년 11월 10일에 목사로 선출되었을지도 모른다는 것이다. "교회에서 이같이 목사pastor와 교사doctor로 선포되었으므로……그는 간단한 형식의 신앙 고백서를 준비하였다."[9] 법률가 겸 신학자인 그는 이제 유아 세례를 주고, 결혼 주례를 서고, 예배를 인도하고 설교하며, 교회 행정을 책임지는 일을 해야 하는 전혀 새로운 삶을 살아나가야 했다.

여기서 칼빈이 제네바 시의 한 교회를 책임지는 전임 목사였음을 강조해야 할 필요가 있다. 그는 제네바를 종교 개혁의 실험 무대로 생각하고 엄격한 교회 정치 원리에 따라 제네바 시민의 교회 생활을 조정해 나간

---

7) OC 10b, 91.
8) *John Calvin* 182.
9) OC 21, 58f.

원격 조정자로 너무나 자주 대표되어 왔다. 칼빈은 그러한 교조주의자敎條主義者는 아니었다. 그는 손수 교회 정치 원리를 제네바 시에 실현시켜 보려고 애쓴 인물이었다. 단지 그의 목회 사역을 특징짓는 교회 정치 원리는 하나님의 영광과 교회의 덕을 세우는 일이라는 데 그 특색이 있는 것뿐이었다.

우리가 이미 언급한 바대로 『기독교 강요』 6장은 그리스도인의 자유와 함께 교회의 국가에 대한 권세와 권위를 다룬다여기서는 초판을 언급하는 것임-역자 주. 이와 같이 칼빈의 적극적인 권위의 원리는 그의 자유의 원리에서 기인하고 또 그것에 의해 통제되는 것이다. 그것은 교권은 결코 그리스도인의 자유를 침해해서는 안 된다는 원리일 뿐 아니라[10] 권위와 자유는 복음 안에 공통의 동기를 가진다는 원리이다. 예수 그리스도가 그의 백성을 죄에서 해방시키는 구세주이실 뿐 아니라 그의 백성을 다스리는 주님이신 것과 같이, 예수 그리스도께서 그 주체와 본질이 되시는 복음도 사로잡힌 자들을 해방시킬 뿐 아니라"진리가 너희를 자유케 하리라", 요 8 : 32 그들이 그에 의하여, 그 안에서 자유의 삶을 누리는 권위를 제공해 주는 것이다. 이것은 유일의 동기요 한 복음의 두 측면이 아니라 바로 동일한 한 복음인 것이다. 결국 신자들은 유일의 왕으로 오직 '해방자 그리스도' 만을 인정하는 것이며, "한 자유의 법, 즉 복음의 거룩한 말씀"[11]에 의해서만 지배를 받는다.

종교 개혁자들이 로마 가톨릭의 법적 제도, 즉 소위 교회국가를 배척했다고 해서 그들이 교회의 권위를 부정했다고 생각해서는 안 된다. 교회의 권세power는 엄격히 정의하면 하나님의 말씀을 섬기는 것이다. 이

---

10) Opera selecta (Barth and Niesel) 1, 233.
11) *ibid.*

것은 교회의 권세는 목회자들 자신에게 있는 것이 아니라 목회자라는 직위office에 있다는 것이요, 사실상 그 직위에 있다기보다는 그들이 섬기는 하나님의 말씀에 있다는 것을 의미한다. 그들만이 명령할 수 있고 가르칠 수 있는 권세와 권위가 있는 것은 하나님의 말씀 때문이며 다시 말하면 그들이 그리스도의 이름으로 행동하기 때문인 것이다. 여기서 칼빈은 목회자의 권위를 성경의 영감 안에서 찾지 않는다. 즉 하나님에 의해 말씀되어진 성경이 바로 하나님의 권위를 가진 하나님의 말씀이라는 것이다. 그의 논증은 기독론적이다.[12] 그리스도는 홀로 성부의 비밀 속에 들어가 보셨던 하나님의 지혜요 계시이시다. 그는 구약 성경 기자들이 그로부터 하나님에 관한 지식을 얻어낸 원천이시고 성육신하셨을 때 성부에 대해 최종적인 증거를 하신 분이시다.

결국 그의 가르침은 완전한 가르침이다. 그러므로 그의 지식을 넘어서는 것은 불가능한 것이며 새로운 것을 발명해내는 것은 죄를 짓는 것이다. 그리스도로 말씀하시게 하고 모든 이는 입을 다물라! 사도들은 자신들이 그리스도에게서 받은 것만을 정확하게 가르쳐야 하며, 그 뒤를 잇는 모든 세대들은 그것을 받아서 충실하게 지키고 고스란히 후대에 넘겨주어야 한다. 여기서 교회는 영적인 무기, 하나님의 말씀, 그리스도의 교훈을 지니게 되는 것이다. 이 교리, 이 하나님의 말씀을 섬기고 전하는 것이 교회의 권세이다.

"그것(하나님의 말씀-역자 주)에 의하여 그들은 용기 있게 모든 것에 대해 도전하고 세상의 모든 권력과 영광과 고상함을 말씀의 엄위 앞에 굴

---

12) Opera selecta (Barth and Niesel) 1, 235ff.

복하고 순종하게 하며, 최고에서 최하에 이르는 모든 것을 지배하며, 그리스도의 집을 세우고, 사탄의 왕국을 전복시키고, 양들을 먹이며, 여우를 멸하고, 성도들은 훈계하고 가르치며, 반역하고 완고한 자들은 꾸중하고 견책하고 책망하며, 천둥번개를 손아귀에 넣고 풀었다 잡았다 하다가 마침내는 벼락을 내리치는 것이다. 그러나 이 모든 일은 하나님의 말씀으로 하는 것이다."[13]

교회는 중립적인 것 아디아포라, 즉 그 자체로 선도 아니고 악도 아닌 것-역자 주을 제외하고는 스스로 법을 제정할 권한이 없다. 왜냐하면 하나님만이 왕이요, 재판장이요, 율법 제정자요, 구세주이시기 때문이다. 칼빈이 마음에 중립적인 것이라고 생각한 것은 여자들은 설교해서는 안 되고 머리에 무엇인가를 써야 한다는 바울의 명령이나, 기도할 때 무릎을 꿇는다든지 시체에 수의를 입히는 풍습 등이었다. 그는 또 말하기를 지교회는 예배 시간이라든지 예배시 부를 찬송이라든지 출교 방법 등을 스스로 결정해야 한다고 말한다. 이런 모든 문제에 있어서 교회는 첫째, 상호 사랑의 규칙을 명심해야 한다. 둘째, 교회는 자신이 내린 결정이 영구적인 것이라고 못박아서는 안 되며 그 관례가 미신적이어서는 더 더욱 안 되고 무엇보다도 다른 관례를 지키는 교회의 비난을 받지 않도록 해야 한다. 셋째, 모든 것은 교회를 세우는 목적에 부합되도록 해야 한다. 이런 문제들을 제외하고는 교회는 스스로 법을 제정할 권한이 없다. 단지 그의 말씀을 통해 그리스도께서 명령하신 것을 받아들이고 실천에 옮기는 수밖에 없다.

---

13) Opera selecta (Barth and Niesel) 1, 237.

하나님께서 계시와 진리와 지혜와 빛의 영이신 그의 성령으로 교회를 인도하시는 것은 사실이다. 그러나 성령은 말씀과 독자적으로 행동하지 않으신다. 그리스도의 영이신 그는 그리스도의 말씀의 영이시며, "그가 너희를 모든 진리 가운데로 인도하시리니"라는 약속은 "그가 내 영광을 나타내리니 내 것을 가지고 너희에게 알리겠음이니라"고 덧붙이고 있다요 16:14. 이와 같이 성령은 그리스도의 계시된 뜻인 말씀의 진리 가운데로 교회를 인도하심으로써 그리스도의 뜻의 지식 가운데로 교회를 인도하신다. 성부의 뜻과 하나인 그리스도의 계시된 뜻은 이미 우리가 살펴본 대로 교회가 그에 의하여 그 안에서 살아야 할 권위이다. 여기에서부터 교회의 음성에 순종해야 한다는 결론이 나온다. 교회는 그리스도의 말씀만을 선포하기 때문에 교회인 것이다. 결국 그리스도의 대변자인 교회는 영적인 영역에서는 최고의 권위를 가진다. 여기서 우리는 두 가지 면을 주목할 필요가 있다. 첫째, 교회가 최고의 권위를 가지는 것은 교회가 그리스도의 대변자, 즉 하나님의 말씀을 섬기는 자일 때만이다. 복음을 말씀하시는 그리스도께서 하늘과 땅의 모든 권세를 가지고 있다는 이 한 가지 이유 때문에 교회의 권세는 대사들에게 위임된 메시지인 하나님의 말씀에 놓여 있는 것이다. 둘째, 교회가 선포하는 그리스도의 말씀에 순종해야 한다. 그의 말씀이 인간의 입술로 전파되어 왔다는 사실이 결코 그 본성을 격하시키지 못한다. 어디까지나 그것은 그리스도의 말씀이요 하나님의 말씀이다.

교회는 구원에 필요한 일에 있어서는 결코 오류를 범할 수 없다는 사실 또한 강조되어야 마땅하다. 물론 무오성inerrancy이 인간적 제도로서의 교회에 해당되는 것은 아니며 성령의 조명을 통해 무오한 그리스도의 말씀으로 가르침을 받는 교회에만 해당되는 것이다. 교회가 그의 말씀을 버리면 교회 안에는 어떤 진리도 찾아볼 수 없게 된다. 교회가 그리스도의 말씀을 선포하면 그 선포는 진리-즉 하나님에 관한 진리, 인간에 관한 진리, 하나님의 심판과 예수 그리스도 안에 있는 구원에 관한 진리, 하나님의 영원한 목적에 관한 진리-이다.

교회의 직무는 하나님의 말씀을 섬기는 것이다. 교회의 임무는 하나님의 말씀을 선포하는 것이다. 교회의 권세는 교회가 선포하는 전능한 말씀에 놓여 있다. 교회의 권위는 교회가 선언하는 말씀의 절대적인 권위에 놓여 있다. 이 모든 말들은 교회의 직무와 임무에 관한 칼빈의 개념을 대표한다. 그러나 이 말들만 가지고는 교회의 직무와 임무에 관한 칼빈의 개념을 오해하기 쉽다. 따라서 칼빈의 견해의 전체적인 윤곽을 이해하기 위해서는 다른 한 가지 요소를 더 고려해야 한다. 그 요소란 그리스도께서 그를 위해 죽으시고 다시 사신 인간들, 여기의 경우에서는 제네바인들이다. 제네바 교회의 임무는 하나님의 심판과 용서의 말씀을 사람들에게 선포하는 것이다. 교회의 권세는 멸망시키는 데 있지 않고 구원하는 데 있다. 왜냐하면 하나님의 말씀의 능력은 구원에 이르는 능력이기 때문이다. 교회의 권위는 죄인들에게 죄의 용서를 확신시키고 교리와 개인 윤리와 사회 윤리에 관한 하나님의 확실한 진리를 가르치는 데 있다. 다른 말로 표현하면 교회의 직무에 관한 칼빈의 개념 전체 윤곽에 활력을 불어넣는 요소는 하나님의 말씀의 종인 교회는 그 말씀을 전할 대상들의 종이라는 개념이다. 교회는 양들을 압제하는 목자가 아니라 양들을 섬기는 목자인 것이다.

그러나 복음을 거절하는 자, 성경을 통해 그리스도 안에 계시된 하나님의 길 안에서 행하기를 완고하게 거절하는 자들은 어떻게 되는가? 또한 죄를 범한 참 신자는 어떻게 되는가? 그리스도인의 삶은 가면을 쓰고 사는 위선의 삶과는 정반대의 삶이다. 그리스도인의 삶은 죄를 고백하고 숨기지 않는 솔직하고 개방적인 삶이다. 복음을 거부하고 거절하는 자들과 실족당한 자들과 범죄할 위험이 있는 자들에게는 어떤 도움을 줄 수 있을까? 우선 회중에게 설교하는 것이 급선무이다. 그러나 일반적으로 회중에게 선포할 때도 각 개인이 스스로 자신에게 적용할 수 있도록 선포되어야 한다. 각 개인이 자신의 잘못을 깨닫고 회개하고 새로 신앙을 가질 수 있도록 설교되어야 한다. 각 개인들을 향한 이런 사역이 또한 그들이 회원으로 있는 교회를 정화시킨다.

다음으로 칼빈은 권징discipline의 문제를 다룬다. 그 당시 로마 가톨릭의 권징 시스템은 도저히 받아들일 수가 없었다. 그 이유에 대해서는 칼빈이 『기독교 강요』에서 자세히 밝히고 있다. 따라서 칼빈은 권징에 관한 복음주의적 교리나 제도를 세울 필요가 있었던 것이다.

중세의 고해 성사는 열쇠의 권세 위에 근거했다. 예수께서는 베드로에게 이렇게 약속하셨다. "내가 천국 열쇠를 네게 주리니 네가 땅에서 무엇이든지 매면 하늘에서도 매일 것이요 네가 땅에서 무엇이든지 풀면 하늘에서도 풀리리라"마 16 : 19. 그리고 부활하신 후 제자들에게 또한 이렇게 약속하셨다. "성령을 받으라 너희가 뉘 죄든지 사하면 사하여질 것이요 뉘 죄든지 그대로 두면 그대로 있으리라"요 20 : 22-23. 이 약속 위에 사제가 죄 고백을 듣고 죄인의 고해를 평가하고 죄의 사면을 선포할 수 있는 권위가 놓여 있다는 것이다.

칼빈은 다른 종교 개혁자들과 같이 이 약속을 복음 선포로 해석한다. 복음은 예수 그리스도에 관한 메시지이다. 즉 하나님이 인간이 되셨고 인간의 죄를 위해 죽으셨다가 하나님의 새 창조로 다시 살아나셨으며,

실제로 하늘과 땅을 다스리시고, 마지막 때에 심판과 구원으로 자신을 계시하실 것인데 그를 믿기만 하면 인간의 죄는 용서함받고 하나님의 자녀로 새롭고 영원한 생명을 부여받게 된다는 내용이다. 이 선포는 직설적이며 명령적인 동시에 조건적이다. 이것은 이미 성취된 기정사실을 선포한다. 이 선포는 그것을 듣는 자들에게 회개하고 믿을 것을 권면한다. 이 선포는 만일 그들이 듣지 않으면 복음의 약속이 아무 소용없는 휴지 조각처럼 될 것이라고 경고한다. 이 선포는 약속과 경고, 용서와 심판을 포함한다. 설교자는 이 예수님의 두 가지 약속에 의해 청중들에게 복음을 믿으면 죄를 용서받고 하늘나라에 들어갈 수 있지만, 복음을 거절하면 하늘나라에 들어갈 수 없을 뿐더러 죄가 그대로 남아 있을 것이라는 선언을 할 수 있는 권세를 부여받는 것이다. 이것은 바로 하나님의 뜻 자체의 선포이다. 왜냐하면 복음은 하나님의 역사에 대한 인간의 증거일 뿐 아니라 하나님 자신의 자기 증거이기 때문이다.

여기에서 '출교'excommunication의 교리와 시행을 재조정해야 할 필요성이 대두된다. 죄를 용서하고 또 그대로 두는 권위는 성령을 선물로 받은 다음의 일이다요 20 : 22-23. 죄를 용서하고 그대로 두는 이런 사역은 성령의 활동 분야라는 사실에는 이의가 없다. 그러나 하나님의 이름으로 죄를 용서하는 권세가 사제에게 있느냐에 관해서는 의견 차이가 현격하다. 성령께서는 죄인의 마음과 통회의 진실성, 그리고 고백의 충실성을 아신다. 그러나 사제는 알지 못한다. 따라서 적어도 몇 번은 실수를 범할 수 있고 위선자는 사면을 받고 진실한 자는 사면을 받지 못하고 심지어는 파면까지 당할 수도 있다. 그러한 경우에는 하나님께서 자신의 판단이 잘못이라고 하지 않는 경우에는 하늘에서의 판단과 지상에서의 판단이 일치하지 않을 것이 분명하다. 그러나 그리스도의 약속이 일반적으로 사실이라고 해서 로마 가톨릭은 무모하게도 특별한 경우에도 일일이 이것을 적용하려고 애쓴다. 그리스도의 약속은 분명하고 명료하다. "네가 땅에서 무엇이든지 매면 하늘에서도 매일 것이요 네가 땅에서 무엇이든지 풀면 하늘에서도 풀리리라." 이것을 사제가 저지른 인간적인 판단 착오에 적용해 보라. 그러면 하나님께서 불의를 범하셨다고 주장하든지, 아니면 정의의 실수가 일어났다고 인정하든지 둘 중의 하나이다. 전자는 불가능하다. 결국 실수가 일어난 적이 없다는 현실상 불가능한 입장을 취하지 않는 이상 불일치는 약속과 현실성 사이에서 생겨나는 것이다. 그러나 그리스도의 약속은 보편적인 진실이다. 그러므로 그 약속은 로마 가톨릭의 고해 성사에 적용될 수는 없다. 그러나 그 약속이 복음 선포를 가리키는 것으로 보면 보편적인 진실로 남게 된다.

위에서 우리가 언급한 바 있는 열쇠를 가지고 풀고 매는 것에 관한 기사記事에서뿐 아니라 마태복음 18:15-17에 나타난 특정한 출교 방법을 통해 볼 때 그리스도께서 자신의 교회를 정화淨化시키라고 명령하신 것을 볼 수 있다. "네 형제가 죄를 범하거든 가서 너와 그 사람과만 상대하여 권고하라 만일 들으면 네가 네 형제를 얻은 것이요 만일 듣지 않거든 한두 사람을 데리고 가서 두세 증인의 입으로 말마다 증참케 하라 만일 그들의 말도 듣지 않거든 교회에 말하고 교회의 말도 듣지 않거든 이방인과 세리와 같이 여기라"마 18:15-17.

권징은 교회의 생명에 본질적인 것이었다. 권징이 없는 곳에 교회의 존재가 계속될 수는 없었다. 그러나 기독교 국가라는 개념의 난해성은 다양한 복음주의적 교회들 안에 권징을 제정, 확립하려는 시도들 가운데 두드러지게 나타난다. 츠빙글리는 기독교 국가를 인정하고 독립 교회에 반대하는 입장을 취했기에 권징은 시민법의 교회적 측면이어야 하고 정부에 의해 시행되어야 한다고 주장했다. 사실상, 그의 1530년 취리히 법령1530년은 교회가 열쇠를 가지고 풀고 매는 것보다는 공중도덕에 더 관심을 보이고 있었다. 한편 바젤에서는 오이콜람파디우스가 권징을 교회의 권위 위에 세우려는, 아니 권징 시행을 교회의 권위 위에 세우려는 시도를 감행했는데 거의 성공을 거두었다. 그러나 궁극적으로 볼 때 이것을 채택하는 것은 정부에 달린 것이었다. 결국 오이콜람파디우스의 제도가 채택되었다. 권징을 집행하기 위해서 12명의 종교 법원이 구성되었는데 목회자, 행정관, 평신도 대표 각 4인씩으로 구성되었다. 이들의 방법은 단순히 그리스도의 명령대로 따르는 것이었다. 처음에는 한 사람이 찾아가서 죄 지은 사람을 훈계하였다. 실패했을 경우에는 두세 사람이 찾아갔다. 계속해서 회개하지 않을 경우에는 그를 12명의 종교 법원으로 소환했다. 마지막으로 기회를 주고 듣지 않을 때는 출교를 명했다. 출교를 면하기 위해서는 속죄하는 길밖에 없었다. 이 시도는 다른 교회들의 지지가 없었기 때문에 실패로 돌아갔고 따라서 정부의 협조에 더욱 의존하는 변형된 형태의 제도를 채택할 수밖에 별 도리가 없었다.

교회 조직

1537년 1월 16일, 파렐과 칼빈은 의회에 칼빈이 대부분 작성한 것으로 보이는 '제네바의 교회 조직과 그 예배에 관한 조문'을 제출했다. 그들의 건의는 언뜻 보기에는 온당한 것으로 보이지만 그것이 함축하고 있는 것은 심각한 것이었다.

『기독교 강요』의 뒤를 이어서 이 조문은 주의 만찬은 사실상 교회가 모일 때마다 거행되어야 하나 적어도 매주일마다 한 번씩은 거행되어야 한다고 주장한다.[14] 그러나 로마 가톨릭 밑에서 일 년에 두세 번밖에 성만찬을 집행하지 않았기에 그런 혁명적인 변화는 바람직하지 못하므로 처음에는 한 달에 한 번씩 거행하는 것이 좋다는 것이다. 아니면 세 군데의 주요 교회가 각기 그 교구민들만을 위해서가 아니라 전 제네바 시민도 참여할 수 있게끔 돌아가면서 성찬을 거행할 수도 있다는 것이다. 목사들이 성찬 거행을 미리 계획해야 한다는 것이다—이것은 복음주의적 주의 만찬 예식에 익숙하지 않은 대부분의 성인 신도들이 매번 성찬에 참여할 수 있도록 하기 위한 배려라면 꼭 필요한 일이라 생각된다. 주의 만찬이 "전혀 예수께 속하지 않은 사람들의 참여로 더럽혀지지 않도록 무엇보다도 주의해야 한다."[15] 출교의 권징은 성만찬의 순결성을 보존하고, 타락한 자를 회개시키며, 다른 이들에게는 경고가 되도록 하기 위해 주님 자신께서 제정하신 것이다. 출교의 권징은 주님께서 자신의 교회에 주신 "가장 유익하고 이로운 것들 중의 하나"로서 "교회는 이 규례를 지키지 않고는 교회의 참된 상태를 유지해 나갈 수 없다."[16]

그러나 출교는 필요한 경우에만 '국한' 되어야 하며 더 이상 경제적, 정치적, 사회적 제재로 이용되어서는 안 된다. 출교의 가장 좋은 방법은 심각한 죄들을 목사들에게 보고할 감독을 도시의 각 지역마다 임명하는 것이다. 목사는 죄인을 훈계하여 회개하고 행실을 고칠 것을 요구해야 한다. 계속해서 완고하게 나올 때는 전 교회에 알려야 하고 그래도 말을

---

14) OC 10a 7; Opera selecta (Barth and Niesel) 1, 370; Theological Treatises, Library of Christian Classics 49.
15) OC 10a 8; Opera selecta (Barth and Niesel) 1, 371; Theological Treatises, Library of Christian Classics 50.
16) OC 10a 9; Opera selecta (Barth and Niesel) 1, 372; Theological Treatises, Library of Christian Classics 51.

듣지 않으면 출교시켜야 한다. 즉 그 죄인은 그리스도인 사회에서 추방되고 성만찬 참여가 금지되며 사탄의 권세에 내어주게 되는 것이다. 칼빈은 고린도전서 5:5과 디모데전서 1:20에 사용된 이 구절사탄에게 내어준다는 구절-역자 주을 출교를 의미하는 것으로 설명한다. "우리가 그리스도의 보호와 인도하심 아래 있다는 조건하에서 우리의 교제 안으로 들어가서 그 안에 남아 있는 것처럼 교회로부터 추방된 사람은 어떤 면에서는 사탄의 권세에 내어줌을 당한 것이다. 왜냐하면 그는 외인外人이 되었고 그리스도의 왕국에서 추방되었기 때문이다."[17] 그러나 그는 혹 하나님의 말씀이 그의 마음을 감동시킬지도 모르기에 설교를 듣는 것만은 허락해야 한다. 그가 속죄하고 있다는 분명한 증거를 보일 때는 다시 교제를 회복할 수 있다는 것이다.

복음주의적 신앙이 최근에 들어서야 제네바 시에서 설교되기 시작했고 아직도 많은 로마 가톨릭이 남아 있었기 때문에 목사들은 신앙을 고백하지 못해도 출교시킬 것을 주장하게 되었다. 제네바의 모든 시민과 거주자들이 지키겠다고 약속해야만 하는 신앙 고백The Confession of faith이 이미 1536년 11월 10일자로 의회에 제출된 바 있었다. "복음에 따라 살려는 자들과 예수 그리스도의 왕국보다는 교황의 왕국을 더 사랑하는 자를 식별해 내기 위해"[18] 의회의 회원들이 먼저 서명하고 다음에 시민들이 서명하도록 했다. 서명하기를 거부하는 자들은 출교를 당할 수밖에 없었다.

둘째로, 조문은 활기 없고 냉랭하기 쉬운 기도에 열심과 열정을 가미

---

17) 고린도전서 5:5에 관하여. OC 49, 380-1; Calvin Translation Society 1, 185.
18) OC 10a 11; Opera selecta (Barth and Niesel) 1, 374; Theological Treatises, Library of Christian Classics 53.

하기 위해 예배에 회중들의 시편 찬송을 넣어야 한다고 주장한다. 그러나 곡조나 가사를 회중들이 알 리가 없었고 더욱이 대부분 문맹이었을 것이므로 알아듣기 쉽게 노래하는 소년 성가대를 운영할 수밖에 없다는 것이다. 단지 회중들은 '온갖 신경을 곤두세워서' 듣고 천천히 가사와 곡조를 익히면 될 것이라는 것이다.

제네바의 교회 조직과 그 예배에 관한 조문은 고대 형식으로 교리 문답을 시킬 것을 분명히 언급하는데 이것은 결코 혁신이 아니다. 신앙 고백은 제네바에서는 단번에 작성되었다. 따라서 이 신앙은 단절 없이 세대를 거쳐 후손으로 전달되어야 했다. 이것은 어느 시대이고 꼭 필요한 것이지만 그동안 하나님의 말씀이 너무 무시되어 왔고 부모들이 아이들을 올바르게 가르치지 못한 그 당시의 상황에서는 갑절이나 더욱 필요하다는 것이다. 그래서 결국 '기독교 신앙의 간략한 요약'을 작성했으므로 아이들은 이것을 공부해서 정기적으로 목사에게 검사를 받아야 한다는 것이다.

마지막으로 혼례법을 개정할 필요가 있다는 것이다. 이것은 매우 복잡하고 미묘한 문제이기 때문에 관례와 전례를 참고하는 것이 좋다 했다. 따라서 의원들과 목사들로 위원회를 조직해 사건을 시비곡직에 따라 판단하고 분쟁의 가장 큰 원인을 고려해서 법령을 기초하게 한 후에 의회에 제출하고 통과되면 법으로 제정하는 것이 어떠하냐는 것이었다.

소의회는 1537년 1월 16일에 제출된 '제네바의 교회 조직과 그 예배에 관한 조문'을 검토했다. 그들은 200인 회의에서 논의될 결혼에 관한 몇몇 법규들을 초안하고 하나만을 제외한 모든 조문을 통과시키기에 이르렀다. 한 가지 예외는 성찬을 자주 집행하게 해달라는 건의였다. 한 달에 한번 거행하겠다는 온건한 타협은 3개월에 한번으로 감축되었다. 그러나 권징에 대한 건의는 받아들여졌고 따라서 실행되는 것은 시간 문제였다. 그러나 한 가지 점에서 우리는 법률의 초안을 작성하는 모든 법률학자들이 걸리기 쉬운 모호함이라는 병에 칼빈도 예외일 수는 없다는 것을 보게 된다. 견책을 받은 자가 출교를 우습게 여기고 근신하는 태도를 보이지 않는 경우에는 "여러분이 하나님과 그의 복음에 대한 그러한 조롱과 경멸을 오랫동안 참고 그대로 내버려두어도 좋을지에 대해 판단을 내리는 것이 여러분소의회를 지칭함-역자 주의 의무입니다"[19]라고 조문서에서 언급했는데, 누가 죄인을 출교시키는지는 명백히 밝히지 않았다. 세속 권위가 죄인을 벌할 의무가 있다는 점에서는 세속 권위가 연관되어 있는 것은 분명했으나 엄격한 세속적인 죄가 아니라 하나님과 복음을 경멸한 죄이기에 문제가 되었다. 어찌되었든 공인된 이 문서는 이런 모호성을 가지고 있었다.

같은 날 200인 의회가 소집되어 소의회의 결정을 재가하고 한걸음 더 나아가 주일날 설교 시간에는 "대종大鐘의 마지막 타종 이후에 푸줏간이나 창자 파는 상점이나 다른 상점이나 중고품상은 개점해서는 안 되며, 집에 우상이 있는 사람은 즉각 부숴버려야 하며, 쓸데없는 노래를 부른다든지 운에 맡기는 게임을 한다든지 해서는 안 되며 빵장수는 설교 시간에 빵사라고 소리질러서는 안 된다."[20]는 내용의 법을 제정함으로써 하나님의 집을 향한 열정을 보여 주었다.

그러나 신앙 고백에 서명하는 열정은 이보다는 조금 부족했다. 목사들은 3월에 의회들에 통보해서 그들이 조문을 통과시켰음을 상기시켰다.

---

19) OC 10a 11; Opera selecta (Barth and Niesel) 1, 374; Theological Treatises, Library of Christian Classics 52-3.
20) OC 21, 207.

그러나 4월 17일까지도 시민들의 서명을 확보하는 제도적 장치는 마련되지 않았다. 결국 목사들은 7월 29일에 다시 200인 의회를 상기시켜 줄 필요를 느끼게 되었다. 200인 의회는 그제서야 비로소 시민들은 생 피에르 교회에서 한 구역씩 서명해야 한다고 결정을 내렸다. 이 일은 11월까지 지연되었다. 어떤 이들은 서명했고 어떤 이들은 거부하거나 보류했다. 새로운 교회 질서에 대해 강력히 반대하는 몇몇 사람들이 거주하는 독일인의 거리에서는 아무도 나오지 않았다.

11월 26일의 모임은 험악한 분위기 가운데서 개최되었다. 파렐인지 칼빈인지 분명치는 못하지만 둘 중의 하나가 몇몇 의원들에게 그들과 함께 잔을 드느니 차라리 그들의 피를 한잔 마시기 원한다고 했다는 죄목으로 고소되었다. 피에 굶주렸다는 그 개혁자는 사실 처음에는 그들에게 부드럽게 항의했으나 "당신은 어째서 우리에게 악한 것만 원하시오."라는 말을 듣고는 "내가 당신들에게 그렇게 많은 악을 원해서 당신들을 위해 내 피를 흘리려고까지 한단 말이오."라고 응수한 것뿐이라고 설명했다. 그러자 한 의원이 일어나서 자신들 중 몇이 단지 종이 쪽지 위에 쓰여진 신앙 고백에 맹세했다는 이유로 거짓 맹세한 사람들이라는 말을 들었다고 했다. 종교 개혁자들은 이것은 사실을 잘못 본 것이라고 답변했다. 여기서 요구하는 것은 하나님을 향한 신앙을 지키고 그의 계명을 따르겠다는 엄숙한 맹세이며, 다시 말하자면 예레미야나 느헤미야 시대 때와 같은 일종의 언약의 엄숙한 갱신이라고 설명했다. 의회는 베른 시의 판무관들이 그것을 거짓 맹세라고 했다고 말했다. 결국 의회는 이 문제를 더 깊이 연구할 위원회를 설치할 것을 가결하고 해산했으며 파렐과 칼빈은 해명하기 위해서 베른 시로 갔다. 그러나 신앙 고백에 서명한 자는 그리 많지 않았다.[21]

이 해 동안에 생각이 짧은 몇몇 제네바인들은 향후 20년간 칼빈을 몰아세울 때 사용될 의심을 품고 있었다아니 그런 의심을 공식으로 드러내었다. 분명히 파렐과 칼빈은 목회자였고 그들의 사역은 말씀을 전하고 성례를 집행하는 것이라고 밝혔다. 그러나 그들은 모두 프랑스인이었고 프랑스는 제네바에 관심을 기울이기 시작했던 것이었다. 만일 18세기의 존 웨슬리John Wesley가 재커바이트Jacobite, 명예혁명으로 축출된 제임스 2세를 옹립하는 사람들-역자 주라는 의혹을 샀다면, 이 두 사람이 프랑스 정부의 고용인이라고 의심받는 것은 당연할지 모른다. 1538년 2월, 한 프랑스 관리가 몰래 제네바를 방문해서 종교 개혁자들을 도와주고 있는 2명의 지도급 인물들을 통해서 프랑스와 동맹을 맺을 것을 제의하게 되자 의심은 더욱 굳어지게 되었다. 폭도들은 밤에 그들의 집밖을 둘러 싸고 총을 발사하고 강물에 집어 던진다고 위협하면서 시위를 벌였다. 이와 같이 칼빈에 대항하는 것은 애국주의적인 행동이 되어갔다.

1537년에 칼빈에 대한 세평은 또 다른 면에서 상처를 입었다. 피에르 카롤리Pierre Caroli는 모 주교 브리소네의 설교가들 중 하나로 있을 때부터 로마 가톨릭과 복음주의 사이를 왔다 갔다 했다. 그는 1534년에 제네바에 로마 가톨릭 교도로 나타났다. 그러나 토론 후에 다시 종교 개혁의 신앙으로 개종하겠다고 고백했다. 그래서 처음에는 뇌샤텔, 다음에는 로잔의 목사가 되었다. 비레에 의해서 베른의 종교 법원이 죽은 자들을 위해 기도하는 것을 옹호했다는 소식을 접한 그는 파렐과 칼빈을 아리우스주의로 몰아 세우기 시작했다카롤리는 죽은 자들을 위한 기도가 유효하다고 생각했음-역자 주. 이런 고발에 대해 파렐과 칼빈은 특별한 대회synod를 열어서

---

21) OC 21, 217.

토론하자고 제의했다. 거기서 카롤리는 그들에게 세 신조에 서명할 것을 요구했다. "이에 대해 칼빈은 우리는 한 하나님을 믿는 신앙에는 서명해 왔으나, 어떤 진정한 교회도 그의 신조에는 여태까지 승인한 바 없는 아타나시우스Athanasius에는 서명하지 않았다고 답변했다."[22] 그는 또한 서명을 요구하는 카롤리의 권리에 대해서도 거부했다. 그러나 이로 인해 피해가 생겼으니 심지어는 그들의 친구들조차도 그들이 정통에서 이탈해 나갈까봐 노심초사하지 않을 수 없었다. 결국 베른 시 의회는 그들에게는 아리우스주의의 혐의가 없음을 밝혀주었을 뿐 아니라 카롤리를 해임했고 그리하여 그는 프랑스의 품과 옛 교회로 되돌아가 버렸다.

거의 이와 동시에 또 다른 교회적이고 정치적인 불화가 싹트기 시작했다. 베른은 12년간 제네바의 맹방이었다. 베른은 투쟁하는 복음주의 교회인 제네바 교회를 보호해 왔다. 그렇다면 베른이 제네바의 교회 문제에 영향을 행사하기를 기대하는 것이 오히려 자연스럽지 않은가? 행정관들이 종교 개혁자들에게 호의를 보이고 있었고, 게다가 베른 시의 주임 목사가 칼빈의 친구인 메간더Megander였을 때까지는 어떤 의견의 차이도 논의를 통해서 쉽게 조정할 수 있었다. 그러나 1538년 2월 선거가 끝나자 새로 선출된 4인의 행정관은 제네바 시 안에서의 베른의 영향력을 증대시킬 뿐 아니라 목사들의 교회 정치에도 반대하려고 하였다. 또한 이 때쯤에 메간더는 취리히로 떠나버렸고 제네바의 종교 개혁자들이 하는 일을 공격할 수 있는 기회를 결코 지나쳐 버린 적이 없는 페터 쿤츠 혹은 콘첸Peter Kuntz 혹은 Konzen이 그 자리에 앉게 되었다.

베른은 이미 몇몇 외적인 의식이나마 일치를 기하고자 하는 희망을 안

---

22) OC 10b, 83-4.

고 소위 '베른식 예식' Bernese ceremonies을 토의하기 위해 스위스 복음주의 교회의 대회synod를 개최한 바가 있었다. 베른식 예식의 골자는 세례는 세례반盤을 가지고 집행해야 하며 주의 만찬시 사용하는 떡은 무교병이어야 하며 크리스마스, 부활절, 예수 승천일, 성령 강림절의 4절기는 지켜야 한다는 것이었다. 이것들은 그런 대소동을 벌일 만한 하등의 문제가 될 수 없는 것들이다. 칼빈 자신도 이미 무교병이냐 유교병이냐, 붉은 포도주냐 흰 포도주냐의 문제는 중립적인 것이라고 밝혔었고 그런 것은 전혀 알지도 못하는 제네바인들에게 그런 축제를 도입도 했었다. 그러나 이제 목사들은 베른 시의 지도받기를 꺼려했다. 그들은 곧 있을 취리히의 대회에서 마지막 결말이 나올 때까지 기다리는 편을 택했다고 말한다.

목사들과 의회 사이의 관계는 극도로 긴장되었다. 칼빈은 설교시에 그들을 가리켜 '사탄의 의회' 라고 했다고 비난을 받았다. 그의 동료인 시각장애인 프랑스인 목사 쿠로Courauld는 완강하게 거부했고 마침내는 그들을 가리켜 '술주정꾼들의 의회' 라고 했다고 해서 투옥되고야 말았다. 성 금요일에 의회는 부활절 성만찬 때 무교병을 사용해 줄 것을 요청했을 때 그들은 미봉책을 썼다. 그 다음날 순종하지 않을 경우에는 설교 금지를 당할 것이라는 명령이 떨어졌지만 그들은 계속해서 아무런 답변도 하지 않았다. 부활절 날 그들은 전과 같이 설교를 했으나 성만찬은 시행하지 않았다. 폭도들은 이것을 기화로 해서 또 다른 폭동과 위협을 가해왔다. 그 다음날 200인 의회는 교체할 사람을 찾는 즉시 제네바를 떠날 것을 명령했으나 화요일에는 교체할 사람을 기다릴 것도 없이 3일 이내에 떠날 것을 종용했다.

파렐과 칼빈은 제네바를 떠나 곧장 베른으로 갔다. 그들은 그 곳 의회에서 제네바의 상황을 강한 어조로 이야기한 결과 제네바가 로마 가톨릭으로 빠질 것을 염려한 베른 시 의회가 그들의 주장을 들어주기로 했으나 그만 허사가 되고 말았다. 그 후에 이 두 명의 추방된 목사는 그들의 사정을 취리히에서 열리고 있는 대회에 호소하기에 이르렀다. 거기서 칼빈은 교회 정치에 관한 14개의 조문을 제출했다. 칼빈은 믿음 약한 사람들을 위한 보장 조항과 함께 베른식 예식을 받아들였다. 이제 베른은 전에 사용하던 제네바식 예식이 성령에 위배되지 않았음을 인정해야 했다. 왜냐하면 나머지 부분은 제네바 조문을 그대로 베낀 것이기 때문이었다. 대회는, 비록 칼빈이 '지나친 정열'과 '그렇게 훈련받지 못한 사람들'을 부드러운 마음으로 대하지 못했다는 점에 있어서는 잘못의 대부분을 책임져야 함은 인정하나, 베른 시에게 중재에 나서서 목사들을 복직시켜 줄 것을 요청하기에 이르렀다. 5월에 사절이 제네바에 파견되었으나 목적은 이루지 못했다. 6월이 시작되는 때에 칼빈과 파렐은 이제 집도, 소유도 없이 그리고 일자리도 없이 바젤로 가기로 결정했고 힘들고 긴 여행 후에 그 곳에 도착하게 되었다.

제5장
스트라스부르의 프랑스인 목사

비록 폭풍 후의 평온함 같은 것은 아니었지만 적어도 비교적 조용하고 사색할 수 있으며 생산적인 목회 사역에 전념할 수 있고 명저를 저술할 수 있는 그런 시기가 칼빈에게 다가왔다. 물론 좌절과 슬픔과 고생이 없었던 것은 아니었다. 그러나 지난 18개월간과 같은 지나친 긴장은 이제 일한 보람을 느끼고 볼 수 있었기에 쉽게 잊을 수 있었다. 제네바에서는 투쟁이 처음부터 칼빈 자신과 밀착된 것이었기 때문에 문제를 개인적으로 다룰 수밖에 없었다. 칼빈은 파렐에게 그들은 겸손해야 했으며 이 모든 일을 그의 장중 안에 휘어잡고 계시는 하나님을 참고 기다려야 했을 것이라고 그의 서신에서 밝힌다.[1] 우선 제네바에 머문 것부터가 잘못이 아닌가라고 그는 의심했다. 그러나 그것은 아니었다. 그것은 분명히 하나님의 소명이었다. 더 이상 견딜 수 없어 이제 간신히 헤어났

---

1) OC 10b, 229; Herminjard 5, 71; English Translation of Calvin's letters 1, 51.

는데 다시 그런 일에 종사하는 것이 하나님을 시험하는 것은 아닐까?[2] "나의 목회 사역이 비참하게 실패한 것으로 보였던 그 재난 이후 주님께서 분명하고 명확하게 불러주시지 않는 이상 다시는 교회와 관련된 일은 하지 않기로 굳게 결심했다."[3]

그는 하나님께서 자신에게 무엇을 하기를 원하시는지 깨달을 때까지는 당분간 바젤에 남아 있기로 했다. 다른 스위스와 독일의 종교 개혁자들은 칼빈이 제네바인들을 너무 가혹하게 대했으며 파렐과 그는 더 이상 같이 일해서는 안 될 것이라고 굳게 믿고 있었다. 이미 파렐은 뇌샤텔의 교회를 맡기 위해 바젤을 떠나버렸다. 부처와 카피토는 칼빈이 스트라스부르에 와서 프랑스인 교회의 목사로서 신학도 강의해 줄 것을 원했다. 그는 그들을 보기 위해 가서 주저하다가 바젤로 다시 돌아와서는 파렐이 끼지 않았다는 이유로 초청을 거절했다. 그러자 부처는 파렐의 예를 본따서 요나처럼 하나님의 부르심을 거절하는 죄를 범하고 있다고 그를 비난했다. 그리고 그의 학문적인 연구도 잘될 리 없을 것이라고 악담을 늘어 놓았다. 9월에 칼빈은 자신의 영원한 고향으로 삼았으면 하고 은근히 기대하던 도시에서 새로운 직책을 맡게 되었으며 몇 달 후에 제네바에서는 결코 요청 한번 하지 않았던 시민권을 신청했고 곧 시민권을 받았다.

그 당시 프랑스에 속해 있지 않으면서도 그 동쪽 변경에 놓여 있었고, 일찍부터 종교 개혁을 옹호한다고 선언했으면서도 다양한 복음주의 견해와 로마 가톨릭에 대해서도 상당한 관용을 보여주고 있었던 스트라

---

2) OC 10b, 221; Herminjard 5, 44; English Translation of Calvin's letters 1, 48-9.
3) OC 11, 165; Herminjard 7, 39; English Translation of Calvin's letters 1, 211.

스부르는 프랑스의 박해받는 자들의 주요 도피처 가운데 한 도시였다. 칼빈이 목사직을 맡게 된 프랑스인 교회에는 400-500명의 교인이 있었다. 이 곳은 그에게는 행복한 장소였다. 왜냐하면 프랑스인들 가운데 한 프랑스인이었고, 도피자들 가운데 한 도피자였으며, 일반적으로 가난한 사람들 가운데 한 가난한 사람이었기 때문이었다. 그는 열심히 일했으나 과로하진 않았다. "내가 지금 있는 곳도 내가 마땅히 치러야 할 경쟁과 싸움이 있다. 더욱이 이 경쟁과 싸움은 고된 것이다. 그러나 이것들이 나를 압도하지는 못한다. 단지 나를 훈련시키고 있을 따름이다."[4) 그는 매주일 두 번 설교하는 것 외에 매일 설교나 강의를 했고 제네바에서는 거부당했던 개인들을 상대로 한 목회 사역을 개발해 나아갔다.

제네바의 목사들을 반박하는 변론에 나선 적이 있고, 스트라스부르에 살고 있던 재세례파 리에주의 헤르만 Hermann of Liège 은 칼빈을 통해 교회 회원으로 다시 돌아온 인물들 중 하나였다. 우리는 칼빈의 교회 신학이 복음주의적이 되기 위해서 조금도 개조될 필요가 없음을 본다. 칼빈은 "교회 밖에는 구원이 없다" extra ecclesiam nulla salus 는 키프리아누스 Cyprian 의 원리 위에 자기의 견해를 세웠다. 이것을 인정한 뒤에 그는 한걸음 더 나아가서 복음주의적 교회가 참 교회임을 입증해 나갔다. 헤르만은 이것을 보고 깊이 생각해 본 후에 자신이 교회를 떠난 죄를 범했음을 깨닫고 고백했을 뿐 아니라 용서와 복귀를 간청하기에 이르렀던 것이다. 여러 교리에 대해서뿐 아니라 특히 이 중심 교리에 대해서 그는 가르침을 받을 마음의 준비가 되어 있었다. '예정' predestination 에 있어서 그는 '예지' foreknowledge 와 '섭리' providence 의 차이에 대해서 의심하고 있었다. 칼빈

---

4) OC 10b, 339; Herminjard 5, 291; English Translation of Calvin's letters 1, 111.

은 회개와 함께 선한 의도에서 교회와 제휴했다는 사실 한 가지를 이유로 그를 받아들였다.

주의 만찬은 세심한 준비를 거쳐 한 달에 한 번씩 거행되었다. 그 전 주일에 칼빈은 성찬에 참여하기 원하는 사람들은 자신에게 미리 알려주어야 한다고 광고했다. 그는 자신이 이런 권징discipline을 고집하는 것은 그럴 만한 이유가 있다고 세심하게 설명하였다. 첫째는 그것은 교훈, 즉 믿음을 더 세심하게 설명하기 위해서이고, 둘째는 교정할 필요가 있는 사람들을 충고하기 위해서이며, 셋째는 마음에 고통이 있는 자를 위로하기 위해서라는 것이다. 그는 회중들에게 자신이 로마 가톨릭의 고해를 재도입하려는 것이 아님을 밝힐 필요가 있음을 보았다. 분명한 것은 그는 권징이 전혀 없느니보다는 차라리 로마 가톨릭의 권징 제도를 그대로 시행하는 편이 좋다고 말하기까지 하였다. 그러나 그는 가톨릭 제도에 대해서는 난색을 표하고 자신은 단지 그리스도 자신께서 명령하신 것을 수행하는 것뿐이며, 그리스도께 대한 순종이 곧 그리스도인의 자유임을 회중들에게 설득시켰다. 교황제에 대한 비난은 매우 일반적인 현상이었던 것 같다. 한편 도박판을 운영하면서 또한 간부姦夫라는 소문까지 떠도는 한 학자가 성찬에 참여하고 싶다고 전해 왔다. 칼빈은 그를 허용하지 않았다. "그는 자신이 가톨릭 교도들 앞에서 한 고백을 버렸다고 말하면서……그것을 우롱했다. 나는 어쨌든지 간에 그것도 일종의 그리스도인의 고백이라고 대꾸해 주었다."[5] 교회가 아무런 준비도 없이 축제를 지키느니 차라리 축제가 없는 편을 그는 택했다.

제네바에서의 그의 교회 개혁 정책의 4가지 요점 가운데 하나였던 회

---

5) ibid.

중들의 찬송이 이곳에서도 도입되었다. 시편을 음악에 맞춘 첫 번째 찬송이 프랑스인 교회의 예배용으로 1539년 스트라스부르에서 발행되었다. 저지대 지방the Low Countnes, 오늘날의 베네룩스 3국-역자 주 출신의 프랑스어를 사용하는 한 망명자가 이 찬송이 자신에게 어떤 감동을 가져다주었는지에 대해 이렇게 썼다.

"남녀를 가리지 않고 모든 사람들이 노래를 불렀다. 매우 아름다운 장면이었다. 각자 노래 책을 손에 들고 있었다. ……내가 이 작은 망명자들의 집단을 눈여겨보기 시작한 처음 5-6일 동안 모든 사람들이 가슴에서 우러나오는 찬송을 부르는 것을 들을 때 슬퍼서가 아니라 기쁨에 넘쳐서 눈물을 흘렸다. 그들이 노래를 부를 때 그들은 하나님께서 자신들을 하나님의 이름이 영광 돌려지는 장소에까지 오게 해 주신 것에 대해 감사드리는 것 같았다. 이국 땅에서 모국어로 여호와의 위대하심을 찬양하고 찬송할 때에 느끼는 기쁨은 아마 아무도 모르리라." [6]

그 당시 칼빈이 행했던 공개 강연은 요한복음과 고린도전서의 주해였다. 그는 또한 자신의 집에 학생들을 묵게 하면서 그들을 개인적으로 가르친 것 같다. 그 부분적인 이유는 경제적인 어려움을 극복하기 위해서인 것 같은데 이에 대해서 우리는 꽤 많은 것을 듣고 있다. "나는 돈이 한 푼도 없소. 예외적인 경비로 돈이 얼마나 드는지 정신이 없을 정도요." [7] 그는 대교회에서 성직록이 주어지기를 기대했으나 수포로 돌아가고 말았다. 그러나 학생 수가 증가함에 따라 그의 경제적인 상태는 조금 나아

---

6) Reyburn *John Calvin* 85를 보라.
7) OC 10b, 332; Herminjard 5, 270; English Translation of Calvin's letters 1, 107.

지게 되었다.

한 재미나는 일화가, 비록 칼빈이 그런 일을 위해 그동안 훈련을 받긴 했어도 이와는 완전히 다른 역할도 담당한 적이 있음을 우리에게 보여준다. 1539년 11월 20일에 그는 파렐에게 기욤 백작이라는 사람 때문에 당한 어려움에 대해 편지를 썼다. 이 백작은 전에는 독일 신교 제후들의 군대 사령관이었다가 다음에는 프랑수아 1세의 군대 사령관이 된 기욤 드 퓌르스텐베르였다. 그는 당시 직접적으로는 부하 장교와, 더 나아가서는 프랑스 보안 무관장武官長과의 심각한 트러블로 인한 분쟁에 휘말려 있었다. 칼빈은 백작의 스트라스부르 저택에서 함께 저녁을 나눈 적이 있었다. 그 때 칼빈은 이틀 내내 강제로 "그를 위해 편지를 쓰지"[8] 않을 수 없었다. 그 다음해 1월 10일에도 그 백작은 그를 온종일 붙들어 놓았다. "한 시간이면 그가 원하는 모든 것을 다 할 수 있었음에도 불구하고 군인들이 득실거리는 틈 속에서 하루 종일 앉아 있자니 그 기분이 어떠했을까 한번 상상해 보시게."[9] 그러나 에르맹자르A. L. Herminjard와 로돌프 페테르Rodolphe Peter에 따르면 이것은 칼빈이 그를 위해 써준 '세바스티앙 보젤스페르제Sebastian Vogelsperger와의 다툼에 관한 퓌르스텐베르 백작, 기욤 각하의 선언'이라는 답변서의 일부에 불과하다는 것이다. 적은 자신이 주장하는 바가 옳다고 응수했고 이에 대해 퓌르스텐베르는 칼빈을 통해 '세바스티앙 보젤스페르제라는 사악하고 무가치한 인간에 의해 발행된 답변을 반박하는 퓌르스텐베르 백작, 기욤 각하의 두 번째 선언'을 썼다. 칼빈은 아직도 법률가의 일을 조금씩 함으로써 수입을 증

---

8) OC 10b, 430-1; Herminjard 6, 127; English Translation of Calvin's letters 1, 141. 또한 Herminjard 6, 163f., n. 26 and R. Peter, *Jean Calvin avocat*을 참조하라.
9) Herminjard 6, 163-4.

대시키길 원했던 것 같다. 이것이 유일한 경우인지 아니면 다른 경우도 있었는지에 대해서는 알 길이 전혀 없다.

스트라스부르에서의 체류 초부터 슬픈 일이 연이어 일어났다. 칼빈의 간호를 받던 파렐의 조카가 흑사병으로 죽었으며, 제네바에서의 동역자였으며 오르브에서 목회를 하던 시각장애인 목사 쿠로가 1538년 10월에 죽었다. 칼빈의 슬픔은 이루 다 말할 수 없었다. 그는 종일 딴 생각을 못했고 그의 고질적인 불면증이 겹쳐 잠을 이룰 수가 없었다. "나는 밤새 이런 우울한 생각들로 인해 잠을 이루지 못하고 지칠 대로 지쳐버리고 말았소."[10] 1538년에 페라라에서 피에르 로베르가 죽었다는 소식이 들려오자 그는 슬픔을 가누기 위해 무진 애를 썼으나 파렐에게 조리 있는 편지를 쓸 수가 없음을 알았다. 그 그늘에 가린 종교 개혁자 올리베탕 피에르 로베르은 둘 사이에 편지 교환이 없었음이 암시해 주는 것보다는 칼빈과 가까웠던 것 같다. 그는 '세리에르 성경' Serrières Bible을 번역할 때 모아 두었던 훌륭한 장서를 남겨 두고 떠났다. 에르맹자르는 그 장서를 "스위스의 프랑스어 사용권 내의 그 누구보다도 신학 서적이 풍부한" 장서라고 부른다.[11] 많은 책이 칼빈에게 주어졌다. 우리는 에르맹자르의 저서 속에서 칼빈이 소장하기로 선택한 책의 목록을 읽어 볼 수 있다.[12] 죽음보다 더 고통스러운 이별이 찾아왔다. 클레Claix에서 그에게 은신처를 제공해 주었고 같이 프랑스에서 피신했던 루이 뒤 티예가 갑자기 기별도 없이 프랑스와 로마 가톨릭으로 되돌아가 버리고 만 것이었다. 칼빈은 상당 기간 동안 그로부터 소식을 접하지 못하자 무슨 일이 있는가

---

10) OC 10b, 273; Herminjard 5, 166; English Translation of Calvin's letters 1, 76.
11) Herminjard 5, 14.
12) Herminjard 5, 13ff.

몹시 궁금하게 여기고 있었다. 혹시 지나친 말의 자유로 인해 뒤 티예를 상처받게 하지는 않았는지? 그 때 장이라는 사람(아마도 파리 의회의 비서인 뒤 티예의 동생인 듯함)이 칼빈을 방문해서 상황을 설명해 주었다. 그로부터 일주일이 지나서야 비로소 그는 뒤 티예 자신으로부터 서신을 받게 되었다. 다시 한 번 그는 진정한 교회가 무엇인가라는 질문을 여기서 받게 되었다. 칼빈은, 만일 뒤 티예가 복음주의자들도 교회임을 인정한다면, 교회를 떠나지 않고서는 결국은 하나님을 떠나지 않고서는 로마 가톨릭에 다시 합류할 수 없을 것이라고 답변했다. 만일 복음주의자들이 분리주의자들이라는 판단을 내렸다면 이것 역시 그리스도의 판단인지를 자문해 보아야 할 것이라고 했다.

　1538년 9월에 뒤 티예는 다시 서신을 보내 진지하게 추방은 하나님의 불쾌의 표시가 아니냐고 의문을 제기했다. 그것이 이미 칼빈 자신에게도 일어나고 있었음에 틀림없었다는 점에서 더욱 교활한 유혹이 여기에 도사리고 있었다. 제네바에서의 그의 사역은 교회에는 재난이요 자신에게는 불명예로 끝나고 말았었다. 이것이 하나님의 축복이 그와 함께 하지 않는다는 표시는 아니었는가? 이것이 교회를 떠난 데 대한 징계요 교회로 다시 돌아오라는 경고는 아니었는가? 칼빈은 책망은 받아들이고 자신이 일관성 있게 지켜온 자신의 태도에 대해 설명했다. 그는 과거의 일이 자신의 실수와 무지로 인한 징계라는 점은 인정하면서도, 제네바에서의 반대와 그를 추방하기로 결의한 자들에 대해서 자신의 무죄를 주장했다. 더욱이 그는 자신을 제네바에서 일하도록 부르신 분은 바로 하나님이셨음을 의심할 수가 없었다. 비록 친구의 따끔한 충고를 기꺼이 받아들일 자세가 되어 있었지만, 그는 친구에게 스스로 전에 말해왔던 것을 스스로에게 적용시켜 보는 것이 좋을 것이라는 충고를 빠뜨릴 수 없었다. 그가 보호받으면서 연구에 몰두하기 위하여 "하나님과 그의 엄위를 대적하는 적들을 정죄하는" 권리를 그들에게복음주의자들에게-역자주 인정하지 않으면서, 복음을 과감히 전하는 자들을 정죄하는 것이 과연 그에게 합당한 일인가?[13] 뒤 티예는 칼빈을 재정적으로 돕고 싶다고, 아마도 진지하게 요청했던 것 같다. 그러나 칼빈은 그것을 일종의 뇌물로 간주해 버렸다. 그는 여기서 정중히 사양했지만 파렐에게 보낸 편지에서는 "루이가 나를 윽박질러 내 주장을 철회하라고까지 한 것을 볼 때에, 자신의 장려금을 너무 비싼 값으로 팔려고 했던 것 같네"[14]라고 했다. 뒤 티예에게 보내는 서신을 그는 이렇게 끝맺었다.

"나의 한 동료쿠로가 우리 모두의 공통 주장의 결산 보고를 위해 하나님 앞에 지금 서 있네. 우리 또한 그곳에 가게 될 때 어느 편이 성급했고 또 탈선했는지가 알려질 것이네. 나는 자신들의 말이 우리를 저주할 만한 충분한 힘이 있는 줄로 착각하는 세상의 지혜로운 사람들의 판단을 떠나 오직 하나님께만 호소할 작정이네. 그곳의 하나님의 천사들이 누가 분리주의자들인지 입증해 줄걸세."[15]

엉뚱하기 짝이 없는 카롤리가 다시 나타났다. 지난 2년 동안 그에 의해 아리우스주의라는 비난을 받고 살아왔으면서도, 믿지 못할 사람을 믿은 것이 죄라는 뷔르크Burke의 깨달음을 알지 못했던 파렐은 그를 복음주의자로 맞아들였다. 1539년 10월 그는 부처Bucer와 슈투름Sturm과 친하게

---

13) OC 10b, 271; Herminjard 5, 163; English Translation of Calvin's letters 1, 72-3.
14) OC 10b, 340; Herminjard 5, 292; English Translation of Calvin's letters 1, 112.
15) OC 10b, 272; Herminjard 5, 165; English Translation of Calvin's letters 1, 75.

되기를 바라고 스트라스부르에 들렀다. 칼빈은 파렐에게 보내는 서신에서 지금까지 일어난 모든 일들을 서술하고 그 모든 책임을 파렐에게 돌렸다. 카롤리는 파렐과 칼빈이 신조들에 서명하기를 거절했기 때문에 로마 가톨릭에 가담한 것뿐이라고 목사들에게 설명을 늘어 놓았다. 목사들은 그의 해명을 받아들였으나, 그의 행동은 비난했다. 이제 칼빈이 해명할 차례가 되어 소환당하게 되었다. 미묘한 상황이 전개되어 가는 것을 눈치 챈 그는 만족할 만한 답변을 할 만한 계재가 못됨을 알아차렸다. 이에 대해 목사들은 칼빈과, 칼빈을 통해서 결국은 파렐에게, 자신들이 이 문제에 있어서는 그들의 행위에 찬성할 수 없다고 말했다. 그들은 칼빈에게 카롤리의 잘못을 열거해 보라고 요구했다. 그는 경험을 통해 카롤리의 입심이 보통이 아님을 알고 있었기에 그 요청을 거부했다. 그 후 일련의 조문이 초안 작성되었고 그 날 저녁 늦게 칼빈에게 전달되었다. 아마도 카롤리가 먼저 그 조문을 수정했던 것 같다. 칼빈은 그 다음 날 다시 목사들을 만났다.

"거기서 나는 내 성질을 이기지 못해 큰 죄를 짓고 말았소. 왜냐하면 내 마음이 울화로 가득 차 있었기에 사방에 대고 나의 괴로움을 털어놓지 않을 수가 없었소. ……나는 이 조문에 서명하기보다는 차라리 죽겠다는 나의 결심을 털어 놓았소. 양편으로 지지자가 팽팽히 갈리는 것을 보고 나는 카롤리가 그곳에 있었더라도 그에게 그 이상 무례할 수 없을 정도로 무례하게 행동했소. 마침내 나는 식당을 뛰쳐 나오지 않을 수 없었소. 그러나 부처가 뒤따라 나와서 합당한 말로 나를 타이르고 나를 다시 데리고 안으로 들어갔소. 나는 마지막 답변을 하기에 앞서 그 문제를 더욱 분명히 생각할 수 있기를 원한다고 말했소. 집으로 돌아온 후에 나는 이

전에 볼 수 없었던 발작 중세를 일으켰고 눈물과 한숨밖에는 달리 위로를 찾을 길이 없었소. 게다가 더욱 나를 괴롭힌 것은 이 모두가 다 자네의 불찰 때문이었다는 사실이었네. ……만일 내가 자네 얼굴을 마주 보고 있었더라면 다른 이들에게 퍼부은 모든 분노를 자네에게 퍼부었을 것이오."[16]

왜 목사들이 그렇게 행동할 수밖에 없었는지 그 이유는 영 알 길이 없다. 부처의 말대로 칼빈이 부처와 같은 모난 성격의 소유자였는가? 이 사건은 누가 보더라도 복음주의 지도자들 사이의 불신을 보여주는 명백한 예인 것이다.

스트라스부르에서 얼마동안의 시간이 지났을 때, 칼빈의 친구들은 그에게 결혼할 것을 종용하기 시작했다. 그의 건강은 나쁜 상태였고 게다가 자신의 일을 썩 잘 처리하지 못하는 것처럼 보였으며, 그의 초조해 하고 안달하는 성격은 결혼으로 순화될 수 있을 것으로 보였기 때문이었다. 칼빈도 그것을 원했기에 아내가 갖추어야 할 자질이라고 생각하는 목록을 만들어서 파렐에게 보냈다. 그는 여자가 정숙하고 사려 깊으며, 알뜰하고 인내심이 있으며 자신의 건강을 돌볼 수 있는 사람이라면 외모에는 별 관심이 없다고 했다. 그들은 한 여인을 마음에 두고 있었다. 만일 그녀가 원할 것이라는 생각이 들면 "누군가가 앞지를지 모르니 급히 서둘도록 하오."[17] 이 가능성은 사라졌고 '어떤 귀족 처녀'가 물망에 올랐다. 칼빈은 그녀에게 호감이 가지 않았다. 왜냐하면 그 처녀는 프랑스어를 모르는데다가 아마도 왠지 뽐내기를 잘하는 여인이었을 것이기

---

16) OC 10b, 396ff; Herminjard 6, 52ff; English Translation of Calvin's letters 1, 127ff.
17) OC 10b, 348; Herminjard 5, 314; English Translation of Calvin's letters 1, 117.

때문이다. 그녀의 오빠와 그의 부인은 결혼이 성사되어야만 한다고 야단들이었다. 칼빈은 그녀가 프랑스어를 배우겠다는 조건하에서 동의했다. 앙투안이 그녀를 스트라스부르까지 동행하기 위해서 급파되었고 결혼은 늦어도 1540년 3월 10일까지는 하기로 결정했다. 그러나 3월 29일이 되었는데도 그들은 아직 결혼하지 않았으며 칼빈은 "주님께서 나의 이지理智를 온통 빼앗아가 버리시기 전에는" 그녀와 결혼할 생각이 털끝만치도 없다고 말했다.[18] 6월이 되었는데도 그는 아직 혼자였으나 마지막 신부 후보감이 과거에 흠이 조금 있었다는 사실과 함께 서서히 등장하게 되었다. 8월에 들어서자 그는 한때 재세례파였던 이의 아내로서 아들과 딸 두 자녀를 거느린 미망인인 이델레트 드 뷔르Idelete de Bure와 결혼식을 올렸다. 누아용에는 드 뷔르가가 살고 있었는데, 르프랑은 그녀와 칼빈이 젊었을 때 아는 사이였을 것이라고 믿었다. 그러나 드 뷔르가는 프랑스의 다른 지역에서도 가문의 이름으로 사용되었다.

새 『기독교 강요』

『기독교 강요』의 초판은 그 목적을 다 달성했다. 그것은 일 년 만에 완전 매진되어 다시 인쇄하거나 새 개정판을 내야 할 입장에 놓이게 되었다. 일찍이 초판에 불만이 있던 칼빈은 요리 문답 형식으로는 적당하지 않은 큰 규모의 책을 계획하고 있었다. 제네바에서 그의 사역이 그를 방해하지만 않았더라도 일찍감치 개역판을 내었을 것이다. 그가 자유롭게 되자 그는 그 일에 다시 진지하게 몰두했고 마침내 1539년 7월말까지는

---

[18] OC 11, 30; Herminjard 6, 199-200; English Translation of Calvin's letters 1, 151.

그것을 마무리짓게 되었다. 새 개정판의 표제는 다음과 같다: "이제 마침내 그 표제에 완전히 걸맞는 기독교 강요. 저자 누아용의 존 칼빈. 자세한 색인 첨가. 합 1장, '여호와여 어느 때까지리이까?' 스트라스부르. 1539년 8월 방델린 리헬 Wendelin Rihel 발행." 얼마간의 부수는 저자의 이름이 알쿠이누스Alcuinus로 찍혀서 나갔는데 이것은 칼빈이라는 이름이 너무 잘 알려진 로마 가톨릭 제국들에 유포하기 위해서임이 분명하다.

'이제 마침내 그 표제에 완전히 걸맞는'이란 이상한 어구는 기독교의 전체가 1536년도 판에서는 완전히 다루어지지 못했음을 가리킨다. '존 칼빈이 독자들에게'라는 서문에서 그는 "나는 기독교를 총 요약하는 것이 저술 목적이었다."[19]라고 썼다. 따라서 범위가 상당히 넓게 확장되었으나 그렇다고 해서 성경을 넘어서거나 한계를 벗어났다는 의미는 아니며 성경 자료 자체에 대한 이해의 폭이 확장되었음을 의미하는 것이다. 『기독교 강요』는 이제 공식적으로 성경을 지향指向하게 된 것이다. "이 저술에서 나의 목적은 신학도가 하나님의 말씀을 연구하는 데 필요한 준비와 훈련을 충분히 잘 함으로써 성경에 쉽게 접근하고 부단히 성경 연구를 계속할 수 있도록 하는 데 있었다."[20] 이 시점에서 칼빈의 성경 연구 방법에 대한 언급이 없이는 『기독교 강요』를 설명하기가 어려울 것 같다.

『기독교 강요』는 성경의 주해exposition 위에 기초해 있다. 그런데 성경의 주해는 주석exegesis, 즉 성경의 실제 본문에 대한 이해 위에 기초한 것이다.[21] 우리가 차차 보게 되겠지만 칼빈은 일찍부터 적어도 신약만이라

---

19) OC 1, 255-6.
20) ibid.
21) 칼빈의 성경에 관한 Parker, *Calvin's New Testament Commentaries*를 보라.

도 주석을 집필하려고 의도했었다. 이 주석들은 신약 성경 기자들의 마음을 해석하려는 시도가 되었다. 따라서 이 주석들은 단순히 본문의 언어적, 문법적, 역사적 연구에 머무는 것이 아니라 신학적 이해의 단계에까지 나아가려는 것이 그 목적이 될 것이었다. 그러나 이것은 신약 성경 안의 한 책의 주요 주제들이나 교리들이 그들 자체의 상호 관계 안에서 다루어져야 할 뿐 아니라 이렇게 되기 위해서는 이것들이 질서 있게 배열되어야 할 것이 요구되었다.

주석자의 임무에 관한 이런 견해는 칼빈에게만 독특한 것이 아니라, 멜란히톤에 의해 세속적 원천으로부터 성경 연구를 위해 도입된 것이었으며, 사실상은 키케로를 거쳐 아리스토텔레스까지 소급해 올라가는 것이었다. 그러나 멜란히톤은 그의 주석들을 주해적 기초는 생략해 버리고 그 책의 주요 교리들에 대한 일련의 소론小論, essay으로 거의 국한시키고 말았다. 반면 마르틴 부처는 다른 쪽 극단으로 치우쳐, 본문의 번역, 이에 대한 부연 설명, 주석, 주해 그리고 거기다가 '로키 콤무네스' loci communes, 즉 주요 교리의 조직적 개요까지 합쳐서 주석을 펴내기에 이르렀다. 그 결과 그의 주석은 칼빈의 지적대로 바쁜 사람들에겐 적합하지 못한 방대한 저술이 되고 말았다. 칼빈은 "해석자의 최고 미덕은 단순명료함에 있다"[22]고 지적한다. 칼빈 자신은 간단하게 그것들을 두 권의 책으로 구분함으로써 한 권에 두 권의 책이 들어가는 문제를 해결했다. 한 권은 주석 자체이고 다른 한 권은 『기독교 강요』이다. 물론 여기서 『기독교 강요』는 성경 각 권이 아닌 성경 전체의 로키 콤무네스주요 교리들의 조직적 개요-역자 주를 대표한다는 차이점은 있다.

---

22) OC 10b, 403. *Calvin's new Testament Commentaries* ch. II를 보라.

1539년의 새 개정판은 증보판인 동시에 재구성이었다. 각 장이 각기 '율법, 믿음, 기도, 성례, 소위 성례라는 5가지 의식, 그리스도인의 자유' 로 짜여진 처음의 형식은 대부분 그대로 보존되었으나 새로운 장章들이 첨가되었으며 전체의 분량은 1536년도 판의 세 배 가량이나 되었다. 전체 17장 가운데서 6장은 전혀 새로운 것이고 5장은 기존 절들sections을 장章들로 증보 확대한 것이며 나머지 6장은 나름대로 약간 수정해서 그대로 둔 것이다.

칼빈은 그의 첫 문장을 재치가 번뜩이는 말로 시작한다. '거룩한 교리의 총체는 하나님에 대한 지식과 우리 자신에 대한 지식 두 부분으로 구성되어 있다.' 그리고 나서는 이것을 기초로 처음 두 장章, 즉 '하나님에 대한 지식에 대하여'와 '인간에 대한 지식에 대하여'를 기술하고 있다. 그 다음에 율법에 관한 장과 믿음에 관한 장이 크게 증보되어 뒤따르고, 참회에 관한 절이 확대되어 마땅히 차지해야 할 장章으로 등장된다. 그 다음에 전혀 새로운 세 장, 즉 '이신칭의와 공로에 대하여', '신구약의 유사점과 차이점에 대하여', '하나님의 예정과 섭리에 대하여'가 후속된다. 9장 '기도에 대하여'는 초판 3장의 확대이며, 초판에서 4장이었던 '성례에 대하여'는 그 구성 요소가 분할되고 확대되어서, '성례에 대하여', '세례에 대하여', '주의 만찬에 대하여'가 각기 10, 11, 12장을 차지하고 있다. 또한 13-15장은 전에 6장의 세 부분으로서 약간 증보되어서 '그리스도인의 자유에 대하여', '교회의 권세에 대하여', '정치적 통치 기관에 대하여'라는 표제를 달았다. 그 다음에 후에 본 위치인 13장으로 복귀할 장이 뒤를 잇고, 결국 『기독교 강요』는 '그리스도인의 삶에 대하여'라는 새로운 장으로 끝난다.

개정판은 부피가 꽤 많은 책이다. 그러나 새로운 어떤 것, 즉 초판에 적어도 배胚의 상태로도 있지 않았던 것은 새롭게 첨가된 것이 없다. 칼빈은 생각을 바꾼 것이 없었으며 『기독교 강요』 초판내의 어떤 교리라도 취소한 것이 없었다. 그의 로마서와 요한복음, 고린도전서의 강해 그리고 주해 설교, 박식하고 지식이 깊은 부처와의 친밀한 교제, 그 나름대로의 교회사와 신학에 관한 독서 등이 그의 사고를 명쾌하게 하고 확대하는 데 기여했다. 또한 칼빈은 전보다는 훨씬 더 자신의 시대를 잘 이해하고 있었음이 분명하다. 초판도 필요한 변경을 가하면 *mutatis mutandis* 150년 이전부터 그 시대 사이의 어떤 시기에 갖다 놓아도 그 당시의 교회 상황에 잘 들어맞을 수 있을 그런 내용이었다. 그러나 이보다 한발 더 나아가 새 개정판은 바로 그 당시에 속한 것이며 그 당시의 사람들을 대상으로 말하는 것이다.

칼빈의 『로마서 주석』

"나는 기독교의 전 내용을 빠짐없이 요약해서 조직적으로 정리해 놓았기 때문에 누구든지 올바로 이것을 이해하기만 한다면 성경에서 주로 무엇을 찾아야 하며 그 안에 있는 모든 내용을 어떤 목적과 연결시켜 이해해야 하는지를 결정하는 데 큰 어려움이 없으리라고 생각한다. 사실상 이 점에서 나는 길을 개척한 것이나 다름이 없다고 믿는다. 따라서 앞으로 성경에 대한 주석을 쓰게 된다면 나는 항상 그것을 압축해서 요약하려고 한다. 왜냐하면 교리에 대해 장황한 논의를 제기하려고 하거나 로키 콤무네스로 빗나갈 필요가 없기 때문이다. 이 방법으로 인해 경건한 독자들은 필수 무기로 본서의 지식을 습득한 후에 주석들에 접근하게 되면 많은 수고와 지루함을 덜 수 있을 것이다. 그러나 로마서 주석이 이런 의도의 예를 잘 보여주기 때문에 말로 수만 마디 하는 것보다는 차라리 실제로 본보기로 보여주는 것이 좋을 것이라고 생각한다."[23]

이 말은 1539년 8월 1일에 쓰여졌다. 『로마서 주석』 헌정사가 10월 18일에 쓰여진 것을 보면 그는 아마도 1538년 6월 바젤에 거주할 때부터 양 책을 동시에 집필하고 있었던 것 같다. 『로마서 주석』을 써야겠다는 생각은 2-3년 전부터 칼빈의 마음속에 있었으며 그 준비로 1536-37년에 제네바에서 『로마서』 강의를 했던 것이 분명하다. 이 책은 1540년 3월 스트라스부르에서 그의 친구 방델린 리헬Wendelin Rihel에 의해 출판되었다. 얼마간의 부수의 속 표지에는 『기독교 강요』에서 얼마간의 부수에 사용했던 동일한 가명, '알쿠이누스의 바울 서신 로마서 주석'이라는 표제를 달았다.

종교 개혁자들에 의해 신학이 재구성되어야 할 근거와 정당한 이유는 성경에 대한 이해에 변화가 생겼기 때문이라는 데 있었다. 중세는 종교 개혁 시대 못지 않은 성경의 시대였다. 대학에서 제공하는 신학 훈련은 두 개의 고정 본문, 즉 성경과 페트루스 롬바르두스Peter Lombard, 1100년-1164년경, 이탈리아 롬바르디아 태생 스콜라 신학자. 파리에서 아벨라르에게 사사하였고 그 뒤에 파리에서 신학을 했으며 1159년 파리의 주교가 되었다. 4권으로 된 주저 『신학 명제집』에 의해서 명제집의 선생으로 불린다-역자 주의 4권의 『신학 명제집Four Books of Sentences』, 이 책은 교부, 특히 아우구스티누스로부터의 인용을 교묘하게 편집한 신학대계(神學大系)로서 당시의 신학 교과서로서 널리 사용되었다-역자 주을 중심으로 선회하고 있었다. 『로마법 대전』을 주해하던 것과 동일한 방식으로 이 두 책을, 이 두 책만을 주해해야만 했다. 따라서 성직자들이 성경에 정통할 수 있는 풍부한 기회

---

[23] Opera selecta (Barth and Niesel) 3, 6.

가 주어져 있었다. 종교 개혁자들은 행해지고 있는 성경 연구의 양이 아니라 질에 대해서 불만을 가지게 된 것이었다. 더욱이 성경 해석을 지배하는 신학적 원리들의 기초에 대해서 불만을 품게 되었다. 교회 위의 성경의 절대적 권위는 전승tradition의 권위라는 불분명한 개념에 의해 점차 상대화되어 오고 있었다. 그 결과 성경은 더 이상 자기 보증적self-authenticating인 말씀으로 인정되지 않았으며 마침내는 자기 설명적self-explanatory인 말씀으로도 인정되지 않았다. 하나님의 절대적 권위는 하나님 자신을 제외한 그 누구에 의해서도 입증될 수 없는 것이다. 그러나 삼위 일체 신학이 의미 있으려면 하나님께 진실인 것은 역시 하나님의 말씀에도 진실이어야만 한다.

따라서 첫째로 종교 개혁자들—루터가 성경이 공의회와 교황의 권위 위에 있다는 사실을 인정한 이래로—은 하나님의 말씀으로서 성경의 절대 권위를 주장했고 결국은 그들이 그것으로 성경을 해석해 나아가야 할 자기 보증과 자기 설명의 원리를 확립시켰던 것이다. 루터가 에라스무스에 반대하여 주장한 것처럼 성경만으로도 그 중심 메시지는 분명하고 명확하게 알 수 있다. 루터의 또 다른 적대자인 라토무스Latomus는 성경은 어느 방향으로도 구부러뜨릴 수 있는 '밀랍으로 만든 코'라고 주장했다. 사실상 성경은 그 권위가 상대화되고, 그에 따라 자체의 표준 외에 다른 표준으로 해석될 때는 독자들이 달라지면 다른 결과를 낳지 않을 수 없다. 성경으로 해석된 성경이 분명하고 명백한 중심 메시지를 전달해 줄 수 있다.

이것이 1551년 1월, 『공동 서신 주석Catholic Epistles』을 에드워드 6세Edward VI에게 바치는 칼빈의 헌정사의 취지이다. 또한 칼빈은 계속해서 모순된 군더더기 없이 성경의 참 뜻이 드러날 수 있도록 성경을 주해하는 것이 복음주의 신학자의 임무라고 말한다. "어쨌든 나는 여가와 자유가 내게 주어지면 주로 이 임무에 나의 여생을 바치기로 결심했다."[24] 약 1536년부터 그는 『기독교 강요』와 함께 적어도 신약의 서신들만은 주석을 쓸 의도가 있었다.

『로마서 주석』의 형식은 후속 주석들의 패턴을 못박고 있다.『로마서 주석』에서는 로마서의 교리 분석에만 국한했으나 후의 주석들에서는 필요한 경우에는 저자권이나 연대 문제까지도 다룬 서두 개략이나 주제 뒤에 주석 본론이 잇따랐다. 그는 로마서를 편리하게 단락으로 구분하고(그 당시에 신약은 장까지는 구분되었으나 절까지는 구분되지 않았음을 기억할 필요가 있을 것이다) 각 단락의 머리에 헬라어 성경으로부터 자신이 문자적으로 번역한 라틴 문장을 배치했다. 그에게 있어서 결정적인 본문은 4세기에 히에로니무스Jerome에 의해 번역되고 중세 시대를 거쳐 트리엔트 회의에 의해 공인된 라틴어 성경인 불가타the Vulgate가 아니라 헬라어 성경이었다. 이미 그가 사용할 수 있게 인쇄된 헬라어 성경도 여럿이 있었다.[25] 그 중에 중요한 것은 에라스무스 헬라어 신약성경의 1527년도 제4판, 1522년에 출판된 대大콤플루툼 다국어 대조 성경 對譯聖書. large Complutensian Polyglot 그리고 1534년에 시몽 드 콜린Simon de Colines에 의해 파리에서 발행된 헬라어 신약 성경이 있었다. 칼빈은 분명히 한 판 이상의 에라스무스 헬라어 신약 성경을 알고 또 사용하고 있었고 후에는 콤플루툼 다국어 대조 성경도 사용했던 것 같다. 그러나 그의 기본 헬라어 본문은 드 콜린의 것이었을 것이다. 인쇄된 신약 성경의 역사를 연구하는 학자들에 따르면 드 콜린의 본문은 매우 흥미 있는 본문

---

24) OC 14, 317.
25) *Calvin's New Testament Commentaries*, chs VI and VII을 보라.

이었다고 한다. 에라스무스의 헬라어 성경과 콤플루툼 다국어 대조 성경을 주 기초로 하면서도 많은 이문異文, 판에 따라 다른 어구-역자 주들이 사본들에서 나왔기에 16세기에 인쇄된 다른 헬라어 신약 성경에는 나타나지 않는다고 한다. 따라서 이 본문은 에라스무스에게서 유래했고 로베르 에티엔Robert Estienne에 의해 전해져서 마침내는 베자에 의해, 19세기까지 그 권위가 인정된 표준 본문으로 발전한 지배적인 신교 본문과는 어느 정도 독립된 본문이었다. 드 콜린의 많은 이문異文은 오늘날에는 정말로 이의 없이 받아들여지고 있다고 한다. 결국, 이 본문을 사용한 칼빈의 주석은 그 당시 다른 헬라어 신약 성경보다 오류가 없는 본문에 기초하게 된 것이다.

본문을 결정하고 번역한 후에는 주석과 주해를 했다. 그 당시 성경 고전학계에서는 두각을 나타내지 못했지만 그래도 칼빈은 능숙한 언어학자요 역사가였다. 그는 자신이 얻을 수 있는 믿을 만한 자료들은 무엇이든지 이용했다. 흥미 있는 언어적 자료들이 풍부한 뷔데의 『총론 주석 Annotations on the Pandects』과 『헬라어 주석Commentary on the Greek Language』과 에라스무스의 『신약 성경 주석Annotations on the New Testament』과 헬라어 교부들의 주석, 특히 크리소스토무스Chrysostom의 것과 초기 교회 역사가들과 유대 역사가 요세푸스Josephus, 플리니우스Pliny와 같은 고전적 작가들의 저서를 많이 참조하고 있다.

주석가로서의 그의 뛰어난 자질은 본문에 자신을 종속시킬 줄 아는 극기력에 있었다. 기술적인 연구는 단지 이 목적을 위한 수단에 불과했다. 따라서 그가 본문으로 하여금 자신에게 말하게 했다고 말하는 것은 진부한 표현이며 또 오해를 낳게 할 소지조차 있다. 오히려 세부적인 어구와 넓은 문맥 사이의 끊임없는 문의대화를 유도해 나갔다고 하는 편이 좋을 것이다. 문맥에 주의를 기울임으로써 그는 자신의 어휘 모음이 따분해지는 것, 다시 말하면 한 단어에 소위 밑도 끝도 없는 사전적인 의미를 부가하는 우愚를 피할 수가 있었다. 그러나 그는 단순히 성경의 소리에만 귀를 기울인 것이 아니었다. 그는 문맥에 귀를 기울일 때 바로 좌우의 문맥을 문제시하였으며, 바로 좌우의 문맥에 귀를 기울일 때 문맥을 문제시하였다. 칼빈이 성경 기자의 '마음'에 놀라울 정도로 가까이 접근할 수 있었던 것은 지금까지 계속 되어온 이야기의 내용에 기초해서 듣고 질문을 던지는 과정을 계속함으로써 가능할 수 있었다.

그러나 칼빈은 16세기 사람들에게 고대 셈족이나 기원 후 1세기에 있었던 종교에 대한 정보를 제공해 주기 위해서 주석을 쓴 것은 아니었다. 성경은 인간을 향한 하나님의 말씀이다. 이것은 성경 기자들이 자신들이 하나님께로부터 받은 메시지를 전달하고 있다는 것을 단순히 의미하는 것이 아니라, 성경 안에서 하나님께서 마치 자신의 입으로 말씀하시듯이 실제로 하나님 자신께서 말씀하고 계심을 의미하는 것이다. 성경에 관한 칼빈의 교리는 당황케 하는 몇몇 요소들이 포함되어 있기 때문에 이것들을 조화시키려고 애쓰다 보면 자칫 왜곡시킬 염려조차 없지 않다. 그러나 그의 요점은 이와 같다. 성경은 인간을 향한 하나님의 자기 계시의 기록이다. 또한 성경은 그 하나님의 자기 계시의 해석이기도 하다. 그 기록 자체는 하나님께서 그렇게 하도록 지시하셨기 때문에 만들어진 것이다. 해석은 기록된 사건들에 대한 하나님 자신의 해석이다. 기록에 사용된 언어는 하나님에 의하여 성경 기자에게 주어진 것이다. 이런 의미에서 성경은 인간을 향한 하나님의 말씀이며, 이 말씀 속에서 그는 자신이 예수 그리스도 안에서 결정하고 수립한 인간들과의 관계, 즉 창조주-피조물의 관계, 구속주-구속받은 백성의 관계를 계시하고 있다.

　인간을 향한 하나님의 말씀이 성경이다. 하나님께서는 신성의 인성과의 직접적인 조우가 아니라 피조물, 피조물적인 차원의 사건, 피조물적 차원의 의사 전달 수단을 사용해서 인간들에게 말씀하신다. 성경은 하나님과 인간 관계의 역사를 기록한 문서들의 모음집이요 따라서 피조물적 차원의 의사 소통이다. 이것이 문서들이라는 점에서는 다른 문서들을 연구하고 이해할 때 사용하는 방법에 의해서만 연구되고 이해되어야 하는 것이다. 성경의 피조물적 차원은 하나님의 말씀을 듣는 데 아무런 방해도 되지 않으며 오히려 우리를 위해 절대적으로 필요한 조건이다. 결국 성경은 전적인 의미에서 위에서 인간에게 주어진 하나님의 말씀인 동시에, 문체의 개성과 심지어는 약간의 잘못과 부정확까지도 나타날 수 있는 인간들의 저작 모음집인 것이다. 칼빈은 "사도들은 성령의 필기자였다"고 말하는 것과 사도들의 글 중에서 문헌적인 약점이나 지리적이고 역사적인 실수를 발견해 내는 것 사이에 어떤 모순도 느끼지 않았다. 왜냐하면 칼빈의 적응 개념에 따르면 하나님께서는 자신을 인간이 이해할 수 있는 방법으로 인간들에게 실제로 말씀하시기 때문이라는 것이다. 삼위일체 내에서의 상호 의사 교환은 신성의 신령한 언어로 한다. 인간은 그런 언어를 이해하지 못하며 단지 히브리어, 헬라어, 아람어를 말한다. 그래서 하나님은 친절하시게도 마치 어머니가 어린아이들에게는 어린아이 소리로 말하는 것과 같이 인간이 이해할 수 있는 언어로 인간에게 말씀하신다고 칼빈은 말한다.

　칼빈이 기술적인 이해의 수단에 온갖 수고를 기울인 것도 바로 이 때문이었다. 또한 바로 이 이유 때문에 그는 명백하고 참되며 문자적이거나 고유한 의미라고 불리는 것에 따라 성경을 해석했던 것이다. '영적'

해석은 문자적 의미를 단지 성령께서 인도한 참 의미를 포함하고 있는 겉보자기로 간주해 왔다. 칼빈은 때로 마치 그가 반대하는 모든 것이 본문을 영적으로 해석 '지나치게 알레고리컬한 해석' 이라고 부를 수도 있다하는 것이라고 보일 정도로 영적 해석에 반대하는데, 그는 문자적 의미 그 자체가 그리스도 안에서의 하나님의 자기계시의 기록과 해석이므로 다른 의미를 찾을 필요가 없다고 주장했다. 주석가의 임무는 이 의미를 분명하게 보여주고 하나님께서 성경 안에 자신에 대해서와 인간과 인간의 세계에 대해서 계시하신 지식을 밝히 드러나게 하는 데 있는 것이다.

제네바가 심경의 변화를 일으키다

『로마서 주석』이 출판될쯤 해서 놀랄 만한 가능성이 재고되고 있었다. 불안정한 도시인 제네바가 다시 심경의 변화를 일으키고 있었다. 이제 어떤 이들은 칼빈을 다시 되돌아오게 하고 싶어했다. 목사들을 추방하고 난 후 1년 동안 제네바는 정치적으로는 비교적 평탄한 길을 걸었으나 교회에서의 삶은 심각하게 퇴보했다. 제네바인들은 그들이 원했던, 도덕적으로나 지적으로 무게도 없을 뿐 아니라 권위도 행사하지 못하는 그런 목사들을 청빙했었다. 칼빈과 파렐을 따르는 추종자들은 그들의 추방당한 지도자들에게 충성하려고 애쓰면서 교회 안에 파당을 짓는 우를 범하고 있었다. 칼빈은 이 사실을 알고 사태를 바로 잡기 위해 최선을 다했다. 교회에 보낸 목회 서신에서 그는 "하나님께서는 말씀이 전파될 때 두렵고 떨림으로 그 말씀에 즐겨 순종하라고 명령하셨을 뿐 아니라 말씀의 사역자들을 대할 때 존경과 경외심으로 하라고 명령하십니다. 그들은 하나님의 대사로서의 권위가 있기에 하나님 자신의 천사나 사절로 그들을 인정해 주기를 하나님은 우리에게 바라고 계십니다"26)라고 했다.

대학 학장인 소니에Saunier는 새로 온 목사들에게 칭찬받는 것이 합법적인가에 대해 의문을 제기할 정도였다. 칼빈과 그가 상담한 카피토는 그리스도인은 분열을 미워해야 하며 분열을 피하기 위해서는 가능한 모든 노력을 경주해야 한다는 원칙을 세웠다. 하나님의 말씀이 선포되고 성찬이 거행되면 목사가 누구든지 간에, 비록 가르치는 교리가 바라는 만큼 순수하지 못하다 해도 교회의 존재는 인정해야 한다는 것이었다. 무엇보다도 중요한 것은 일치unity가 확립되어야 하고 보존되어야 한다는 것이다. "교회 안에 분열의 조짐이 싹트고 있다는 소식을 접할 때 나는 경악을 금할 수가 없습니다."27)

1539년 3월 베른은 그들이 이미 전에 소유권을 주장했으나 반대에 부딪혀 몇몇 권리만을 소유하고 있었던, 제네바 남쪽의 얼마간의 땅에 대한 협정을 위주로 하는 새로운 동맹 조약을 협의하기를 원했다. 사절들이 그들의 파견에 대한 엄격한 지시를 받고 베른으로 파송되었다. 그들은 이 지시를 어겼고 베른이 원하는 대로 다 되었다. 제네바 의회는 그 협정에 비준하기를 거절했다. 결국 큰 싸움이 벌어졌고 사절들은 도피했으며 그들이 제네바에 없는 사이에 사형에 처한다는 유죄 선고가 내려졌다. 게다가 사절들은 기욤파Guillermins, 기욤 파렐 선생의 추종자를 지칭하는 속어로 대치되었다. 사건의 결국이 보여 주었듯이 이 일은 베른파Artichauds의 좌절이었을 뿐 아니라 그 종말을 알리는 서주였다. 그런데 이 베른파는 종교 개혁자들을 추방하는 데 도구 역할을 했던 사람들이었다. 이 때 비

---

26) OC 10b, 352; Herminjard 5, 338; English Translation of Calvin's letters 1, 120.
27) OC 10b, 351; Herminjard 5, 336; English Translation of Calvin's letters 1, 118f.

로소 처음으로 칼빈의 귀국 문제가 토의되었으나 그는 이것을 고려하기조차도 거부했다. 한 가지 이유는 파렐과 함께 하지 않는 한 가고 싶지 않아서였을 것이며, 다른 한 가지는 "나를 완전히 삼켜버릴 거대한 심연 속으로 들어가야 한다고 생각하니 그만 눈앞이 아찔해졌기"[28] 때문이었을 것이다.

그런데 그는 도와주어야 한다는 책임감은 계속 느끼고 있었다. 그런데 얼마 후 그에게 기회가 주어졌다. 로마 교회의 몇몇 고위 당국자들은 제네바가 목사들을 추방하는 것을 보고는 잘 설득하면 제네바를 로마 가톨릭의 품 안으로 되돌아오게 할 수 있을 것이라고 판단했다. 여기서 그들은 실수를 범했다. 왜냐하면 베른파는 결코 프랑스나 사보이의 로마 가톨릭 국가로 기울어질 수 없을 뿐 아니라 복음주의적 베른 시와 친교를 맺고 있었기 때문이었다. 희망이 있었다면 그 시도를 너무 늦게까지 진행시키지 못한 것뿐이었다. 왜냐하면 카르팡트라의 대주교인 추기경 자코포 사돌레토Jacopo Sadoleto가 다시 로마의 품 안으로 돌아올 것을 촉구하는 편지를 제네바 시 의회에게 보낸 것은 1539년 3월이 지나서였기 때문이었다. 사돌레토는 가톨릭의 대변인으로서는 적합한 인물이었으며 정직한 인간인데다가 학자요 성경 주석가이며 교회의 비리를 날카롭게 지적할 줄 아는 사람이었다. 의회는 이에 답변할 권위 있는 인물을 찾아내느라고 심히 고심했다. 비레가 이 청을 거절하자, 칼빈에게 9월에 답장을 써줄 것을 요청하게 되었다. "일주일 정도 걸리면 될 것 같소"[29] 라고 칼빈은 자신 있게 파렐에게 편지했다.

일주일 남짓 걸려서 만든 이 답신은 스트라스부르 체류시 나왔으며 순

---

28) OC 10b, 339; Herminjard 5, 290-1; English Translation of Calvin's letters 1, 110.
29) OC 10b, 361; Herminjard 5, 372-3; English Translation of Calvin's letters 1, 127.

수 문헌으로서는 그 자신도 앞으로 능가하지 못할 일련의 뛰어난 명저들—1539년도 라틴어판 『기독교 강요』, 1540년도 『로마서 주석』, 『사돌레토에게 보내는 답변Reply to Sadoleto』, 중세 프랑스어에서 현대 프랑스어로 넘어오는 데 결정적인 영향을 끼친 1541년도 프랑스어판 『기독교 강요』 그리고 1541년도 성찬에 대한 '소논문'Petit traicté de la Cène—의 일부이다. 『사돌레토에게 보내는 답변』은 검찰의 기소에 대한 항변, 즉 변호사 예술의 걸작이다. 매우 진지한 자세와 정열적인 확신을 가지고, 칼빈은 복음주의가 이단이나 분리주의가 아님을 명쾌하게 제시하고 오히려 추기경이요 대주교인 사돌레토에게 교회의 사도들과 교부들의 신앙으로 돌아올 것을 촉구했다.

1540년 2월 선거에서 4인의 행정관은 베른파와 기욤파가 각 2명씩 당선되었다. 베른파는 클로드 리샤르데Claude Richardet와 제네바의 정치적 자유의 뛰어난 개척자의 한 사람인 장 필리프Jean Philippe였다. 그 해 6월의 한 축제에서 이 두 사람은 어떤 대소동에 휘말려 들어가(대소동을 이들이 시작했는지도 모름) 그만 장 필리프는 한 청년을 살해하게 되었다. 그는 하루도 안 되어 처형당했고 리샤르데는 창문에서 벽을 타고 기어올라 도망치려다 그만 미끄러져 죽고 말았다. 이 놀라운 사건이 함축하는 의미는 목사들을 추방하는 데 일단의 책임을 진 행정관들인 장 필리프, 클로드 리샤르데, 장 륄랭Jean Lullin, 아미 드 샤포루주Ami de Chapeaurouge가 모두 세상을 떠났다는 점이었다. 처음 두 인물은 치욕적으로 죽음을 당했고 나머지 두 인물은 지시를 어긴 이유로 사형이 선고된 사절이었다. 이로부터 얼마 안 되어 목사 가운데 한 명인 모랑Morand이 더 이상 제네바를 참지 못해 떠났고 그 뒤를 이어 9월에 그의 동료 마르쿠르Marcourt도 짐을 챙겼다.

제네바는 이제 많이 겸손해졌다. 1538년의 정책이 정치적으로나 교회적으로 큰 불행이었음을 깨닫게 된 것이었다. 제네바를 바로 잡을 수 있는 사람은 오직 한 사람밖에 없는데 그가 바로 존 칼빈이라고 믿게 된 것이었다. 문제는 단지 그를 어떻게 모셔올 수 있느냐는 것이었다. 1540년 9월 21일 의회는 의회원의 하나인 아미 페랭Ami Perrin에게 그를 모셔올 방도를 궁리해 보라고 지시했다. 두 명의 사절이 그를 방문하도록 파견되었다. 그들이 스트라스부르에 도착했을 때 칼빈은 보름스Worms에서 열린 로마 가톨릭과 복음주의자와의 회담에 참석하고 있었기 때문에 그들은 그곳까지 그를 만나러 가야했다. 그러나 스트라스부르 당국이 칼빈에게 분명한 약속을 하지 말 것을 강요했기 때문에 그들은 방문 목적을 이룰 수 없었다. 그 결과 칼빈만 중간에서 큰 혼동에 빠지게 되었다. "말보다 눈물이 먼저 흘러 내렸소. 그들이 두 번이나 내가 하는 말을 가로막았기 때문에 잠시 동안 아무 말도 하지 않았소."[30] 스트라스부르에서 놓아주기만 한다면 그는 기꺼이 갈 마음이었던 것 같다. 이론적으로는 지금까지 항상 그랬었다. 지난 해 9월에 그는 사돌레토에게 이렇게 썼다. "비록 나는 당분간은 제네바의 교회를 책임지고 있지 않지만 그렇다고 해서 그 교회를 부모와 같은 애정으로 감싸고 싶은 나의 마음을 가로막지는 못합니다. 왜냐하면 하나님께서 나에게 그 교회를 맡기셨을 때 나를 영원히 그 교회에 충성하도록 맹세시키셨기 때문입니다."[31]

그러나 그는 자신이 감당해야 할 모욕과 멸시와 심지어는 위험을 다시금 생각해 보게 되자 두렵지 않을 수가 없었다. "차라리 나는 매일 수천

---

30) OC 11. 114; Herminjard 6, 366; English Translation of Calvin's letters 1, 195.
31) OC 5, 386; Theological Treatises, Library of Christian Classics.

번씩 그 십자가에 달리느니 수백 번이라도 죽는 길을 택하고 싶었네."[32)]
파렐에게 보낸 또 다른 서신에서 그는 자세하게 심경을 토로했다.

"그 곳에서의 비참했던 나의 삶을 돌이켜 볼 때 돌아와 달라는 소리에 어찌 나의 영혼이 떨지 않을 수 있었겠소? 내가 자네의 동료로 지명된 이후에 우리가 줄곧 당했던 불안에 대해서는 더 이상 언급하지 않겠소. 내가 그 당시 나의 양심이 얼마나 괴로웠으며 내 마음이 얼마나 불안으로 들끓었는지를 생각하고, 비록 내가 그 곳을 내 경우에는 불길하기 짝이 없는 곳으로 생각하고 두려워한다고 해도 나를 용서해 주길 비오. 하나님과 함께 자네가 바로, 내가 주님께서 메어 주셨다고 확신하는 소명의 굴레를 감히 벗어 내팽개치지 않는 이상 내가 그 곳에 오래 머무를 수밖에 없었을 것이라는 점을 누구보다도 잘 알지 않소! 손과 발이 묶여있는 이상 잠시라도 딴 곳으로 가보고 싶은 생각, 무의식중에 엄습하는 잡념에 귀를 기울이기보다는 그 모진 고통을 당하기로 결심했었소. 그러나 이제는 주님의 은총으로 그 곳에서 구원함을 받았으니 만일 내가 그곳을 위험하고 해로운 심연과 소용돌이로 생각하고 다시 들어가기를 꺼려한다고 해서 누가 나를 용서하지 않겠소?"[33)]

이런 확고한 감정에 비추어 볼 때 그가 "주님께서 나에게 그의 부르심을 분명히 보여주시는 즉시 전적으로 순종할 자세가 되어있는 것을 제외하곤 어떤 분명한 결정을 결코 내릴 수가 없었소"[34)]라고 쓴 것을 보면 놀라지 않을 수가 없다. 어쨌든 그가 최대한 동의할 수 있는 것은 회담이

---

32) OC 11, 30; Herminjard 6, 199; English Translation of Calvin's letters 1, 151.
33) OC 11, 91; Herminjard 6, 325-6; English Translation of Calvin's letters 1, 187.
34) OC 11, 113; Herminjard 6, 364; English Translation of Calvin's letters 1, 194.

끝난 후 부처와 함께 제네바를 방문하는 것이었다. 따라서 그는 그동안 의회로 하여금 베른에 요청해서 그들에게 잘 알려진 피에르 비레 선생을 당분간 교회 책임자로 보내 줄 것을 허락받는 것이 어떻겠냐고 제안했다. 그 후에 자신이 부처와 함께 가서 좀더 영구적인 계획을 세울 수도 있지 않느냐는 것이었다.[35] 이 계획은 찬성되었고 비레가 6개월간 제네바로 자리를 옮겼다.

제네바는 그의 조속한 귀국을 강요하고, 그의 친구들은 제 나름대로 제네바에 갈 것을 종용하는 반면에 스트라스부르는 반대 방향으로 잡아끄는 틈 속에서 협상이 진행되었으나 칼빈은 기꺼워하면서도 불확실해하고 염려하면서 자신의 결정에 자신이 없어 했다. 그 중에서도 그는 한 가지만은 결심했다. 그는 더 이상 어떠한 오해도 원하지 않았다. 제네바가 진짜로 그를 원하고 있어야 하며, 그를 소유하는 것은 그가 대표하고 있던 것, 즉 하나님의 말씀에 의해 지배되는 교회와 그가 전에 시행하려고 했던 권징 제도를 소유하는 것임을 이해해야만 했다. 만일 그들이 그것을 원하지 않았다면 그는 돌아가길 원하지 않았다. 그럼에도 불구하고 의회에 보낸 정중하고 다정한 서신에서 그는 그들의 체면을 살려주려고 꽤나 애를 썼다.

1541년 여름에 가서야 부처와 함께 단순히 방문만 한다는 계획이 자취를 감추게 되었다. 그 대신 스트라스부르는 6개월간 칼빈을 제네바에 양보해야 한다는 결정에 합의를 보았다. 이런 조건으로 칼빈은 제네바로 되돌아왔다. 그의 제네바 입성 장면은 5년 전의 도망자 때와는 판이하게 달랐다. 이제는 그를 호위하기 위해 호위 부대가 파견되었고 그의

---

[35] OC 11, 96; Herminjard 6, 334; English Translation of Calvin's letters 1, 186.

가족 수송을 위해서 마차가 스트라스부르까지 파송되었다. 샤누안 거리의 고급 주택이 가구까지 딸려서 그에게 제공되었고 500플로린에 해당하는 적절한 봉급에 곡식 24말과 포도주 2통이 지급되었다. 1541년 9월 13일 화요일에 그는 제네바에 들어왔고 의회 등록부에 이렇게 기록되어 있다.

"예앙 칼뱅Iehan Calvin, 복음 사역자. 이 사람은 스트라스부르에서부터 이 곳에 도착했는데 스트라스부르 사람들과 목사들의 편지와 바젤 목사들의 편지를 가지고 왔다. 이 편지들이 낭독되었고, 그 후에 그는 자기가 늦게 온 것에 대해 약간의 변명과 사과를 했다. 그리고 그는 교회가 정돈돼야 하며 그렇게 되기 위해서는 규칙을 제정해야 하고 또 규칙을 제정할 위원회를 선출해야 할 것을 요구했다. 자신은 언제나 제네바의 종으로 헌신하겠다고 했다." [36]

---

36) OC 21, 282.

제6장
제네바 교회의 개혁

"정부가 의견을 같이하지 않는 한, 교회는 하나님의 말씀이 우리에게 규정하는 초대 교회 때와 같은 모습의 교회를 유지해 나갈 수 없다"[1]고 한 칼빈의 말에 대해서 제네바 의회는 '기독교의 질서를 위한' 칙령을 기초할 것을 즉각적으로 동의했다. 시 의원과 목사들로 구성된 위원회의 일은 약 2주일 안에 끝마쳤다. 그러나 이제 소의회 그리고 200인의회, 마지막으로 총회에 의해 검토되고 개정되는 긴 절차가 남아 있었다. 결국 11월 20일에 '교회에 관한 칙령'이 법으로 통과되었다. 근본적으로 보면 초안이 그대로 받아들여졌으나 수정된 내용은 장차 중요하게 되었다.

교회에서의 삶 전체를 위한 법제정의 의도로 만들어진 이 칙령은 주로 목회적 기능의 견지에서 작성되었다. 질서 정연한 교회는 목사pastor, 교

---

1) OC 11, 281; Herminjard 7, 249; English Translation of Calvin's letters 1, 260.

사doctors, 장로elders 그리고 집사deacons의 4가지 직분의 감독을 받는다. 교회의 임무는 복음을 전파하고 성례를 집행하며, 성도들에게 믿음을 가르치고, 순종하도록 훈련시키며, 고통당하는 자를 보살피는 것이다. 넓게 보면 비록 이 사이에 겹치는 부분이 있기는 하나 이 각각의 임무는 위의 4가지 직분의 각각에 속한다. 목사는 가르치는 자질도 있어야 하며 권징의 실시에도 관여하고 고통당하는 자를 돌보기도 해야 할 것이나, 그의 가장 본질적인 임무는 하나님의 말씀을 설교하고 성례를 집행하며 권징의 실행을 돕는 것이다. 목사는 목사들의 모임에서의 선거와 의회의 비준에 의해 성직에 취임한다. 그를 받아들이고 그에게 그 직무를 수행할 면허증을 수여하는 것은 의회의 책임이다. 그는 자신이 하나님을 충실히 섬길 것과 교회에 관한 칙령을 지키고 충성할 것과 정부와 시의 명예를 드높일 것과 "하나님께 내 소명상 마땅히 드려야 할 경배를 드리는 데 방해가 되지 않는 한도 내에서는"[2]이란 단서와 함께 제네바의 법을 준수할 것을 맹세했다. 목사들은 성경 연구를 위해 1주일에 한번 모여야 하며 서로 상대방의 실수를 지적해 주기 위해 1년에 4번씩 모여야 했다. 심각한 과오를 범했을 경우에는 그 대표적인 과오가 목록으로 작성되어 있는데 동료 목사들의 조사를 받았고 비행이 드러난 경우에는 의회에 보고되었고 의회는 사실 여부를 조사해서 죄 지은 것이 드러나면 그를 해임해야 했다. 의회들의 통과를 거치면서 이 부분의 칙령은 목사도 시민법의 지배를 받으므로 "마지막 실형 선고는 정부가 내리도록 유보되어야 한다"[3]는 것을 명백히 드러내도록 개정되었다.

교회 예배의 실제적인 세부 지침도 결정되었다. 주일에는 세 교구 교

---

[2] OC 10a, 31-2; Theological Treatises, Library of Christian Classics 72.
[3] OC 10a, 20 note f; Theological Treatises, Library of Christian Classics 61 n. 20.

회인 생 피에르, 라 마들렌, 그리고 생 제르베 교회에서 각각 새벽과 9시에 예배를 드려야 했으며 생 피에르 교회와 생 제르베 교회에서는 3시에 또 예배를 드려야 했다. 어린아이들의 요리 문답 공부는 각 교회에서 정오에 하기로 했다. 월요일, 수요일, 금요일에 세 교회에서는 각기 예배를 드려야 했다. 의회는 목사가 부족할 때에는 한 목사가 여러 예배를 인도할 수 있도록 예배 시간을 동시에 정하지 말고 연달아서 정하도록 해야 한다는 취지로 칙령을 약간 수정했다. 제네바에 필요한 목회자는 5명의 목사에 세 명의 보좌역이 있어야 한다고 생각했다. 각 교구는 기존의 생 제르베와 라 마들렌, 그리고 생 제르맹, 생 크로스, 노트르담라뇌브, 생 르지에를 아우르는 새 교구인 생 지에르로 나뉘어 있었다.

교회 교사의 임무는 신자들에게 참된 교리를 가르치고 오류를 몰아내는 것이었다. 엄격한 의미의 신학에 관해서는 구약을 주해하고 신약을 주해하는 2명의 교수가 있어야 했다. 그러나 신학은 보조학문인 '언어학과 인문학'에 달려 있었다. 이 학문을 가르치기 위해서는 남학교와 그리고 별도의 여학교에 학교 선생과 보조 교사들이 임명되어야 했다.

평신도인 장로는 권징의 실행 책임을 맡았다. 그 수는 12명으로 소의회에서 2명, 60인 의회에서 4명, 200인 의회에서 6명으로 모두가 의회에서 선출했다. 장로는 목사들과 협의하여 소의회에서 임명되었으며 200인 의회에 승인해주도록 제출되었다. 이들이 그 직무에 적합하지 않은 것이 드러나면 연말에 바꿀 수도 있었다. 그렇지 않다면 계속 그 직무를 맡아서 오랜 경험으로 일을 처리하는 것이 더 좋았다. 장로들과 목사들은 권징을 책임지는 '치리 법원' Consistoire을 구성했다. 평신도가 목사보다 수적으로 다수를 차지했다. 원장은 선출된 행정관이었는데 더욱이 그는 1560년까지 행정관의 공적인 직무를 수행했다. 그럼에도 불구하고 치리 법원장로 법원이라고도 함-역자 주은 교회 법원이었지 시민 법정은 아니었다.

치리 법원은 매주 목요일에 모였다. 사람들을 소환할 권한이 없었기에 정부가 훈계하고 싶은 사람들을 의회 관리를 통해 소환하였다. '이치에 따르는' 죄인은 용서했다. 그러나 완고한 자들은 여러 번, 즉 여러 경우에 훈계를 들어야 했으며, 그래도 계속 회개하지 않을 경우에는 주의 만찬 참여를 금지했고 의회에 통보했다. 이유 없이 교회에 참석하지 않거나 교회 질서를 조롱하는 자는 훈계를 들어야 했다. 세 번 훈계를 듣고도 고집을 피우면 출교당했고 의회에 보고되었다. 그러나 이 모든 일은 적당하게 시행되어야 한다는 점이 강조되었다. 왜냐하면 교정은 "죄인들을 우리 주님께로 되돌아오게 하는 약에 불과하기 때문이었다."[4]

이 점에서 의회들은, 목사들이 세속 재판권이 없으므로 치리 법원은 정부의 권위를 침해해서는 안 된다는 취지의 조항을 삽입했다. 그 조항은 이렇게 끝을 맺는다. "당사자들을 벌주거나 속박할 필요가 있을 때라도 치리 법원과 목사들은 당사자들의 이야기를 듣고 충고와 훈계를 한 후에 모든 사실을 의회에 보고해야 하며 의회는 상황에 따라 판결을 선고한다."[5] 만일 이 구절이 출교를 언급하는 것이라면 왜 그것이 후에 논쟁을 종결짓는 데 사용되지 않았는지 이해하기가 힘들다. 1553년 9월 18일과 1555년 1월 22-24일의 재판 판결문을 보면 가해진 형벌은 출교가 아니라 시민법을 어긴 데 대한 형벌이었음을 명백히 해주는 것 같다.

네 번째 직분에 대해서 칼빈은 순전히 가난한 자와 궁핍한 자를 돌보

---

4) OC 10a, 30; Theological Treatises, Library of Christian Classics 71.
5) OC 10a, 30; Theological Treatises, Library of Christian Classics 71 n. 84.

는 신약의 집사직으로 이해했다. 교회에 관한 칙령은 두 부류의 집사, 즉 관리 집사와 실행 집사로 나누고 있다. 전자는 관리인, 곧 소위 구호 감독관의 역할을 맡았고 후자는 실제로 가난한 자들을 구제하고 병원에 있는 환자들을 위문하는 일을 맡았다.

한 달에 한 번 주의 만찬을 집행하려는 소원은 다시 한 번 의회에 의해 묵살되었고 일 년에 4번 부활절, 성령 강림절, 9월 첫 주일, 크리스마스에 집행하도록 결정되었다. 성찬 집행 광고는 일주일 전에 공고하도록 했으나 성찬에 참여하고 싶은 자는 목사에게 미리 말해야 한다는 점은 분명히 명시되지 않았다.

이것이 제네바의 종교 문제의 해결책이었다. 칼빈의 제네바에서의 사역 이야기는 그가 어떤 조건에서, 어떤 반대를 무릅쓰고, 측정할 수 있다면 어느 정도의 성공으로 제네바 안에서 이 칙령을 실행에 옮겼는가의 이야기이다. 그러나 우리는 권징discipline의 실시와 실행을 그의 주요한 혹은 거의 유일의 일이었다고 보는 많은 이들의 공통적 실수를 저지르는 우를 범해서는 안 된다. 권징은 제네바의 종교 문제 해결책의 일부에 불과했다. 또한 엄격히 말하면 권징은 그 스스로는 존재하지 못한다. 왜냐하면 권징은 복음의 선포와 성례의 집행을 실제적이며 개인적으로 효과있게 하려는 의도로 고안된 것이기 때문이다.

예배하는 교회

이제 칼빈은 오직 한 사람만 통제해야겠다고 결심했다. 그는 바로 자신이었다. 그는 그 전부터 너무 엄격하며 융통성이 없다는 비난을 들어왔다. 그는 그 지적을 인정했고 고치려고 애를 썼다. 그는 체험을 통해 지금까지 배워온 것을 깊이 생각해 보았으므로 자신도 이번에는 너무 엄격하고 융통성이 없어서 뇌샤텔 회중의 눈 밖에 난 파렐을 책망할 수도 있었다.6) 칼빈은 바젤에 있는 미코니우스Oswald Myconius에게 자신의 친절함 때문에 친구들을 많이 얻게 되었다고 편지할 수 있었다.

"그들은 모두가 체험으로 비레의 매력적이고 친절한 성품을 알고 있네. 나도 어쨌든 이 점에서는 결코 그보다 더 불친절하지 않네. 아마도 자네는 믿기 어렵겠지만 이것은 사실이네. 나는 사회의 평화와 우리 사이의 강한 일치감을 무엇보다도 소중히 여기기 때문에 나 스스로를 자제하고 있네. 심지어는 내 적들도 이것만은 인정하고 있네. 이런 생각이 널리 퍼져 있기 때문에 날이 갈수록 한 때는 노골적인 반대자였던 사람들이 친구로 변해가고 있네. 그 외 다른 이들은 정중하게 대함으로써 나에 대한 불신감을 없애도록 하고 있네. 나는 비록 어디에서나 항상 그렇지는 못하지만 어느 정도는 성공하고 있다고 생각하네."7)

그의 주된 어려움은 적대자들에게서 온 것이 아니라 동료들에게서 온 것이었다. 그는 비레를 영구히 제네바에 머물 수 있도록 해달라고 베른 시에 요청했으나 겨우 6개월간 더 머물러도 좋다는 허락밖에 받아내지 못했다. 파렐도 역시 초청했으나 자신은 뇌샤텔에 있어야 한다고 초청을 수락하지 않았다. 칼빈은 미코니우스에게 이렇게 편지했다. "다른 동료 목사들은 나에게 도움이라기보다는 방해거리에 불과하네. 그들은 열정도 학식도 없는데다가 무례하고 교만하기 짝이 없네. 무엇보다도 심

---

6) OC 11, 321f; Herminjard 7, 333-5; English Translation of Calvin's letters 1, 261.
7) OC 11, 377f; Herminjard 7, 439; English Translation of Calvin's letters 1, 291.

각한 것은 아무리 그들을 믿으려고 해도 믿을 수가 없네. 왜냐하면 그들은 여러 면에서 우리와 다를 뿐 아니라 진지하고 믿을 만한 점은 조금도 보여주지 못하고 있기 때문이네."[8] 그러나 그는 조금 뒤에, 비록 그들 중 한 명이 "의사 전달이 신통치 않아서 정확하고 분명하게 전달하려고 무진 애를 써도 무슨 뜻인지 종잡을 수 없긴 해도"[9] 나머지는 그런대로 봐 줄 만하다는 것을 인정했다. 칙령에 나타나 있는 목사들의 용납하지 못할 죄와 용납할 수 있는 죄의 목록을 보면 칼빈이 극단적으로 무리한 요구를 하지는 않았다는 것을 알 수 있다. 칼빈의 몇몇 초기 동료 목사들은 도덕적인 면에서 매우 부적합했으며 사私보다 공公을 앞세우는 목사는 거의 없었다. 1542년과 1543년에 무서운 전염병이 돌았을 때 피에르 블랑셰Pierre Blanchet 외에는 그 누구도 격리 병원에서 환자 돌보는 일을 맡으려 하지 않았다. 매우 점진적으로, 프랑스에서 온 복음주의 피난민들의 수가 증가됨에 따라 칼빈은 그럭저럭 신실한 목자상을 세워 나갈 수 있었다.

　대학 학장에도 문제가 있었다. 대학의 문을 다시 열면서 마튀랭 코르디에Mathurin Cordier를 초청해서 학장직을 맡기려고 했다. 그러나 그는 칼빈에게 아무 소리말고 복종하라고 했던 제네바의 고통을 다시 겪기가 두려워서인지 로잔에서 일하게 해달라고 간청했다. 따라서 스트라스부르 출신의 칼빈의 '기숙생'pensionnaires 친구들 중 한 명인 세바스티앙 카스텔리오Sebastian Castellio가 대신 임명되었는데, 그는 유능한 학자요 좋은 학교 선생이었다. 봉급 문제로 어려움이 생겨 사임했으나 곧 재임명되

---

8) OC 11, 377f; Herminjard 7, 438; English Translation of Calvin's letters 1, 290.
9) OC 11, 417; Herminjard 8, 79; English Translation of Calvin's letters 1, 314.

었다. 그는 자신의 프랑스어 신약 성경을 두고 몇 군데 번역 실수를 비판한 칼빈과 언쟁을 벌였다. 칼빈은 이 성경을 카스텔리오와 함께 철저히 조사하려고 했는가? 아니다. 칼빈은 너무 바빠서 이를 위해 특별히 시간을 낼 수 없었다. 단지 시간이 나는 대로 한번 훑어보려고 했다. 카스텔리오는 이 점이 못마땅했고 안 듣는 데서 칼빈에게 불평을 늘어놓기 시작했다. 얼마 후에 그는 목사가 되기를 지원했으나 두 가지 이유로 거절당했다. 첫째는 사도신경의 '지옥에 내려가시고'를 비유적으로 해석하는 것을 반대했기 때문이었고, 둘째는 아가서를 방탕하고 외설적인 시로 보았기 때문이었다.[10] 이렇게 거절을 당하자 그는 대학을 사임하고 칼빈의 친절한 추천서를 휴대하고 로잔으로 갔다.[11] 그러나 베른 시 당국은 그에게 일자리를 주지 않았고 그는 다시 제네바로 되돌아왔다. 그는 가만히 있을 수가 없었다. 1544년 5월 29일에 열린 집회성경의 한 단락을 한 목사가 주해하면 참석한 목사들이 듣고 토론하는 일종의 성경 공부 모임으로 매주 금요일에 열림 – 역자 주에서 그는 그의 전 동료들을 향해 엄청난 공격을 퍼부어댔다. 그들은 자신의 이익만을 차렸고, 참을성이 없으며, 술주정뱅이들이요, 포주들이라는 등의 비난을 퍼부어대었던 것이다. 칼빈은 행정관들에게 호소했고 결국 카스텔리오는 제네바를 떠나지 않을 수가 없었다.

1542년에 두 권의 예배서가 출판되었다. 한 권은 스트라스부르의 프랑스인 교회에서 칼빈이 사용하던 『기도 방식*La Manyere de faire prieres*』 – "프랑스인 교회의 설교 전후의 기도 방식. 전기前記 교회에서 불려지는 프랑스 시와 찬송 첨가, 우리 주 예수 그리스도의 세례와 성찬을 집행하

---

10) OC 11, 674; Herminjard 9, 156-7; English Translation of Calvin's letters 1, 385.
11) OC 11, 673-4; Herminjard 9, 156; English Translation of Calvin's letters 1, 380.

는 순서와 형식, 그리고 성도들 앞에서 결혼식을 올리고 결혼을 선포하는 순서와 형식, 세례와 성찬 예배의 순서 첨가, 이 모든 것을 우리 주의 말씀에 따라 제정했음"이었다. 다른 한 권은 이 책을 제네바에서 사용할 수 있도록 개작한 『기도와 교회 찬송의 형식 La Forme des Prieres et Chantz Ecclesiastiques』 – "성례를 집행하고 결혼 예식을 행하는 방식이 첨가된 기도와 교회 찬송의 형식 : 초대 교회의 본을 따랐음"이었다.

속 페이지에는 다음과 같은 문장이 인쇄되어 있었다. "시와 찬미와 은혜가 넘치는 신령한 노래로 서로 가르치고 권면하라. 마음으로 주께 노래하라." "새 노래로 여호와께 노래하며 온유한 자 debonnaires의 회중에서 찬송할지어다." "호흡이 있는 자마다 여호와를 찬송하라." 우리는 속 페이지의 문장들이 성경과 초대 교회의 예배를 16세기 형식으로 재현하고 설교와 찬양, 예배시의 환희와 적극성을 강조하고 싶은 칼빈의 욕망, 즉 칼빈의 예배 정신을 보여주기 때문에 다소 길게 적어 보았다.

서문 '독자들에게 부치는 글'은 예배시 교회의 일치와 전 회중의 참여를 강조한다. 따라서 이 글은 주로 세 가지 주안점에 대해 언급한다. 첫째, 예배는 회중들이 사용하는 언어로 드려져야 하고, 둘째, '보이는 말씀'인 성례는 설명이 있어야 하며, 셋째, 회중들의 찬송이 있어야 한다.

세 번째 문제를 다루기 전에 평상 주일 오전 예배 순서를 살펴보는 것이 좋겠다. "우리의 도움은 천지를 만드신 여호와의 이름에 있노라"는 개회 선언이 있은 후에 목사는 회중을 대신해서 죄를 고백했다. 스트라스부르의 예배 때 있었던 죄의 면제 선언은 생략하고 회중들은 시편에 곡을 붙인 찬송을 불렀다. 정해진 기도를 한 후에 설교가 있었고 그 후에는 좀 긴 기도가 뒤따랐다. 그 자체가 간단한 예배는 아론식의 축도로 끝마쳐졌다.

종교 개혁 신학의 특색과 종교 개혁 교회의 활동 가운데서 회중 찬송보다 더 무시되어 온 요소는 없다. 회중 찬송은 그렇지 않았으면 우울한 분위기로 일관되었을지도 모를 예배 속에 삽입된 조화되지 못한 유쾌한 요소는 결코 아니었다. 우리는 이미 1537년에 교회 개혁의 네 가지 기초 가운데 하나가 회중 찬송이었음을 보았다. 우리는 스트라스부르에서 칼빈이 프랑스인 교회에 찬송을 도입한 것도 보았으며, 또한 찬송이 칙령에 법으로 정해진 것도 보았다. 우리는 사실상 칼빈이 찬송을 그의 교회 신학의 핵심에 놓은 것을 보아왔다. 그 이유는 그리 모를 바도 아니다. 간단하게 말하자면 다음과 같다. 교회는 복음이 전파되는 곳이다. 복음은 좋은 소식이다. 좋은 소식은 사람을 기쁘게 한다. 기쁜 사람은 노래를 부른다. 그러나 불행한 사람도 기분을 돋구기 위해서 노래를 부를 수 있다─'지치셨나요? 음악이 당신을 매료시킬 수 있을 거예요.' 헨델의 아리아집에 수록되어 있는 가사임─역자 주. '독자들에게 부치는 글'의 후반부에서 칼빈은 자신이 회중 찬송을 도입한 것을 정당화화한다.

그는 초대 교회의 관례로 쉽게 그것을 정당화시킬 수 있었으나 이것만으로는 충분하지 않았다. 그는 모든 사람이 실제로 느끼는 일반적인 음악의 영향력 위에 근거해서 자신의 이론을 전개했다. "인간을 즐겁게 하고 기쁨을 주는 것 가운데서 음악이 가장 뛰어나거나 아니면 적어도 주요한 것들 중 하나이다. 따라서 우리는 그것을 이렇게 사용하도록 하나님이 주신 선물로 간주해야 한다."[12] "플라톤이 현명하게 생각했듯이 인간의 길을 이런 저런 방향으로 바꾸거나 움직일 수 있는 것은 세상에 거의 없다. 그러나 사실상 우리는 그것음악이 마음을 이리 저리 움직일 수

---

12) Opera selecta (Barth and Niesel) 2, 16.

있는 놀라운 비밀과 신비한 능력을 가지고 있음을 체험하고 있다."[13] 우리는 여기서 칼빈의 성품의 일면을 볼 수 있는데, 스스로 그것을 느껴보지 않은 사람은 그 누구도 이렇게 쓸 수 없다. 칼빈은 이렇게 하나님이 주신 능력이 맹목적이고 추잡한 데 사용되는 악용으로부터 구해내서 하나님의 예배 시에 사용되는 그 참된 목적으로 부활시키기를 희망했던 것이다.

옛 교부들은 그 당시 사람들의 더럽고 추잡한 노래들을 자주 비난했는데, 이 노래들을 세상을 오염시키는 치명적인 사탄의 독약이라고 간주했던 것도 무리는 아니었다. 이제 우리는 당시 제네바를 풍미하던 방탕한 노래들에 대한 칼빈의 결정적인 반대 입장을 생각해 볼 때 그것이 단지 순결한 귀가 더럽혀져서는 안 된다는 공중도덕의 문제이기 전에 그것이 속해서는 안 될 사탄에의 봉사로부터 하나님이 주신 예술을 해방시키는 문제였음을 보게 된다. 교회 예배에서 그리스도인은 하나님과 그의 천사 앞에 서는 것이며 크리소스토무스가 말했듯이 찬양하는 것은 천사와 사귀는 것과 같은 것이다. 그러나 얼마나 예배가 생동감이 없고 냉랭할 수가 있는가! 찬양은 "우리로 하여금 하나님께 기도하게 하고 찬미하게 할 뿐 아니라 그의 하신 일을 묵상하게 함으로써 하나님을 사랑하고, 경외하고, 영광을 돌리며 영화롭게 하는 일종의 자극"과도 같은 것이다.[14]

성령 자신께서 시편을 쓰셨기 때문에 가장 좋은 노래는 시편이다. "우리가 시편을 노래할 때, 하나님께서 우리 입에 말씀을 넣어 주시면 그 말씀들은 우리 안에서 그의 영광을 높이는 찬양 모습을 확신할 수 있다."[15] 더욱이 찬양은 소리의 문제일 뿐 아니라 이해의 문제이기도 하다. 아우

---

[13] *ibid.*
[14] Opera selecta (Barth and Niesel) 2, 17.

구스티누스가 말한 것처럼 여기에 새와 인간의 차이가 있는 것이다. 홍방울새, 나이팅게일, 청딱따구리는 노래는 잘하나 이해가 없는 반면에 "인간은 노래하면서 그가 노래하는 내용을 아는 능력이 있다."[16] 음악적인 면에 있어서 찬양은 세속 음악처럼 가볍고 경망스러워서는 안 되며 무겁고 장엄해야 할 뿐 아니라 부르는 사람이 유쾌하고 교회에서 부르기에 적합한 것이어야 한다. 결국 우리 모두 "선왕善王 다윗과 함께 이런 신령한 하늘의 찬송을 노래하도록 하자."[17]

스트라스부르에서 사용하던 시편 찬송은 1539년에 찬양하기에 적합하도록 만든 『시편과 찬송 Aulcuns pseaulmes et cantiques mys en chant』이란 제목으로 출판되었다. 이 책은 19곡의 시편 찬송과 시므온의 노래 Nunc dimittis, 십계명과 사도신경 the Credo을 포함하고 있었다. 12곡의 시편 찬송은 클레망 마로의 미간행 모음집에서 각색한 것이었다. 그 나머지 시편 찬송은 칼빈 자신의 작품으로 보인다. 멜로디 라인으로만 인쇄된 곡조의 원래 기원은 밝혀지지 않고 있으나 스트라스부르의 마티아스 그레이터 Mathias Greiter가 적어도 편집하고 편곡한 것으로 생각된다.

1542년 말부터 클레망 마로는 제네바에서 도피 생활을 시작했다. 이곳은 그에게 적합하지 않아 오래 머물지 않았으나 또 다른 19곡의 시편 찬송을 작곡했고 칼빈은 1543년에 이 중에서 몇 곡을 자신의 졸작과 대치했다. 마로와 견줄 만한 또 다른 도피자는 루이 부르주아 Louis Bourgeois 인데, 그는 1541년부터 16년간 제네바에 살면서 음악을 가르쳤다. 그의 찬송가 곡조가 얼마나 파생적이차적인지는 매우 알기 어려우나 어쨌든 그

---

15) *ibid*.
16) *ibid*.
17) Opera selecta (Barth and Niesel) 2, 18.

가 작곡한 찬송은 그 무게와 장엄함이 칼빈의 요구를 충분히 만족시켰음이 분명했다. 몇몇 곡은 현대 찬송가 책에도 등장하며, 고대와 현대의 찬송들 속에 놓였어도 조화를 이룰 만큼 좋은 찬송들이다. 후에 작곡자와 칼빈 사이에는 알력이 생기게 되었다. 왜냐하면 칼빈이 회중 찬송에 화음을 넣으면 단순성을 떨어뜨린다는 이유로 화음 넣는 것을 싫어했기 때문이었다. "하나님을 찬양할 때 필요한 것은 간단 명료한 음의 조절뿐이다." 부르주아의 화음이 들어간 시편 찬송은 결국 제네바가 아닌 리옹 Lyon에서 출판하게 되었다.

정기적이고 임시적인 교회 예배예를 들어, 1550-59년에 칼빈은 약 270번의 결혼 예식과 약 50번의 세례 예식을 거행했다 외에 목사들은 병자와 죄인들을 심방해야 했다. 칙령은 "목사에게 알리지 않고 3일 이상 침대에만 누워 있어서는 안 된다"[18]고 규정하였다. 이 외의 다른 정기적인 심방은 요구되지 않았으나 목사들은 이런 저런 고통을 당하는 자들을 방문했음이 분명하다. 토요일 오후는 죄인들을 심방하는 시간으로 따로 떼어 놓았다. 목요일에 치리 법원은 권징을 집행하기 위해 정기적으로 모였고, 목사들은 금요일에 성경 한 단락을 한 목사가 주해하면 참석한 목사들이 듣고 토의를 벌이는 일종의 성경 연구 모임인 집회를 매주 개최했다.

'목사 총회' The Venerable Company of Pastors는 또한 1년에 네 번씩 상호 솔직하고 애정 어린 자기비판을 하기 위해 모임을 가졌다. 칼빈 생각에 교회에서는 모든 사람이 다른 모든 사람을 도와야 했다. 만일 그리스도 예수 안에서 모든 성도들이 연합된다면 개인적인 성도란 말은 용어 자체가 모순된다. 한 몸의 여러 지체들의 공통적 유익을 위해서는 축복과 능

---

18) OC 10a, 27; Theological Treatises, Library of Christian Classics 68.

력뿐 아니라 죄와 약점도 매우 중요하다. 죄를 숨기거나 감추면서 죄인이 아닌 척하며 위선을 떨 필요가 없다. 하나님이 인간들에게 숨김이 없으심과 같이 신자들은 서로에 대해서 과감하고 솔직하며 숨김이 없어야 한다. 1년에 네 번 모이는 이 모임은 아첨이나 관례는 내팽개쳐 버리고 각 사람이 동료의 눈을 통해 자신을 바라보며, 현명한 사람인 경우에는 분개가 아닌 독특하고 유쾌하며 자발적인 겸손의 표현이 무엇인지를 알 수 있는 작은 심판의 날이었다.

설교자 칼빈

목사의 첫 번째 직무는 "공적으로나 사적으로, 하나님의 말씀을 선포하고, 가르치며, 훈계하고, 권면하며, 책망하는 일"[19]이라고 칙령은 규정한다. 종교 개혁자들이 설교를 크게 강조한 이유는 교육적이거나 사회적인 이유에서가 아니라 신학적인 이유에서였다. 그것은 설교가 팸플릿정치, 종교 등에 대한 시사 논평-역자 주을 쓰는 것과 함께, 비록 설교가 그런 목적으로 종종 쓰이긴 하지만 그 당시의 선전 수단이서가 아니었다. 그것은 단지 설교가 한 공동체에 새로운 사상을 심어주는 가장 효과적인 수단이었기 때문도 아니었다. 설교라는 기계를 움직이는 힘은 신학적인 것이었다. 참 이유는 하나님의 말씀에 대한 성경적 개념에서 발견할 수 있다.

'하나님의 말씀'은 쉽게 약하고 불분명한 의미를 지닌 캐치프레이즈로 바뀌기 쉽기 때문에 종교 개혁자들에게는 그것이 새롭고 살아 있으

---

[19] OC 10a, 17; Theological Treatises, Library of Christian Classics 58. 칼빈의 설교에 관해서는 Mulhaupt, *Die Predigt Calvins*; Parker, *Oracles of God*을 보라.

며 폭발적인 중요한 의미를 띠고 있음을 기억해야 할 필요가 있다. '하나님의 말씀'은 '하나님께서 스스로 말씀하신 말'이란 뜻이었다. 세상을 창조한 것도 하나님의 말씀이었다. 즉 하나님께서 말씀하셨다. 그랬더니 그가 말씀하신 것이 전에는 없었는데 이제 존재하게 되었다. 하나님께서 그의 자유로운 엄위 가운데서 인간을 만나신 것도 그의 말씀을 수단으로 해서였다. '말씀'은 인간이 되셔서 인간을 향한 하나님의 영원한 뜻의 살아있는 선포로서 인간 가운데서 사신 하나님의 아들과 동의어였다. '말씀'은 또한 육신이 되신 말씀의 창조력 있는 말이었다. 그의 말씀은 나사로를 죽은 자 가운데서 살리셨고, 세상에 생명을 주며, 그의 말씀은 깨끗하게 하며 마지막 때 인간을 심판하게 될 것이다. 종교 개혁자들이 사도행전과 서신들을 읽었을 때 그들은 사도들과 복음 전도자들의 설교는 '하나님의 말씀' 혹은 '주님의 말씀'이라고도 불리웠음을 깨달을 수 있었다. 따라서 그들은 '복음', '설교' 그리고 '하나님의 말씀'을 동의어로 간주하지 않을 수 없었다.

그렇다면 무엇이 신약 성경 설교자들의 말을 하나님의 말씀으로 만들었는가? 그 대답은 그리 간단하지 않다. 한편으로 그들의 말은 하나님, 예수 그리스도의 말씀의 존재와 사역의 신실한 해석이라는 점에서 하나님의 말씀이었다. 그러나 그보다는 그들의 말은 그런 신실한 해석으로서, 하나님의 말씀인 예수 그리스도 자신께서 계속 사역하신다는 의미에서 하나님, 예수 그리스도의 말씀의 사역의 연장이었다. 요체要諦는 사도들에게 있었던 것이 아니라 하나님의 말씀에 있었다. 결국 복음의 선포가 하나님의 말씀이 되는 것은 사도들만 되는 것은 아니었다. 복음은 누가 선포하든 하나님의 말씀인 것이다. 여기서 필요 조건은 항상 설교는 육신이 되신 말씀의 존재와 사역을 충실하게 해석해야 한다는 점이다. 따라서 설교자들은 "자신의 꿈이나 환상을 제시해서는 안 되며 자신들이 받은 것을 충실하게 전달해야 한다."[20] 성경 안에서 그리고 성경을 충실하게 해석하는 선포 안에서 하나님은 자신의 존재와 목적과 뜻을 보이시고 인간에게 하나님의 피조물이요, 죄인이요, 구속받은 자로서의 인간의 모습을 구속적으로 계시하시면서 스스로 말씀하신다. 더욱이 하나님께서는 성경의 메시지를 떠나서는 인간에게 말씀하지 않으신다. 사실이 이런데 종교 개혁자들이 어떻게 자신들의 목회 사역의 전면前面에 설교를 놓지 않을 수 있었겠는가?

칼빈은 복음의 설교가 하나님의 말씀임을 주장할 때 흔히 매우 명백한 표현을 사용했다. 그것은 마치 회중이 "하나님 자신이 하시는 바로 그 말을 듣는 것"[21] 같았다. 한 사람이 "하나님께서 한 인간의 입을 통해서 우리에게 말씀하시는 것처럼 설교를 했다."[22] "그렇다면 하나님의 입이 무엇인가? 그것은 하나님께서 그의 사역자들을 통해서 우리에게 말씀하실 때 그가 우리에게 그의 뜻을 알리시는 선포이다."[23] 만일 우리가 하나님께 봉사하고 영광을 돌릴 열정을 갖고 있다면 그리고 우리 주님께서 우리 가운데 그의 보좌를 가지셔야 함을 진심으로 원한다면, 만일 우리가 그의 백성이 되고 그의 보호 아래 살기 원하며, 또 우리가 그 안에서 세워지고 그와 연합하며 끝까지 그 안에서 보존되기를 원한다면, 만일간단히 말해서 우리가 구원을 원한다면, 우리는 복음의 교리를 받아들이고, 마치 예수 그리스도 자신께서 손수 말씀하시는 것처럼 그가 우리에게 보내주신 목사들의 말을 순종하는 겸손한 제자가 되는 법을 배워

---

20) OC 54, 8.
21) *Inst.* I. vii. 1.
22) OC 53, 266.
23) OC 25, 666f.

야 한다.[24]

칼빈은 설교자와 하나님의 말씀을 구분하는 데 세심한 주의를 기울였다. 설교자는 하나님이 아니다. 단지 하나님에 의해 보냄을 받은 사절이다. 그 자신은 아무 것도 아니다. 그의 설교의 모든 권위와 근거는 그가 하나님의 사절이라는 데 있다. 즉 하나님께서 그를 설교하도록 부르셨으며 그는 단지 하나님께서 성경에서 전하라고 명령한 것만 설교한다는 두 가지 사실에 있는 것이다. 그러나 이 두 조건이 만족되면, 설교자는 그가 설교하는 복음이 하나님의 말씀이며 따라서 자신은 물론 회중들의 완전한 복종을 요구하는 말씀이라는 주장에서 단 일보도 후퇴할 수 없는 것이다.

설교는 또한 성경과 정식으로 결부되어 있어야 하며, 밀접한 연관을 맺고 있어서 항상 성경의 주해이어야 한다. 이것은 서신이나 복음서 같은 데에서 독립된 한 단락을 본문으로 삼고 주해할 수도 있는 것이었다. 그러나 칼빈은 많은 초대 교부들의 예를 따라 그보다 훨씬 광범위하게, 매 주일, 혹은 매일 성경의 전권을 한 권씩 차례로 설교해 나갔다그는 성경 어느 한 책 첫머리에서부터 시작하여 구절마다 해석하며 설교를 한다. 그리하여 그 책을 다 떼면 또 다른 책을 시작했다는 뜻이다-역자 주. 진실로 그는 이 원칙을 얼마나 철두철미하게 고수했는지 1541년에 제네바에 되돌아 와서 생 피에르 교회에서 첫 주일을 맞을 때 지난 1538년 부활절에 멈추었던 그곳에서부터 다시 강해설교를 하면서 "이것으로 나는 내가 아주 그것을 포기한 것이 아니라 당분간 설교하는 나의 임무가 방해받은 것임을 보여 주었네"[25]라고 편지에 썼을 정도였다.

---

[24] OC 51, 566.

처음에 그는 일요일에 두 번, 그리고 매주 월·수·금요일에 한 번씩 설교했던 것으로 추측할 수 있다. 그러나 1542년 가을에 그의 설교를 좋아하는 몇몇 사람들이 더 자주 설교해 줄 것을 강청하기에 이르렀다. "설교를 자주 하는 일을 이미 시작했네. 그리고 더 좋은 사람이 나타나기까지는 계속 내가 애써볼 작정이네."[26] 그러나 이 일은 그에겐 너무 벅찬 일임이 드러났고 따라서 두 달 후에 의회는 주일날에는 한번만 설교하도록 배려해 주었다.[27] 그러나 1549년 10월에 설교를 매일 해달라는 요청이 들어왔으며 이 때부터 그는 보통 주일에 설교를 두 번 했을 뿐 아니라 격주마다 매일 설교를 하게 되었다.

때로는 주일 오후에 시편을 강해하는 경우도 있었으나 그는 주중에는 구약을 강해하고 주일에는 신약을 강해하는 것이 관례였다. 1549년 전에는 그가 성경의 어떤 책을 주해했고 그가 구체적으로 어떤 설교를 했는지에 대해서는 자료가 거의 없다. 아마도 1549년 8월까지는 히브리서를 처음부터 끝까지 쭉 설교했을 것이 분명한데 따라서 1548년에 히브리서 강해를 시작했을 것이다. 아마도 1546년과 1548년 사이 언제인지는 모르지만 그는 주일날 오후에 예배서에 나오는 시편을 강해했을 것이다. 1549년 이후에 로마서, 요한복음, 빌립보서, 골로새서, 그리고 공동서신을 설교하지 않은 것을 보면 전에 이미 이것들을 설교했을 것으로 추측해 볼 수 있다. 한 명 이상의 비서가 그의 설교를 적어보려고 애썼으나 그들 중의 누구도 대지를 적는 그 이상의 일을 할 수 있는 사람이 없었다.

---

25) OC 11, 365-6; Herminjard 7, 412.
26) OC 11, 417; Herminjard 8, 79; English Translation of Calvin's letters 1, 314.
27) OC 21, 302.

여기서 계속 나타나는 1549년은, 많은 제네바인들과는 달리 일반적으로 칼빈의 사역을 높이 평가한 망명자단Compagnie des étrangers, 프랑스에서 제네바로 망명해 온 그룹으로서 단결해서 칼빈을 하나님 안에서 아버지로 모실 정도로 칼빈을 높이 평가함-역자 주이 그의 설교를 받아 적고, 받아 적은 것을 다시 베끼고 하는 일 혹은 적어도 베끼는 것을 감독하는 일과 그것을 집사들에게 맡기는 일을 전담할 전문적인 속기사를 고용하는 비용을 대기로 한 매우 중요한 해였다. 칼빈처럼 칭찬을 받은 목회자도 드물 것이다. 망명자단은 다행히도 겨울이나 여름이나, 난방 장치도 안 된 교회에서 깃촉펜과 잉크로, 게다가 어떤 때는 거의 한 시간이 족히 드는 약 6,000여 단어에 가까운 매 설교를 적을 수 있는, 놀라운 속기술을 배우거나 발전시켜 왔던 드니 라그니에Denis Raguenier라는 프랑스인을 찾을 수 있었다. 칼빈 자신은 설교가 끝난 후에 이 설교들을 개정하거나 손을 대지 않았다. 라그니에가 일을 시작한 이후로 그의 모든 설교는 기록되었고 필사되어 일련의 책으로 장정되었다.[28]

따라서 우리는 그가 주일날 설교로 1549-54년에는 사도행전에 관한 189편의 설교를, 1554-58년에는 몇몇 바울 서신에 관한 짧은 일련의 설교를, 1559-64년에는 사복음서 대조에 관한 65편의 설교를 행했음을 추적해 낼 수 있다. 이 기간 중에 주간에는 예레미야서와 예레미야애가 1550년까지, 소선지서와 다니엘서1550-52년에 대한 일련의 설교를 했고, 에스겔에 관한 174편의 설교1552-54년, 욥기에 관한 159편의 설교1554-55년, 신명기에 관한 200편의 설교1555-56년, 이사야서에 관한 342편의 설교 1556-59년, 창세기에 관한 123편의 설교1559-61년, 게다가 사사기에 관한

---

28) See Gagnebin, *L'incroyable histoire*.

짧은 일련의 설교1561년, 사무엘상에 관한 107편의 설교와 사무엘하에 관한 87편의 설교1561-63년, 열왕기상에 관한 일련의 설교1563-64년를 강해했다.

독자들은 이 남다른 설교 활동에 조소를 보내기 전에, 오늘날 교파를 막론하고 대부분의 교회에서 들을 수 있는 사회 윤리 종교나 자신이 소화하지 못한 경건에 대한 남의 견해를 정확하지 못한 영어로 설교하는 것을 듣기를 원하는지, 아니면 기지와 상상력이 번뜩이며 깊은 동정과 결코 끌 수 없는 소망의 기쁨을 보여주면서 신학적인 의미로 살아 넘치는 설교, 무한한 신앙의 열정과 타오르는 듯한 성실성이 충만한 선지자 이사야에 관한 342편의 설교를 듣기 원하는지 자문해 보는 것이 좋을 것이다. 매주일, 혹은 매일 귀를 막지 않고 설교를 듣고 '교훈받고, 훈계받고, 권면받고, 책망받은' 제네바인들은 초대 교부 시대 이후로 유럽의 어느 회중도 받지 못했던 기독교의 훈련을 받았던 것이다.

칼빈은 원고 없이 설교했으며 직접 히브리어 구약 성경과 헬라어 신약 성경에서부터 설교를 했던 것 같다. 그는 이렇게 직접 준비하는 데 시간이 많이 소모되지 않았으며 그의 해박한 성경 지식과 광범위한 독서 내용이 항상 머리에 암기되어 있었다. 더욱이 그는 자신이 주해한 성경을 결국은 주석으로 써내었다. 따라서 준비라고 하면 그의 마음을 새롭게 하고 본문의 내용을 어떻게 회중들과 그 당시 상황에 적용할 수 있을까를 생각해 보는 정도였을 것이다.

"만일 내가 겸손히 책이라도 한 번 들여다보지 않고 경솔하게 '아 좋아, 내가 설교할 때 하나님께서 할 말을 내게 주실거야.' 라고 말하면서 마땅히 선포해야 하는 것을 읽거나 생각해 보는 수고도 하지 않고, 성경을 회중에게 어떻게 적용해야 덕을 세울 수 있는지 신중히 고려해 보지 않고 강단에 나왔다면 나는 매우 교만하고 건방진 녀석일 것입니다." 29)

그의 설교의 형식은 주해에 의해 결정된다. 이론적으로는 한 절clause이나 한 문장을 설명하고 난 후에 회중들에게 적용하는 방식을 따르고 있는데 때로는 그 당시 직접적인 상황에 적용하기도 했다. 그러나 실제적으로 이 형식은 융통성이 있으며 심지어는 전혀 통제력이 없기도 하다. 이 형식은 요점을 이야기할 줄 아는 그의 능력 때문에 산만해질 수 있는 위험에서 벗어날 수 있었고, "이 점은 이만큼 해두지요"라든지 "선지자(사도)가 무엇을 말하려고 하는지 잘들 보셨지요"라는 말투를 자주 사용함으로써 설교 내용이 너무 토막토막 나누어질 수 있는 위험에서도 벗어날 수 있었다.

그의 강단에서의 실제 설교 자세는 생동감과 열정이 넘쳐 있었으며 자세하고 직접적이었으며 분명했다. 이 말은 설교가 칼빈의 전부였다는 말과도 같다. 많은 내성적인 사람들처럼 그는 강단에선 자신을 잊을 정도로 몰두할 수 있었으며 글을 쓰는 만큼이나 쉽게 마음에서부터 우러나오는 말을 할 수 있었다. 그는 거칠고 격렬하게 성을 낼 줄도 알았고 친절하고 자비로울 줄도 알았다. 때로는 무서운 재판관도 같았고 때로는 아버지나 어머니와도 같았다.

"그런데 여기서 우리는 율법이 오늘날에는 폐기되거나 더 이상 언급되지 않기를 원하는 자들은 개, 돼지와 다를 바 없음을 봅니다. 이들은 술

---

29) OC 26, 473f.

집에서 잔뜩 먹은 것을 몽땅 토한 지 얼마 안 되는 추악한 불량배들과도 같기에 나는 설교에서 그들을 맹렬히 비난하지 않을 수 없습니다."30)

이런 설교도 있다

"우리는 복음을 따르다가 핍박받고 박해당하며 모든 재산을 빼앗기는 외에 다른 보상을 받지 못한 사람들을 많이 봅니다. 어떤 이는 모든 소유를 다 잃었으며, 어떤 이는 감옥에 갇혔고, 어떤 이는 비참하게 화염 속에서 사라져 갔습니다. 비록 많은 가난한 성도들이 복음을 받는 이 외의 다른 보상을 받지는 못했지만, 여기서 언급된 기쁨은 이루 말할 수 없는 것이며, 따라서 우리는 그리스도께서 우리에게 아버지같이, 구세주같이 되시기를 원하며 우리로 자녀 삼기를 원하신다는 사실을 기억하고 우리 주 예수 그리스도께서 우리를 위해 품으신 사랑 안에서 쉬는 법을 배워야 합니다. 그러면 이 모든 것이 우리의 슬픔을 달콤하게 만들 것이며 우리는 주 예수 그리스도의 은혜와 선하심 안에서 용기를 얻게 될 것을 확신합니다."31)

그의 언어는 분명하고 쉬웠으며, 오늘날도 약간은 볼 수 있는 제네바 사람들의 특이한 프랑스어 표현 방법을 사용하면서까지 그들이 쉽게 이해할 수 있도록 설교했다. 그는 성경 본문의 특이한 단어나 전문 용어는 세심하게 설명하면서 의미나 용어의 명확성을 기하려고 꽤나 애썼다. 회중들이 소리가 비슷한 두 단어를 혼동하고 그가 말한 뜻을 알아차리

---

30) OC 54, 283f.
31) OC 46, 289-90.

지 못할까봐 걱정한 것이 분명한 구절이 하나 있다. "복음은 두 가지 점에서 '엉 방'un van, 까부르는 키이라는 점을 주목하도록 합시다. 여기에서는 부는 '르 벙'le vent, 바람이 아니라, 까부르는 엉 방, 혹은 체를 의미하는 것인데 이렇게 하니까 더 잘 이해하실 수 있을 것입니다"[32]

그는 또한 자신과 적을 무대에 등장시켜 생동감 넘치는 장면을 연출하기를 좋아했다.

"저런! 자네는 내게 무엇을 해야 할지 말하지 않았어."
"친구여, 자네가 실제로 말하고 있는 것은 자네는 하나님이 자네를 지배하기를 원하지 않으며 율법을 폐하기를 원한다는 것이네."

또 이런 경우도 있다.

"우리는 잘못을 지적하거나 경고를 하면 화를 내는 사람을 많이 볼 수 있습니다."
"무엇이라고! 이 따위로 나를 가르치겠다고? 우리는 자네 친절의 지배를 받고 싶지 않네."
"정말인가? 그렇다면 하나님께 가서 그가 자네를 어떻게 가르치시는가를 배우게."
"이렇게 감정이 예민한 사람들은 한마디의 책망도 들을 수 없습니다. 왜 그럴까요?"
"우리는 이와는 다르게 가르침을 받기를 원하고 있습니다."

---

[32] OC 46, 574. 내가 이 인용과 다음 인용에 주의를 기울이게 된 데는 모리스 밀르(Maurice Miles) 씨 덕택이 크다.

"자, 그럼 마귀의 학교에 가 볼까요? 마귀는 여러분이 멸망에 이를 때까지 여러분에게 아첨을 떨 것입니다."[33]

적은 지면에 그의 설교의 전 가르침을 전하려는 것은 그가 주석한 성경의 여러 책의 가르침을 전달하는 것만큼이나 불가능할 것이다. 그러나 많은 사람들이 그의 설교가 이랬을 것이라고 상상하는 것 중에 오류가 많은데 이를 시정하는 것이 우선적으로 필요하다고 본다. 그의 설교는 하나님의 주권, 예정, 섭리, 그리고 교회의 권징에 대한 엄격한 논리적 강연이 아니었다. 그의 설교는 또한 목회 사역을 지지하는 데 열의가 없다는 이유로 정부를 공격하거나, 극악무도한 죄나 목사에 대한 공공연한 모욕을 퍼붓는다는 이유로 대중들을 공격하거나, 교회를 악용한다는 이유로 교황 제도를 공격하거나, 어리석다는 이유로 신학적으로 반대의견을 가진 자들을 공격하는 그런 내용도 아니었다. 이런 모든 요소들이 설교에 들어있는 것은 사실이었으나 이것이 그의 설교의 주제는 아니었다.

그의 설교의 주제는 성경의 주제였다. 따라서 그의 전 설교의 주제가 무엇인가보다는 그의 설교 중에서 한 편씩을 골라 그 주제가 무엇인가를 살펴보는 것이 더 쉽다. 그가 본문을 욥기에서 택했다 해도 그는 본문을 주해하고 적용했을 것이며, 에베소서를 본문으로 택했다 해도 본문을 주해하고 적용했을 것이다. 성경 한 구절을 읽고 본문과는 전혀 별개의 것을 이야기하는 현대의 설교 경향이 범하고 있는 성경을 경멸하는 우를 범하지 않았다. 우리는 이미 주석을 쓸 때 저자의 의도를 설명하려

---

33) OC 54, 291.

고 애쓰면서 성경 본문에 놀라울 정도로 복종하는 그의 모습을 본 적이 있다. 비록 성경의 통일성이 어디에나 전제되어 있었으나 그는 성경 각 본문이 자신의 메시지를 말하도록 만들었다. 따라서 그의 설교는 성경의 주제만큼이나 많은 주제를 가지고 있다. 그러나 그는 스스로 자신의 설교 해석 지침을 만들었다.

"우리가 설교에 자주 접하는 만큼이나, 우리가 전적으로 의지할 수 있는 것은 그의 순결한 선하심과 자비이며, 우리 자신의 공로나 우리 편에서 드린 무엇 위에 있는 것이 아니라 하나님께서 그의 손을 우리에게 뻗치시고 모든 것을 시작하시고 성취하셨음을 보여주는, 하나님의 은혜로운 약속의 가르침을 자주 받는 것이다. 그런데 이것약속-역자 주은 성경이 우리에게 보여 주는 바와 같이 주 예수 그리스도에 의해 우리에게 주어지는 것이다. 여기서 조건은 우리가 그만을 전적으로 의지해야……그리고 예수 그리스도가 우리의 유일한 중보자이셔야만 우리에게 주어지는 것이다. 내가 말하지만 이런 내용이 매일 우리에게 전파되고 있다. 또한 하나님을 섬기는 것은 어리석은 헌신을 상상하는 데 있는 것이 아니며……하나님을 순종함으로 섬기는 것임이 선포되고 있다. 그 밖에 우리는 먼저 마음과 애정을 드려야 하며 위선은 하나님께서 심히 미워하시는 것이라는 사실이 전파되고 있다. 이 모든 것이 매일매일 선포되고 있다. 그 외에 우리가 하나님을 어떤 이유에서 불러야 하는지가 전달되고 있다. 우리가 세례받는 것이 어떤 표징이며 우리가 죽을 때까지 평생 맺어야 할 세례의 열매는 무엇이며, 성찬은 왜 거행하는지가 선포되고 있다. 결국 이 모든 것이 우리에게 선포되고 있는 것이다."[34]

결국 요약하면 그리스도 안에서의 하나님의 구속과 신자의 순종의 삶이 생 피에르 교회에서 매일 설교되던 주제라는 것이다. 설교에 포함된 모든 부정적인 것은 이런 긍정적 설교의 역逆으로서, 그 자체로는 존재할 수 없는 것이었다. 멸망의 위협이 아니라 영생의 약속, 하나님의 진노가 아니라 그의 선하심과 자비, 인간의 공로의 부인이 아니라 그리스도의 공로의 긍정, 그 당시의 미신에 대한 공격이 아니라 순종의 섬김과 자기 희생의 강조, 고해 성사의 거부가 아니라 복음의 2가지 영광스런 성례의 설교, 이것이 칼빈이 제네바에서 사역했을 때 줄곧 설교하던 내용이었다.

칼빈의 설교는 생동감과 열정과 명백성뿐만 아니라 회중에게 강력하게 호소하는 힘이 있었다. 회중은 결코 수동적인 청중이 아니었다. 그들은 참여하기 위해 모였다. 그들은 적어도 설교를 이해하려는 수고는 해야 했다. '칼빈주의' 나라라는 특징이 붙은 나라의 보통 사람들에게서 흔히 볼 수 있는 지적인 특징이 바로 이런 노력에서 기인한다고 보는 것도 무리는 아님을 지적하고 싶다. 카를 홀Karl Holl은 이렇게 썼다.

"오늘날 사람들은 제네바 안에 있는 수많은 설교와 '지성주의자'들의 교훈을 멸시하고 있다. 그러나 우리는 칼빈주의의 많은 통찰력이 이런 지성주의에 근거하고 있음을 깨달아야 한다. 칼빈주의자는 무엇을 믿는지 왜 믿는지를 알고 있다." [35]

무엇보다도 칼빈의 설교는 믿음의 참여를 요구했다. 설교된 은혜는 믿고 받아들일 때 열매를 맺는다. 그렇지 않으면 사망에 이르는 냄새를 풍

---

34) OC 49, 661.
35) Ges. Aufs. 3, 267.

길 뿐이었다고린도후서 2 : 16. 분명히 이런 믿음의 참여는 성령에 의해 가능한 것이었다. 복음 전파는 인간의 육체적 행위, 즉 다른 인간에 의해 들려지고 이해되는 말을 하는 인간의 음성에 불과했다. 그러나 하나님께서 그 크신 은혜로 말씀을 설교할 때 그의 성령을 보내셔서 귀를 여시고 자신의 말로써 선포되는 것을 이해할 수 있도록 마음을 조명하시고 듣는 자와 인격적이고 창조적인 만남을 가지도록 만드신다. 그런데 여기서 가장 먼저 순종해야 할 사람은 설교자 자신이라고 칼빈은 말한다. "만일 그가 하나님을 따르는 첫 번째 인물이 되는 수고를 치르지 않는다면 강단에 올라갈 때 그의 목을 부러뜨리는 편이 나을 것이다."[36] "나는 우선 나 자신에게 설교해야 한다고 회중들에게 말하고 있네."[37] 그가 자신을 회중의 한 사람으로 보았다는 것은 '여러분'이 아닌 '우리'라는 표현을 늘상 사용하는 것으로도 잘 알 수 있다.

설교란 회중이 한데 모여서 드리는 설교라는 예배였다. 왜냐하면 설교는 성찬 못지 않은 예배의 한 행위이며 교회 예배의 중심이기 때문이다. 하나님은 말씀하시고 인간은 믿고, 그리고 감사로 기뻐한다. 설교는 들리는 성찬이요 주의 만찬은 보이는 성찬이라고도 말할 수 있을 것이다. 칼빈은 강단에서 그리스도께서 사회하셔야만 한다는 말을 좋아했다. '사회한다' preside는 동사는 초대 교회에서 성찬식의 '장' president을 상기시켜주는 의미 깊은 단어이다. 결국 복음의 본질인 그리스도께서 성찬 때 자신의 찢긴 몸과 흘린 피를 주는 것이다. 또한 그리스도는 성가대의 선창자先唱者처럼 찬양과 감사를 드릴 때 자신의 백성을 인도하신다. 우

---

36) OC 26, 304.
37) OC 50, 327.

리는 만일 1537년의 칙령에 담긴 이상이 실천에 옮겨졌다면 제네바의 매일의 예배는 설교와 함께 일종의 성찬식과도 같았을 것임을 기억해야 한다.

  우리는 지금까지 그에 대한 전기들에서 보통 다루는 것보다 훨씬 많은 지면을 할애하여 칼빈의 설교를 다루었다. 이것은 강단에서의 그의 모습을 빼면 그의 모습을 충분히 볼 수 없을 정도로 그의 시간과 정력의 많은 부분을 설교에 투자했기 때문일 뿐 아니라 설교가 주요 위치를 차지하지 않으면 제네바에서의 그의 사역을 공정하게 대할 수 없기 때문이다. 권징 문제로 애쓰는 것만을 묘사하는 것은 칼빈의 모습을 매우 심하게 왜곡하는 것이다. 우리는 칼빈의 설교를 연구하고 많은 그의 설교를 읽지 않은 사람은 누구든지 칼빈의 권징에 대해서 글을 써서는 안 된다고 강하게 주장한다.

제7장
도전받는 경건한 사회

　제네바에서의 칼빈의 사역은 적의에 찬 장기간의 반대에 직면하게 되었다. 그러나 주로 반대와 관련해서만 제네바에서의 그의 사역을 논하는 것은 잘못된 것이다. 이것과 그를 가장 불행하고 불쾌한 인물, 즉 제네바의 독재자로서 그의 회중을 괴롭히고 자신도 유쾌하지 못했던 못된 성질의 목사로서 제시하는 것 사이는 단지 한걸음 간격에 불과하다. 더욱이 적대자들과의 투쟁은 결코 그의 인생에서 가장 중요한 부분도 아니었다.

　자기 멋대로 할 수 없어 칼빈에게 욕설을 퍼붓는 억제하기 힘든 아내의 고함 소리에 귀를 기울이지 않을 수 없었다는 사실보다는 책을 쓰고 설교를 했다는 점이 역사적으로나 신학적으로 더 중요하다. 우리가 반대에 관심을 갖는 것은 바로 그것이 반대였다는 사실, 즉 그것은 그의 교회 정책에 의해 야기된 반동을 증명해 준다는 점에 있는 것이다. 우리가 칼빈의 신학과 그의 실제적인 교회 사역을 이해하려고 애쓸 때 적대자들의 활동을 고려하게 되는 것은 바로 이런 견지에서이다.

분쟁의 원인은 2가지가 있었다. 하나는 제네바의 한 강력한 집단의 수련되지 않은 고집과 두려움 때문이었고, 다른 하나는 칼빈의 성격이 단호한데다가 흥분을 잘하고 또 지적이었기 때문이다. 만일 하나님의 말씀이 어떤 원리를 분명하게 명령했으면 그것은 꼭 순종해야만 했고, 그로 말미암아 일어날 수도 있는 악은 악이 아님이 드러나거나 혹은 피할 수도 있었다. 그러나 하나님의 말씀을 순종하지 않으면 악은 틀림없이 나타난다는 것이었다. 하나님의 뜻을 순종할 수만 있다면 칼빈 자신에게는 무슨 일이 일어나도 상관이 없었다. 그가 도장 대신 사용했던 서명에 '즉시 그리고 성실하게' Prompte et sincere라고 쓴 좌우명은 그의 마음을 여실히 보여주는 상징이었다.

그러나 하나님께서 자신을 제네바의 대사로 부르셨다는 확신에 그는 동료 목사나 의회 의원이나 평민들보다 훨씬 뛰어난 지적 능력을 소유하고 있었다. 여기서 우리는 이 한 사람 안에서 군주의 모든 요소를 다 볼 수 있다. 그렇다고 해서 절대 군주의 요소를 갖추었다는 말이 아니다. 왜냐하면 그는 항상 정부에 순종했으며 그 일생동안 제네바 시의 법률을 어겼다고 보기 어렵기 때문이다. 단지 도덕적이고 지적인 권위와 그 권위에 의존하는 한없는 권세가 이 한 사람 안에 다 갖추어져 있다는 말이다.

자신들의 개인적인 쾌락과 방종에만 관심이 있는 적대자들은 이 권위를 자신들의 존재에 대한 위협으로 싫어했을 뿐 아니라 두려워했다. 우리는 칼빈이 결코 말볼리오Malvolio-셰익스피어의 『십이야』에 등장하는 교만한 시종-역자 주가 아니었음을 알고 있다. 아니 우리는 그의 저술에서 쉽게 이 사실을 증명할 수도 있다. 그러나 그들에게 있어서 칼빈은 문자 그대로 말볼리오였으며 그가 고결하기 때문에 제네바에는 케이크나 맥주는 찾아 보기 힘들 것이라고 예견하기에 이르렀다. 이 분쟁은 교회와 국가 간의 직접적인 갈등이 아니었다. 심지어는 분쟁이 이런 양상으로 악화될 때에도 항상 그 안에는 복잡한 요인들이 게재되어 있었다. 또한 이 분쟁은 애국주의자들과 재류 외국인在留 外國人들 사이의 직접적인 국가적 투쟁도 아니었다. 이것은 계속적인 투쟁 슬로건 중의 하나였으나, 비록 제네바가 혼혈 민족이긴 하지만 외국의 지배나 영향을 원하는 쪽은 애국주의자들이었고 제네바의 독립을 요구하는 사람들은 오히려 재류 외국인들이었다. 또한 이 분쟁은 말의 자유나 예배의 자유를 획득하려는 교회의 시도도 아니었다. 때로는 의회나 한 개인에게 자유를 침해하지 말라는 경고를 해야 할 필요도 있었으나 이미 이런 자유는 확고하게 보장되고 있었다.

1543년에 출교의 권리 문제가 의회와 치리 법원 사이에 제기된 적이 있었다. 치리 법원의 장인 행정관은 그것이 의회의 권리라고 주장했다. 칼빈은 흥분 잘하는 성미답게 그들이 자신을 먼저 죽이거나 추방하지 않고서는 일을 이루지 못할 것이라고 반대했다. 행정관들에게 그는 자신의 의견을 충분히 설명했고 "별 어려움 없이 내가 원하는 바를 얻을 수 있었다."[1] 이 사건 뒤에는 불평 분자들의 음모가 들어 있었다는 비레에게 한 칼빈의 암시는 사실이다. 만일 유럽에서 가장 명쾌한 저자인 칼빈이 자신의 권징에 대한 견해를 솔직하게 설명했다면 행정관들이 그를 이해하지 못했으리라고 보기는 매우 어렵다. 결국 정부는 칼빈의 칙령에 대한 견해가 옳으며 이것이 바로 제네바의 법이라는 사실을 인정했

---

1) OC 11, 521; Herminjard 8, 298; English Translation of Calvin's letters 1, 353.

던 것 같다.

　1545년인가 1546년인가에 암암리에 전개되던 반대가 파당a party으로 결집되기에 이르렀다. 그들에게 붙여진 '방종파' Libertine라는 이름이 그들을 잘 묘사해 주고 있다. 그들은 부나 지위에 관계없이 일관적으로 집행되는 권징의 굴레를 더 이상 견딜 수가 없었다. 그들이 교회 정치의 한 형식에 대하여 책임 있는 대안을 제시하며 반대했다는 점에서 그들의 동기는 정치적이 아니었다. 그러나 그들이 교회 질서에 관한 제네바의 법을 바꾸려고 시도했다는 점에서는 정치적이었다. 이들을 교회와 국가와의 관계를 어떻게든 유지하는 데 관심을 가진 고상한 사람들로 간주하는 것은 사실과 너무 멀다.

　방종파의 핵심은 상호 관련된 몇몇 가문, 즉 파브르가the Favres, 베르텔리에가the Bertheliers, 방델가the Vandels, 세트가the Septs로 구성되어 있었다. 이들 중 다수는 이런 저런 의회의 회원이었고 몇 사람은 그 당시 행정관이었다. 이제 60대에 들어선 부자 상인 프랑수아 파브르François Favre와 그의 아들 가스파르Gaspard 그리고 그의 딸 프랑수아즈Françoise 칼빈에게는 아마존의 여왕인 펜테질레아 같은 여인가 당분간은 칼빈을 괴롭히는 핵심 인물들이었다. 이들과 평화롭게 지내기로 한 후에는 베르텔리에가의 필리베르과 프랑수아-다니엘이 그들을 대신했다. 이들은 1548년과 1522년에 변호사요 행정관이었던 피에르 방델Pierre Vandel의 조카였다. 이들은 자신들을 '제네바의 아들들' les enfants de Genéve, 즉 공화국의 참된 보수 계승자라고 부르면서 어떤 못된 짓이라도 서슴지 않는 불법 집단의 핵심 인물이었다. 필리베르 베르텔리에가 어떤 친구인가 하는 점은 일부러 기침을 크게 해서 칼빈의 설교를 방해한 후에 칼빈에게 한 답변에서 쉽게 알아낼 수 있다. 칼빈이 의회에 호소하자 베르텔리에는 거칠게 만일 그가 자신들이 기침하는 것을 막으면 "우리는 방귀 뀌고 트림할 것이요"[2]라고 대답했다.

세트가의 형제인 발타사르Balthasar와 소小 미셸Michel the younger은 방종파의 두목 아미 페랭과 같이 결혼으로 파브르가와 연결되어 있었다. 페랭은 종교 개혁 초기 시대 때 설교자들을 폭도들로부터 보호해준 바로 그 인물이었다. 칼빈을 제네바까지 호위하고 오도록 파송된 사람도 바로 이 페랭이었다. 페랭은 칙령을 초안한 위원회의 일원이었다. 그는 여러 번 행정관을 역임하기도 했을 뿐 아니라 총사령관, 즉 시市 수비대의 대장이었다. 그런데 페랭은 세트가와 관련을 맺었을 뿐 아니라 프랑수아즈 파브르와 결혼을 했다. 이런 가족 관계가 그를 칼빈에게서 멀어지게 했으며, 그의 큰 야망칼빈의 표현을 빌리면 '익살스런 우리의 케사르'과 의심할 수 없는 그의 재능이 그를 반대자의 두목에 앉게 하지 않을 수 없었다. 그러나 그는 자신의 재능이 감당할 수 없는 큰 인물이었고 결국은 정치적인 감각뿐 아니라 그를 성공하게 만들 수 있는 결단력까지도 부족한 인물임을 스스로 드러내고야 말았다.

1546년의 아모 사건the Ameaux affair은 칼빈을 완곡하게 공격할 정도로 의회들에서 반대파가 강해졌으나 칼빈의 반대 공격을 견뎌낼 만큼 강해지지는 못했음을 보여준다. 치리 법원과 문제가 있었던 아모Ameaux는 칼빈은 나쁜 사람이고 거짓 교리를 가르치는 피카르디 사람에 불과하다고 혹평함으로써 마음에 쌓인 감정을 폭발시켰다. 그는 체포되었고 소의회의 심문을 받았으며 60크라운의 벌금과 공개 사과를 해야 한다는 언도를 받았다. 그러나 소송 사건이 인준을 받기 위해 200인 의회로 넘어가

---

2) OC 21, 417.

자 그들은 자신들 앞에서 칼빈에 대한 사과를 하는 정도로 아모의 형을 감했다. 칼빈은 도저히 이것을 참을 수가 없었다. 따라서 아모가 하나님의 이름을 모욕한 것에 대해 왜냐하면 그가 하나님의 말씀이 거짓 교리라고 했기 때문이다 응분의 배상을 하기까지는 칼빈은 강단에 다시는 서지 않기로 했다. 그러자 거의 폭동이 일어날 것만 같았다. 이에 200인 의회는 굴복했고 아모는 속옷 바람으로 횃불을 들고 거리를 행진하되 몇몇 장소에서는 무릎을 꿇고 하나님께 용서를 빌어야 한다는 언도가 내려졌다.

그 후 몇 달이 지나서 페랭은 노골적으로 반대에 나서기 시작했다. 1546년 4월에 그의 아내가 춤을 춤으로 제네바 법을 어겼다는 죄목으로 치리 법원에 소환되었다. 그녀가 춤을 춘 곳은 제네바의 많은 명사들이 참석한 파티에서였다. 결국 당시 치리 법원 의장이었던 앙블라르 코른 Amblard Corne 뿐 아니라 무엇보다도 아미 페랭도 법을 어겼음이 드러나게 되었다. 그들은 모두 투옥되었다. 코른은 형벌을 겸손하게 받아들였기에 석방되었다. 그러나 페랭은 그 이야기는 사실이 아니라고 주장하면서 소환당했을 때도 치리 법원에 출두하지 않았다. 칼빈은 그를 결코 의심하지 않는다는 내용의 편지를 그에게 썼다. 그는 페랭이 치리 법원에 출두하지 않은 것을 매우 유감스럽게 생각한다고 했다. 왜냐하면 그와 코른에 관한 모든 일을 철저히 검토해 볼 수 있는 기회였는데 그것을 놓쳤기 때문이라는 내용이었다. 만일 공평무사가 법의 정신이라면 편애는 교회에서 도저히 용납될 수 없는 것이었다. 페랭은 그 때쯤이면 칼빈의 목표와 성품을 알고 있었어야 했다. "나는 하늘의 주인의 율법을 마음에 깊이 간직한 사람이기에 선한 양심을 가지고 그것을 주장하는 데 있어 조금도 요동치 않을 것일세. 땅위에 살아있는 그 누구를 위해서라도." 칼빈은 페랭의 명성과 지위를 염두에 두지 않은 것은 아니었다. 페랭이 지금까지 애써 온 것은 바로 이 명성과 지위 때문이 아니었던가! 이런 일(설교자들을 쫓아내는 일을 말함-역자 주)은 7년을 주기로 되풀이되는데 올해가 칼빈과 파렐이 추방된 지 바로 7년째 되는 해라는 말이 바로 페랭의 아내의 입에서 처음 나온 말이라고 사람들은 떠들어댔다. 그러나 그러한 말은 '여가나 수익을 얻으려고 제네바에 왔다가 떠날 생각이나 하는 사람이면 모를까' 칼빈에게는 아무런 두려움도 주지 못했다. 페랭은 칼빈이 그전에 말했던 바를 지금 하고 있는 중이라는 사실을 이해했어야만 했다. 칼빈은 무엇보다도 페랭에게 자신은 "하나님을 순종하고 공동체 내에 바른 질서를 유지하는 최고의 미덕과 교회 정치를 위해"[3] 헌신해야만 함을 이해시키기 원했다. 페랭이 5월에 치리 법원 앞에 조용하고 겸손하게 출두한 것을 보면 이 편지에 감동을 받지 않은 것은 아닌 것 같다.

이 해에는 또한 사회 역사가에게 흥미를 끌 수 있는 세 가지 사건이 있었다. 첫 번째는 술집에 관한 사건이었다. 제네바의 법률은, 술취함이라는 악에 대한 방지책이었을 뿐 아니라 이런 국면의 생활에까지 기독교 정신을 주입하려고 시도했다는 점에서 매우 적극적인 성격까지 띠고 있었다. 결국 이것은 술집의 성화라고까지도 불릴 수 있었다. 이런 포도주 가게에 품위 있는 이름을 붙이기 위해 술집은 폐쇄되었고 그 대신 5개의 아베이가 문을 열었다(이 이상한 이름은 클럽(a club)을 의미하는 것 같다. 이곳은 점잖은 사람들이 모이는 장소뿐 아니라 종교적인 공회당으로 운영되었다. 이곳들은 영리 목적이 아니었다. 누구든지 식사를 하고 마시기 전후에

---

3) OC 11, 338-9; English Translation of Calvin's letters 2, 42-4.

기도하기만 하면 되었다. 가게 안에는 프랑스어 성경이 놓여 있어야 했다. 욕설과 험담과 춤은 금지되었다. 시편 찬송은 불러도 되었으며 이에 감동을 받은 사람은 누구든지 그곳 참석자들의 덕을 세우기 위하여 그들에게 유익한 말을 할 수도 있었다. 아베이는 오래 가지 못했으며 술집이 다시 나타나기 시작했다. 그러나 오늘날 우리의 관점에서 볼 때 이 순진한 시도는 17세기 영국의 청교도 지역에서 이와 비슷한 교제의 성화 운동이 있었음을 기억나게 한다. 이는 『천로역정』에서 해석자의 집에 들어간 기독도와 그의 아내에게 주어진 선한 교제와 교훈에서도 볼 수 있다.

두 번째 사건은 드라마와 관련된 것이었다. 부활절 직후에 공연된 수난극passion play이 성공을 거두자 일단의 연극 배우들은 '사람들의 덕을 세우기 위하여 사도들의 행적'을 공연하는 것을 허락해 달라고 요청했다. 의회는 칼빈에게 그 대본의 건전성에 대해 의견을 말해줄 것을 요청해 왔다. 그는 그 대본이 건전하며 경건하다고 자신의 의견을 말하면서 그러나 목사들은 굳이 반대할 생각은 아니나 지금 당장 공연하지 않는 것이 좋겠다고 생각한다고 전했다. 그러나 그것은 허가를 받았고 목사 아벨 푸팽Abel Poupin이 그 준비를 맡게 되었다. 이와 동시에 의회는 "헤라클레스와 다른 고대인들의 권력 다툼"[4]이라는 연극 공연을 금지시킴으로써목사들과 상의하지 않고 한 것처럼 보임, 가끔 헤라클레스 역이나 고양이를 갈기갈기 찢는 역을 했던 몇몇 지방 배우들을 실망시켰다. 그러나 '사도들의 행적'이 공연되자 미셸 코프Michel Cop 목사는 설교 때 강하게 비난했다. 이것은 그렇지 않아도 빈발하는 제네바 시의 폭동 중의 한 폭동을 일

---

4) OC 21, 382.

으킨 원인이 되었으며 칼빈과 푸팽은 이 폭동을 진정시키지 않을 수 없었다. 그들은 또한 간신히 연극 배우들도 달랠 수 있었다. 칼빈은 코프에게 화를 냈다. 왜냐하면 그가 시기를 잘못 택해 그런 말을 했기 때문일 뿐 아니라 "나는 그가 말한 것에 조금도 동의할 수 없었기 때문이었다." 결국 비레가 와서 사태를 살피고 "우리의 성난 친구들을 제정신으로 되돌아 오도록" [5] 권면하는 한편, 공연을 당분간은 계속하도록 하는 선에서 문제는 해결되었다. 그러나 일주일 후에 목사들의 요청으로 의회는 그러한 연극은 좀더 적절한 시기까지는 보류한다는 결정을 내리게 되었다.

세 번째 문제는 목사들이 세례명을 주는 것을 통제하려고 시도했다는 점이다. 그들은 너무나 어리석고, 불경스러우며, 무의미한 세례명들이 많다고 주장했다. 의회는 칼빈에게 금지되어야 할 세례명의 목록을 작성해 올리도록 명했다. 이 목록을 살펴 보면 신의 이름, 예를 들면 디외르 피스Dieu-le-Fils; 성자 하나님이라는 뜻-역자 주나 예수Jesus, 우상의 이름, 디망슈Dimanche 주일이라는 뜻-역자 주, 파크Paques, 유월절이라는 뜻-역자 주, 크루아Croix, 십자가라는 뜻-역자 주 같은 종교적인 용어, 원래의 이름 대신 부르는 애칭, 또는 귀로 듣기에 거북한 이름들이 포함되어 있다. 허용될 수 있는 이름의 목록이 따로 없었음을 우리는 주목해야 하며 목사들은 단지 17세기 청교도 지역에서 쉽게 볼 수 있는 것과 같은 무절제를 원하지 않은 것뿐임을 기억해야 한다.

1548년에는 약간의 소강 상태가 폭풍 가운데 지속되었다. 그런데 분

---

5) OC 11, 355-7; English Translation of Calvin's letters 2, 47-8.

명한 것은 필리베르 베르텔리에가 다시 적극적인 활동을 개시하고 파브르가家도 계속 의회 서기록에 이름이 오르고 있었다는 사실이다. 페랭은 다시 총사령관에 복귀되었다. 1545년 9월에 칼빈이 의회를 비난하는 내용의 서신을 비레에게 보낸 것이 드러나 의회와 마찰이 생겼다. 칼빈은 사과를 했고 10월에 의회는 그를 용서하고 앞으로 그의 임무를 더 충실히 하라고 했다. 그곳에 앉았던 파렐은 이것을 참지 못하고 이들에 대해 맹렬히 비난을 퍼부어댔다. 한 번도 그 임무를 소홀히 해 본적이 없으며 항상 제네바의 최선의 유익만을 생각할 뿐 아니라 학문 세계에서도 탁월한 인물이며 필요한 때에는 루터나 멜란히톤 같은 위대한 인물들까지도 책망했던 칼빈 선생에게 앞으로 더 임무에 충실하라고 말할 권리가 그들에게 어디 있단 말인가?[6] 그런 후 그들은 모두 함께 나가 저녁 식사를 나누었다.

가정에서의 칼빈

수년 후에 칼빈의 집은 집주인이 비워달라고 해서 현재 기념관이 되어 있는 그 장소로 이사를 갔다. 그 당시 그는 저술가와 교회정치가로서의 명성으로 전 유럽에 널리 알려져 있었음에도 불구하고 매우 조촐하게 살았다. 그의 집과 가구는 모두 의회의 소유였다. 따라서 그는 '발 디딜' 땅 한 평 소유하지 않았으며 1년에 4번씩 나오는 사례금 외에는 '땅 한 평 살' 돈이 없음에도 불구하고 돈을 많이 모았을 것이라는 루머가 돌자 화가 났다. "나는 아직도 누군가의 가구를 사용하고 있습니다. 우리가 식사 때 사용하는 식탁이나 잠 잘 때 눕는 침대도 내 소유가 아닙니다."[7]

---

6) OC 21, 439-40.

그는 아내와 자신과 딸, 그리고 앙투안과 그의 처자식과 하인들이 쓰기에는 충분히 넓은 큰 저택에서 살았는데 이렇게 식구가 많은데도 불구하고 손님들에게 제공할 방이 하나 있을 정도였다.

칼빈의 결혼 생활에 대해서는 알려진 것이 거의 없다. 그들은 자녀가 하나밖에 없었는데 조산으로 태어나서 얼마 못가 세상을 떠난 사내 아이가 바로 그들의 유일한 혈육이었다. 이것이 1542년의 일이었다. 남편 뒤에서만 역사 속에 살아간 희미한 인물인 이델레트는 그 후 많은 병고로 시달렸다. 또한 그녀는 방종파의 중상 모략에 시달리지 않을 수 없었다. 프랑수아즈 파브르는 그녀의 첫 번째 남편은 많은 재세례파의 경우처럼 일반 시민들의 결혼 예식을 치른 적이 없으므로 그녀는 마땅히 그래야 할 만큼의 수준에 도달하지 못한 사람이라는 소문을 퍼뜨렸다. 이델레트는 1545년 가을과 겨울 몇 달간 병에 걸렸으며 다시 1547년에 병으로 고생했고 1548년 그 상태가 너무 심각해서 칼빈이 생명을 걱정할 정도였다. 그녀는 그녀의 두 자녀의 앞날을 마지막으로 걱정하면서 1549년 3월 말에 세상을 떠났다. 칼빈은 임종하는 아내에게 그들을 자기 자녀처럼 돌보겠다고 약속했다. "진실로 나는 보통 괴롭지가 않네. 나는 나의 최고의 평생의 반려자를 잃었네. 그녀는 그것이 정해진 사실이라면 나의 빈곤뿐 아니라 나와 죽음까지도 즐거이 함께 하려는 사람이었네. 그녀는 평생 동안 나의 목회의 충실한 내조자였네. 그녀가 내게 방해가 된다고 느껴본 적은 일순간도 없었네."[8] 그는 다시 재혼하지 않았다. 그는 놀랍게도 디모데전서를 본문으로 하는 설교에서 그 이유를 솔직하게 털어놓았다.

---

7) OC 12, 504; English Translation of Calvin's letters 2, 92.
8) OC 13, 230-1; English Translation of Calvin's letters 2, 202.

"내가 결혼하지 않는다고 해서 나를 고결하다고 생각하는 사람이 없기를 바랍니다. 내가 잘못하고 있는 것일 수도 있습니다. ……그러나 나는 내 약점을 알고 있습니다. 아마도 나와 결혼하면 누구든지 행복하지 못할 것입니다. 어찌 되었든 간에 나는 하나님을 더욱 자유롭게 섬길 수 있기 위해 결혼을 피하고 있는 것입니다. 그러나 이것이 내가 나의 형제들보다 더 고결하다고 생각하기 때문이 아닙니다. 내가 만일 그런 잘못된 생각을 갖고 있다면 창피한 일입니다."[9]

'내 약점'이 무엇인가? 그의 좋지 않은 건강인가? 아니면 그의 성급함인가?

앙투안 코뱅은 결혼 생활이 별로 행복하지 못했다. 1548년 가을에 그의 아내는 간음죄로 고소되었으나 무죄로 방면되었다. 그들은 계속 같이 살았다. 그러나 1557년에 그녀는 칼빈의 하인인 곰사등이 피에르 다게와 간통했다. 앙투안은 그녀와 이혼했고 그녀는 추방되기에 이르렀다. 그때 비로소 다게가 몰래 주인의 소유물들을 이것저것 훔쳐왔음이 들통나게 되었다. 그리고 얼마 안 있어 의붓 딸인 쥐디트가 또 간통죄를 저지른 것이 드러나게 되었을 때 칼빈에게는 보통 큰 타격이 아닐 수 없었다. 그는 너무 창피해서 여러 날을 집을 떠나기까지 하였다.

교회를 중심으로 한 상부 도시인 이 지역에는 옛 친구 몇이 살고 있었다. 1533년의 만성절의 살아있는 증인인 니콜라스 코프Nicolas Cop가 샤누안 거리의 바로 옆집에 살고 있었고 위대한 기욤 뷔데Guillaume Budé의 아들인 프랑수아 뷔데François Budé가 파리를 떠나 어머니와 두 형제와 두

---

[9] OC 53, 254.

자매와 함께 제네바에 정착하고 있었다. 칼빈의 고향인 누아용의 법률가요 시장이었던 로랑 드 노르망디Laurent de Normandre는 제네바에서 큰 출판업자가 되어 생 피에르 교회 구역에 집을 가지고 있었다. 16세기 전반기에 프랑스에서 가장 유명한 고전 인쇄업자인 로베르 에티엔, 즉 스테파누스Stephanus가 1550년 말에 그의 전 사업을 이끌고 제네바에 와서 제네바 최고의 인쇄업자가 되었다. 그의 유명한 제명題名인 올리바 로베르티 스테파니Oliva Roberti Stephani가 많은 칼빈의 주석책과 1559년도 판 『기독교 강요』의 속 페이지에 영예를 더했다.

옛 친구 하나가 1547년에 제네바에 왔다. 이 사람은 칼빈과 함께 양육받았던 몽모르가의 아들 중 한 명인데 그의 세례명을 우리는 알지 못한다. 그가 제네바에 도착할 즈음에 칼빈은 한 양갓집 처녀의 남편감을 찾고 있는 중이었다. 그의 친구는 34세의 젊은 나이에 성격도 좋고 점잖고 온순하기에 남편감으로 적합할 것 같았다. 비록 그가 "전에는 젊은이들이 빠지기 쉬운 어리석음에 깊숙이 빠진 적도 있지만"[10] 칼빈이 주도면밀하게 질문하여 알아낸 바에 의하면 전의 신랑 후보감이던 드 파르와는 달리 성병에는 감염되지 않았다.

칼빈은 신실하고 좋은 친구였다. 대다수의 사람들처럼 그도 감정을 잘 다스리지 못해 잃어버린 친구들도 있었으나 그의 평생의 친구들—몽모르가, 로랑 드 노르망디, 마튀랭 코르디에는 소시적부터 친구들이고, 베자, 볼마르, 코프는 청년 시절부터 친구들이며, 파렐, 멜란히톤, 불링거는 청장년시절부터 맺어온 친구들이었다—과 비교해 볼 때 그 수는 적었다. 칼빈의 '가장 달콤한 목소리'를 듣고 싶고 그의 '가장 행복한 얼굴'을

---

10) OC 12, 586-7; English Translation of Calvin's letters 2, 128.

보고 싶다고 한 장 드 레스핀Jean de l'Espine과 같은 아첨꾼들과 영웅 숭배자들은 어디나 항상 있기 마련이었다.[11] 그러나 칼빈은 칭찬을 믿지 않았으며 자신의 결점을 차라리 알기 원했다. 그 주위에 친구들이 많이 몰려 있는 것은 그에게 사랑이 있었을 뿐 아니라 솔직하고 정직했기 때문이었을 것이다. 낙심의 시기에 그가 말했듯이 그는 친구 없이는 살아갈 수 없었다.

샤누안 거리에서 사는 칼빈의 가정은 이 세상 안식처인 것만큼이나 교회 활동의 중심지였다. 콜라동Nicolas Colladon은 일이 얼마나 끝없이 많았는지를 잘 알고 있었다.

"나는 이 세상에서 그와 필적할 만한 사람을 찾을 수 없으리라고 생각한다. 누가 그가 통상적으로 했던 일과 특별히 했던 일을 다 열거할 수 있겠는가? 오늘날의 그 어느 누구가 그 이상으로 많은 질문을 받고 회답을 쓰고 답변을 하고 중요한 문제들에 대해 토의한 사람이 있을지 의문스럽다. 그의 저서의 양과 질이 벌써 그것들을 쳐다보는 사람들마다 놀라게 한다. 그것들을 읽는 사람이 놀라워하는 것은 두말할 것도 없다. …… 그는 일하기를 쉬지 않고 밤낮으로 주님을 섬겼다. 그는 좀 쉬는 것이 좋겠다고 매일 와서 충고하는 친구들의 기도와 권면을 매우 못마땅하지만 듣지 않을 수가 없었다."[12]

볼프강 무스쿨루스Wolfgang Musculus는 그를 가리켜 항상 팽팽하게 당겨진 활이라고 했는데 이것은 잘 본 것이다. 설교와 강의와 모임과 12가지

---

11) OC 13, 516.
12) OC 21, 107.

일의 항목을 가지고 방문하는 내방객들의 방문 틈을 이용하여 편지와 다른 글들을 써야 했다. 따라서 그의 건강은 내내 쇠약해져 있었다. 그는 1546년 3월에 낙심에 빠져 드 팔레de Falais에게 편지를 썼다.

"편지 하나를 쓰더라도 중간에 스무 번, 아니 끝도 없이 방해거리가 생기니 성가실 뿐 아니라 사고의 흐름이 끊기니 여간 어려움이 아니네. 건강에 대해서는 지금이 얼마 전 자네에게 편지할 때보다는 훨씬 건강하네. 그러나 비록 육체적으로 건강할지 모르나 한 가지 일도 제대로 할 수 없는 일의 중압감 때문에 계속 고통을 당하고 있네. 설교와 강의를 빼고 나면, 내가 이렇게 무익하게 살고 있나 부끄러울 정도로 아무 것도 하지 않고 한 달을 그냥 보낸 적도 있네."[13]

콜라동 역시 우리에게 그의 일상 생활에 대한 기사를 남겼다.

"그의 일상 생활에 관해서는 그가 지나치게 사치스럽거나 천박하지 않고 칭찬받을 만큼 적당할 정도로 소박했다는 것을 누구나 입증할 것이다. 위가 나빴기 때문에 그는 좋아하는 몇몇 평상 음식조차도 삼가해야 했지만, 사람들과 함께 있을 때 음식에 대해 까다롭게 굴거나 문제를 일으킨 것은 아니었다. 그는 음식을 삼갈 때 그의 건강을 돌보지 않는 한 가지 나쁜 점이 있었다. 그는 수년 동안 하루 한 끼로 만족했고 결코 식사 사이에 간식을 먹지 않았다. …… 그 이유는 위가 약한 데다 편두통까지 있기 때문이었다. 그는 자신이 실험한 결과 계속적인 다이어트음식 조절만이 그 병을 고칠 수 있음을 증명했다고 했다. 나는 그가 전날 하루

---

13) OC 12, 319-20; English Translation of Calvin's letters 2, 29.

종일 굶고 그 다음날 식사도 하지 않은 채 일터로 나가는 것을 때때로 보아 오고 있다."

칼빈이 어느 정도 건강을 위해서 음식을 삼간 것이며 어느 정도 자발적으로 금식을 했는지는 말할 수 없다. 만일 우리가 그의 저서에서 자문을 구하려면 『기독교 강요』 III, ix, '미래의 삶의 현재적 실천에 관하여' 와 『기독교 강요』 III, x, '현재의 삶의 용도에 관하여' 를 균형 있게 같이 다루어야 할 것이다. 전자에서 그는 성도들에게 지상 생활을 경멸하고 기쁨으로 죽음의 날과 마지막 부활을 바라보라고 주장한 반면에, 후자에서는 인간에게서 감각을, 즉 음식과 의복, 꽃과 나무, 금과 상아를 즐기는 기쁨을 빼앗아가 버리는 철학은 비인간적인 철학이라고 비난하고 있다. 여기에서 칼빈의 주요 원리는 '즐기되 자기 탐닉이라는 굴레에 빠지지 않는 자유' 이다. 그가 만일 여기서 이런 원리를 실천에 옮긴 것이 금식이라면, 그것은 그 자체의 목적을 위한 것이 아니라 운동 선수의 훈련과도 같은 것이라는 결론을 내릴 수 있다.

여타의 신약 성경 주석

콜라동은 칼빈의 저술 방법을 계속해서 묘사한다.

"체질적으로 그렇게 약하면서도 그는 잠을 매우 적게 잤다. 이로 말미암아 항상 피로에 지쳐있으면서도 불구하고 그는 항상 자신이 맡은 일과 직무를 해낼 준비가 다 갖추어져 있었다. 자기 설교 차례가 아닌데도 그는 새벽 대여섯 시만 되면 책들을 침실로 가져오게 하고 생각하고 있는 글을 누군가에게 대신 받아 쓰도록 했다. 그가 설교할 차례면 그 주에 항상 강단에 올라갈 시간만을 준비하고 기다렸다. 그 후에 집에서는 옷을 다 입고 침대에 누웠다가 일어나서는 책을 쓰는 작업을 계속했다. ······ 이것이 그의 천재성이 가장 활발해지는 아침에 그의 대부분의 책을 받아 쓰게 하는 그의 저술 방법이었다."[14]

받아쓰기가 계속되는 동안 누군가가 꼭 찾아와서 반시간이나 한 시간 가량 기다리는 일이 늘 있었다. 그러나 쉬었다가 다시 계속할 때에 "일러주지 않아도 그는 멈추었던 곳을 잘 기억해내고 그가 하고자 하는 말을 계속해서 이어갔다."[15]

그 당시의 그의 주요 저서는 『기독교 강요』 새 개정판과 거의 모든 신약 성경에 관한 주석들이었다. 평생 동안 칼빈은 그의 신학을 가장 잘 표현해 줄 형식을 찾고 있었다. 1536년에는 요리 문답catechism의 형식을 사용했었다. 1539년에 요리 문답의 형식을 버린 후에 17장의 새로운 형식은 공통 주제, 외관의 통일성, 그리고 한 주제의 전개와 상호 관계에 의해서만 묶여지게 되었다. 이것이 새롭고 재치가 있었음에도 불구하고, 그 프랑스어 번역판이 분명하고 명백함에도 불구하고 이 1539년도 판은 상호 관련 없는 일련의 '로키 콤무네스'를 단지 간신히 면할 수 있었다.

그러나 이 형식은 앞으로도 20년은 더 사용될 것이었다.[16] 두 번의 주요 개정판은 주로 증보판이었다. 따라서 1543년 3월에 스트라스부르에서 방델린 리헬이 출판한 1543년도 판은 그 내용이 21장으로 되어 있었다. 2장이 새로 첨가되었는데, 한 장은 '율법에 관하여', '믿음에 관하

---

14) OC 21, 109-10.
15) OC 21, 109.
16) 『기독교 강요』에 대하여는 Warfield의 *Literary History*, Pannier, *Comment Calvin a revise* 를 보라.

여' 사이에 놓인 '맹세에 관하여'이고, 다른 한 장은 '그리스도인의 자유에 관하여' 바로 앞에 놓인 '인간 전승에 관하여'였다. 사도 신경을 주해한 장章은 넷으로 구분되었고 1539년도 판의 14장, '교회의 권세에 관하여'에는 '교회에 관한 신조'라는 절이 삽입되었다. 사도신경의 주해를 이렇게 확대한 것이 가장 의미 있는 변화였다. 왜냐하면 그것은 칼빈의 마음이 이미 마지막 형식의 방향으로 움직이고 있음을 보여주고 있기 때문이다. 이 판이 1542년 1월에 끝마친 것을 보면 우리는 칼빈이 제네바에 돌아온 첫 가을과 겨울에 주로 개정 작업을 벌였다고 추측할 수 있다. 1545년도의 새 개정판은 1543년도 판을 잘 정돈한 것에 불과하며, 역시 1545년도에 출판된 프랑스어 번역판은 라틴판보다 한 달 앞섰는데 사실상 1543년도의 번역판이었다. 이것은 리헬에 의해 인쇄되지 않았고 제네바의 장 제라르 혹은 지라르Jean Gérard 혹은 Jean Girard에 의해 인쇄되었다.

칼빈의 저술의 열광적인 팬이요 지칠 줄 모르는 불굴의 노력가인 발르랑 풀랭Valeran Poullain은 1549년 2월 15일에 스트라스부르에서 서신을 보내왔다. "저는 선생께서 『기독교 강요』의 새 개정판을 내실 의향이 있음을 알고 있습니다. 그래서 인쇄 도중의 오자誤字를 찾아내고 여백에 주를 달아가면서 세심하게 그 책을 다 읽었습니다. 저는 학생들이 직접 성경을 찾아볼 수 있도록 인용되거나 주해된 성경 구절 모두를 편집해 색인index을 만들어 보았습니다."[17] 새 개정판의 혁신 중의 하나라고 속 페이지에 광고된 것이 바로 이 풀랭의 색인임은 두말할 필요도 없다.

그러나 인쇄업자인 제라르는 무슨 이유에선가 출판을 연기했던 것 같

---

17) OC 13, 192.

다. 『참된 말씀의 검 Le Glaive de la Parolleveritable』이라는 책 역시 연기되었다. 칼빈은 파렐에게 이렇게 편지했다. "나는 그것이 제라르의 게으름 때문인지, 아니면 집안에 무슨 문제가 생겨서인지, 그가 다른 책을 우선적으로 생각해서인지 통 알 수가 없네. 분명히 나는 그에게 자주 이야기를 했었네. 『기독교 강요』는 한달 전쯤에 끝마쳤어야 했는데 아직도 끝마치지 못하고 있는 실정이네."[18]

1543-45년도 판의 증보판이 마침내 1550년에 나왔다. 장章 수도 같고 목차도 같았으나 찾아 보기 편하게 하기 위해서 장章을 절節, section로 세분하였음이 달랐다. 제라르는 1550년도 판의 프랑스어 번역판을 출판했고 스테파누스는 개정을 가하지 않은 라틴어의 첫 재판의 출판을 맡았다.

1543년 이후 개정판들의 가장 특기할 만한 개선점은 교부들에 대한 언급은 크게 늘어난 반면, 스콜라 신학자들에 대한 언급은 눈에 띄게 줄었다는 점이다. 암브로시우스Ambrose, 키프리아누스Cyprian, 테오도레투스Theodoret, 히에로니무스Jerome, 레오 1세Leo I, 그레고리우스 1세Gregory I, 그리고 클레르보의 베르나르Bernard of Clairvaux 등이 주요 위치를 차지하고 있으나 그 중에서도 아우구스티누스Augustine는 타의 추종을 불허할 정도로 선두의 위치를 고수하고 있다. 칼빈의 신학은 보편적 신학의 주된 전통 안에서 공식적인 위치를 점점 더 확고하게 다져나가게 되었다.

그는 전부터 전 바울 서신, 아니 심지어는 전 신약 성경 주석을 쓸 생각이었다. 『로마서 주석』은 1540년에 나왔고 그 후 몇 년간은 침묵이 흘렀다. 『고린도전서 주석』이 뒤를 이어 나오지 않았으므로 파렐은 무슨 일이 있는지를 서신으로 물어왔다. 칼빈은 "빨리 책을 쓰라는 형의 권면에

---

18) OC 13, 192; English Translation of Calvin's letters 2, 248-9.

대해서 나는 단지 시간이 나고 좀더 건강해지기를 빌 뿐이오"[19]라고 답변했다. 풀랭 역시 주석 쓸 것을 구걸하다시피 했다. 그는 칼빈이 지혜롭지 못했다고 전한다. 마땅히 주석을 써야 하는데도 불구하고 사탄이 자신을 다른 일에 몰두하도록 만드는 데도 그냥 보고만 있다는 것이다.

"나는 칼빈이 이 모든 일을 단호하게 결정하기 원했다. 왜냐하면 그는 바울 서신, 선지서, 그리고 나머지 성경에 대한 주석을 쓰기 전까지는 결코 편안할 수 없을 것이기 때문이다. 자비로우신 하나님! 그것들이 교회에 얼마나 유익이 되겠습니까! 그것들이 얼마나 그리스도께 영광을 돌리겠습니까! 그것들이 불후의 명작으로 남지 않겠습니까!"[20]

칼빈에게 실제적으로 한 교구의 목회를 강제로 떠맡기다시피 해 놓고는 다른 할 일 없이 책만 쓰는 사람보다 더 많은 책을 써야 한다고 주장하는 것은 다른 종교 개혁자들의 모순된 행동이 아닌가도 싶다. 그러나 풀랭은 그리 오래 기다리지 않아도 되었다. 『고린도전서 주석』은 1546년 2월 말인가 3월 초에 방델린 리헬에 의해 스트라스부르에서 출판되었다.

그 후 『고린도후서 주석』의 원고를 리헬에게 보냈으나 그만 도중에 분실되고 말았다. 칼빈은 부본副本을 가지고 있지 않았기에 화가 나서 미칠 것만 같았다. 그는 비레에게 그 원고가 다시 나타나지 않으면 사도 바울 서신 주석을 포기할 것이라고 말했다.[21] 결국 그 원고는 무사히 목적지

---

19) OC 12, 381; English Translation of Calvin's letters 2, 58.
20) OC 12, 216.
21) OC 12, 368.

에 도착했고 칼빈은 부본副本을 만들지 않고는 원고를 보내지 않으리라고 작정했다. 이것은 숙련된 변호사가 처음으로 강구한 예방책이었다고 생각할 수도 있다.

이 일 후에 칼빈은 스트라스부르 체류 시절 보여주었던 친절이 감사하여 지금까지 계속 그를 통해 출판해왔으나 이제는 그렇게 하지 않기로 했다. 대신 그는 제라르를 통해 출판하기로 했다. 그래서 1551년까지 모든 주석의 초판이 제라르를 통해 나오게 되었다. 칼빈은 그를 아주 바쁘게 만들었음이 분명하다. 1547년에 『고린도후서 주석』의 프랑스어 번역판, 1548년에 한 질로 된 『갈라디아서·에베소서·빌립보서·골로새서 주석』, 같은 해에 『디모데전후서 주석』, 1549년에 『디도서·히브리서 주석』이 그에 의해 출판되었기 때문이다. 결국 『로마서 주석』을 빼고, 6년 간의 간격을 제외하고 나면 그는 전 바울 서신 주석을 4년 만에 출판한 셈이 되는 것이다. 이 책들이 이제 『바울 서신과 히브리서에 대한 존 칼빈의 가장 탁월한 주석. 최신 개정판……제네바, 장 제라르 M. D. LI. *The Most Excellent Commentaries of Jean Calvin on all St. Paul's Epistles and also on the Epistle to the Hebrews. From the latest revision by the author……Geneva, Jean Gérard. M. D. LI.*』이란 제목으로 단행본으로 묶여졌다. 개정은 1550년 전반부 6개월 동안 한 것 같다. 『데살로니가전후서 주석』과 『빌레몬 주석』은 이 단행본 주석에 처음으로 등장한 것 같다. 오래 전에 쓴 『로마서 주석』을 제외하고는 크게 수정한 책이 없다. 전에 요한네스 로이힐린Johannes Reuchlin의 제자였던 노년의 인문주의자 브라티슬라바의 암브로시우스 모이바누스Ambrose Moiban of Bratislava는 소위, 신약학계에서 감사의 결의를 하자고 제안했다.

"나는 선생이 성령의 능력을 힘입어 성경을 그렇게 멋지게 해석할 수 있는 하나님의 놀라운 은사에 대해 경탄해마지 않았소. 나는 선생을 만난 적은 없으나 항상 선생의 저술을 사랑하고 있고 읽고 또 읽어도 지루하지 않소. 특히 나는 선생이 올해에 전 바울 서신을 선생의 거룩한 사상으로 장식했음에 그저 기쁠 따름이오."[22]

바울 서신에서 칼빈은 즉각적으로 공동 서신에 눈을 돌렸다. 『야고보서 주석』은 이미 1550년에 프랑스어판으로 나왔으나, 공동 서신 전체의 주석은 바울 서신 주석 단행본과 같은 달에 출판되었다. 그러나 그는 요한 이서와 삼서는 포함시키지 않았다. 1556년에 전 신약 성경 주석의 완성판이 스테파누스에 의해 출판되었다. 이번에는 매우 철저하게 개정했는데 얼마나 철저했든지 사소한 철자도 개정했으며예를 들면 cum 대신 quum, nunquid 대신 numquid, 헬라어 성경 본문을 자신이 라틴어로 번역한 것을 완전하고 세심히 개정했다. 그는 또한 한 절a verse이나 한 단어의 뜻에 대한 자신의 의견이 바뀐 곳이 있으면 그것도 표시해 두었다.

일찍이 1550년부터 그는 주일날 자신이 설교하던 신약의 역사서를 사도행전부터 주석하기 시작했다. 그러나 그 주석이 너무 방대해서 2권으로 나누지 않을 수 없었다. 제1권은 1552년에 출판되었다. 제2권이 1554년에 나오기 전에 『요한복음 주석』이 1553년에 나왔고, 『사도행전』과 『요한복음 주석』이 나온 후에 즉시 1555년 7월에 스테파누스에 의해 상당히 많은 분량의 복음서 대조 주석이 출판되었다. 이것은 세 공관복음을 하나의 이야기가 되도록 배열한 것이다. 요한계시록 주석은 없으므로 이렇게 해서 칼빈의 신약 성경 주석이 모두 완성된 것이었다.

---

22) OC 14, 307.

마치 이것으로 한 사람이 일평생 사실상 그는 이것을 10년만 에 해치웠는데 하기엔 부족한 것처럼 그는 한편으론 바울 서신 주석을 쓰면서, 첫 번째 구약 성경 주석, 즉 『이사야서 주석』1551년을 써서 『공동 서신 주석』을 헌정한 바 있는 영국의 젊은 왕 에드워드 6세에게 헌정했다.

반대가 심해지다

1547년에 선출된 행정관의 다수를 형성하고 있는 칼빈의 반대파는 힘과 용기가 강해졌다. 파브르가는 계속 칼빈에게 고통거리이긴 하나 그래도 투옥된 이후에는 제네바를 떠나 자기 고향으로 가 버렸다. 이 때 매우 놀라운 사건이 벌어지게 되었다. 6월 27일에 유치하기 짝이 없는 욕설이 가득 들어있는 협박 편지 한통이 생 피에르 교회의 강단에서 발견되었다.

"이 거드럭 거리는 배불뚝이야, 너와 네 친구들은 입 닥치는 것이 좋을 거야. 만일 네가 우리를 계속 이 지경으로 몰고 가면 너는 수도원에서 도망치던 날을 저주하는 신세가 될 줄로 알아. 우리는 이미 불평하는 많은 사람들을 포섭해 놓았다. 도대체 너희 배교한 사제들은 무엇 때문에 와서 우리를 망치려드는가? 이제 많은 사람들이 복수할 재비를 갖추고 있다. 너는 프리부르의 베를리 선생처럼 되지는 않을 것이라는 점을 명심하도록 하라. 우리는 너희들과 같은 선생들은 원하지 않는다. 내가 말한 것을 명심하라."[23]

---

23) OC 12, 545.

편지 끝에 서명은 없었다.

칼빈은 이것을 심각하게 받아들였다. "조용히 있지 않으면 죽일 것이라는 협박문이 강당에서 발견되었네."[24] 파브르가의 일원인 자크 그뤼에(Jacques Gruet)가 체포되었다. 그의 가택을 수색하자 칼빈을 비난하는 편지들과 이런 저런 책들에서 베낀 반종교적인 글들, 즉 유죄를 입증할 수 있는 글들이 발견되었다. 여기서 가장 의미있는 것은 그가 정부에 보내는 편지였는데, 그는 여기서 왜 칼빈을 반대하는지를 잘 보여준다.

"한 사람의 소리나 뜻에 지배되지 마십시오. 사람들이란 원체 다양하고 의견도 각양각색인 법입니다. 술주정꾼은 술주정꾼들과 놀아나기를 좋아할 것이고, 게으름뱅이도 마찬가지 아니겠습니까? 똑똑한 사람들은 모든 사람이 자기들처럼 되기를 원할 것입니다. 그러나 이것은 가능하지도 않을 뿐더러 때로는 한 사람의 의견이 많은 악을 일으키는 법입니다. ……그 본성이 근엄한 사람은 힘만 있다면 모든 사람이 자기처럼 근엄해지길 바랄 것이고 자기와 성격이 다른 사람은 누구나 미워할 것입니다. 이와 반대로 또 즐기기를 좋아하는 사람은 쾌락과 재미를 원할 것입니다. ……따라서 내가 보기에 정부는 백성들이 자기 본성에 맞지 않는 일을 강요당하는 데서 생기는 불협화음 없는 나라를 세워야만 한다고 생각합니다. 물론 자기는 당하고 싶지 않은 것을 남에게 하는 사람을 그대로 내버려두는 정부나 왕은 없을 것입니다. 예를 들어 한 사람이 살인을 했다고 칩시다. 만일 그 살인이 고의적인 것이었다면 벌을 받아야 마땅할 것입니다. ……요약한다면 악의와 고의적으로 남을 해하는 사람은 누구든지 벌을 받아야 마땅합니다. 그러나 내가 음식을 나눠먹고 싶

---

24) OC 12, 546; English Translation of Calvin's letters 2, 108.

은 대로 먹는 것은 하등 남과 상관없는 것 아닙니까? 내가 춤추기를 원하고 즐기고 싶다고 해서 그것이 법과 무슨 상관이 있습니까? 전혀 아무런 상관도 없습니다."25)

만일 우리가 그뤼에가 말하는 '즐긴다', '쾌락과 재미' 등의 표현이 무슨 뜻으로 한 것인지를 모른다면 우리는 권징과 법의 가혹한 집행에 대한 이 같은 서민들의 분노에 동정을 느낄지도 모른다.

오랜 고문에 시달리다 못해 그뤼에는 아래와 같은 죄를 저질렀음을 고백하기에 이르렀다. 그는 모세 율법은 신적인 권위를 가진 것이 아니요 인간적이요 상대적이며 인간의 변덕의 산물이라고 선언한 죄를 범했으며, 외세와 손을 잡고 있었고 교회 질서 전복을 기도했으며 '정부 고관과 높으신 분들의 칙령과 규례와 법령'을 바꿀 의도에서 정부에 보내는 탄원서를 작성했으며 글씨를 변조해서 하나님과 그의 사자들을 위협하는 강단에서 발견된 편지를 썼으며 다른 이들을 협박하는 편지를 받고서도 이를 정부에 알리지 않은 반역죄를 범했으며 다른 이들에게 색을 꼬드기는 편지를 써 보낸 죄를 저질렀음을 고백했다.

이 죄목 중 적어도 몇몇은 사형에 해당되는 것이었다. 법원은 그에게 사형을 선고했고 그는 7월 26일에 참수되었다. 이로부터 수년 후에 그의 집에서 발견된 노트는 그의 견해가 얼마나 참람했는가를 확증해 주었다. 1550년에 인부들이 그가 살았던 집에서 일을 하다가 마루 밑에서 그가 쓰던 공책을 발견했다. 그것의 종교에 대한 병적인 광란은 보도록 허락받은 모든 사람들이 대경실색할 정도였다. 동정녀 마리아는 음란한

---

25) OC 12, 564-5.

매춘부였다는 것이다. 게다가 그는 그리스도를 거짓말쟁이요 바보요 악한 인간이며 시골뜨기에 불과하다고 했으며 그의 이적은 마술이며 그가 죽은 것은 당연하다는 것이었다. 의회는 그 공책을 소각하라고 명령했다. 이제 충격을 받은 사람은 칼빈만이 아니었다. 방종파였던 총변호사 피에르 방델은 그 공책은 혐오스럽고 끔찍하며 수치스럽고 진저리가 나며 불경스러운 내용으로 가득 찼다고 했다.

프랑스의 프랑수아 1세가 1547년 3월 31일에 죽자 앙리 2세Henri II가 그 뒤를 이었다. 정부는 파리의 새 왕조에 경의를 표하는 사절로 페랭을 파견했다. 9월에 그가 돌아왔을 때는 2건의 골칫거리가 생기게 되었다. 첫째, 그는 자기 처와 장인을 도시로 데리고 들어왔는데, 이 행동은 경솔하기 짝이 없는 행동이었다. 심지어는 총사령관인 페랭도 자기들에게 내린 형벌을 어긴 범법자들을 보호할 수가 없었다. 이 둘은 모두 체포되었고 치리 법원에 나와 1546년에 그들이 저지른 행위에 대해 사과했다. 파브르는 시민권이 박탈되었다. 페랭은 이 판결을 자신의 지위에 대한 모욕으로 보고 의회에 분노를 표시해 그는 즉시 체포되었고 투옥되었다. 그러는 사이에 치리 법원은 파브르를 부드럽게 다루었고 칼빈은 그에게서 지지를 얻어낼 만큼 부드럽게 그를 설득했다. 그러자 그는 "만일 칼빈 선생이 항상 그렇게 부드럽게 말씀하셨다면 이런 일은 결코 일어날 필요가 없었을 것입니다"라고 말했다. 그가 한 말 속에는 진실이 포함되어 있었다. 결국 그들은 모두가 화해하기에 이르렀다.

그러나 페랭이 파리 체류 기간에 저지른 일이 드러나게 되었다. 그는 양국의 동맹에 대하여 프랑스 정부 고위 관리와 회담했으면서도 의회에 보고하지 않았다는 혐의로 고발되었다. 이 협정에는 총사령관이 제네바에 주둔하고 있는 프랑스 경기병대의 지휘도 맡는다는 조항이 있었다.

이 사실은 1534년 소동 때 제네바에 피신 와서 제네바 의회의 묵인으로 프랑스 대리인 역할을 하던 전 프랑수아 1세의 궁정 관리였던 로랑 메그레Laurent Meigret, 메그레 르 마니피크Meigret le Magnifigue에 의해 밝혀지게 되었다. 페랭은 고소당하자 메그레를 무고죄로 맞고소했으나 이 점에 대해서는 베른에서 온 대표와 사보이에서 온 사절 모두에 의해 그것이 사실임이 밝혀지게 되었다. 그러나 이 베일에 싸인 모든 정치적 음모에 대해서는 완전히 진상을 규명할 수 없었다. 페랭은 수주 동안 수감되었다가 석방되었으나 그의 명예는 땅에 떨어지고 말았다. 따라서 총사령관이란 위험한 직책은 아예 없애버렸다. 이로 인해 또 한 번 큰 폭동이 일어나게 되었다. 이에 대해 칼빈은 비레에게 보내는 편지에서 자세히 설명한다.

"200인 의회가 소집되었네. 나는 동료들에게 미리부터 의회 회의실에 가고 싶다는 내 소견을 피력해 왔었네. 우리는 다소 일찍이 그곳에 도착했네. 많은 사람이 계속 밖에서 서성거리고 있기에 우리는 의회 회의실 뒷문으로 밖에 나왔네. 소란스러운 소리가 저쪽에서 들려 왔네. 그 소리가 어찌나 큰지 폭동이 틀림없었네. 나는 즉시 그리로 뛰어 올라갔네. 그리고 모든 사람이 놀라게도 나는 제일 사람이 빽빽한 곳으로 뛰어들어 갔네. 그러나 전 군중들이 내게로 달려들었네. 그리고는 행여나 내가 다칠세라 나를 붙잡고 이리 저리로 끌고 다녔네. 나는 내 몸을 그들의 칼에 내놓기 위해 이곳에 왔음을 하나님과 사람들에 대고 맹세했네. 나는 누구든지 피를 흘리고 싶으면 자신부터 치라고 명령했네. 심지어는 가장 포악한 자들도 이에 냉정해졌네. 특히 존경할 만한 사람들이 즉시 냉정을 되찾았네. 결국 나는 그들 가운데를 뚫고 의회 회의실까지 끌려 들어

왔네. 그런데 거기서 새로 싸움이 시작되는게 아닌가. 나는 다시 그들 사이에 내 몸을 던졌네. ……나는 모든 사람을 자리에 조용히 앉히는 데 성공했네. 그리고 열정에 찬 긴 연설을 했네. 그들 말로는 모두가 이에 감동을 받았다고 하네."[26]

칼빈은 이제 제네바에 질색이 나기 시작했다. "비록 이들이 나를 잘 참아주고 있긴 해도 더 이상 이들의 버릇을 참을 수 없다는 것 외에는 내가 앞으로 무엇을 해야 할지 종잡을 수가 없네."[27] 결국 사태는 진정되었다. 마침내 메그레는 감옥에서 석방되었고 페랭은 의회에 복귀되었다. 그리고 다시 화해하고 손을 잡았다.

권징에 관한 투쟁

권징에 관한 결정적인 투쟁은 출교의 권리를 중심으로 이제 막 시작되고 있었으나 그 투쟁의 국면은 교회적인 국면, 신학적인 국면, 시민법적인 국면의 다양한 양상을 띠고 있었다. 방종파의 목적은 칼빈의 권위를 철저히 분쇄하는 데 있는 것이 아니라 그것을 단지 억제하는 데 있었다. 그를 다시 해고하고 추방할 수 있는 가능성은 실제로는 전혀 없었다. 여러 해 동안 대다수의 사람들은 이것을 바라지 않았으며 반대파가 세력을 잡게 되었을 때도 반대파들은 그런 일은 세력만 잡기만 하면 되는 것이 아니라 지난 12년간 성장해온 권위에 대한 존경, 칼빈에 대해 도피자들뿐 아니라 대중 대부분이 갖고 있는 존경심, 즉 소위 세상의 여론이라는 것에

---

26) OC 12, 632-3; English Translation of Calvin's letters 2, 134-5.
27) OC 12, 639; English Translation of Calvin's letters 2, 137.

달려있음을 깨닫게 되었다. 부처가 황제 카를 5세의 임시안1548년에 아우구스부르크에서 독일 교회의 분쟁을 해결할 때까지의 타협안으로 찰스 5세의 명에 의해 만들어진 26개 조항의 문서로서, 교직의 결혼을 허락하고 교황의 권리를 제한했으나 주로 가톨릭적이요 신교를 탄압하는 내용으로 되어 있다-역자 주에 서명하기를 거부하다가 스트라스부르에서 추방되었던 것과 아미 페랭과 필리베르 베르텔리에가 그의 교회 정치가 맘에 들지 않는다고 해서 칼빈을 제네바에서 추방하는 것과는 상황이 다른 것이었다. 머리카락만 잘라버린다면 삼손이 가사에 남아있는 것이 블레셋 사람들에게는 더 나은 것이었다.

방종파는 문제를 일으키고, 목사들을 모욕하고 치리 법원의 권위에 도전하면서 이런 저런 방법으로 반대를 계속했다. 루 모네Roux Monet의 놀라운 추문 때문에 그들은 잠시 움찔했다. 이 젊은 법원 비서는 페랭의 특별한 친구였지만 그가 음화淫畵를 '그의 복음'이라고 부르면서 소지하고 다녔다는 죄목으로 체포되었을 때 페랭은 보호할 수도 없었겠지만 보호하려고도 하지 않았다. 법원의 상세한 기록은 분실되었으나 표면상의 죄목보다는 더 심각했던 것 같다. 자신도 방종파이며, 칼빈의 적대자요, 변호사인 방델도 그를 위해 변호하려 하지 않았다. 그 당시의 문헌을 보면 모네가 존경하는 4명의 시의회 의원의 부인들과 동침했다고 자랑했는데 그 중에는 프랑수아 페랭과 방델 부인도 포함되어 있었다고 전한다. 그의 죄가 무엇이었든 간에 그는 유죄 판결을 받았고 처형되었다.

필리프 드 에클레시아Philippe de Ecclesia 사건은 목사들, 특히 칼빈이 교회 임명 같은 문제에 있어서조차 실제로 큰 힘을 발휘할 수 없었음을 보여주는 좋은 예이다.[28] 방되브르 마을의 목사인 드 에클레시아는 1549

---

28) 드 에클레시아에 대해서는 Kingdon and Bergier, *Registres* 1, 47. 56-63, 132-4, 144-8. Hughes, *Register* 92f., 150-7, 108f., 201-6, 209-11을 보라.

년 2월 동료 목사들 앞에 소환되어 집회에서 잘못된 교리를 이야기했다는 이유로 견책을 받았다. 그가 사과했으므로 이 모든 일은 비밀에 붙이기로 했다. 그러나 다음 달에 그는 여러 번 그의 전 동료 목사들과 그들이 가르치는 교리를 비난하고 계속해서 자신의 잘못된 교리를 전파한다는 죄목으로 다시 소환되었다. 그의 자기 변호는 불만족스러웠기에 이 사실을 의회에 통고했다. 그러자 의회는 그를 용서하고 그의 자리를 회복시켜 줄 것을 목사들에게 요구했다. 전체 목사 총회에서는 그에게 계속 그 자리를 맡길 수 없음을 결의하고 의회에 통지했다. 수석 행정관인 페랭은 비록 그가 과거에는 잘못된 행동을 했으나 이제는 새롭게 출발할 것이 분명하니 선처하는 것이 어떻겠냐는 견해를 전해 왔다. 목사들은 그것을 승인할 수는 없으나 자신들이 바꿀 수 없는 상황이었기에 그대로 받아들일 수밖에 없었다.

이로부터 3년 후에 방되브르에서 약 3마일 가량 떨어진 마을인 쥐시 교구가 비게 되자 목사들은 드 에클레시아를 그곳으로 발령하고 방되브르에는 그 대신 장 파브리Jean Fabri를 파송하기로 결정했다. 드 에클레시아는 이에 복종하지 않고 의회에 불만을 토로했다. 의회는 그를 지지하고 새로운 사람을 뽑았고 목사들은 이에 자신들의 의견을 굽히지 않았다. 이에 대해 의회는 자신들이 뽑은 목사, 프랑수아 부르구앵François Bourgoin을 쥐시에 보내기로 결정했다고 했다. 부르구앵은 동료 목사들에게 쥐시 교구 목회 담임을 사임하는 것을 허락해 달라고 청원했으나 목사들은 이것을 허락하지 않고 당분간 쥐시에 갈 것을 강요했다. 칼빈과 파브리는 행정관들을 설득하려고 했으나 실패로 돌아가고 말았다. 그러나 이 때 드 에클레시아는 고리대금업을 한다는 고발을 당하게 되었다. 이것은 범죄에 해당되는 것이었다. 1552년 12월에 그는 이단과 아내를 부당하게 다룬 죄를 포함해서 여러 가지 죄목으로 목사들 앞에 소환당했다. 그는 다시 의회에 불만을 토로했다. 이 사건은 다음 해 1월말까지 질질 끌었으나 마침내 "선생들께서 드 에클레시아를 해임한다는 결의를 내리기에 이르렀다."29)

한편, 의회는 제롬 볼세크Jerome Bolsec 사건에서는 칼빈을 지지했다. 제롬은 수사였고 파리 대학의 신학 박사였다. 그는 자신의 복음주의적 견해 때문에 프랑스를 떠난 후에는 의술을 직업으로 택했다. 결국 제네바에 정착해서는 드 팔레의 의사가 되었다. 1551년 10월 16일 금요일 집회에서 생탕드레Saint-André는 요한복음 8 : 47, "하나님께 속한 자는 하나님의 말씀을 듣나니"를 주해했다. 우리는 그가 무엇을 말했는지 알지 못한다. 그러나 만일 그가 이 구절을 예정에 대한 직접적인 언급으로 해석했다면 『요한복음 주석』이나 『기독교 강요』에서 그렇게 해석한 바 없는 칼빈보다 한걸음 더 나아간 것이었다. 파렐이 거기 있었고 몇 마디 코멘트를 달았다. 그 다음에 볼세크가 이미 칼빈과도 논쟁한 바 있었던 주제인 이중 예정predestination 문제를 끄집어 냈다. 선택과 유기遺棄는 하나님의 영원한 작정decrees에 달린 것이 아니라 신앙에 달린 것이라고 그가 말했다고 기록은 전한다. "더군다나 그는 하나님께서 어떤 사람은 생명에 이르도록 하고 나머지는 죽음에 이르도록 하셨다는 하나님의 영원한 작정을 가정하는 사람은 하나님을 폭군으로 만드는 것이며 마치 이방인들이 주피터에게 하듯이 하나님을 우상으로 만드는 것이라고 주장했다."30) 그는 또한 이 교리를 아우구스티누스까지 소급해 올라가서 찾는 것은

---

29) Kingdon and Bergier, *Registres* 1, 148; Hughes, *Register* 206.
30) Kingdon and Bergier, *Registres* 1, 80-1; Hughes, *Register* 138.

잘못된 것이라고 했다. 그뿐 아니라 이 교리를 지지한다는 많은 성경 구절들은 곡해되고 심지어는 잘못 해석되어 온 것들이 많다는 것이다. 칼빈은 늦게 남의 눈에 띄지 않게 들어와 앉아 있었다. 볼세크가 말을 마치자 칼빈은 한 시간 가량 즉석에서 반박을 했다. 모임이 끝나자 법원의 조수가 예정을 부인했다는 죄목이 아니라 "우리가 하나님을 우상으로 만들고 있다"[31)]고 말했다는 죄목으로 볼세크를 체포했다.

칼빈의 예정 교리는 비록 초판에도 저변에 항상 전제되어 있었으나 발전된 형태로 처음 나타난 것은 1539년도 판 『기독교 강요』에서였다. 그러나 이것이 칼빈의 독창적인 이론은 아니었다. 따라서 모즐리J. B. Mozley는 "아우구스티누스와 토마스 아퀴나스의 예정 교리와 칼빈의 예정 교리 사이에 본질적인 차이를 나는 찾을 수 없었다. …… 예정 교리에 있어서 아우구스티누스와 칼빈이 다르다고 주장하는 사람들은 아우구스티누스가 예정에 대해 어떤 교리를 주장하는지를 실제로 모르는 사람이다"[32)]라고 말할 정도이다. 모즐리의 말은 일반적으로 옳다. 칼빈은 자신의 교리가 아우구스티누스와는 별 차이가 없다고 스스로 생각했다.

칼빈은 아우구스티누스와 동일한 실제적인 요점에서 출발했다. 복음을 전하면 왜 어떤 사람은 믿고 어떤 사람은 거절하는가? 어떤 사람은 믿기를 원하기 때문이고 어떤 사람은 거절하기 원하기 때문이라는 대답은 결정적인 대답이 될 수 없다. 왜냐하면 이것은 단지 신앙과 불신앙을 설명하는데 불과하기 때문이다. 그렇다면 지금까지 거절하기 원하던 사람이 어떻게 이제 와서 믿기 원할 수 있는가? 인간은 죄인, 즉 하나님을

---

31) Kingdon and Bergier, *Registres* 1, 81; Hughes, *Register* 138.
32) *Doctrine of Predestination* Note XXI, pp. 393ff. See also article *Predestination* in Richardson, *Dictionary of Christian Theology*.

거절하기 원하는 존재이다. 믿음이 하나님의 선물이라는 사실은 신약 성경을 볼 때 너무나 명백하다. 즉 믿기를 거절하던 인간의 의지는 성령의 창조적 행위로 말미암아 변화될 수 있는 것이다. 결국 복음을 믿는 사람은 그의 복음을 거절하던 의지가 복음을 믿는 의지로 변화되었기 때문에 복음을 믿는 것뿐이다.

이것은 물론 가톨릭의 교리이다. 인간이 자기 자신의 의지를 바꿀 수 있다고 말하는 것은 무서운 펠라기우스주의Pelagianism이다. 그러나 이 성령의 행위가 황급한 결정인지 아니면 미리 계획된 것인지에 대해서는 분명한 대답이 있어야 한다. 하나님께서는 언제 인간의 마음에 은혜의 역사를 일으키려고 작정하셨는가? 이 질문은 성경에 명백한 답변이 진술되어 있을 뿐 아니라 하나님에 관한 일반적인 성경적 개념으로도 답변될 수 있다. 전자에 대한 가장 유명한 성경 구절은 에베소서 1 : 4이다. "(하나님께서) 창세 전에 (다른 말로 하면 영원히) 그리스도 안에서 우리를 택하사." 후자에 대해서는 하나님은 항상 성경에 그의 선택하심에 성실하신 분으로 묘사되어 있다. 즉 그는 어떤 때는 호의를 보이시다가 어떤 때는 등을 돌리시는 그런 분이 아니라 사랑하시되 끝까지 사랑하는 그런 분인 것이다. 결국 하나님의 결정은 하나님 자신만큼이나 영원하며, 이렇게 해서 '영원 전 선택' eternal election은 증명되는 것이다.

그러면 복음을 거절하는 사람은 어떻게 되는가? 이 질문은 하나님께서 이런 저런 사람의 마음을 강퍅하게 하셨다거나 혹은 그가 선택하지 않은 백성을 무시했다거나라는 표현을 쓴 성경의 여러 구절들로 답변된다. 그러므로 복음을 거절하는 사람은 하나님이 그들을 택하지 않았기 때문에 복음을 거절하는 것이다. 선택하지 않았다는 것은 소극적으로 빼먹었다고 해석되어야 할 뿐 아니라 적극적으로 거절했다고 해석되어야 한다. 그렇다면 언제 거절이 있었느냐고 묻는다면 아우구스티누스의 교리처럼 영원 전이라고 대답할 수가 있다. 결국 칼빈의 예정의 정의는 다음과 같다.

> "우리는 예정을 하나님의 영원한 작정이라고 부른다. 하나님께서는 영원한 작정으로 그가 각 사람에게 일어나기 원하시는 것을 스스로 결정하셨다. 왜냐하면 모든 사람이 동등한 조건에서 창조된 것이 아니기 때문이다. 어떤 이들에게는 영생이 예정되어 있고 어떤 이들에게는 파멸이 예정되어 있다. 그러므로 어떤 사람이 이 두 궁극의 어느 하나에 이르도록 창조되었을 때 우리는 그가 생명에 혹은 죽음이 예정되었다고 말하는 것이다."[33]

생명에의 예정은 흔히 선택이라고 부르고 죽음에의 예정은 '유기' 遺棄,라고 부른다.

그러므로 '구원의 서정' 序程은 다음과 같다. 첫째는 영원 안에서의 선택이고, 둘째는 시간 안에서의 소명과 소명으로 인한 회개와 예수 그리스도를 믿는 믿음이고, 셋째는 하나님 나라에서의 영화이다. 복음을 통한 소명과 그로 인한 믿음은 선택의 성취이다. 칼빈은 요한복음 사고의 흐름에 의지한다는 점에서도 역시 아우구스티누스를 추종하고 있다. 요한복음의 사고의 흐름은 성부께서 이미 자신에게 속한 자를 성자에게 주었다는 것이다. "저희는 아버지의 것이었는데 내게 주셨으며"17 : 6, "아버지께서 내게 주시는 자는 다 내게로 올 것이요"6 : 37.

---

33) *Inst.* III. xxi. 5.

이 교리는 많은 반대에 직면하고 있는데 지금까지 보면 반대할 것은 다 반대한 셈이다. 그러나 이 반대들은 진지한 사람이면 누구나 생각할 수 있는 그런 기초적인 반대이기 때문에 칼빈과 같은 섬세하고 철저한 신학자가 그것을 의식하지 못했을 리가 없다. 따라서 그는 몇몇 안전 장치를 만들어 놓고 스스로는 충분하다고 생각했음이 분명하다. 이 안전 장치가 충분하냐는 별개의 문제이다. 그러나 우리가 칼빈의 갑옷을 갈대로 움푹 들어가게 만들 수 있을 것이라고 착각해서는 안 된다.

어쨌든 볼세크는 전문적인 면에서는 서투른 신학자였다. 특히 칼빈의 교리가 15세기의 발라Lorenzo Valla에게서 시작되었다고까지 생각한 것을 보면 교리사에 약했던 것처럼 보인다. 그는 칼빈을 정확하게 비평한 점도 없지 않으나 잘못된 관점에서 비평한 것이기에 그 비평이 효과를 발휘할 수 없었다. 그는 칼빈에게 성경이 우리에게 계시된 뜻 외에 다른 뜻이 하나님께 있느냐고 물었다. 칼빈은 하나님께서 사람들 가운데서 그가 기뻐하는 자들을 선택했으며 또한 하나님께서는 예수 그리스도 안에서 선택하기를 원하셨으니 그를 떠나서는 아무도 하나님께 나아갈 수 없다고 했다. 그러나 볼세크는 이런 예외를 인정치 않는 견해에 반대해서 선택은 믿음에, 유기는 복음의 거절에 달린 것이라는 의견을 제시했다. 결국 그도 이 교리에 대한 유서 깊은 반대 견해에 동참하게 된 것이다. 즉 예정 교리는 하나님을 폭군으로 만들고, 악의 조성자로 만들 뿐 아니라 인간을 허수아비로 만들고, 구원에 이르는 두 가지 길, 하나는 선택에 의한 길, 다른 하나는 그리스도에 의한 길 두 가지를 인정하게 된다는 것이다. 사실 볼세크는 고전적 형태의 예정 교리는 무엇인가 잘못 되었으며 거짓 이유를 대서라도 그 교리를 부인하게 만들어야 한다고 생각하는 사람 중 하나였다. 아우구스티누스와 칼빈의 교리가 좋지 못하다고 생각할 수는 있다. 그러나 볼세크의 예정 교리의 부인은 더욱 나쁘다. 왜냐하면 이렇게 되면 펠라기우스주의적인 교회로 빠지게 되는데 교회 중에서는 펠라기우스주의적인 교회가 종교적으로나 도덕적으로 가장 약하기 때문이다.

볼세크는 제네바의 법률을 어겼기 때문에 시민 법정에서 재판을 받았다. 그러나 목사들, 특히 칼빈이 볼세크가 제기하는 질문에 답변을 해야 했다. 왜냐하면 판사들이 볼세크보다 교리적인 면에서는 훨씬 무지했기 때문이었다. 결국 재판은 판사들 앞에서의 신학적인 심문이 되고 말았다. 이런 특별한 상황 때문에 목사들은 자신들의 판결이 지지를 받을 것이라는 굳은 희망을 가지고 자신들의 견해를 스위스의 세 군데 교회에 서신으로 알렸다. 그러나 불행하게도 이들의 대답은 아무 도움이 되지 못했다. 바젤은 볼세크의 견해를 지지할 수는 없다고 알려 왔으나 그들의 입장은 기대보다 훨씬 미흡했다. 그들은 오히려 단순하기를 원한다고 했다. "우리는 주님께 끝까지 이런 단순성을 유지할 수 있도록 해 달라고 구하고 있습니다."[34] 그러나 그들은 항상 가르침을 받을 준비는 되어 있다고 했다. 볼세크에 대해서는 그가 궤변론자요 이단적인 기미가 있으므로 그와 아무런 관련이 없기를 바란다고 했다.

취리히도 남의 말을 듣는 편이 아니었기에 마찬가지였다. 더욱이 이들은 제네바 목사들이 볼세크를 평화의 정신으로 이해해 줄 것을 권고해 왔다. 그가 지금까지는 부절제했는지도 모르지만 "형제들이여 우리는 당신들에게도 절제가 있기를 기대하고 있습니다. 왜냐하면 당신들이 보낸 편지에서 우리는 당신들이 지나치게 엄격하다는 인상을 받았기 때문

---

34) Kingdon and Bergier, *Registres* 1, 122; Hughes, *Register* 173.

입니다."35) 충성스런 파렐이 이끌고 있던 뇌샤텔만이 칼빈을 지지했다. "이 모든 것들은 우리의 형제 칼빈이 그의 명저 『기독교 강요』에서 보여 준 것처럼 순수하고 참되고 경건하게 설명해 줄 사람이 또 누가 있겠습니까?……제롬이든 또 어떤 인간이든 물어 뜯도록 내버려 두시오. 그 누구도 이렇게 순수하고 확고한 진리를 털끝만치라도 어쩔 수 없을 것입니다."36) 볼세크는 더러운 돼지보다 거룩한 일에 대해서 아는 게 없으며 불쌍한 악인이요 성경을 전복하려는 배반자라는 것이다.

법원은 이 답신을 볼세크를 정죄하는 것으로 받아들이고 그를 제네바에서 추방했다. 이 결정은 드 팔레의 마음에 들 리가 없었다. 그래서 그는 볼세크가 그 누구보다 자신의 병을 잘 치료할 줄 안다는 명목에서 그를 풀어줄 것을 정부에 두 번이나 간청했다. 드 팔레는 볼세크의 추방을 이유로 칼빈을 비난했다. 칼빈은 변덕스럽다는 이유로 드 팔레를 비난했다. 그들의 우정은 급작스럽게 종말을 고하고 말았다. 볼세크는 후에 로마 가톨릭 교회로 되돌아가서 1577년에 악의에 찬 칼빈 전기를 왜곡되게 씀으로써 복수를 시도했다.

1552년에는 방종파가 세력을 얻었다. 세 번이나 행정관직을 역임했고 재무관도 지냈으며 다년간 의회 의원도 지낸, 페랭의 동서 피에르 티소Pierre Tissot가 그 당시 시민 법정의 판사로 임명되었다. 필리베르 베르텔리에는 회계 감사관 아니면 판사보를 맡고 있었다. 2월 선거에서는 페랭을 수석 행정관으로 해서 다수의 행정관을 방종파가 차지하게 되었다. 얼마 후에 총사령관직이 다시 생기게 되었고 그 직을 페랭이 맡게 되었

---

35) Kingdon and Bergier, *Registres* 1, 124; Hughes, *Register* 177-8.
36) Kingdon and Bergier, *Registres* 1, 127; Hughes, *Register* 182.

다. 그들은 소의회의 의원 4명을 새로 뽑았는데 이들 중 세 사람은 우리가 이미 알고 있는 발타사르 세트, 가스파르 파브르, 그리고 방델이다. 이 세 사람이 바로 1552년의 트러블 메이커였다. 필리베르 본나Philibert Bonna는 "도므니의 부인을 따라 다닌다"37)는 이유로 목사인 레몽 쇼베Raymond Chauvet의 비난을 받은 적이 있었다. 그와 베르텔리에와 세트는 쇼베가 생 피에르 교회로 걸어가고 있을 때 그에게 욕설을 퍼부으면서 따라왔다. 3개월간의 법적 논쟁 끝에 그들은 투옥되었고 동시에 출교되었다. 의회가 좋아하는 타협이 양 당사자 간에 있었다. 따라서 그들은 자신들이 교제를 회복할 수 있을 것이라고 생각했다. 그러나 그렇게 하기 위해서는 먼저 회개의 표징이 있어야 한다고 했다. 특히 발타사르는 자신의 아이를 세례받게 해달라고 청원했다. 그러나 치리 법원은 그가 출교되었기 때문에 그의 자녀는 세례를 받을 수 없다고 결정했다.

결국 이 문제는 해결되지 않은 채 1553년으로 들어서게 되었다. 칼빈은 파브리의 결혼식에 참여할 수 없음을 허락해 달라고 요청하는 수밖에 없었다. 사태가 너무 악화되었기 때문에 그는 한 달간 도시를 비울 수가 없었다. "이들은 전에는 이처럼 난폭한 방종을 보여 준 적이 없었네. ……전 공화국은 이제 무질서에 빠졌으며 그들이 이제 기존 질서를 전복시키려고 하고 있네."38) 그러나 그는 파렐이 죽어간다는 소식을 듣고 곧 여행을 하지 않을 수 없었다. 칼빈은 친구로서의 마지막 책임을 다하리라고 생각했던 것이다. 그는 슬픔에 가득 찼으며 돌아오는 길에 만나는 사람에게 그 슬픈 소식을 전해 주었다. 3월 말에 원래 건강한 파렐은 회

---

37) OC 21, 520.
38) OC 14, 455-6; English Translation of Calvin's letters 2, 369-70.

복세를 보이기 시작했고 따라서 칼빈은 그를 너무 일찍 장사지낸 것을 사과하는 편지를 보냈다. "주님께서 형이 나보다 오래 사는 모습을 교회가 보도록 하시기를 빕니다. …… 그러나 이제 우리 그리스도를 위해 삽시다. 우리 모두 날마다 그를 위해 죽는 준비를 갖춥시다." [39]

소의회를 장악하게 되면서부터 방종파는 대담해지게 되었다. 3월 달에 부활절 성만찬이 다가오자 행정관들은 치리 법원에 출교된 사람의 명단을 그 이유와 함께 적어 올리라고 요구했다. 목사들은 일체가 되어 그들에게 가서 사직원을 내겠다고 했다. 그 해 중반에 가서 사태는 더 이상 견딜 수 없을 정도로 악화되어 갔다. 목사들은 시민임에도 불구하고 모든 시민이 참석할 수 있는 총회에 참석할 수가 없었다. 총회는 그 권위로 부르구앵을 쥐시에서 제네바로 발령을 내리고 그 대신 데 갈라르des Gallars를 보냈다. 목사들의 항의는 받아들여지지 않았다.

반대파는 칼빈을 성나게 하는 것을 즐기고 있는 것 같았다. 그가 모욕에는 모욕으로 대하면서 점점 더 성미가 급해지는 것은 당연한 것이었다. 그는 한 편지에서 그것을 몹시 슬퍼했다.

"누군가가 나를 건드리면 성내지 않는다는 것이 내겐 보통 어려운 일이 아니네. 그러나 지금까지는 어느 누구도 내가 소리치는 것을 들은 사람은 없네. 그러나 나는 가장 중요한 것을 결여하고 있네. 그것은 주님의 이런 채찍에 의해 진정한 겸손 안에서 훈련되어지는 것일 테지. 따라서 나는 나의 형제들의 허물없는 질책에 의해 길들여질 필요가 있네."

---

39) OC 14, 509; English Translation of Calvin's letters 2, 377-8.

그는 계속해서 "나를 봐주지 말게. 자네가 두려움에서 나를 지나치게 친절하게 대해 주었다고 생각하니 부끄럽기 그지없네"[40]라고 말한다.

계속되는 박해는 마침내 그 목적을 이루는 데 성공했다. 7월 24일 월요일에 칼빈은 그가 기진맥진했음을 실토하고 사임을 허락해줄 것을 요청했다. 칼빈 선생은 "누군가가 자신이 병나기를 원하고 있고 많은 이들이 투덜대며 하나님의 말씀에서 떠나가고 있음을 통탄하고 자신이 은퇴해서 더 이상 봉사하고 싶지 않다고 해도 의회가 불쾌할 것은 없지 않느냐는 식의 요청을 올렸다."[41] 이 요청은 거절되었다. 방종파는 추방으로 순교당하고 바젤이나 취리히에서 자신들을 공격하는 칼빈보다는 추종하는 칼빈을 원했다.

---

40) OC 14, 478.
41) OC 21, 547.

제8장
패배에서 안정으로

칼빈과 방종파 사이의 투쟁의 전 국면이 바뀔 대사건이 일어난 것은 제네바에서 칼빈의 권위가 맨 밑바닥을 돌고 있을 때, 사실상 그가 패배한 것이나 진배 없는 바로 그 때였다. 언뜻 보기에 그것은 반대파에게는 더할 나위 없는 좋은 기회를 부여해줄 것처럼 보였다. 그러나 그들은 운명이 자신들에게 던져준 선물은 곧 터질 수류탄임을 발견하게 되었다. 그들이 할 수 있는 일이란 재빨리 그것을 제거하는 길뿐이었다.

1553년 8월 13일 일요일에, 법을 피해 다니는 도망자 한 사람이 제네바에 왔다. 오후에 그는 칼빈의 설교를 들으려고 생 피에르 교회에 나타났는데 그가 누구인지가 발각되었고 체포되어 투옥되었다. 이것이 미카엘 세르베투스Michael Servetus라는 인간의 별난 인생 경력의 마지막을 알리는 시작이었다.[1]

---

[1] 세르베투스 사건에 관한 중요 문헌들은 Niesel의 *Calvin-Bibliographie* 51-53을 보라.

세르베투스의 재판

세르베투스는 툴루즈Toulouse 대학에서 법학을 공부하고 황제의 스페인 목사의 비서 노릇을 한 후에, 바젤에 거주하면서 들으려고도 하지 않는 오이콜람파디우스에게 삼위일체에 관한 자신의 견해를 연상 떠들어 댈 때부터 그 악명을 날리기 시작했다. 그는 이 견해를『삼위일체에 관한 오류에 대한 칠서七書, de Trinitatis erroribus libri septem』라는 제목으로 1531년에 출판했다. 그는 바젤에서 스트라스부르로 옮겨 갔다. 그 곳에서 그의 주요 표적은 부처였는데 그는 그 시를 종교 개혁자들 사이에서 악평이 나도록 하는 일을 시작했다. 부처는 그에게 떠날 것을 요청했고 그는 바젤로 돌아왔으나 행정관들이 책에 나타난 그의 견해를 취소할 것을 명령했다. 이 명령에 대한 그의 순종은 평생을 통해 일관되어 나타나는 정직성의 결여를 단적으로 보여준다. 그는『삼위일체에 관한 2권의 대화Dialogorum de Trinitate libri duo』라는 새 책을 썼는데 옛 책의 사상이 더 전개시킬 부분이 있는 미숙한 책이었다는 점에서 옛 책의 견해를 취소한다고 했다. 스페인의 종교 재판소는 그를 체포할 것을 명령했고, 세르베투스는 세르베투스로서는 더 이상 존재하지 않았다.

그는 수학 강사 미카엘 빌뇌브Michael Villeneuve로 파리에 다시 나타났는데 거기서 의학 공부를 시작해 남다른 두각을 나타냈다. 그는 하비Harvey가 폐의 혈액 순환을 발견할 것을 미리 내다보았다고 전해지고 있다. 그는 약용시럽에 관한 매우 인기 있는 저술인『시럽의 보편적 사용 Syruporum universa ratio』1537년을 저술했음이 분명하다. 30대 중반일 때 칼빈은 목숨을 내걸고 '그를 주님께로 인도하기 위해' 파리에서 만나기로 약속했으나 세르베투스는 약속을 지키지 않았다. 이것은 사정이 확실치 않아서 칼빈에게는 그가 세르베투스였는지 빌뇌브였는지 우리는 알 수 없다. 그는 파리에서 리옹으로 와서 거기서 프톨레마이오스의 『지리학 Geography』을 라틴어로 편집했다에라스무스는 1533년에 헬라어 본문을 편집했다. 그러나 그가 파리로 돌아왔을 때 점성학 책이 의학부에 의해 정죄되었고 발매가 금지되고 있었다. 빌뇌브로서 그는 파리에서 사귄 비엔 주교의 개인 의사가 되었다. 루터와 칼빈을 몹시 싫어하는 그의 후원자는 그가 칼빈과 서신 왕래를 하고 있다는 사실과 이상한 책을 쓸 준비를 하고 있다는 사실을 알 수 없었다. 문학에는 아마추어인 주교는 그의 두 권의 책은 인정했음이 분명하다. 왜냐하면 이때 세르베투스가 프톨레마이오스의 『지리학』의 재판과 파그니누스Pagninus의 라틴어 성경 신판을 내놓았기 때문이다.

그가 서로를 알고 있는 출판업자인 리옹의 장 프렐롱Jean Frellon을 통해 칼빈에게 세 가지 어려운 문제를 이해할 수 있도록 도와달라고 요청함으로써 칼빈과 다시 관련을 맺게 된 것은 1545년이었다. 첫째, 십자가에 못박힌 사람 예수가 하나님의 아들인가, 그렇다면 어떤 방식과 어떤 형태의 아들 관계인가? 둘째, 하나님의 왕국은 사람 안에 있는 것인가? 그렇다면 언제 그 왕국은 시작되는가 그리고 사람은 언제 중생되는가? 셋째, 세례는 주의 만찬과 같이 믿음을 요구하는가? 왜 세례는 새 언약 안에 제정되었는가?

칼빈은 이에 대한 답신을 보냈으나 세르베투스는 이에 만족하지 못하고 그의 답변을 논박했다. 칼빈은 이번에는 매우 자세히 답변을 했고 동시에 그의 교리를 상세히 알 수 있도록 『기독교 강요』 한 부분을 복사해 보내 주었다. 세르베투스는 이를 다시 논박했고 자기의 비평을 갈겨 쓴 『기독교 강요』를 되돌려 보내 왔다. 그도 역시 자기가 쓰고 있는 책의 일부분과 30개의 '편지' letters 혹은 장章으로 구성된 소론小論을 보냈다.

칼빈이 아브라함이 행위로 의롭다 함을 얻었다고 가르쳤다는 명목으로 고소한 사람,[2] 게다가 자신이 충고를 받으려고 했던 존경받는 학자에게 그렇게 무례하게 글을 쓴 사람을 정신이 멀쩡한 사람으로 보기는 매우 어려웠다. "내가 당신에게 여러 번 이야기했듯이 당신이 하나님을 머리가 셋 달린 믿기 어려운 괴물로 생각하는데 이것은 성경을 올바로 이해하기만 하면 어디에서도 그 지지 근거를 찾을 수 없는 것이오."[3] "요한은 이렇게 말했다. '우리가 그의 계명을 지키면 이로써 우리가 저를 아는 줄로 알 것이요 저를 아노라 하고 그의 계명을 지키지 아니하는 자는 거짓말하는 자요……그의 계명들은 무거운 것이 아니로다.' 이것은 당신의 지식이 얼마나 허황된 것인가, 즉 얼마나 마술적 매력과 거짓 근거로 가득 찬 것인가를 보여준다"[4] 등등. 심지어는 볼세크도 세르베투스를 '진실로 매우 교만하고 거만한 인간'이라고 했다.

칼빈은 프렐롱에게 만일 '어떤 한 인간'이 좀더 겸손하게 글을 쓰는 방법을 배울 줄 모른다면 무엇 때문에 자신이 편지를 계속하겠느냐고 서신 가운데서 말했다. 그러나 같은 날 파렐에게 보내는 편지의 어조는 이와는 매우 다른 것을 보여 준다.

"세르베투스는 최근에 편지와 함께 놀랍고 전혀 새로운 것을 보게 될 것이라는 허풍을 떨면서 헛된 환상으로 가득 찬 부피가 큰 책 한 권을 보내왔소. 그는 나만 좋다면 이곳에 오고 싶다고 했소. 그러나 나는 그의 안

---

2) OC 8, 670.
3) OC 8, 653.
4) OC 8, 674.

전을 보장할 수 없다고 했소. 만일 그가 온다면 내게 조금의 권위라도 있다면 그를 살려서 돌려 보내지 않을 것이기 때문이오."[5]

이 편지의 역사와 출판에 대한 기록은 두메르그Doumergue의 책에서 찾아 볼 수 있다. 이 편지의 마지막 문장은 위협이나 혹은 경고로 해석될 수도 있다. 만일 그것이 위협이라면 그것은 직접적으로나 간접적으로 세르베투스에게 통보된 것이 아니라 파렐에게만 말한 것뿐이었을 것이다. 그러나 그것이 경고였다면, 그는 직접적으로는 안전 통행권을 줄 수 없다고 말했거나 아니면 간접적으로라면 안전 통행권을 주겠다는 말을 하지 않음으로써 세르베투스에게 경고했을 것이다. 서신 교환이 중단되자 칼빈은 "그가 더 이상 나에 대해서는 한마디도 쓰지 않겠지"[6]라고 결론을 내렸다. 우리는 칼빈이 드 빌뇌브의 정체를 알고 있었고 따라서 언제라도 그의 정체를 밝힐 수 있었음을 주목해야 한다. 그러나 그는 한 몸으로서는 가톨릭 교도와 교제를 나누지 않는다는 원리를 굳게 밀고 나가고 있었다.

1553년 1월에 수년 동안 준비해온 책에 다른 자료들이 첨가되어 『기독교의 회복Christianismi Restitutio』 – "기독교의 회복, 하나님에 대한 지식, 그리스도에 대한 신앙, 우리의 칭의, 중생, 세례, 주의 만찬을 완전히 회복시켜 전 사도적 교회가 새롭게 시작하자는 외침. 우리의 회복은 사악한 바빌론과 적그리스도의 속박에서 풀리고 사탄이 멸망당하는 하나님 나라에서 완전히 이루어짐 – 이 출판되었다.

『기독교의 회복Restitutio』, 책명은 『기독교 강요Institutio』를 고의적으로 겨냥한 것임은

---

5) OC 12, 283; English Translation of Calvin's letters 2, 19.
6) OC 13, 42; English Translation of Calvin's letters 4, 409.

사실상 여러 권의 책을 한 권으로 묶은 것인데, 삼위일체에 관한 오류에 대한 칠서, 믿음과 그리스도의 왕국과 적그리스도 그리고 중생에 대한 칠서, 30개의 편지, 적그리스도의 60가지 표적, 삼위일체와 교회 권징에 대하여 멜란히톤에게 보내는 변증이 포함되어 있다. 바젤의 인쇄업자가 출판하기를 거절하자 그는 비엔의 인쇄업자인 아르눌레Arnoullet와 귀에룰Gueroult에게 인쇄하도록 했다. 동서 지간인 이들은 제네바 사람들인데 귀에룰은 "간통죄와 그 외의 죄 때문에 형벌을 받을까봐 수개월 전에 제네바를 탈출한"[7] 죄인이었다.

그러나 이 익명의 책의 저자가 주교의 의사인 다름 아닌 빌뇌브이고, 빌뇌브는 다름 아닌 이단자 미카엘 세르베투스라는 사실은 아직 비엔에 알려지지 않았다. 그가 어떻게 발각되지 않았는지는 그저 놀라울 뿐이다. 왜냐하면 몇몇 스위스 종교 개혁자들이 그의 정체를 알고 있었음이 분명하기 때문이다.

그러나 이 사실은 제네바에 있는 프랑스인 도피자요 기욤 뷔데Guillaume Budé의 사위요 칼빈의 개인적인 친구인 기욤 드 트리Guillaume de Trie에 의해 알려지게 되었다. 세르베투스는 『기독교의 회복』을 칼빈에게 한 권 보냈는데 이미 원고로 그 일부분을 읽어 본 적이 있는 그는 쉽게 저자가 누구인지를 알았다. 그는 그것을 그의 믿을 만한 동료들과 친구들에게 이야기했던 것 같다왜냐하면 그 책의 견해가 알려지는 것을 칼빈이 원하지 않았기 때문이었다. 드 트리가 이들 중의 하나였다. 그의 사촌 한 명이 비엔에 살고 있었는데 드 트리는 그의 사촌에게 복음주의 신앙을 심어주기 위해 무진 애를 쓰고 있었다. 그는 사촌에게 보내는 편지에서 약간의 변증을 한 다음

---

7) OC 21, 146.

제네바 신학의 순결성과 아무나 제멋대로 떠들도록 내버려 두는 가톨릭의 미지근한 태도를 대조했다. 어째서 비엔에는 지금도 이단의 괴수가 살고 있는가? 더욱이 그 곳에 살고 있을 뿐 아니라 주교의 고용인까지 되었다니 어째서 이런 일이 일어날 수 있는가? "내가 말한 그 사람은 자네가 떠난 모든 교회에서 정죄를 받았네. 그러나 자네가 있는 곳에선 그가 용인되고 있는 실정이네. ……그의 진짜 이름은 미카엘 세르베투스로서 포르투갈계 스페인 사람이네. 그러나 그는 지금 빌뇌브로 행세하고 있네."[8] 그리고 그는 1페이지를 샘플로 보냈다. 이것이 2월 26일이었다.

드 트리의 사촌인 앙투안 아르네Antoine Arneys는 즉시 이 편지를 당국에 넘겼고, 삼 주일이 채 못 되어 프랑스 왕국의 종교 재판소장은 리옹 대주교의 비서인 추기경 드 투르농Tournon에게 이 문제를 잘 조사해 보라는 밀서를 보냈다. 추기경은 도피네의 총독에게 이 일은 대단히 중요한 문제이므로 즉시 해결해야 한다는 편지를 보냈다. 아르네는 더 자세한 정보를 알려 달라는 요청을 받았고 드 트리에게 서신을 보냈는데 드 트리는 이에 대해 자세한 정보를 알려 왔다.

"그러나 한 가지만은 분명히 자네에게 밝혀 둘 일이 있네. 나는 이 사실들을 칼빈 선생에게서 알아내는 것이 보통 힘들었던 게 아니네. 그것은 선생이 그런 저주받아 마땅한 불경을 벌주지 않고 그냥 내버려 두기를 원하셨기 때문이 아니라, 사법권을 가지고 있지 않은 사람으로서 자신의 임무는 칼로 이단을 쫓는 게 아니라 교리로 이단을 정죄하는 데 있다고 보셨기 때문이네. 그러나 나를 도와주지 않으시면 내가 경솔하다는 죄로 고발당할 것이라고 항의하면서 끈질기게 졸라대자 결국은 내게 이

---

[8] OC 8, 837.

모든 사실을 알려주시기로 한 것이네."⁹⁾

따라서 빌뇌브는 종교 재판소장 마티외 오리Matthieu Ory가 이끄는 위원회에 의해 감옥에서 심문을 받았다. 복음에 대해 진리를 말하겠다고 맹세한 후에 죄수는 그의 이름은 미카엘 빌뇌브로서 의학 박사이며 나바라 튀델 출신이라고 했다. 그는 바젤과 스트라스부르에서의 체류 생활은 빼고 간략하게 자기 경력을 이야기했다. 그는 『시럽의 보편적 사용』, 점성학 서적, 『캄페지오를 위한 변증 Apologia pro Campeggio』을 저술했으며 몇 번 책을 수정한 일은 있으나 그 밖의 다른 책은 자신이 출판한 적이 없다고 했다. 그에게 그의 인쇄된 책 두 페이지와, 같은 내용인데 여백에 사실상 유아 세례는 사탄적인 괴상한 이론에 불과하다는 주註가 적힌 원고가 제시되었다. 그는 자신은 유아들이 세례에 의해 구원받음을 믿는다고 답변했다. 그렇다면 스스로 몇 군데의 주註를 반대로 수정해야만 한다고 하자 그는 그렇게 하겠다고 약속했으나, 이것이 자신의 편지인지 아닌지는 즉석에서 알 수 없다고 했다. 그리고는 자기가 보기에는 그런 것 같은데, 만일 신앙에 반대되는 것이 있으면 '우리의 어머니이신 거룩한 교회의 결정'에 굴복할 것이며 좀 자세하게 읽어볼 수 있도록 허락해 준다면 오류를 다 고치겠노라고 했다.

그 다음날 그는 맹세를 하고는 다시 심문을 받았다. 이번에는 그에게 자유 의지에 관한 '편지'가 제시되었다. 그는 울먹이면서 말을 했다. "선생님들, 제가 사실대로 다 말하겠습니다. 이 편지들을 썼을 때 지금부터 약 20년 전에 제가 독일에 있을 때였습니다. 그 때 스페인 사람인

---

9) OC 8, 842.

세르베투스라는 사람에 의해 독일에서 출판된 책이 한 권 있었습니다. 저는 그가 스페인 어디 출신이었는지 또 그 당시 그가 독일 어디에서 살았는지는 잘 모릅니다. ……그런데 제가 독일에서 그 책을 읽었을 때는 15-17세의 매우 어린 나이였기 때문에 그 내용이 몹시 좋아 보였고 사실상 그 어느 누구보다도 더 훌륭해 보였습니다."[10] 그는 칼빈에게 편지를 써 보낸 적이 있는데 그 때 세르베투스가 칼빈에게 던진 적이 있던 질문을 적어 보내면서, 자신은 세르베투스가 아님을 칼빈에게 분명히 밝힌 후 일치를 위해서 세르베투스의 이름을 사용한 것이라고 했다. 그러나 칼빈이 너무 화를 내는 것을 보고 서신 교환을 중단한 것이라고 설명했다. 유아 세례에 대해서는 오래 전부터 그의 견해를 조금씩 바꾸었으며 이제는 교회와 보조를 같이 하기를 원한다고 했으며, 삼위일체에 관한 '편지'에 대해서는 단지 세르베투스의 견해를 베낀 것뿐이라고 했다.

제2차 심문이 끝난 후에 세르베투스는 그의 하인을 시켜 자신이 받아야 할 돈을 모으게 했다. 그 다음날 아침 일찍 일어난 그는 간수로부터 작은 정원 열쇠를 받고는 담을 넘어, 제네바 의회가 비엔 법정을 조소한 표현대로 "그의 주인에게 인사 한마디도 없이 감옥을 떠났다."[11] 법정이 할 수 있는 일이란 놓친 죄수에게 판결을 선고하는 길뿐이었다. 따라서 그들은 6월 17일에 판결을 선고했다. 그는 "몸이 재가 될 때까지 약한 불에서 산채로 화형에 처한다. 당분간은즉 그가 잡히기 전까지는 그의 초상을 만들어서 화형에 처하고 그의 책들은 소각한다."[12]

---

10) OC 8, 848.
11) OC 8, 761.
12) OC 8, 786.

세르베투스가 이렇게 믿기 어려운 어리석은 행위를 저지른 것을 볼 때, 우리는 그가 20년 동안 가면을 쓴 생활을 통해 이제는 환상과 실제를 구별해 내지 못하는 지경에 이른 것 아닌가 추측만 할 수 있을 뿐이다. 우리가 아는 한에서는 그럴 필요가 전혀 없었는데도 불구하고 그는 이탈리아를 거쳐 제네바에 왔고 거기에서 칼빈의 설교를 듣기 위해 생 피에르 교회에 참석했던 것이다. 그는 칼빈의 요구로 그의 비서 니콜라 드 라 퐁텐Nicolas de la Fontaine의 고소를 통해 체포되었다. 제네바의 제도에 따라 증거를 제시할 수 있을 때까지는 피고뿐 아니라 고소한 사람도 감옥에 수감되었다.

칼빈은 신학적인 근거 위에서 죄목의 리스트를 작성해서 퐁텐으로 하여금 법원에 제출케 했다. 피에르 티소Pierre Tissot를 검사로 해서 행정관 앞에서의 첫 공판이 8월 14일에 열렸을 때는 세르베투스는 세르베투스라는 본명으로 심리를 받았다. 죄목이 낭독되면 이에 대한 세르베투스의 답변이 있었다. 드 라 퐁텐은 불만족스럽다는 선언을 하고 감옥으로 되돌아 갔다. 그 다음날 앙투안 코뱅은 드 라 퐁텐 대신 고소자를 맡았다. 16일에는 필리베르 베르텔리에가 티소 대신 대리로 나왔다. 니콜라의 삼촌인 제르맹 콜라동Germain Colladon, 즉 베리 공국의 유명한 전직 법률가가 소추 위원회를 맡았다. 그 다음 날 칼빈은 소의회에 나가서 베르텔리에가 세르베투스를 어느 정도 옹호하려고 한다는 점을 들어 그를 비난했다. 그 다음 여러 번의 공판에선 수석 행정관인 페랭은 불참하고 티소가 대리의 역할을 다시 맡았다. 독자들에게 수많은 심문들을 다 이야기하려면 진력이 날 것 같아서 심문을 통해 입증된 사실들을 요약하면 다음과 같다.

첫째, 문제가 된 저술들은 이단적이었다. 즉, 보편적 교부들과 회의에 비추어 보면 이 저술들은 성경에 정반대되며, 더욱이 교의敎義의 주요 핵심으로 보아도 이단적이었다. 결국 초대 교회 기독론을 많이 연구한 것처럼 보였다.

둘째, 문제가 된 저술들의 저자는 세르베투스였다.

셋째, 그는 판매하기 위해서 그것들을 썼으며 따라서 그 안에 들어 있는 견해는 다른 이들에게 전달되도록 쓴 것이었다.

넷째, 그는 구두로 혹은 글로 칼빈 선생, 비레 선생, 푸팽 선생을 포함해서 다른 사람들에게 이런 이단 사설을 전했다.

다섯째, 이단은 제국 내에서는 '범죄에 해당한다' 는 것은 로마법으로부터 확립되어 온 전통이다. 따라서 유스티니아누스 법전뿐 아니라 세속 권력으로 이단을 처벌한 예는 많이 있다.

목사 총회의 기록을 보면 재판을 한없이 길게 질질 끌 것이 분명했음을 알 수 있다. 그것은 사건이 복잡했기 때문이 아니었다. 왜냐하면 사실상 세르베투스의 책은 보편적 기독교 표준에 따르면 무서운 이단적 내용이 담겨있는 책임이 너무나도 분명했기 때문이다. 그것은 단지 방종파가 그 재판에서 칼빈을 궁지로 몰아드는 데 이용하려고 했기 때문이었다. 그들의 어려움은 로마 가톨릭도 이미 세르베투스에게 사형을 선고했고 그들의 행위를 전 유럽이 지켜 보고 있다는 데 있었다. 제네바의 모든 사창가의 영업을 재개한다 해도-소위 가스파르 파브르의 선거공약처럼-페랭이 잘 알고 있었듯이, 가장 사악한 이단의 편을 들어 생길 수도 있는 종교, 정치, 사회적인 영향을 보상해 줄 수 없었다. 그들이 할 수 있는 최선의 길은 이 소송사건을 질질 끄는 것이었다. 세르베투스는 이제 그를 재판하는 자들이 그를 고소한 자의 불구대천의 원수임을 깨닫자 그의 과거 방자한 태도가 칼빈을 대할 때 다시 나타나기 시작했다. 진실로 칼빈에 대한 그의 답변은 비엔의 종교 재판관들에게 아첨하면서 매달리던 모습과는 구역질이 날 정도로 판이하게 달랐다. 그래서 보니바르Bonibard는 이렇게 쓰고 있다.

"그 당시 도시를 지배하고 있던 칼빈의 적들은 페랭의 추종자인 간수를 통해서 칼빈에게 대적하라고 세르베투스를 충동질하고 있었다. 그들은 그를 지지한다는 희망을 그에게 불어넣고 그를 설득시켜서 칼빈이 감옥에 나타나면 칼빈과 논박을 벌일 뿐 아니라 모욕을 주라고 부추겼다."[13]

8월 21일에 소의회는 그들이 빠진 딜레마에서 빠져 나오는 묘안을 생각해 냈다. 그들은 비엔에 "왜 그가 구금되었으며 어떻게 달아났는지 알고 싶다"는 편지를 보냈으며 다른 스위스 교회들과 도시들에 자신들의 견해를 적어 보냈다. 그들은 다른 교회들이 세르베투스의 편을 들 것이라는 것은 거의 믿지 않았으나 볼세크의 경우처럼 미온적인 대답을 해줄 것을 아마 은근히 기대하고 있었던 것 같다. 비록 세르베투스에게 불리한 답변들이 일률적으로 제시된다 해도 그들은 그에게 유죄판결을 내릴 때 칼빈 외에 다른 교회나 도시의 견해를 따를 작정이었다. 답변을 기다리는 동안 그들은 또 다른 해결책을 생각해내고 세르베투스에게 계속 재판을 받고 싶은가 아니면 비엔으로 돌아가고 싶은가라고 질문했다. "그는 땅바닥에 엎드려서 눈물을 흘리며 이곳에서 재판받게 해달라고

---

13) See Roget, *Histoire* 4, 91.

간청했다. 선생님들이 마음대로 해도 좋으니 그곳에만은 되돌려 보내지 말아 달라고 애걸했다."14)

10월 20일에 답신들이 의회에서 낭독되었다. 취리히, 바젤, 베른, 샤프하우젠이 한결같이 세르베투스의 견해를 이단이요 불경스러우며 유해하다고 정죄했다. 이것은 실제로 재판의 종결이었다. 10월 26일에 소의회는 결정을 내렸으나 마지막으로 페랭은 세르베투스를 구하기 위한 노력으로 그 사건을 200인 의회에 넘겼다. 그 다음날 판결이 내려졌는데 비엔과 동일한 판결이었다. 칼빈과 다른 목사들은 그를 제발 화형은 시키지 말고 참수시켜 줄 것을 청원했다. 그러나 이것은 받아들여지지 않았고 칼빈과의 마지막 인터뷰를 한 후에 파렐이 참석한 데서 세르베투스는 화형에 처해졌다.

국가가 이단을 죄로 형벌해야 하는가? 시민 정부에 대한 칼빈의 교리는 『기독교 강요』 첫 판부터 마지막까지 조금도 변화하지 않았으며 독일 도시들의 요청에 의해서 세르베투스 사건에 대해서 쓴 『정통 신앙의 수호Defensio orthodoxae fidei』에 명확히 재진술되어 있다. "기독교 제후나 국가가 이단을 벌하는 것이 합법적인가?"15) "시민 정부의 목적은 인간 사회를 위해 존재할 때 그 안에 다 포함되겠지만 인간들이 호흡하고 먹고 마시고 몸을 따뜻하게 할 수 있도록 해주는 데 있을 뿐 아니라 우상숭배, 하나님의 이름에 대한 모독, 그의 진리에 대한 경멸, 그 외의 종교에 대한 공공연한 범죄 등이 나타나지 않고 유포되지 않도록 하는 데 있다. ……마지막으로 그리스도인들 가운데서는 종교의 공적인 면모가 존재하도록 하고 인간들 가운데서는 인간성이 드러나도록 하는 데 그 목

---

14) OC 8, 789.
15) OC 8, 461.

적이 있는 것이다."[16]

 결국 국가의 임무란 진정한 종교를 확립시키고 한 번 확립되면 그 종교를 계속 유지하는 데 있는 것이다. 국가와 국가의 운영은 결코 세속적이거나 부정不淨하지 않으며 중립적이거나 교회에 적대적인 영역이 아니다. 한번 법률과 그 법률을 진행하는 자들은 세상의 경륜을 위해서 하나님에 의해 임명된 것이다. 치리자들은 하나님의 일꾼이요 종들이며 치리자들로서 세상 직무의 권위뿐 아니라 주님의 권위까지도 가지고 있는데, 이들은 주님에 의하여 그리고 주님을 위하여 이 직무를 수행해 나가는 것이다. 진정한 종교를 확립해 나가고 유지해 나가는 것이 국가의 임무라는 사실을 인정한다면 진정한 종교가 근본적으로 공격받고 있을 때는 정부가 무슨 일을 해야겠는가?

 관용에 대해서나 혹은 형벌에 대해서 20세기와 16세기 사이에는 의견의 차이가 있기 마련이다. 20세기의 우리는 가련한 희생자의 고통과 아픔을 생각만 해도 온 몸이 오싹해진다. 그러나 16세기의 그들은 질서의식이 강했기에 거짓 교리에 의해 영혼이 파괴되고 교회가 산산 조각나고 그로 인한 하나님의 진노가 전쟁과 병과 기근으로 그들에게 덮칠 것을 생각하니 또한 온 몸이 오싹해지지 않을 수가 없었다.

 이탈리아인 도피자 발렌티노 젠틸레Valentino Gentile의 경우는 세르베투스와는 대조를 이루는데 매우 교훈적이다. 제네바의 이탈리아 회중은 삼위일체 교리로 인해 분열되어 있었다. 따라서 신앙고백을 작성하고 서명하지 않으면 추방당할 것이라고 선언했다. 두 사람을 제외하고는 모두가 서명했다. 젠틸레는 서명을 해놓고서는 계속해서 그의 삼위일체

---

[16] Opera selecta (Barth and Niesel) 1, 260.

와 기독론에 대한 이단설을 전파하고 있었다. 1558년 7월에 그는 체포되어 투옥되었다. 그가 작성한 진술서는 불충분하다고 인정되어 정죄를 받았다. 세르베투스와 같은 꼴이 되기는 싫다고 말하고 그는 회개한다고 했다. 법률가 위원회가 그의 고백이 참된지를 알아보기 위해 파견되었다. 그들은 8월 15일에 그에게 불리한 판결을 내리고 그를 참수시켜야 한다고 주장했다. 그러나 다른 사람들이 그의 회개를 증거했기 때문에 사형은 보상하고 공적인 회개를 하는 것으로 감형되었다. 8년 후에 젠틸레는 그의 견해를 베른에서 다시 되풀이하기에 이르렀고 베른 당국은 제네바가 마무리짓지 못한 일을 마저 하는 데 하등의 양심의 가책을 느끼지 않았다. 따라서 그는 1566년 9월 10일에 참수되었다.[17]

반대 세력이 꺾이다

세르베투스의 재판이 진행되는 동안에도 방종파의 칼빈에 대한 핍박은 약화되지 않았다. 우리는 그가 낙망에 빠져 사임을 허락해달라고 청원하는 모습을 보았다. 1553년 9월에 접어들면서 주의 만찬을 거행하는 때가 가까이 오자 소의회는 사면해 달라는 필리베르 베르텔리에의 요구와 출교는 치리 법원의 권한이지 의회의 권한이 아니라는 칼빈의 주장을 놓고 토의를 벌였다. 의회는 베르텔리에에게 성만찬 참여를 허락할 것을 결정했으나 이번에는 성만찬에 참여하지 않기를 요청했다.

9월 3일 성만찬 주일날, 설교 후에 칼빈은 의회가 출교시킬 능력이 없음을 거듭 강조하고, 출교당한 사람은 참석하지 말 것을 경고했다. 그는 너무나 과격하게 이야기했기 때문에 이제 사임하면 받아주거나 아니면

---

17) OC 21, 698ff.

즉시 쫓겨 날 것이라고 믿었다. 그런데 그 날 오후 설교에서 우연히도 사도행전을 계속 설교해 나가는 가운데 그는 20장, 즉 사도바울이 에베소교회 장로들에게 바닷가에서 작별하는 감격스런 장면을 설교하는 차례에 이르게 되었다. "지금 내가 너희를 주와 및 그 은혜의 말씀께 부탁하노니 그 말씀이 너희를 능히 든든히 세우사 거룩케 하심을 입은 모든 자 가운데 기업이 있게 하시리라"32절.

칼빈 자신은 언제나 교회를 섬길 준비가 되어 있으나 권세를 잡은 자들이 하나님 보시기에 합당하지 못한 일을 자신에게 하도록 강요하기 때문에 어쩌면 이번이 제네바에서의 마지막 설교가 될지도 모른다고 했다. 그가 가더라도 성도들은 개인적으로 자신에게 매달리지 말고 그가 전한 하나님의 말씀을 굳게 잡으라고 했다. "그러므로 형제들이여 사도바울처럼 나도 여러분들을 주님과 그의 말씀에 부탁합니다."

그러나 의회는 그를 해고하는 대신 민감한 반응을 보이면서 칙령이 무엇이라고 말하는지 세심히 연구해 보자는 결정을 내렸다. 그러나 새로운 어려움이 생기게 되었다. 칼빈에게 매우 귀찮은 존재였던 서기 트롤리에Trolliet가 베낀 사본은 의회 서기가 작성한 원본과 달랐고 원본은 분실되고 없었다. 행정관 다를로가 원본을 찾아 보도록 위임되었다. 결국 그는 원본을 찾아냈고 2주일간의 토의가 계속되었다. 9월 18일에 "의회가 치리 법원 앞에서 회개의 표시를 보이지 않은 사람에게 성찬에 참여시키도록 하라고 명령할 수 있는지"를 결정하는 숙명적인 제안을 표결에 붙였다. 과반수 이상이 "우리가 과거 그대로의 법을 지키는 것이 옳다"[18], 즉 '칙령은 1541년 이래로 시행돼오던 의미대로 해석되어야 한

---

18) OC 21, 554.

다'는 데 찬성표를 던졌다. 출교는 치리 법원의 권한인 것이다.

11월에 들어서면서부터 방종파는 세르베투스를 이용하는 데 실패하고 말았다. 따라서 칼빈은 신앙의 수호자로, 기독교계의 전사戰士로 인정받게 되었다. 더욱이 제네바의 평민들이 목사들과 방종파를 비교해 보고 목사들이 주장하는 도시의 모습이 더 좋다는 식의 반응을 나타내기 시작했다. 파렐이 '레 장팡 드 주네브'les enfants de Genève, 방종파를 말함-역자 주는 산적, 살인자, 도적, 간음한 자, 무신론자보다 더 악한 인간이라고 비난하는 과격한 설교를 했을 때 몇 사람이 제네바 시민의 이름으로 그를 의회에 고발하자 또 다른 일단의 시민들이 또 제네바 시민의 이름으로 그를 변호하러 의회에 나타났다.

완고한 베르텔리에는 마치 자신은 은혜의 수단 없이는 살 수 없다는 듯이 11월 3일에 원래대로 회복시켜 달라는 청원서를 다시 제출했다. 나흘 후에 출교의 문제가 200인 의회에서 논의되게 되었다. 칙령은 아래와 같이 시행되어야 한다는 의견에 거의 대다수가 찬성했다. 죄를 지은 사람은 우선 개별적으로 충고되어져야 한다. 만일 그가 행위를 고치지 않으면 치리 법원에서 파송된 두세 사람에 의해 훈계를 받아야 한다. 계속 회개하지 않거나, 아니면 더 심각한 죄를 범하는 경우에는 의회로 보내져야 한다. "그리고 주의 만찬에 대해서는 치리 법원은 의회의 명령 없이는 그 누구에게도 성찬 참여를 금지할 권한이 없다. 그러나 치리 법원이 보기에 성찬을 받아서는 안 된다고 생각되는 사람이 있을 때는 의회에 보고해야 하며 의회는 이를 의논해서 금지해야 할지의 여부를 결정한다."[19] 의회는 두세 명의 목사와 협력하여 일을 처리할 것이나 "최후

---

19) OC 21, 560.

결정은 의회에 있다."[20]

목사들은 그 결정을 받아들일 수 없었기 때문에 200인 의회에서와 더 나아가서는 총회에서 이 문제를 거론해 줄 것을 요청했다. 이 건의는 받아들여졌고 베른, 취리히, 바젤 그리고 샤프하우젠의 교회의 의견을 들어보자는 결론이 났다. 그러나 이 교회들의 의견을 들어보았으나 아무런 결정도 내리지 못했다.

베르텔리에 형제가 문제의 핵심이 된 채 사태는 해결되지 않고 장기화되고 있었다. 1554년이 되었을 때도 칼빈은 여전히 자신이 떠나야만 한다는 생각을 버리지 못했다. 그러나 그는 방종파가 전에 자기 자신처럼 낙심하기 시작하고 있음을 눈치채고 일말의 희망을 갖기 시작했다. 필리베르 베르텔리에는 1554년 봄과 여름에 다시 성찬 참석이 거부되었으나 9월의 성찬식에는 참여하고 싶다는 청원을 다시 했다. 의회는 소득 없이 길기만 한 논의 끝에 문제를 다시 한 번 깊이 조사할 위원회를 설치하기로 결의를 했다. 그들은 1555년 1월 22일에 보고서를 올렸다: "의회는 오전 7시에 맹세를 하고 모임을 가졌다. 출교에 관한 법규뿐 아니라 독일·스위스의 교회들에서 온 편지들을 한 단어씩 차근차근히 읽어 내려갔다. 결정 사항: "우리는 그 법규를 지킬 것이다."[21] 이 결정사항은 24일에 60인 의회와 200인 의회에서 추인되었다. 1541년의 교회 협정이 이제야 비준된 것이었다. 방종파의 반대는, 그 때까지 계속 실제로는 그래 왔지만 이제야 불법적이라는 선언이 내려졌다.

그러나 아직은 평화롭지 못했다. 페랭의 추종자들이 생각을 바꾸지 않은데다가 계속해서 실권을 쥐고 있었다. 그들은 칼빈을 여러모로 괴롭

---

[20] OC 21, 560.
[21] OC 21, 593.

힐 수 있었다. 한 예를 들어 보자. 그들은 『베스트팔에 반대하는 성찬론 treatise on the eucharist against Westphal』이란 그의 논문을 검열받도록 만들었다. "이 때문에 나는 성질이 나서 4명의 행정관들에게 만일 내가 천년을 살더라도 결코 이 도시에서는 작은 것 하나라도 출판하지 않을 것이라고 소리쳤다."[22] 칼빈이 파렐에게 "여기에는 모든 것이 두려울 정도로 뒤죽박죽이오. ……우리 시의 내부적인 불화 때문에 행여 형에게 곧 불길한 소식이나 전할까 그게 염려가 되오"[23]라고 편지한 것을 보면 심지어는 5월에 들어서서도 권징 문제에 관한 승리는 단명短命으로 끝날 것처럼 보였던 것 같다.

그러나 그의 판단은 빗나갔다. 2월의 선거로 인해 다년간 세력을 잡고 있었던 페랭의 추종자들이 뒤로 물러나 앉게 되었다. 4명의 행정관이 모두 칼빈의 지지자가 되었다. 그들은 자신들이 세력을 잡게 된 그 동일한 법 아래서 소의회에서 방종파들을 몰아내기 시작했다. 60인 의회와 200인 의회도 이와 비슷하게 정화되었다. 이와 동시에 수많은 프랑스인 도피자들이 시민권을 획득하게 되었다. 그들은 제네바 태생이 아니었기 때문에 소의회에 들어갈 수는 없었으나 다른 의회 의원으로는 선출될 수 있었다. 제네바 시의 경제적인 유익을 위해서 이들에게 문호를 개방한 것임은 의심할 나위가 없다. 또 이것이 정당한 것이었는지 아니었는지는 별개의 문제이다. 어쨌든 이 일은 실제적이든 가상적이든 프랑스의 침투에 대한 두려움을 야기시키고야 말았다.

방종파는 오랫동안 장악했기 때문에 당연히 자신들의 차지라고 믿었던 권력을 하룻밤 사이에 잃고 말았다. 이런 사실을 접하자 그들 중 과격

---

22) OC 15, 356.
23) OC 15, 617-18; English Translation of Calvin's letters 3, 182.

한 사람들은 반란을 계획하고 신중하게 움직이기 시작했다. 5월 16일에 그들은 그렇게 많은 프랑스인들에게 중산층bourgeoisie 계급을 부여한 것에 반대하는 항의서를 총회에 제출했다. 그러나 의회는 어떤 조처도 취하기를 거절했다.

그 날 저녁 불만에 찬 주모자들이 저녁 식사하러 술집에 모였다. 페랭이 주인이었고 그밖에 방델, 세트, 프랑수아 베르텔리에 등이 있었다. 칼빈은 무장 봉기가 계획되었다고 믿었으나, 많은 역사가들은 그들이 만취해서 제네바인들을 위한 제네바를 건설하자고 큰 소리로 거칠게 떠들었을 뿐이라고 생각한다. 어쨌든 그들은 무장된 프랑스인들이 모여 있다고 생각한 집을 불질러 없애기 위해 그 집으로 출발했다. 도중에 적의 하인을 만나자 베르텔리에는 돌을 던져 그에게 상처를 입혔다. 그 집에 도착했을 때 지휘봉을 든 행정관 오베르Aubert, 그는 바로 옆집에 살고 있었다는 그들에게 해산할 것을 명령했다. 페랭은 마치 자신이 권력자인 양 그에게서 지휘봉을 낚아챘다. 그러나 또 다른 행정관이 그 곳에 도착해서 페랭에게 자신과 함께 시청으로 갈 것을 명령했다. 이렇게 되자 소위 애국자들은 약간 어색해지게 되었고 마음이 선뜻 내키지 않던 사람과 불안해 하던 사람들은 어둠 속 골목길로 슬슬 꽁무니를 뺐고 순식간에 조용해졌다. 이렇게 해서 반란은 끝이 났다.

그러나 기어이 무장 봉기가 일어나고 말았다. 페랭은 무력으로 권력을 장악하려고 했다. 공화국의 권위에 대한 공격이요 모욕이 아닐 수 없었다. 페랭과 필리베르 베르텔리에를 포함한 몇몇 지도자들은 도시 밖으로 도망을 쳤다. 이들은 부재 상태에서 궐석 재판을 받았고 사형이 언도되었다. 행운이 없었던 이들은 고문을 받고 사형당했다. 살아 남은 자들은 멀리서 할 수 있는 모든 방법과 수단을 동원해서 칼빈을 계속 괴롭혔다. 그러나 칼빈의 교회 정치에 대항하는 조직화되고 장기적인 반대는 이제 끝이 났다.

새로운 대학

칙령의 한 부분이 아직도 만족할 만큼 실행되지 못하고 있었다. 사적인 설교나 공적인 설교가 늘 시행되고 있었으며 권징도 실행되고 있었다. 집사들은 양심적으로 그 임무를 잘 수행하고 있었던 것으로 보인다. 왜냐하면 항상 불평을 제일 먼저 하는 집사들에 대해서행 6:1 어떤 특별한 언급이 없는 것으로 보아 심각한 불평은 없었던 것으로 추측할 수 있기 때문이다. 학문적인 신학, 저술, 강의, 출판 등의 분야에서도 상당한 활동이 있었다. 그러나 교육을 위한 시설은 만족스럽지 못했다.

우리는 일찍이 소니에, 코르디에, 카스텔리오가 선생으로 있던 학교에 대해 언급한 바가 있었으나, 이 학교는 14세기 말의 문법학교의 후신으로서 15세기에는 3학學, trivium과 4과科, quadrivium를 가르치는 학교에 불과했다. 그나마도 선생을 확보하지 못해 1531년에는 문을 닫아야 하는 불상사가 일어나고 말았다. 1535년에는 전 리브 수도원 자리에 새 학교가 개교했으나 칼빈이 추방간 사이에 쇠퇴하기 시작했으며 그가 제네바로 돌아왔을 때에는 교사들을 확보하고 재정을 마련하는 데 적지 않은 고충을 겪었던 것 같다. 제네바 시 안에 적절한 교육 시스템을 세워 보려는 칼빈의 노력은 아마도 의회의 미지근한 태도와 재정의 결핍으로 허사로 돌아간 것 같다. 님Nîmes에 대학을 세우는 데 관심을 갖고 있던 클로드 바뒤엘Claude Baduel이 1550년 6월에 칼빈에게 서신을 보냈다.

"저는 선생님의 편지회람 서신, 지금은 분실되었음를 통해 제네바 시의 정부 관리들이 학예 과목을 가르치는 대학Gymnasio literarum을 세우는 데 관심도 없고 생각도 없음을 알았습니다. 게다가 이런 무관심이 선생님을 매우 괴롭힐 것이라는 것도 알았습니다."[24]

1558년 1월에 가서야 비로소 의회는 그 문제를 심각하게 다루겠다는데 동의했다.[25] 그 후에 일은 매우 서서히 진행되었다. 3월 25일에 행정관들은 '칼빈 선생과 다른 사람들'을 초청해서 저녁 후에 대지를 물색하기로 결정했다. 그 다음 월요일에 그들은 매우 적극적인 자세를 보였다.

"그들은, 우리가 학생들이 걸어 다닐 수 있는 여유를 빼고도 6개의 교실을 볼로미에 정원15세기의 부르 드 푸르 병원의 창설자 이름을 따서 그렇게 명명됨에 지을 수 있다고 보고했다. 이 곳은 경관이 좋은데다가 맑은 공기 때문에 학생들의 건강에는 더할 나위 없이 좋은 장소였다. ……가능한 한 빨리 공사를 시작하도록 했다."[26]

공공건물을 지으려는 사람은 누구든지 공사의 진행 과정과 건축 자재를 미리 예측할 수 있어야 하는 법이다. 그들은 1558년 말까지도 기초 공사를 시작도 하지 못했다. 그들은 목재도, 석재도, 헌금도 부족했다. 문제는 돈이 부족한 것이 가장 심각했다. 그러나 제네바 의회 의원들은 기

---

24) OC 13, 587-90.
25) 학술원(Academy)에 대해서는 Borgeaud의 *Histoire de l' Unicersit* ; Geisendorf, *L' Universit de Geneve*를 보라.
26) OC 21, 687.

금을 모으는 데는 노련했다. 성벽을 재건했을 때 한번 해 본 경험이 있었기 때문이었다. 이제 그들은 '대학을 위해서' 범법자들에게 무거운 벌금을 매겼을 뿐 아니라 모든 변호사들에게 고객들을 설득시켜 살아 있을 때나 유언을 할 때나 많이 기부할 수 있도록 최선을 다하라고 명령했다. 따라서 결국은 부자인 로베르 에티엔의 312플로린florin에서부터 가난한 자는 몇 수sou에 이르기까지 모든 사람들이 돈을 갹출해 냈다. 페랭의 추종자들에게서 압수한 재산을 경매에 붙여서 나온 대금의 일부도 역시 대학을 위해 기부되었다. 이렇게 해서 대학의 건물이 세워지게 되었다. 비록 개교식에 맞추어 건물이 완전히 준공되지는 못했으나, 언제 이렇게 해서 지어진 건물이 있었던가? 인부들이 마지막으로 건물에서 이사해 간 것은 1563년이 지나서임이 분명하다. 그리고 유리 장수들이 그 다음해에 1564년 폭풍으로 날아가 버린 종이 창문에 유리를 끼워 넣었다. 건물이 완전히 준공된 이 후에는 오늘의 모습 그대로 계속 남아 있어서 고도古都에서 가장 쾌적한 장소 중 하나가 되었다.

전부터 칼빈은 교수들을 찾고 있었다. 더욱이 그는 큰 뜻을 품고 있었다. 그는 제일 먼저 코르디에를 찾았으나 그는 아직도 로잔에 미련을 두고 있었다. 그 다음에 파리의 프랑스 대학의 히브리어 교수인 메르시에 Mercier를 초청했으나 그는 이에 응하지 않았다. 그 다음에는 한 때 케임브리지에서 히브리어를 교수했고 그 후에는 유명한 시리아-라틴 성경을 편집한 임마누엘 트레멜리우스 Immanuel Tremellius를 초청했으나 그도 또한 오지 않았다. 마침내 그는 운 좋게도 테오도르 드 베자 Théodore de Bèza를 강사로 확보할 수 있었다. 베자는 아직 1557년에 라틴어 신약 성경을 써낸 것 외에 특기할 만한 저술을 펴낸 것은 아직 없었다. 그러나 그는 앞으로 1565년에 헬라어 신약 성경을 편집해서 출판할 예정이었는데 이 책은 개신교 신약 학계에 지대한 영향을 끼칠 책이었다.

그러나 베자 외에도 칼빈은 운이 좋았다. 왜냐하면 이 때에 로잔의 전 교사진이 베른시 의회에 대항해서 사표를 내고 칼빈의 초청으로 몇 학생들과 함께 제네바로 이주해 왔기 때문이었다. 프랑수아 베로François Béraud―콜리니Coligny 제독의 교사였던 오를레앙의 니콜라 베로Nicolas Bérauld의 아들이며, 그 자신도 라틴어와 헬라어로 시를 짓는 시인이요 아피아노스Appian의 책을 라틴어로 옮긴 번역자임―가 헬라어 교수가 되었으며, 얼마 후에 케임브리지 교수가 될 앙투안 슈발리에Antoine Chevalier가 히브리어 교수가 되었다.

1559년 6월 5일에 생 피에르 교회에서 성대한 개교식이 열렸다. 칼빈은 사회를 보고 마지막에 연설을 했으며 베자는 구약 족장 시대로부터 그 당대의 대학에 이르는 고등 교육의 역사를 라틴어로 간략하게 이야기했다.

처음 시작할 때의 걱정과는 달리 이 계획은 매우 성공적이었다. 5년도 채 안 되어서 대학collège, 즉 '스콜라 프리바타'schola privata에는 천 명의 학생이, 학술원academy, 즉 '스콜라 푸블리카' schola publica에는 3백 명의 학생이 몰려들었다. 전자는 우리가 1장 3항에서 살펴 본 바와 같은 대학 준비 과정에 해당된다. 학생들이 7과목을 통과하기까지는 라틴어로 베르길리우스Virgil, 키케로Cicero, 리비우스Livy의 책을 읽어야 하고 헬라어로 폴리비우스Polybius, 크세노폰Xenophon, 데모스테네스Demosthenes의 책을 읽어야 했는데, 이는 언어를 배우는 것뿐 아니라 고전 역사를 배우는 데 그 목적이 있었다. 학생들은 또한 철학 공부도 시작했다. 학술원에서는 신학, 히브리어, 헬라 시와 철학, 변증법과 수사학, 물리학과 수학을 가르쳤다. 의학 강의도 몇 개 있었고 후에는 시민법 강의도 있었다. 그러나 칼빈이 모든 과목이 동등하게 가르쳐지는 대학을 세우려고 한 것이 아니냐는 오해를 불러 일으키지 않기 위해서 우리는 칙령을 다시 한 번 살펴보고 그의 교육 목적을 다시 상기해 볼 필요가 있다.

"목사에 가장 가까운 직분은……신학 강사인데, 구약 강사 한 명과 신약 강사 한 명이 각기 있는 편이 좋다. 물론 먼저 어학과 인문학을 가르쳐야 재정적인 어려움을 간신히 면할 수 있는 것은 사실이나 대학의 설립 목적은 정부 관리를 양성하는 것뿐 아니라 목회 사역을 준비하는 학생들을 가르치는 데 있다."[27]

여기서 신학은 모든 '학문의 여왕' *regina scientiarum*으로 제시되고 있으며 다른 학문은 신학의 준비 과정으로만 인정되고 있다. 학생들은 학위를 얻고 소득이 많은 직장에 들어가기 위해서가 아니라 복음의 전파자로서, 혹은 경건한 행정 관리로서 하나님을 섬기기 위해서 훈련을 받아야 한다는 것이었다.

『기독교 강요』의 최종판

칼빈도 두 명의 신학 교수 중 하나가 맡는 구약 강의를 맡았다. 사실상 이 강의가 그의 구약 주석들의 자료인 셈이다. 약 1552년경부터 그보다 나이가 어린 젊은 친구 몇몇이 그의 작업을 도와주기로 했다. 자기 방에서 비서에게 받아 적게 하는 대신 그는 이제 그의 강의를 학생들이 받아 적은 노트에 의지할 수 있었다. 이미 『이사야서 주석』이 강의를 통해서

---

[27] OC 10a, 21; Theological Treatises, Library of Christian Classics 62-3.

책으로 출판되어 있었다. 물론 초판은 니콜라 데 갈라르Nicolas des Gallars가 속기사 역할을 해서 강의1549년까지의에서 그의 논증의 주요 골자만을 받아 적은 다음 자신이 보충해서 칼빈에게 보내면 칼빈이 보고 필요하면 수정해서 만든 것이기에 칼빈 자신의 저술이라고는 엄격히 말할 수 없을 것이다. 그러나 이제는 강의를 한 자 한 자 그대로 받아 적을 수 있는 여건이 갖추어져 있었다. 물론 드니 라그니에Denis Raguenier가 설교를 받아 적는 수준에는 미치지 못했음이 분명하지만 그는 강의까지도 받아 적어야 하는 분주한 일에서 약간은 해방되었던 것 같다. 그러나 그는 장 뷔데Jean Budé와 샤를 드 종비예Charles de Jonviller와 협력해서 그들을 도와주었던 것 같다. 『소선지서 주석』 서문에는 뷔데가 그들 중 몇이 시편 강의1552년 이후부터 계속된를 사용하려고 적어놓은 노트가 있으니 이것들을 모아서 하나로 정리하고 칼빈의 도움을 얻어서 시편 주석을 써내는 것이 좋겠다고 밝히고 있다. 그러나 칼빈이 부처가 이미 잘 주해해 놓았는데 다시 주석을 쓸 필요가 있느냐고 반대했기 때문에 그들의 계획은 허사가 되고 말았다. 후에 칼빈은 생각을 바꾸고 주석을 썼다이 강의를 베낀 것은 아닌 것처럼 보인다. 인쇄업자인 장 크리스팽Jean Crispin은 서문에서 그들이 어떻게 그 일을 해냈는지를 잘 설명해준다.

"강의를 받아 적는 데는 이런 방식을 사용했다. 각자는 가장 편리한 형식의 종이를 준비해 두었다가 각자 따로따로 최대한 빠르게 받아 적었다. 만일 한 사람이 몇 마디 말을 놓친다 해도특별히 논쟁점을 이야기할 때 이러는 수가 많았는데 다른 사람이 받아 적을 수 있었다. 강의가 끝나면 즉시 종비예는 다른 두 사람이 받아 적은 종이를 거두어 앞에 놓고 자신의 것을 참조해서 자세히 대조하고 그들이 급하게 갈겨 쓴 것을 다른 사람이 받아 적게 하였다. 맨 마지막에 그는 다음날 칼빈 선생에게 다시 읽어 드릴 수 있도록 철저히 검토해서, 작은 단어라도 빠졌으면 보충했고 설명이 불충분하면 쉽게 이해하도록 고쳤다."[28]

칼빈의 강의 스타일을 알기 위해서는 뷔데의 서문을 한번쯤 연구해 볼 만하다. 그는 칼빈의 스타일이 르네상스 전前 방식의 구식으로서 '연설이라기보다는 좀 딱딱하며,' '단순하나 그렇다고 해서 교양이 없는 말투는 아니며,' '예전에 사람들이 강의실에서 사용하던 방식'이었다고 말한다.[29] 뷔데가 말하듯이 이런 평범하고 미사여구가 없는 스타일이 분명한 주해에는 더할 나위 없이 적합하다. 인쇄업자가 쓴 『다니엘서 주석』 서문을 통해 우리는 칼빈의 강의 방법에 대해 흥미 있는 정보를 얻을 수 있다. 우리가 이미 살펴 보았듯이 그는 히브리 성경에서 직접 강의했으며 먼저 성경 구절을 히브리어로 낭송하고 그리고 나서 라틴어로 번역했다. 그의 신약 주석이 헬라어 원문에 굳게 근거하고 있듯이 구약 주석들도 히브리어 원문에 근거한다.

이런 열성적인 속기사들의 도움으로 칼빈의 구약 성경 주석들은 제네바 출판사를 통해 빠르게 쏟아져 나왔다. 『사도행전 주석』 제2권과 같은 해에 『창세기 주석』이 출판되었다. 그러나 1557년의 『시편 주석』은 강의를 베낀 것이 아니라 칼빈이 스스로 썼거나 아니면 비서에게 받아쓰게 해서 만든 것이었다. 1557년에 『호세아서 주석』이 나왔고 2년 후에 『소선지서 주석』과 다시 쓴 『이사야서 주석』이 나왔다. 이사야서 주석 초판은 영국의 엘리자베스 여왕Elizabeth I 오빠에게 헌정한 데 반하여 다시 쓴

---

28) OC 42, 189f..
29) OC 42, Prolegomena side 4; Calvin Translation Society Minor Prophets 1, xxvii.

이사야서 주석은 엘리자베스 여왕에게 헌정했다. 1561년에 『다니엘서 주석』이 나왔고 뒤를 이어 1563년에 『오경 대조』, 『예레미야서 주석』, 『예레미야애가서 주석』이 나왔다. 나머지 2권의 책이 그가 죽은 뒤 출판되었으니 1564년에 『여호수아서 주석』, 그리고 1565년에 『에스겔 1-20장의 주석』이 나왔다. 베자는 만일 그가 좀더 오래 살았더라면 성경의 모든 책을 주석했을 것이라고 말한다.

이 신학 교수가 교의학dogmatics이라고 부르는 것에 대해 강의하지 않은 것은 그 나름대로의 의미가 있다. 그의 모든 강의는 성경의 주해였다. 교의 신학은 계속 부피를 늘려가는 『기독교 강요』에서 취급했다. 우리는 21장 분량의 『기독교 강요』 1550년도 판까지만 다루었다. 칼빈이 얼마나 금방 이 책에 대해 불만을 느끼고 얼마나 빨리 개정 작업에 들어갔는지는 알 수 없다. 그러나 1558년 가을에 그는 사일열에 걸려 크게 앓은 적이 있었다. 『기독교 강요』를 개정하지 못한 채 죽을까봐 두려웠는지 그는 억지로 개정 작업을 서둘렀다.

그는 이제 한편으로는 신학적이고, 다른 한편으로는 문헌적인 2중의 형식을 사용했다. 문헌적literary인 형식은 전판에서 이미 4장의 내용을 구성하던 사도 신경의 구조를 전체 책의 구조로 채용하는 단순한 방식을 사용했다. 따라서 『기독교 강요』는 사도 신경의 내용이 넷으로 구분된 것처럼 4권으로 구분되었다.

1권, '창조주 하나님에 대한 지식에 관하여'
　"전능하사 천지를 만드신 하나님 아버지를 내가 믿사오며"
2권, '그리스도 구속주 하나님에 대한 지식에 관하여'
　"그 아들 예수 그리스도를 믿사오니……저리로서 산 자와 죽은 자

　　　　를 심판하러 오시리라"
　3권, '그리스도의 은혜를 얻는 양상에 관하여'
　　　　"성령을 믿사오며"
　4권, '하나님께서 우리를 그리스도와의 교제로 초청하여 그 안에서 우리
　　　　를 보호하시는 외적인 수단이나 도움에 관하여'
　　　　"거룩한 공회······ 영원히 사는 것을 믿사옵나이다"

　21장에 걸쳐있던 자료들은 이제 이 4권으로 재배열되었으며 각 권book은 여러 장chapter으로, 각 장은 여러 절section로 나뉘었다. 이런 형식을 채용함으로써 칼빈은 자신의 책을 최고最古의 보편적 신조의 범위 안에 한정시켰다. 이로써 그는 자신이 보편적 교회의 전통 안에 머무르고 싶다는 의사를 공식적으로 분명히 하는 것이다.

　이런 문헌적인 형식 밑에는 하나님에 대한 지식의 견지에서 교리들을 다루는 신학적인 형식이 깔려 있다.[30] 그러나 『기독교 강요』의 신학적 형식을 창조주 하나님에 대한 지식과 그리스도 구속주 하나님에 대한 지식에 의해 지배받는 것으로 해석하는 것은 오해이다. 이런 식으로 보면 칼빈의 의도를 곡해하는 것이며 그의 신학을 잘못 해석하는 것이다. 오히려 『기독교 강요』를 지배하는 2중 지식은 1536년도 판의 첫 문장, "거룩한 교리(이것이 1539년도 판에는 '우리의 모든 지혜'라고 바뀌었다)의 총체는 하나님에 대한 지식과 우리에 대한 지식 두 부분으로 구성되어 있다"가 보여 준다. 이 하나님과 인간의 관계, 결국 신학에 대한 심오한 이해는 첫 장에만 국한되어 있는 것이 아니다. 이런 심오한 이해는

---

[30] Parker의 *Calvin's Doctrine of the Knowledge of God*을 보라.

어떤 교리가 토의되든 간에 그 교리의 전제로 『기독교 강요』 전반의 저변에 깔려 있는 것이다.

형식이 새로운 것 외에도 새로운 자료가 상당 분량 첨가되었다. 제목－"기독교 강요. 이제 처음 4권으로 구분하고 장으로 세분한 최고의 방식 도입, 새로운 작품이라고 말할 수 있을 정도로 새로운 자료가 많이 들어 있음"－이 이 사실을 말해 준다. 6장에서 17장이 되더니, 21장이 되고 이제는 80장이 되었다. 이런 증가는 장chapter으로 따로 다루어야 할 새로운 주제가 늘어서가 아니라 기존 주제들을 확대하고 장을 세분화할 필요가 있었기 때문이었다.

이것을 가장 잘 보여주는 예가 6장이다. 1536년도 판에는 '그리스도인의 자유에 관하여' 라는 제목하에 그리스도인의 자유, 교회의 권위, 그리고 시민 정부의 권위 세 주제를 다루었다. 이것이 1539년도에는 이 세 주제가 한 장chapter씩으로 확대되어 세 장13, 14, 15장이 되었다. 그러나 1543년도에는 교회의 권위에 관한 장은 교회의 신조를 주해하는 7장의 일부분이 되었고, '그리스도인의 자유' 는 12장으로 앞에 놓이게 되었고, 시민 정부의 권위는 '정치적 운영에 관하여' 로 제목이 바뀌어 20장에 놓였다. 1559년도에는 '그리스도인의 자유에 관하여' 는 3권 19장이 되었고, '정치적 운영에 관하여' 는 1536년도 판과 거의 다를 바 없는 내용으로 4권 마지막 장에 놓이게 되었으나, 교회에 관한 자료는 1536년도에는 한 장의 1/3이었으나 1539년도에는 한 장이 되었다가 이제는 4권 안에 12장이나 차지하게 되었다.

1559년 5월 2일, 출판해도 좋다는 의회의 허가가 나왔으며 로베르 에티엔이 1559년 8월 16일에 2절 크기의 호화판으로 인쇄를 끝마쳤다. 이제 『기독교 강요』의 최종판이 완성된 것이었다. 단지 전처럼 칼빈이 프랑스어판으로 번역하는 일만 남았다. 콜라동은 칼빈이 어떻게 번역 작업을 했는지 설명한다.

"그는 엄청난 분량을 그의 동생 앙투안과 비서로 쓰는 하인에게 받아쓰게 했다. 그는 이곳 저곳에서 전에 인쇄한 프랑스어판에서 몇 페이지를 그대로 찢어 중간에 삽입하고 자주 제본직공을 불러 일을 시켰다. 그러나 결국은 누군가가 전부를 다시 훑어볼 필요가 있었다. 여러 부분이 대폭적으로 수정된 데다가 지운 곳도 있고 새로 삽입한 곳도 있고 해서 본문이 처음부터 끝까지 읽기조차 어려울 정도로 말이 아니었으며 비서가 칼빈이 한 말을 이해하지 못하고 잘못 적은 곳도 있었다. 이번 프랑스어판의 출판 비용을 대는 앙투안의 요청으로……나는 칼빈의 원고를 보고 라틴어와 프랑스어의 난잡한 본문을 개정해 나갔다. 나는 거듭 되풀이해서 읽었고 교정하기도 하고 비교하기도 하면서 인쇄하기에 혼동되지 않도록 분명하고 명백하게 고쳐나갔다." [31]

이렇게 난잡한 원고를 가지고 인쇄한 결과 약간 잘못된 부분이 있었기에 1921년까지는 칼빈 자신의 번역으로 인정되지 않았다. [32]
『기독교 강요』는 작은 예배당으로 시작해서 대성당으로 끝을 맺었다. 무엇이 이 책을 이렇게 발전하도록 만들었는가?
무엇보다도 가장 우선적인 요인은 다년간의 강의, 설교, 주석 쓰는 작업을 통해서 성경에 주의를 기울였기 때문이었다. 그의 성경에 대한 이해가 폭과 깊이를 더해감에 따라, 성경의 주요 자료는 성경 자체 내의 상호

---

31) Dedicatory letter, *Institutio*, Lausanne 1576, fol.
32) 이 중요한 본문 연구의 공은 J. W. Marmelstein: *Etude comparative des textes latins et francais de l' Institution*에 속한다.

관계, 세속 철학과의 관계, 그전 주석에 의한 해석 안에서 새로운 이해를 계속 요구했다.

두 번째로 교회사와 교회의 위대한 신학자들에 대한 연구를 통해서 그는 자신이 직면하고 있으며 외양은 다르나 실상은 과거의 교회가 직면했던 문제들을 폭넓게 볼 수 있었다. 1559년도 판 『기독교 강요』는 그전의 것들보다 형식상으로는 '현대적'이지 못했고 교부적이며 초기 스콜라적인 교의학 서적에 더 가까운 유사성을 띠고 있다. 아마도 뷔데가 그의 강의에 대해서 했던 말이 여기에도 적용되는 것 같다. 즉, 그는 다시 약간 구식으로 기우는 경향이 있었다.

셋째로, 그 당시의 신학적이고 종교적인 상황에 대한 그의 판단과 논쟁 때문에 그는 몇몇 주제들은 더 자세히 다루지 않을 수가 없었다. 우리가 방금 말했던 것과는 달리 여기에서는 『기독교 강요』의 '현대성'이 명백히 드러난다. 칼빈은 기독교 시대의 지혜를 다루며 약간은 고풍스럽게 책을 만듦으로써, 아무도 그가 집필한 시대가 경직된 로마 가톨릭 신학의 시대요, 서양 기독교의 방황의 시대요, 세계가 기독교의 울타리를 벗어나 겉보기에는 자유스런 세속의 자유를 향해 한걸음 내딛는 시대임을 오해하지 않도록 했다.

제9장

교회들에 대한 염려

약 1500년대의 세계 지도를 보면 전 유럽이 교황의 지배하에 있음을 뜻하는 주홍색의 빛깔로 색칠되어 있음을 볼 수 있다. 스페인 반도에서 폴란드까지, 시칠리아에서 셰틀란드까지 한 가지 붉은 색으로 통일되어 있다. 물론 큰 지도에는 흰색의 작은 부분들이 여기 저기에 표시되어 있다. 아직도 완강한 롤라드파Lollards가 존재하고 있는 남동부 버킹엄셔나 에섹스, 후스파Hussites의 보헤미아, 발도파Waldensians의 고향인 북서 이탈리아의 '추운 알프스 산맥 지대' 등이 흰색으로 표시되어 있다. 그뿐 아니라 주홍색도 한 가지가 아니었다. 다른 각도에서 보면 마치 낡은 비단 색깔처럼 분명하지 못하다. 르네상스의 유사 종교적이거나 준종교적인 철학, 공동생활 형제단의 경건한 아우구스티누스주의, 재세례파의 유토피아와 히에로니무스 보스Hieronymus Bosch의 낙원, 마구간을 도박하기에 적합한 장소로 만드는 추기경들과 종교 회의들의 헤라클레스적인 시도 등의 색깔이 얼마나 갖가지인가? 그러나 지도를 한 장 넘기면 유럽은 다시 온통 주홍색으로 물들어 있다.

다시 50년 후의 지도의 모습을 보면 색깔은 훨씬 더 고착되어 있다. 스페인과 이탈리아는 계속 전처럼 주홍색이나 영국, 스코틀랜드, 스위스는 흰색이며 프랑스, 독일, 네덜란드, 폴란드는 주홍색과 흰색이 줄무늬를 이루고 있다. 서방 교회는 로마 가톨릭과 복음주의 교회의 대립되는 두 집단으로 분열되었다. 그러나 벼랑에서 떨어져 부서진 큰 바위처럼 복음주의 교회는 하나가 아니라 크게 대별하면 성공회Anglican, 루터파Lutheran, 개혁파Reformed 셋으로 나누어져 있었다. 루터파는 너무 루터파적이어서 젊은 마르틴 루터를 마치 교황처럼 떠받들었으며, 비밀 칼빈주의자라는 딱지를 붙여 온건한 루터파들에게 폭력을 휘둘렀다. 취리히는 전사戰士요 신학자인 츠빙글리에 충성을 맹세한 나머지 제네바를 못마땅하게 여겼다. 베른은 그들의 보아너게 세베대를 통해 하늘로부터 불을 내려 칼빈의 저술들을 멸하기를 원했다. 한편 영국에서는 다음 승리를 위해서 땅을 분할하고 있었다.

"거룩한 공회와 성도가 서로 교통하는 것을 믿사옵나이다." "그리스도가 나누어지기 전에는 두 개 혹은 세 개의 교회가 있을 수 없는데, 그리스도가 나누어진다는 것은 불가능하므로 교회는 공회catholic church 혹은 보편 교회universal church라고 불린다"[1]고 칼빈은 말한다. 이 통일성은 한 분이신 그리스도 안에서의 통일성이다. 교회의 기초는 각 개인들의 선택받음에 있다. 선택되어 그리스도 안으로 접붙임을 받았으므로 그들은 그리스도와 하나이며, 그리스도와 하나이기 때문에 각 개인은 그리스도 안으로 접붙임을 받은 다른 모든 사람들과 역시 하나인 것이다. 그

---

1) *Inst.* IV. i. 2.

리스도 안에서 모두가 조화되는데도 불구하고 그리스도 안에서 전투의 요소를 생각한다는 것은 너무나 말이 안 된다. 통일성의 개념은 칼빈의 교회에 관한 교리의 핵심이다. 칼빈의 사고는 집합적인 특색으로 일관되어 있다고들 말한다. 그러나 집합적이라기보다는 통일적이라고 말하는 편이 좋겠다. 칼빈은 하나님의 통일성, 그리스도의 통일성, 창조의 최초 통일성, 그리스도와의 통일성, 그리고 그리스도 안에서의 통일성에 대해서 강하게 주장한다. 그는 비통일성보다 더 비기독교적이고 불경건하며 사물의 진정한 질서에 반대되는 것은 없다고 생각했다.

"모든 택자는 그리스도 안에 연합되어 있기 때문에 한 머리에 의존해 있으므로 몸의 각 지체로서 연합되고 연결되어 한 몸으로 함께 성장해 가는 것이다. 모든 택자는 한 믿음, 한 소망, 한 사랑, 한 하나님의 영 안에서 함께 살아가므로 하나인 것이다. 왜냐하면 그들은 영생이라는 동일한 유업 안으로뿐 아니라 한 하나님과 한 그리스도 안에 참여하도록 부르심을 받았기 때문이다."[2]

여기에는 강력한 추론이 있다. 그리스도와 하나라는 것은 그리스도와 신자가 모든 소유를 공유함을 의미한다. 이것은 신자들 사이에서도 마찬가지이다. '성도가 서로 교통하는 것'은 한 신자에게 하나님이 주신 선물은 어떤 것이든지 간에 자기의 사적인 소유가 아니라 공동의 유익을 위한 것임을 의미한다. 이것은 영적인 것뿐 아니라 물질적인 것에도 해당된다. 그렇다고 해서 사유 재산을 금지하는 것은 아니라고 칼빈은

---

2) *ibid.*

바로 덧붙인다. 단지 신자들은 자기 자신이 소유하고 있는 것을 온 몸의 복지를 위해 사용하는 청지기로 간주해야 한다는 말이다. "만일 그들이 하나님이 모든 이의 공동의 아버지시요 그리스도가 공동의 머리라는 것을 진심으로 확신한다면, 형제의 사랑으로 연합된 자들은 그들이 받은 축복을 남과 나누어 가지지 않을 수 없다."[3]

이런 통일성은 이웃이 선택받은 사람인가를 의심해 보고 아닐 것 같으면 그와 나누어 갖기를 꺼려하는 잘못된 '숙명론주의' predestinarianism에 의해 방해를 받아서는 안 된다. 왜냐하면 택자는 오직 하나님만 알고 계시기 때문이다. 따라서 우리는 그리스도를 주로 고백하면 택자라고 보아도 무방한 것이다.

교회는 그리스도 안에 있거나, 아니면 그리스도 안에 있음을 고백하는 사람들의 단체이므로 교회 밖에 있다는 것은 그리스도 밖에 있다는 결론이 나오며 따라서 키프리아누스의 유명한 격언처럼 교회 밖에는 구원이 없는 것이다. 칼빈에게 있어서 그리스도인의 생명은 바로 교회의 생명이다. 그는 '어머니이신 교회'라는 오랜 이미지를 확장시킨다. "이 어머니가 우리를 잉태하고, 낳고, 품에 안아 기르시고, 우리가 악한 육신의 모습을 벗고 하나님의 천사들처럼 될 때까지 돌보고 보호하는 것 외에는 생명으로 들어가는 다른 길이 없다."[4] 그러나 이 경우에는 아버지나 어머니를 떠나는 법이 없다. 왜냐하면 우리의 평생 동안 하나님은 우리의 아버지시고 교회는 우리의 어머니이기 때문이다. 그러나 어머니로서의 힘은 교회 자체에 있는 것이 아니라 설교와 성례 안에 그의 교회 안에, 그의 성령으로 임재하시는 그리스도에 있는 것이다.

---

3) *Inst.* IV. i. 3.
4) *Inst.* IV. i. 4.

따라서 결론은 아무도 교회에서 분리되어 나가서는 안 된다는 것이다. 교회에서 분리되는 것은 그리스도에게서 분리되는 것이다. 항상 어떤 교회에서든지 불평은 많기 마련이다. 그러나 하나님의 말씀이 전파되고 성례가 집행되는 한 잘못이 교회 분리를 정당화시키지 못한다. 그가 여기서 언급하는 잘못은 실제적인 잘못, 즉 이런 저런 폐습, 목사들의 잘못이나 그리스도인들 내부의 잘못을 말하며, 지엽적인 교리적 잘못일 수도 있다. 물론 삼위일체, 그리스도의 신성과 인성, 칭의, 그리스도인의 사랑 등 근본적인 교리의 부인은 도저히 용납할 수 없다. 그러나 지엽적인 교리들예를 들면 영혼이 죽은 후에 바로 어디로 가느냐는 것 등 때문에 교회가 분리될 수는 없다.

우리는 여기서 그렇다면 왜 칼빈은 로마 가톨릭 교회를 떠났느냐는 질문을 해볼 수도 있다. 그는 가톨릭을 더 이상 하나님의 교회로 인정할 수 없었기 때문에 떠난 것이다. 만일 교회가 복음 선포와 성례 집행 안에 나타나는 그리스도의 임재로 교회냐 아니냐를 가른다면 로마 가톨릭은 교회로 인정될 수 없었다. 칼빈은, 복음은 교황 제도 아래서는 거의 없는 것과 다를 바 없으며 성례는 그 참된 의미를 벗어나 왜곡된 형식과 의미를 가지게 되었다고 선언했다. 따라서 교황 제도는 구속주이시요 머리이신 주님의 임재가 결여되어 있고 결국은 한 몸을 이룰 수 없는 것이었다. 그래서 칼빈은 "우리는 그리스도께 나아가기 위해 그들을 떠나야만 했다"[5]고 단호히 말한다. 비록 교회의 흔적이 교황 제도 아래서도 여기 저기 보이는 것은 사실이나, "나는 각 회중 개인이나 로마 가톨릭 교회 전체가 참다운 교회의 모양을 가지고 있지 않다고 말한다."[6]

---

5) *Inst.* IV. ii. 6.
6) *Inst.* IV. ii. 12.

칼빈은 로마 가톨릭이 그 중세적인 신학과 체제를 고수하고 정당화하는 한, 복음주의적 교회들이 가톨릭과 재연합한다는 것은 거의 불가능함을 금방 알 수 있었다. 따라서 칼빈은 이런 목적을 위해 소집된 회의에 대해 희망을 많이 걸지 않았다. 칼빈은 1540년과 1541년에 황제에 의해 소집된 보름스Worms 회의와 라티스본Ratisbon 회의에는 참석했으나 큰 역할을 담당하지는 않았다. 거기서 그는 멜란히톤과 부처에 의해 시도된 타협안을 보고 부끄러움을 느끼지 않을 수 없었다.

"내가 아는 한도 내에서 만일 우리가 반쪽 그리스도로 만족할 수 있었다면 쉽사리 서로를 이해할 수 있었을 것이오. 멜란히톤와 부처는 화체설에 대한 조항을 모호하고 솔직하지 못하게 표현한 초안을 작성했소. 조금도 양보하지 않고 상대방을 만족시키려고 한 것 같소. 나는 이런 계획에 동의할 수가 없소. ······이들은 양심의 문제를 애매하게 하는 것을 두려워하지 않고 있소. 그러나 이것보다 더 유해한 것은 없을 것이오."[7]

칼빈은 이제 더 이상 로마 가톨릭과 복음주의 간의 회의에는 참석하지 않고 개혁을 요구하고 따라야 할 노선을 제시하면서 일련의 논문을 써서 양자 간의 타협안의 약점을 비평했다. 그 논문들은 다음과 같다. 『교회 개혁의 필요성에 관하여On the Necessity for Reforming the Church』1544년, 『파울루스 3세가 황제에게 보낸 자애로운 충고에 관하여On the Fatherly Admonition of Paul III to the Emperor』1544년, 『트리엔트 회의의 결의와 이에 대한 대비책 The Acts of the Synod of Trent, with an Antidote』1547년, 『잘못된 독일 임시안과 교

---

7) OC 11, 217; Herminjard 7, 115; English Translation of Calvin's letters 1, 239.

회를 개혁하고 불화를 치유하는 참된 방법*The Adultero-German Interim and the true method of reforming the Church and healing her dissensions*』 1549년. 요약해서 중심 메시지를 말하면 분명하다. 통일성은 그리스도 안에 있고 성경에 대한 순종에 의해서만 성취될 수 있는 것이다.

그 이후의 남은 평생을 그는 로마 가톨릭에 대해 일관된 정책을 밀고 나갔다. 그는 가톨릭과 은밀한 교제도 나누지 않았는데 예를 들어 로마에 대사를 상주시키지도 않았다. 그들에게 더 이상 진흙 구덩이에 있지 말고 나오라고 외치면서도 그는 개인적으로는 그들과 우호 관계를 맺고 있었다. 그러나 그는 교황 제도의 폐습을 폭로하기 위해서, 16세기가 데모스테네스Demosthenes, 퀸틸리아누스Quintilian, 키케로Cicero에게서 배운 모든 책략을 다 사용했다.

그가 프랑스어로 쓴 글 중에서 가장 뛰어나면서도 가장 신랄하게 교황제도를 비난한 글은 『성물론*Traité des Reliques*』이다. 이 글의 부제는 "이탈리아, 프랑스, 독일, 스페인 그리고 다른 국가와 나라들에 있는 성인들의 유해와 성물의 명세서"[8]이다. 칼빈은 그리스도와 성모 마리아와 성인들과 연관된 성유물들의 긴 목록을 작성했다.

십자가의 못을 예로 들어 보자. 하나는 밀라노에, 하나는 카르팡트라에, 둘은 로마에, 하나는 시에나에, 하나는 베니스에, 둘은 독일에, "프랑스에서 하나는 파리의 생트 샤펠 성당에, 하나는 카르멜회에, 하나는 생 드니에, 하나는 부르주에, 하나는 라 트나유에, 하나는 드라기냥에 있다. 모두 합하면 14개이다."[9] 세례 요한의 머리, 베드로와 바울의 수많은 유해, 갈릴리 가나에서 기적적으로 보존된 물 단지그러나 크기가 다른, 안나의

---

[8] OC 34, 412-13.
[9] OC 34, 421.

두 개의 유해, 나사로의 세 개의 유해, 성모 마리아의 머리털과 젖 등. 이런 모든 것이 어디에 있는지를 소개하고 이것이 모두 가짜임을 보이면서 진지한 사람이라면 어떻게 하나님의 진리, 즉 성경의 예수 그리스도를 전적으로 신뢰하지 않고 이런 가짜를 신뢰할 수 있을지에 대해 의문을 제기했다.

칼빈이 1536년에 무대에 등장할 때, 루터의 수명은 십 년은 더 남아있었고, 멜란히톤과 부처는 그 영향력이 전성기에 달해 있었으며, 츠빙글리는 죽은 지 5년이 되었고 그 자리를 불링거가 대신하고 있었다. 루터와 그의 추종자들과 취리히 사람들 사이에는 노골적인 적대감이 드러나 있었다. 비텐베르크에서 부처의 평판은 여우 같은 모사꾼이었고, 루터의 눈에 모든 스위스 교회들은 하나의 솔로 온통 타르를 칠해 놓은 것같이 획일적으로 보였다. 비록 문화적이고 국가적인 차이가 이런 불화를 일으킨 한 원인임은 분명하나 가장 직접적인 원인은 성체론 교리 때문이었다. 의견 차이를 좁히고 타협점을 찾을 수 있을 것으로 기대되었던 1529년의 마르부르크 회의는 오히려 의견의 불일치를 확인하고 심화시킬 따름이었다.

이런 특수한 상황에서 칼빈은 일찍부터 루터의 편을 들었고 루터에 대한 편애 때문에 츠빙글리 오이콜람파디우스에 대한 반감이 생겨서 그들의 책은 아예 읽어보려고 하지도 않았다. 이 두 사람 사이에서 칼빈은 루터의 우수성을 조금도 의심하지 않았다. "그들은 누구라도 츠빙글리보다 루터를 더 좋아하려고 할 것 같으면 발끈 성을 냈다. ······이것은 결코 츠빙글리에게 손상을 가하는 것이 아니었다. 왜냐하면 만일 이 둘을 서로 비교한다면 여러분 스스로 루터가 얼마나 더 나은가를 알게 될 것이기 때문이다."[10] 칼빈이 『주의 만찬에 관한 소론 Little Treatise on the Lord's

Supper』1540년을 쓴 것은 복음주의자들 사이의 성찬논쟁을 해결해 보고자 하는 시도에서였다. 루터는 그의 한 친구에게 이렇게 말했다고 전해진다. "이 사람은 학식 있고 경건한 사람임이 분명하네. 아예 처음부터 이 논쟁을 그에게 맡겨 버릴 걸 잘못했네. 만일 나의 적들이 이와 같았더라면 우리는 쉽게 화해할 수 있었을 텐데."[11]

그러나 이미 이전에 루터는 『기독교 강요』 – 아마도 1539년도 판일 것임 – 를 읽고 부처를 통해서 우애 있는 인사를 전했다. "나는 슈투름과 매우 흥미 있게 그의 책을 읽은 칼빈에게 경의와 함께 인사를 보냅니다." 칼빈은 이렇게 말했다. "내가 거기에서 성찬에 대해 쓴 것을 생각해 보고 루터가 얼마나 솔직한가를 한 번 살펴보도록 하게. 자네는 루터와 의견을 달리하는 완고한 자들이 얼마나 터무니없는 자들인가를 쉽게 알 수 있을 것이네. 필리프는 내게 이런 서신을 보내 왔네. '루터와 포메라누스Pomeranus는 칼빈에게 경의를 표할 것을 요청해 왔소. 그들 눈에는 칼빈이 마음에 썩 들었는가 보오.'"[12]

장난기가 심한 몇 사람이 칼빈이 루터를 비평하는 내용의 글을 루터에게 보이자, 그는 "나는 칼빈이 언젠가는 우리를 새롭게 인식할 것이라고 생각하오. 그러나 어찌되었든 우리가 그를 선의로 대한다는 것을 그가 알고 있다는 것만으로도 족하오." 칼빈은 계속 말을 잇는다. "만일 우리가 그런 온건함에 감동을 받지 않는다면 우리는 목석임이 분명하오. 내 경우는 이에 큰 감동을 받고 『로마서 주석』 서문에서 그렇게 말했던 것이오."[13] 그러나, 이런 다정한 관계는 오래 가지 못했다. 1544년에 취리

---

10) OC 11, 24; Herminjard 6, 191; English Translation of Calvin's letters 1, 85.
11) Herminjard 9, 374 n. 18.
12) OC 10b, 432; Herminjard 6, 130-1; English Translation of Calvin's letters 1, 143.

히 사람들에 대한 루터의 분노 속에는 역시 칼빈도 포함되어 있었다. 이것은 매우 부당한 것이었다. 왜냐하면 칼빈이 파렐에게 말했듯이 칼빈은 루터를 그렇게 성나게 만들었던 책을 읽어 보지도 않았기 때문이었다. 그는 불링거에게 자중해 줄 것을 권고했다.

> "루터가 얼마나 위대한 인물이며 얼마나 뛰어난 재능의 소유자인가를 생각해 보시오. 그가 적그리스도의 지배를 전복하고 구원의 가르침을 원근각지에 전파하기 위해 무진 애를 쓰면서 보여 주었던 마음의 담력, 단호하며 일관성 있는 자세, 능숙함과 효율성, 신학적 능력은 또 어떠한가? 나는 비록 그가 나를 마귀라고 부른다 해도 그를 뛰어난 하나님의 종이라고 생각할 것이라고 종종 말해 왔었소. 그러나 그는 세상에 드문 뛰어난 장점을 많이 가지고 있지만 또한 심각한 약점도 있소. 그가 쉽게 어디서나 끓어오르는 항상 불안정한 성격을 억제하는 법을 배우면 얼마나 좋겠소. ……그는 본성상 자신에게 관대한 경향이 있기 때문에 아첨꾼들이 그에게 많은 실수를 범하게 하고 있소." [14]

의견 차이를 해소하기 위해서 칼빈은 루터에게도 서신을 띄웠다. 그는 여기서 루터를 "내가 극히 존경하는 아버지"와 "항상 존경하는 나의 아버지"[15]라고 호칭했다. 그러나 이 편지는 루터에게 들어가지 않았다. 이 편지는 멜란히톤을 통해 보낸 것이었는데 멜란히톤은 적에게서 온 편지를 보여주어 루터의 분노를 일으키는 것이 지혜롭지 못하다고 생각해서

---

13) *ibid.*
14) OC 11, 774-5; Herminjard 9, 374; English Translation of Calvin's letters 1, 409.
15) OC 12, 6ff.; English Translation of Calvin's letters 1, 416ff.

루터에게 보여주지 않았다. 대륙에 있는 복음주의의 두 교파는 각기 달리 길을 출발했으나 몇 년도 채 안 되어서 루터파 신학자들이 칼빈의 성찬론을 반박하기에 이르렀고 이에 대해 칼빈도 마찬가지로 신랄하게 답변하게 되었다.

함부르크의 요아힘 베스트팔Joachim Westphal—영국에서 박해를 피해 도피해 온 비루터파 복음주의자들에게 그의 회중들이 은신처를 제공하는 것을 허용하지 않을 정도로 철저한 루터파—은 그리스도의 몸의 편재를 말하는 루터의 교리를 주장하는 정도에서 그치지 않고, 이에 동의하지 않는 모든 교회는 교회가 아니라고 주장하는 논문으로 1552년과 1553년에 칼빈에 대한 공격의 포문을 열기 시작했다.

칼빈은 이에 대해 『성찬론 수호A Defence of the Doctrine of the Sacrament』1555년로 반박했고 결국은 이미 결정된 16세기의 역사 경로를 따라 논란이 일어나기에 이르렀다. 베스트팔이 『수호Defence』로 반격하자 칼빈은 제2차 『수호Second Defence』1556년로 맞섰고 이에 베스트팔이 반론을 제기하자 칼빈은 『베스트팔에 보내는 마지막 충고Final Admonition to Westphal』1577년로 답변했다. 멜란히톤은 비전투요원이 자주 당하는 것처럼 집중포화에 걸려 중상을 입는 운명에 처하게 되었다.

베스트팔이 공격을 그만 두자 이름도 괴상하고 성격도 괴상한 헤스후지우스Hesshusius가 대신 나서서 1560년과 1562년에 칼빈을 공격해 왔다. 첫 번째 공격에 대해서는 칼빈이 일에 너무나 지쳐 있었기 때문에 1561년이 돼서야 『그리스도의 살과 피에의 진정한 참여에 관하여On the True Partaking of the Flesh and Blood of Christ』로 답변했는데 여기서 그는 이미 1년 전에 죽은 멜란히톤에게 감상에 젖은 호소를 한다.

"오 필립 멜란히톤이여! 나는 그리스도와 함께 하나님 안에 거하며 거기서 우리를 다시 만날 때까지 기다리는 당신에게 호소하고 있소. 전쟁과 시련으로 인해 피곤하고 지쳐서 당신 머리를 내 가슴에 파묻고 '아, 아 내가 이렇게 자네 품에 안겨서 죽을 수 있다면 얼마나 좋겠는가!' 라고 수백 번이나 되뇌이지 않았소. 그 후 나는 우리가 같이 살아있으면 좋을 텐데라고 수천 번씩 뇌까렸소. 그렇다면 당신이 내게 전투에 나가 싸울 용기를 북돋아 주었을 텐데." [16)]

오늘날 우리가 개혁 교회라고 부르는 교회 내에서도 의견이 일치되지 않았다. 개인들 간의 다툼이나 지 교회들 사이의 비신학적인 불화뿐 아니라 신학적이고 교회적인 원자화atomization 현상이 있었다. 비록 교회 직분론이나 권징론이 불화의 불길에 기름을 붓는 역할을 한 것도 사실이나 가장 주요한 이유는 주의 만찬론 때문이었다. 그는 여러 번 서신에서 교회 자체의 유익을 위해서뿐 아니라 세상의 교회에 대한 평판을 생각해서 교회의 통일성이 없음을 개탄하였다. "사랑하는 불링거 씨, 우리가 할 수 있는 모든 수단을 동원해서 우리 사이의 형제 우애를 보존하고 확고히 하자는 이야기 외에 차제此際에 무슨 말을 편지에 써야겠습니까?" [17)]

칼빈이 협의를 한 대상은 주로 불링거였다. 1546년에 불링거는 칼빈에게 취리히 목사들이 작성한 신앙 고백을 비평해 달라고 보냈고 이에 대해 칼빈은 아무 것도 구애받지 않고 보충해 주었다. 이를 계기로 서신 교환이 한 번 더 있었는데 여기서 교리적인 문제에 있어서 통일을 기했

---

16) OC 9, 461-2; English Translation of Calvin's letters 4, 119 n. 1.
17) OC 11, 28; Herminjard 6, 196; English Translation of Calvin's letters 1, 89.

으면 하는 칼빈의 염원을 찾아 볼 수 있다. 그는 왜 내가 밝힌 요점을 승낙하지 않는 것입니까? 라고 질문했다. 우리는 싸우지 않고서도 문제를 토의할 수 있으며 성찬론에 대해 의견이 약간 다르다고 해도 그것이 결코 우리의 통일을 깨뜨리지 못하는 것 아니냐고 칼빈은 주장했다. "비록 내가 당신들의 말로 표현한 것보다 더 큰 그리스도와의 교통을 굳게 믿는다고 해서, 그 때문에 우리가 한 그리스도를 붙잡는 것과 그 안에서 하나가 되는 것이 중단되는 것이 아니지 않소. 아마도 언젠가는 더 조화된 교리 안에 우리가 통일될 날이 있을 것이오."[18] 취리히 신학자들은 계속해서 그를 의심했고 칼빈은 한 번도 그런 생각을 하지 않았으므로 그것은 오해라고 말했다.

마침내 칼빈과 파렐이 1549년 늦봄에 취리히를 방문했고 여기서 협정이 이루어지게 되었다. 소위 '취리히 협정'Consensus Tigurinus이 작성되었고 취리히와 제네바의 대표가 서명했으며 다른 두 스위스 교회가 이를 받아들이게 되었다.

그러나 복음주의 교회의 통일을 시도한 가장 야심찬 계획은 칼빈이 아니라 토머스 크랜머Thomas Cranmer에게서 나왔다. 그는 교리를 토의하기 위해, 특히 성찬 교리에 대해 합의를 보고 이를 문서로 작성하기 위한 복음주의 교회의 전체 대회를 영국이건 어디서건 개최하자고 제안했다. 이것은 트리엔트 회의the Council of Trent에 대항하기 위한 성격을 띠고 있었다. 따라서 그는 불링거, 칼빈, 멜란히톤 그리고 츠빙글리파와 루터파의 공인된 지도자들에게 서신을 띄웠다. 칼빈은 이 계획이 그의 가르침과 소원에 일치함을 보고 대찬성했으며 "내가 조금이라도 도움이 된다

---

18) OC 12, 166; English Translation of Calvin's letters 2, 146.

면 열 번 바다를 건너야 한다 해도 개의치 않을 것이다"[19]라고 약속했다. 그러나 이 계획은 수포로 돌아갔고 칼빈의 말대로 16세기 교회는 그리스도의 몸을 "갈기갈기 찢고 피 흘리게"[20] 내버려 두었다.

편지 쓰기 명수 칼빈

1550년경이 되자 제네바는 전에 취리히가 차지했던 위치를 차지하게 되어 복음주의 기독교의 중심지가 되었을 뿐 아니라 칼빈은 유럽 대륙의 비루터파 복음주의 교회의 지도자가 되어 있었다. 우리가 『코르푸스 레포르마토룸Corpus Reformatorum』 판으로 나온 그의 서신집 11권을 모두 읽어 보면 그가 편지를 주고 받은 사람들의 국적과 이름이 너무나 다양해서 당황할 정도이다. 도움을 청하는 서신들이 프랑스에서 독일까지, 스위스에서 네덜란드까지, 이탈리아에서 스코틀랜드까지, 폴란드에서 영국에 이를 정도로 다양했으며 이에 대해 칼빈은 장문의 편지를 충실하게 써서 보내 주었다. 가히 놀라지 않을 수 없는 것은 자신이 손수 편지를 쓰지 않으면 사람들이 불쾌하게 생각할까봐 직접 썼다는 것인데 1550년대에 이르러서는 비서에게 편지를 쓰게 하라는 권유를 수락할 수밖에 없었다. 성경 주해 강의를 베껴서 보존하는 것을 도와 주었을 뿐 아니라 이 편지 쓰는 점을 도와준 사람은 바로 종비예였다.

"몇 해 전에 나는 칼빈이 비서 없이 혼자 편지를 쓰느라 정신 없는 모습을 본 적이 있었다. 나는 그에게 이런 일에 너무 시달리지 마실 것을 애

---

[19] OC 14, 313-14; English Translation of Calvin's letters 2, 333.
[20] OC 14, 314; English Translation of Calvin's letters 2, 333.

원하면서 누가 글을 쓰든 간에 칼빈 선생이 서명을 하면 아무렇지도 않을 것이라 했다. 그는 자신이 손수 쓰지 않으면 상대방이 상처를 입고 자신을 경솔한 사람으로 생각할 것이라고 답변했다. 내가 이와는 반대 입장을 충분히 설명하자 그 때야 비로소 자신의 주장을 굽히고 (나와 그리고) 다른 비서들을 쓰기 시작한 것이다." [21]

그의 몇몇 서신들은 순전히 사적인 이유로 쓴 것도 있으나 이런 것들은 대부분 초기에 쓰여진 것들이다. 비레에게 편지를 보낼 때 한 학생을 시키자 다른 한 학생이 자신을 시키지 않은 것을 질투하는 것을 본 칼빈이, 다시 앉아서 아무 내용도 없지만 마치 중대한 내용이 들어있는 것처럼 표정을 지어달라는 요청을 적은 편지를 적어서 그 학생을 시켰다는 에피소드는 그의 매력적인 모습의 일면을 엿보게 해준다.[22]

그는 친구들에게 편지 쓰는 것을 즐겼다. 그가 가장 허물없이 편지를 주고 받은 사람은 파렐이었다. 그에게는 속 마음을 털어놓기도 하고, 다른 사람들을 보는 자신의 개인적인 의견을 말하기도 하고, 비밀을 털어놓기도비록 파렐이 경솔한 사람이라는 것을 알고 있었으나 했을 뿐 아니라 아무 거리낌없이 책망도 하고 조소하기도 하고 함께 웃기도 했다. 파렐에게 보낸 서신에서 우리는 칼빈의 솔직하고 숨김없는 모습을 발견한다. 칼빈의 생의 후반기에는 그의 서신 교환 상대로서 불링거가 파렐의 위치를 대신하게 되었으나 파렐에게 보낸 편지만큼 다정하고 따스한 느낌은 찾아볼 수가 없다.

그의 사적인 편지들 가운데 매우 흥미 있는 몇몇 편지들은 드 팔레de

---

21) OC 21, 131.
22) OC 11, 259; Herminjard 7, 197-8; English Translation of Calvin's letters 1, 253.

falais, 정확하게 말하면 부르고뉴 공가公家 출신—비록 서출이기는 하나—의 자크 드 부르고뉴Jacques de Bourgogne에게 보낸 것들이다. 일찍이 1540년대부터 그는 복음주의적 신앙을 소유했고 칼빈의 조언을 구하는 서신을 보내곤 하였다. 네덜란드의 그의 저택에 머무르게 되면 로마 가톨릭으로 개종해야 하는 문제가 생기고, 떠나자니 많은 재산을 포기해야 하고 불확실한 미래가 두렵지 않을 수 없었던 것 같다. 칼빈은 그의 특유의 직선적인 자세로 "선생이 하실 일은 나올 수 없을 정도로 수렁에 깊이 빠지기 전에 나오는 것입니다. 빠르면 빠를수록 더 좋습니다."[23]

따라서 드 팔레는 충고에 따라 처음에는 개혁을 지지하는 추기경—대주교인 헤르만Hermann의 보호를 받고 퀼른에 거처를 잡았다가 후에는 스트라스부르로 옮겼다. 그러나 1545년 중반에 칼빈은 제네바에서 그와 그의 아내가 묵을 집을 찾고 있었다. 그 다음해에 칼빈은 그의 삶과 가정생활이 사도 바울이 묘사한 그리스도인의 이상과 너무나 조화되기에 그에게 『고린도전서 주석』을 헌정했다. 드 팔레가 그의 주석에 너무 심취한 나머지 칼빈은 그의 부인에게 "남편이 혼자서 나의 주석을 읽는 데만 빠져 있다"[24]고 불평하지 말고 참으라는 권고의 편지를 보낼 정도였다. 칼빈은 자신의 설교를 출판해 보는 것이 어떻겠냐는 부인의 제안에 고려해 보겠으나 자신의 생각에는 별로 수요가 없을 것이라고 했다.

1547년 2월에 칼빈은 다시 제네바에서 그들이 거처할 집을 물색했다. 그러다가 바로 자신의 집이 아름다운 정원과 멋진 넓은 거실이 갖추어진 집이라는 생각을 뒤늦게서야 하게 되었다. 그러나 이 계획은 실현되지 않았으며, 5월에 페랭에게서 다소 까다로운 조건으로 집을 한 채 세

---

23) OC 14, 43; English Translation of Calvin's letters 1, 373.
24) OC 12, 401; English Translation of Calvin's letters 2, 63.

로 얻었으나 이것도 놓치고 말았다. 그 이유는 아마도 8월에 부인이 아이를 낳았기 때문이 아닌가 생각한다. 그 당시의 방식대로 칼빈은 "우리가 아기 곁을 떠날 때 진심으로 미소를 띠기 위해서는"[25] 아기의 첫 미소를 보기 위해서 이생의 시작을 알리는 첫 소리이니 눈물과 울음 소리를 참고서라도 반나절을 함께 기다릴 수 있을 것이라고 편지를 보냈다. 아뿔싸! 그 불쌍한 어린 것은 미소 짓는 법을 배울 겨를도 없이 9월이 되기 전에 세상을 떠나고 말았다.

마침내 집을 물색하는 일은 결실이 있어 칼빈은 1548년 2월에 베지 마을에 큰 저택을 한 채 구할 수 있었다. 좀더 지체한 후에 그들은 8월에 제네바에 와서 그해 말까지 칼빈과 함께 지내다가 토농으로 가는 길에서 8마일 가량 떨어진 베지로 이사했다.

그러나 대부분의 편지들은 이런 저런 교회 업무와 관련된 것이고 다수가 수천 단어의 분량에 이르는 신학 논문과 같다. 칼빈은 나바라의 여왕 마르그리트의 요시찰 명부에 오르게 된 것을 발견하게 되었다. 주로 르페브르와 브리소네에게서 배운 그녀의 종교는 소위 방종파의 기질로 기울어지는 것이 당연했다. 방종파란 이름(제네바의 방종파와는 전혀 관련이 없음은 '율법폐기론' antinomianism과 성경을 포함한 종교적 형식으로부터의 자유를 주장하는 자들을 의미한다. 마르그리트가 방종파 2명을 식객으로 데리고 있었는데, 칼빈이 『자신들을 신령하다고 부르는 방종파라는 걷잡을 수 없는 미친 종파를 반박함 Against the Fanatical and Furious Sect of the Libertines who call themselves Spirituals』 1545년이라는 논문을 써내자 마르그리트는 칼빈이 자신의 식객을 공격함으로써 바로 자신을 공격한 것이라고

---

[25] OC 12, 578 ; English Translation of Calvin's letters 2, 123.

주장하기에 이르렀다.

따라서 장문의 편지를 쓰지 않을 수 없었다.[26] 영국, 폴란드, 프랑스의 지배자들이나 국가의 영향력 있는 목사들에게 교회 개혁을 하되 담대하게 행동하라는 격려의 편지가 제네바에서부터 흘러나갔다. 이 모든 편지의 내용은 또 한 가지, '정치적 및 개인적 고려보다 무조건 하나님의 말씀에 순종하라' 는 메시지였다.

이것은 또한 그의 오를레앙 대학 친구인 뒤 슈맹Nicolas du Chemin과 종교 개혁자 제라르 루셀Gérard Roussel에게 보냈다고 생각되는 초기의 두 편의 공개 서신의 취지이기도 하다. 이 두 서신은 우상 숭배와 로마 가톨릭의 사제 제도루셀이 그 당시 막 주교직에 임명되었기 때문이었다를 비난하는 내용이다. 일반 대중에게, 귀족들에게, 왕족들에게 보낸 수많은 서신들에 깔린 주제는 한 가지뿐이었다. 칼빈은 르네 공작부인 소속의 복음주의적 목사가 미사에는 참여하고 나중에 몰래 주의 만찬을 베푸는 것이 정치적으로 현명할 것 같다고 제안했다는 소문을 듣고 그는 르네 공작부인에게 "타협은 결코 있을 수 없습니다"라고 했다. 로랑 드 노르망디에 의해 믿음을 갖게 된 그리고 그로 인해 남편의 학대를 받았던 피카르디 출신의 카니Cany 부인에게도 "타협은 결코 있을 수 없습니다"라고 했다. 마르그리트의 사위인 나바라 왕에게도 "타협은 있을 수 없습니다"라고 했다. "비록 세상 기준으로 본다면 하나님의 진리를 고백하는 것이 유익하지도 않고 편리하지 않을지도 모르나, 각하께서는 무조건적인 우리의 복종을 받을 자격이 있는 그 분께서 각하에게 무엇을 요구하는지 깊이 생각해 보아야 할 것입니다."[27]

---

26) OC 12, 64ff.; English Translation of Calvin's letters 1, 429ff.
27) OC 17, 198; English Translation of Calvin's letters 3, 426.

콜리니Coligny 제독의 동생으로서 감옥에 갇히게 되자 항복을 한 당데 로M. d'Andelot에게 칼빈은 일말의 동정도 보이지 않고 자극적인 표현을 써서 편지했다. "당신이 인간을 두려워해서 그랬는지, 호의를 얻기 위해서 그랬는지, 아니면 존경을 받기 위해서 그랬는지는 모르나 당신의 인간들에 대한 지나친 맹종으로 인해 하나님은 속임을 당하셨소. ……당신의 타락은 매우 심각한 것이오. 따라서 당신은 마음으로 매우 슬퍼해야만 할 것이오."[28] 칼빈은 '젊은 처녀들'과 '헛된 사랑'을 나누다가 자신의 의무까지 망각해 버린 나바라 왕의 약함에 분통이 터졌다. 더욱이 남의 본이 되어야 할 나바라의 동생 콩데Prince de Condé 공까지 여자들과 희희덕거린다는 스캔들에 그만 칼빈은 성이 머리끝까지 치밀어 올랐다. 복음이 위태한 지경에 처해 있는데 이 지도자들은 여자의 꽁무니를 따라다닐 시간은 있다고 생각한 것이었다.

이런 서신 왕래 가운데 한 옛 친구와의 서신 왕래가 다시 시작되었다. 집을 뛰쳐 나와 제네바의 주님의 군대에 합류하기 위해 1559년에 제네바에 돌연히 나타난 사람은 다름 아닌 프랑수아 다니엘의 아들이었다. 칼빈이 다니엘 가문의 어려운 문제를 해결해 달라고 요청받은 것은 이번이 처음이 아니었다. 칼빈은 "자네 아들이 실망시키고 복종치 않아 몹시 화났으리라고 믿네. 그러나 너무 화내지 말게"라는 식의 편지를 써 보냈다. "만일 마땅히 해야 할 의무를 행할 수 있는 용기가 자네에게 있었다면 자네는 이미 오래 전에 자네 아들을 본보기로 만들었어야 했을 것이네."[29] 그는 분명히 좋은 젊은이이며 프랑스를 떠난 것은 단지 더 이상 교황 제도의 미신을 참고 견딜 수 없었던 것뿐이라고 했다. "자

---

28) OC 17, 252f; English Translation of Calvin's letters 3, 451.
29) OC 17, 585-6; English Translation of Calvin's letters 4, 60.

네는 그런 아들을 둔 것을 기뻐해야 마땅하네. 그러니 부디 아들을 따뜻하게 대해 주게나."

이 편지는 이 젊은이에 대한 용서를 받아내는 것뿐 아니라 20년 이상 잠자고 있던 우정을 일깨우는 데도 성공적이었다. 프랑수아는 자기 아들이 시민법을 공부하는 것을 원한다고 했다. 그의 아들은 그렇게 하겠다고 했으나 열심이 없었다. 칼빈은 또한 그가 인문학과 신학을 공부하도록 조처해 주었는데 무엇보다도 경건 훈련에 주력하도록 했다. 칼빈은 프랑수아도 아들의 좋은 본보기를 따라 그가 빠져있는 덫에서 뿌리치고 나올 것을 기대했다.[30]

신년 초에 젊은 다니엘은 고향으로 돌아가 버렸다. 따라서 칼빈은 그가 능력이 있으며 전도가 유망하다는 자신의 견해를 적고 아직 생존해 있던 다니엘 부인에 대한 인사를 첨가한 편지를 그 젊은이의 여동생들에게 주는 선물과 함께 보냈다.

그는 제네바에 왔다가 곧 떠난 유일의 사람이 아니었다. 1557년에는 도피자들이 시 원주민들보다 더 많았다고 기록되어 있다. 도피자들의 4분의 3 이상이 프랑스 국적을 가진 자들이었고 그 나머지도 프랑스어를 모르는 사람은 거의 없었다. 왜냐하면 그 나머지 사람들은 남부 네덜란드 출신이거나 아니면 라인란트의 프랑스어 사용 교회 출신으로서 모두 박해를 피해 도피한 사람들이었기 때문이다.

이런 프랑스인들의 엄청난 수의 유입이 도시 내의 어떤 정치적 결과를 가져왔는지 우리는 이미 살펴보았거니와 제네바인들이 이에 대해 불안해 한다고 해서 그들을 책망할 수는 없는 것이다. 만일 그들의 두려움이

---

30) OC 17, 680-1; English Translation of Calvin's letters 4, 77-8.

경제적인 위협 때문이라면 그들의 불안은 어쩌면 너무나 당연한 것이다. 로베르 에티엔이나 장 크리스팽Jean Crispin이나 로랑 드 노르망디 같은 사람들이 제네바 시를 부요하게 하고 제네바 시에 명예를 가져다 준 것은 사실이었다. 그러나 이런 유명한 실업가들이라 해도 20년 전만 해도 만 명밖에 안 되었던 도시에 몰려들어온 수천 명의 기타 사람들에게까지 일자리를 줄 수는 없었다.

더욱이 이미 살펴본 대로 제네바 시는 성벽을 넘어서까지 도시를 확장할 수가 없었다. 따라서 주택난은 매우 심각했다. 일자리를 얻을 수 없고 만족할 만한 잠자리를 얻을 수 없는, 거기다 가족까지 딸린 사람들은 다른 도시로 떠나갔다. 프랑크푸르트와 취리히와 제네바에 모여들었던 영국인 도피자들은 메리 여왕Mary I이 죽고 엘리자베스 여왕Elizabeth I이 보위에 올랐다는 소식을 듣자마자 자신들을 반겨줄 것이라고 생각하고 1554년과 1555년에 영국으로 되돌아 갔다.

프랑스어를 모르는 도피자들은 수가 많은 곳에서는 자신들만의 교회를 세웠다. 영국인들은 제네바인들이 관련된 한에서는 자신들끼리 비밀을 지키고 자신들만의 공동체를 형성하고 살았다. 존 녹스John Knox, 윌리엄 휘팅엄William Whittingham, 나중에 더럼의 부감독이 될 학장 같은 목사들 외에도, 장차 보들리안Bodleian, 옥스퍼드 대학교에 있는 도서관. 영국의 비대여 도서관 중 가장 유명하고 가장 오래된 곳-역자 주의 창설자가 될 사람의 아버지인 존 보들리John Bodley와, 윌리엄 스태퍼드William Stafford 경의 가족들과, 리처드 모리송Richard Morrison 경과 인쇄업자인 롤런드 홀Rowland Hall 같은 사람들이 있었다. 이들은 중요한 출판 활동을 벌였는데 이들의 출판 활동의 최고 성과는 흠정역 성경이 나올 때까지 영국에서 가장 널리 사용되었던 제네바 성경Geneva Bible을 1560년에 출판한 것이었다.

박해를 피해 도망친 사람들이 있는가 하면 몇몇 이상한 인물들, 우리가 추측하기에 프랑스 스파이가 분명한 인물들이 여럿 있었다. 그들 중 가장 의심스러운 인물이 1559년부터 칼빈 바로 옆집에 살았다. 이 사람이 바로 자크 스피팜Jacques Spifame이었다. 1559년 4월 17일자 의회 서기록을 보면 전직 느베르의 주교요 '왕궁 청원회의 의장이요 교사' 였던 자크 스피팜이 복음을 위해 제네바에와서 은신처를 요구해 이를 허용했다. "그는 또한 여러 해 전부터 결혼하지 않고 데리고 있는 한 부인이 있다고 했다."[31]

이 마지막 문제가 치리 법원으로 넘겨지게 되었고 치리 법원은 그들의 결합을 축복했다. 얼마 안 가서 그는 중산층으로 인정되었고 그 후에 이 전직 주교는 목사가 되었다. 불행하게도 그는 수년 후에 목사로서 프랑스에 파송되었고 그 곳에서 또 다른 주교 자리를 놓고 협상을 벌인다는 소식을 의회가 접하게 되었다. 거기에다가 그는 자신의 아내에 대해 사실을 모두 말하지 않았으며 거짓 결혼을 했음이 드러나게 되었다. 이 죄 때문에, 아니 이보다는 비밀리에 프랑스나 사보이와 함께 음모를 꾀했다는 이유로 인해 1566년에 제네바에서 참수되었다.

이탈리아인들은 1542년부터 자신들의 교회를 세웠다. 이 교회의 첫 번째 목사는 베르나르디노 오키노Bernardino Ochino였는데 그는 전前 카푸신 수도회 총장으로서 칼빈을 몹시 따랐으며 제네바를 매우 마음에 들어 했다. 칼빈의 친한 친구의 한 사람으로서 이탈리아인 집사가 한 사람 있었다. 그는 너무 지위가 높은 사람이었기 때문에 은신처를 요구하자 의회가 스파이가 아닌가 하고 의심할 정도였다. 이 사람은 나폴리 최대

---

[31] OC 21, 714.

가문 중 한 집의 수장으로서 교황 파울루스 4세의 조카의 아들이요, 황제의 시종이었던 비코Vico의 후작 갈레아초 카라촐로Galeazzo Caracciolo였다. 그는 자기 나라와 직업과 아내와 가족을 버리고 1551년에 제네바에 거주했는데 돌아오라는 교황과 가족의 요청에도 불구하고 남은 여생을 이곳에서 보냈다. 1559년에 그는 처자 불법 유기로 아내에게서 이혼을 얻어내고 재혼했다. 그 당시 이 일은 유명한 사건이 될 소지가 있는 문제였다. 왜냐하면 카라촐로가 워낙 연줄이 많은 유명한 사람인데다 이혼 후 재혼에 대한 개 교회의 입장을 보여주는 문제였기 때문이었다. 그러나 또한 이탈리아인 교회는 젠틸레로 인한 삼위일체 이단설로 인해 큰 고통을 겪지 않을 수 없었다.

대외적 영향력

이제 지역 교회나 국가 교회의 설립과 조직에 대해 살펴볼 때가 되었다. 몇 교회들에 대해서는 칼빈은 자신의 지역 상황만으로도 충고해줄 수 있었다. 그러나 그가 항상 조언을 부탁받은 것은 아니었다. 보통, 아니 아마 언제나, 칼빈은 자신의 조언을 요청할 때만 서신으로 조언했던 것 같다. 그렇다고 해서 그의 조언이 항상 받아들여진 것도 아니었다. 에드워드 6세 치리하에 첫 번째 '섭정'이었던 서머싯Somerset 공작에게 보낸 칼빈의 편지에는 영국 교회를 개혁할 수 있는 완전한 계획이 다 들어 있다. 사실상 그가 보낸 첫 번째 편지는 약 5천 단어 가량 되는 소논문이나 다를 바가 없다.[32]

이 편지의 주된 취지는 다음과 같다. 첫째 복음을 전파할 준비를 갖추

---

32) OC 13, 77-90; English Translation of Calvin's letters 2, 168-84.

어야 하며, 둘째 폐습을 타파해야 하고, 셋째 권징을 시행해야 한다는 내용이다. 그는 서머싯 공에게 또 다른 서신들을 보내 교회 조직에 있어서 특별히 유의해야 할 점을 지적했으며 그에게 『디모데전서 주석』을 헌정했다. 이미 살펴보았듯이 칼빈은 젊은 영국 왕에게 『이사야서 주석』과 『공동 서신 주석』을 헌정했으나 에드워드는 그가 칼빈에게서 받은 조언을 실행에 옮길 기회를 얻지 못한 채 1553년에 죽자 그 뒤를 이복 누이 메리가 잇게 되었다. 우리가 제네바에서 보았듯이 메리 여왕의 박해를 피해 도망친 도피자들의 몇몇은 제네바에 머물렀고 대부분은 취리히나 프랑크푸르트에 거처를 정했다.

1577년에 엘리자베스가 왕위에 오르자 사태는 칼빈에게 유리하게 바뀌었다. 칼빈의 조언은 에드워드 왕의 측근과 주교들에 의해 실행 가능한 계획보다는 존경할 만한 계획으로밖에 인정되지 않았었으며 새로운 여왕도 어찌되었든 간에 제네바 쪽으로 기울어지려고 하지 않았다.

그러나 여왕은 냉담한 반응을 변명할 소지가 충분히 있었다. 칼빈은 이미 1552년도 『공동 기도서Book of Common Prayer』는 그냥 넘길 수는 있으나 적합하지 않은 요소가 조금 있다고 말하면서 그 유명한 프랑크푸르트 분쟁에서 녹스파를 거드는 경향을 보였었을 뿐 아니라, 녹스가 여인들의 국가 통치를 반대하는 『여인네들의 소름끼치는 통치에 반대하는 첫 번째 돌풍First Blast against the Monstrous Regiment of Women』을 책으로 써내자 칼빈은 입장이 심히 난처하게 되었다. 비록 칼빈은 사태를 수습하기 위해 윌리엄 세실William Cecil에게 서신을 보내고 '왕의 영광으로서뿐 아니라 유난히 덕이 높으신, 영국과 아일랜드와 그 부속 도서의 지존이신 엘리자베스 여왕 전하'께 『이사야서 주석』 개정판을 헌정했음에도 불구하고 양자 사이는 치명적인 타격을 입지 않을 수 없었다.

이 후 40년간 영국에서의 칼빈의 영향력은 대단한 것이었다. 그러나 그것은 그의 수많은 저작들, 특히 『기독교 강요』1561년도에 번역됨뿐 아니라 그의 번역된 주석과 설교를 통해서 영향력을 행사한 것이었다. 더욱이, 비록 지도급의 정치가들과 교회 지도자들－대주교도 몇 포함해서－이 강력한 칼빈주의자들이었으나 칼빈은 공적인 채널을 통해서는 단 한 번도 직접적인 영향력을 행사하지는 못했다. 영국 국교와 청교도의 분리주의 사이에 논쟁이 일어났을 때 칼빈의 입장은 결코 분명하지 못한 것 같다. 그러나 조금 깊이 연구해 보면 칼빈이 자신들을 지지하고 있다고 주장한 사람들은 기존 교회의 대변자들이었고 그들의 적들은 오히려 불링거와 베자에 의지하고 있었음이 드러난다.

스코틀랜드에서의 칼빈의 영향은 대단히 큰 것이었으나 마찬가지로 직접적인 영향력을 행사한 것은 아니었고 제네바에서의 녹스와의 사적인 관계와 그의 서적을 통해 간접적인 영향력을 행사한 것뿐이었다. 녹스가 1559년 스코틀랜드에 돌아온 후에 제네바의 패턴을 따라 지역적인 특성을 고려하여 교회 개혁을 시도해 나갔으나 칼빈의 조언은 별로 구하지 않았다.

녹스의 예배식은 칼빈의 그것과 유사했으며 1560년에 채택된 『스코틀랜드 신앙 고백Scots Confession』은 칼빈 신학의 재진술이라고 볼 수 있을 정도였다. 칼빈의 신학과 교회 정치가 녹스를 통해 얼마나 변질되었는가 하는 점은 별개의 문제이다. 그럼에도 불구하고 칼빈의 이름이 영국에서는 잊혀졌을 때에도 스코틀랜드에서만큼은 계속 존경을 받았다.

폴란드에서는 오랫동안 교황의 지배에서 벗어나려는 독립 투쟁이 끊이지 않았다. 거기에다 1540년대 말에 박해를 피해 수많은 복음주의자들이 보헤미아에서 폴란드로 몰려들었다. 왕인 지그문트 2세Sigismund II는 당분간은 그의 장관인 라지비우 Nicolas Raziwill의 강력한 요구에 못이겨 칼빈이 서신과 책 헌정사에서 밝힌 원칙에 따라 교회를 개혁하는 것처럼 보였다. 그러나 이 계획은 수포로 돌아가고 한 때는 숫자로 보나 영향력으로 보나 막강했던 폴란드의 칼빈주의 교회가 17세기 초에 사실상 무너지고 말았다.

그러나 칼빈이 자신의 본국만큼 목회적 관심을 갖고 지켜 본 나라는 없었다. 그는 제네바에 살았고 수년 후에 시민권도 획득했으나 항상 자신의 동족을 그리스도께로 돌아오게 하고 교회를 원래의 복음주의적 신앙으로 돌아오게 하기 위해 무진 애를 쓰는 프랑스인이었다.

프랑스를 향한 칼빈의 노력을 이해하기 위해서는 그 당시의 프랑스 종교사를 조금 알 필요가 있다. 1534년에 칼빈과 그 외의 수많은 사람을 내쫓았던 박해는 산발적으로 일어나고 있었고 박해를 명령하는 칙령이 다소 엄격하게 시행되기에 이르렀다. 프랑수아는 그의 뒤를 이은 앙리 2세와 비교하면 게으른 박해자였다. 그러나 앙리 2세는 1547년에 왕위에 오른 후에 프랑스 내에 복음주의자들의 수가 증가하는 것을 보고 이들을 다룰 특별 법원, 소위 '화형 재판소' chambre ardente를 설치하게 되었다. 이 법원은 이단 재판이 다시 교회 법정에서 다루어질 때까지 2년간 이단 재판을 다루었다.

그러나 성직자들의 관대함이 드러나자 이단 재판을 샤토브리앙 칙령에 의해 시민 법원으로 넘기게 되자 곧 화형 재판소가 다시 등장하게 되었다. 영국의 메리 튜더 여왕 치하의 공포의 날들과 비견할 만한 공포 정치가 뒤를 이었다. 스페인과 같은 엄격한 종교 재판소를 설치하려던 시도는 파리 의회에 의해 거절되었으나 가혹한 박해를 누그러뜨리는 데는 아무런 소용도 없었다.

이런 상황에 직면하게 되자 칼빈은 프랑스의 복음주의 그리스도인들에게 굳게 설 것을 당부했다. 이것은 처음부터 그의 메시지의 내용이었다. 이것은 그가 너무 엄격하다는 불평에 대해 『니고데모파에게 보내는 예앙 칼뱅의 변명 Excuse de Iehan Calvin à Messieurs les Nicodémites』1544년이라는 프랑스어로 쓴 그의 멋진 논문의 취지이기도 하다. 프랑스에는 복음을 받아들이고 싶으나 자신이 없거나 식구들 때문에 두려워하는 이들이 많았다. 또한 이론적으로 기독교에 흥미를 갖고 기독교를 반半철학쯤으로 생각하면서 개혁의 필요성을 느끼지 못하는 사람들도 있었다. 궁정의 총신寵臣들과 유쾌한 대화를 나눌 수 있는 매력적인 문화적 종교를 원하는 정신廷臣 성직자들도 있었다. 또한 시대의 흐름을 따라 너무 멀리 나아가지 않고, 여론에 귀를 기울일 줄 아는 현대적 사상을 지닌 사람, 따라서 요직要職을 맡기에 적합한 사람으로 주의를 끌 수 있을 만큼만 시대의 흐름에 편승할 줄 아는 기회주의 성직자들도 있었다. 우리는 베디에 Bedier 같은 완고한 가톨릭주의자들보다는 개혁을 이야기하는 주교가 로마 가톨릭을 좋게 선전하고 광고하는 데 더 유익한 인물이었음을 잊어서는 안 될 것이다. 이들은 모두가 칼빈이 너무 엄격하다고 입을 모아 이야기했다.

그러나 "이것은 그들의 의견이냐 내 의견이냐의 문제가 아니다. 나는 내가 성경에서 발견한 것을 보여주었을 따름이다. 그리고 나는 성급하게 생각한 적이 없고 문제를 거듭 깊이 숙고한 후에 말을 했다. 더욱이 나는 이미 잘 알려진 것, 하나님의 말씀을 부인하지 않고는 결코 반박할 수 없는 것만을 이야기하였다."[33] 그들은 마땅히 하나님보다 더 지혜로

---

33) OC 34, 602.

우려는 세상의 지혜를 버리고 그의 말씀에 순종해야만 한다고 칼빈은 역설했다. 그들이 박해를 가하고 광포를 행할 하등의 이유도 없다는 것이었다. 그들은 하나님의 말씀에 순종해야 한다는 것이었다. 그것도 자신의 약함을 고백하고 전적으로 하나님 앞에 순종해야 한다는 것이었다. 그들은 더 이상 종교를 놀림감으로 생각해서는 안 되며 진정으로 마음에서부터 종교적이 되어야 한다는 것이었다. 그들은 더 이상 겉으로 교황주의자들의 종교를 믿는 체함으로써 자신들을 숨길 필요가 없다는 것이었다. "니고데모는 자신이 무지할 때 밤에 예수께 왔다. 그러나 가르침을 받은 후에 그는 낮에 공개적으로, 그것도 매우 위험한 순간에 그를 고백했다."[34]

칼빈은 단지 격려하고 권면하기만 한 것은 아니었다. 그는 이곳 저곳에서 생기는 지교회들에 문서들과 목사들을 보내 주었다. 처음에 이 교회들은 같이 기도하고 성경을 읽기 위해 모인 복음주의자들의 그룹에 불과했다. 그러나 1540년대에 이르면 몇 그룹들은 이 단계에서 일보 전진하여 조직을 만들기에 이르렀고, 우리가 영국의 분리주의 회중들에게서 볼 수 있는 바와 같이 성례를 집행할 수 있는 준비를 갖추는 중요한 의미를 지닌 단계로 진일보해 나갔다.

물론 작은 문제들은 지역 특성에 따라 달리 적용되겠지만 칼빈의 교회 조직이 일반적으로 받아들여지게 되었다. 1550년대 말에는 아마 프랑스에 50개나 되는 조직 교회가 있었을 것이다. 1559년 5월의 파리 대회에 얼마나 많은 대표들이 참석했는지는 논란의 대상이 되고 있다. 어찌되었든 이 대회에서는 칼빈의 의사와는 반대로 칼빈의 『제네바 신앙 고

---

[34] OC 34, 609.

백Genevan Confession』에 기초해서 만든 신앙 고백인 『프랑스 신앙 고백 gallic Confession』이 작성되었다. 권징 제도도 역시 초안되었다. 이 교회는 전국적 규모로 조직될 필요가 있었기 때문에 몇 개의 마을과 세 개의 교구로 구성된 한 도시를 위해 만들어진 제네바 모델을 초월해야만 했다. 프랑스에서는 복음주의 교회의 중심 권위는 지역 대회local synod 혹은 구역회의colloquy에서 뽑힌 사람들이 모이는 전국 대회national synod에 있었다.

이미 다년간 제네바는 프랑스 교회의 회중들에게 도움을 주고 있었다. 이것은 때로는 목사 역할을 담당하기도 하는 종교 서적 보급원이 책을 몰래 밀수하여 파는 형식으로 이루어졌다. 이것의 부산물로 인쇄업이 제네바의 주요 산업이 되었으며 주요 수출품인 책 판매가 비록 제네바의 고질적인 임금 문제를 완전히 해결하지는 못했어도 도움을 줄 수는 있었다. 그러나 종교 서적 보급원 외에도 제네바는 프랑스에 정규 목사들을 파송하는 데 있어서도 주도적 역할을 담당했다.[35] 1555년과 1562년 사이에 100명 이상의 목사들이 프랑스에 파송되었다. 이것은 엄격히 말하면 제네바 목사들의 활동이었다. 의회는 칼빈에게 그런 일에 대해서는 자신들에게 아무런 말도 하지 말아 줄 것을 요청했다. 이렇게 해야 프랑스 당국이 불평해도 자신들은 아무 책임도 없다고 말할 수 있었기 때문이었다.

그러나 체포되어 리옹에 수감된 5명의 청년은 로잔에서 파송된 자들이었다. 칼빈은 그들에게 굳게 서라는 메시지를 보냈다. 그동안 우리가 자네들을 위해서 기도하고 믿을 만한 곳에 진정해 볼테니 걱정하지 말

---

[35] See Monter, *Calvin's Geneva* 135.

라고 하였다. 하나님은 결코 실패하시는 분이 아니시니 하나님만 의지하라고 하였다. 그들은 1년간 수감되어 있었다. 비록 불가능하지는 않았지만 관대한 처분이 내릴 것 같지 않았다. 만일 하나님의 기쁘신 뜻이 자네들이 화형을 당하는 것이라면 그의 은혜가 자네들을 충분히 견딜 수 있도록 해줄 것임을 굳게 믿어야 한다는 내용의 편지를 칼빈은 썼다. "자, 형제들, 우리의 선하신 주님이 형제들을 맡으시고 범사에 형제들을 도우시고, 그가 얼마나 자비로운 아버지시며 그가 베푸신 구원이 얼마나 주도면밀한가를 체험으로 형제들이 맛보게 하시기를 기도한 후에, 나는 형제들이 기도할 때 나를 기억해줄 것을 기도하였소."[36] 마침내 그들이 화형당할 것이 분명해졌다.

"하나님께서 형제들의 피를 자신의 진리를 증명하는 데 사용하기로 작정하신 것같이 보이는 이상, 형제들은 마음 준비를 하고 하나님께서 형제들을 어디로 부르든지 간에 따라가는 데 방해되지 않고 그 분의 기쁘신 뜻에 자신들을 복종시킬 수 있도록 기도하는 것이 지금으로는 제일 좋은 방법이라는 생각이 드는 형제들이여, 형제들이 아시다시피 우리는 그에게 산 제물로 바쳐지기 위해 이같이 죽어야 하는 것이오. 남이 너를 원치 않는 곳으로 데려가리라고 베드로에게 하신 말씀이 형제들에게 성취될 때 형제들은 그 어려운 시험을 꼭 이겨낼 수 있으리라고 생각하오. 그러나 어떤 힘으로 싸워야 하는지를 스스로 잘 알고 있으리라 믿고 있소. 그 힘을 의지하는 사람은 누구든지 어리둥절해서 혼비백산하기는커녕 미동도 하지 않을 것이오. 나의 형제들이여, 우리 주 예수의 영으로 형제들의 필요에 따라 형제들이 강건해질 것을 굳게 믿으시오. 따라서

---

36) OC 14, 492; English Translation of Calvin's letters 2, 375.

형제들은 마치 우리의 연약함을 입으셨으나 그토록 영광스런 승리를 쟁취하신 그 분이 조금도 흔들리지 않으신 것처럼 무서운 시험 앞에서 흔들리지 않을 것이오. 주님의 승리는 우리 승리의 틀림없는 보장이오. 주님께서 자신의 진리를 내세우기 위해 형제들의 죽음을 사용하기를 기뻐하신다면 형제들의 손을 전투 중에 강하게 하실 것이오. 형제들의 피가 단 한 방울도 헛되이 떨어지지 않게 하실 것이오."[37]

1559년에 복음주의 교회 내에서는 불길한 변화가 일어났다. 박해만 받아오던 교회가 이제는 무장 항거, 심지어는 무장 폭동까지 생각하게 된 것이었다. 이제 복음주의 내에는 그동안 주류를 이루어 왔던 중류 계급처럼 끈기 있게 박해를 참아내는 데 익숙하지 못한 귀족 계급이 다수 포함되기에 이르렀다. 게다가 앙리 2세의 갑작스런 죽음으로 야기된 불투명한 정국과 새 왕이 나이가 어리고 지성이 모자란다는 이유에서 통치를 대행한 섭정단의 등장으로 기존 교회를 전복시킬 절호의 기회가 온 것으로 생각했던 것처럼 보인다.

칼빈은 극렬한 폭동에 대한 자신의 견해를 밝혔다. 그는 이미 파리의 교회에 보내는 서신에서 자신은 교회의 구성원의 변화가 가져올 새로운 사태가 어떤 것인가를 알고 있음을 분명히 밝히고 어떠한 일이 있어도 폭력을 사용해서는 안 됨을 엄중하게 경고하였다. "하나님의 말씀이 허락하지 않은 것을 시도하려는 무모한 짓은 하지 않도록 부디 조심하시오. ……복음이 사람들로 하여금 난동과 소란을 일으키게 만들었다는 비난을 듣느니보다는 차라리 우리 모두가 파멸되는 편이 좋을 것이오."[38]

---

[37] OC 14, 545; English Translation of Calvin's letters 2, 387.
[38] OC 16, 629f.; English Translation of Calvin's letters 3, 361.

『기독교 강요』에 나타난 그의 가르침은 분명하다. 그러나 그는 항거의 길을 한 가닥 남겨 놓았다. 지배자들이 부정하고 난폭하다 해도 지배자들에게는 복종해야 한다. 어떤 시민도 지배자에 대해 거역하거나 지배자를 몰아낼 수 있는 권리나 의무를 갖고 있지 않다. 그러나 절대 군주제가 아닌 나라에서는 최고 지배자 외에 장관들, 왕족들 그리고 의회가 있다. 따라서 칼빈은 예외를 인정하고 지배자가 통치를 너무 잘못할 때에는 장관, 왕족, 의회들이 지배자에 맞설 의무가 있음을 분명히 밝혔다.

"나는 지금 일반 개인들에 관해서만 이야기하는 것이다. 왜냐하면 역사를 보면 때로는 왕들의 학정을 억제하는 임무를 부여받은 장관들이 임명되어 왔기 때문이다. 스파르타에는 왕들에 대항한 5명의 행정관이 있었고, 로마에는 집정관에 대항한 호민관이 있었으며, 아테네에서는 원로원에 대항한 지방 장관이 있었다. 그리고 각 나라의 이 세 기구가 행사한 권력상의 기능면에는 무엇인가 비슷한 점이 있다. 나는 왕들이 학정을 행하고 백성들을 마구 대할 때 왕들의 이런 부당한 방종을 완화하는 이런 기구들의 직무까지 금한 것이 결코 아니기에 만일 이 기구들이 왕들의 학정을 보고도 모른 체하고 넘긴다면 이야말로 사악한 반역 행위가 아닐 수 없음을 강하게 주장한다. 왜냐하면 하나님의 명령에 의해 자신들이 백성들의 자유의 수호자로 임명되었음을 알면서도 백성들의 자유를 부당하게 사기했기 때문이다."[39]

처음 보기에 프랑스의 상황은 바로 이 예외에 해당되는 것처럼 보인다. 여기에 연약한 백성들을 무자비하게 다스리는 절대 군주 국가가 있

---

39) *Inst.* IV. xx. 31.

었다. 비록 50년에 한번 모일까 말까 하지만 성직자, 귀족, 평민 세 계급이 있었다. 공공연히 복음주의 신앙을 고백하는 수많은 귀족들 가운데는 왕족의 혈통을 지닌 나바라의 왕과 그의 동생 콩데 공이 있었다. 프랑스의 왕은 그 스스로건, 섭정단을 통해서건 간에 복음주의를 박해하고 있었다. 성직자 계급의 도움은 거의, 아니 전혀 기대할 수 없었다. 따라서 귀족들은 '왕들의 부당한 방종을 완화하는' 임무를 담당하기에 매우 적합했다. 그러나 칼빈은 무력을 인정하지 않았다. 문제는 칼빈이 '완화한다', '억제한다'는 말을 어떤 뜻에서 사용했느냐에 달려 있는 것이다. 제네바에서 칼빈이 페랭주의자들의 권력 체계를 폭력으로 전복시키려는 어떠한 시도도 취하지 않았다는 사실을 고려해 볼 때 그는 무장 항거를 옹호한 것이 아니라 합헌적인 수단으로 지배자에 압력을 가하는 방법을 옹호했던 것 같다.

그러나 합헌적인 수단의 사용은 황태후 카트린 드 메디시스Catherine de Médicis의 정치적 농간에 넘어간 나바라 왕의 정치적 미숙으로 실현하기가 어려웠다. 따라서 권력은 기즈가the Guises, 즉 로렌의 추기경과 그의 형 기즈 공작의 손아귀로 넘어가 버렸다. 이들은 앙리 2세의 박해 정책을 그대로 고수했다. 이때 칼빈은 특별한 음모에 대해 자문해줄 것을 요청받았다. 그 음모란 기즈가를 모두 체포하고 그 자리에 복음주의자들을 대치한다는 내용이었다.

음모의 총수는 라 르노디La Renaudie 경인 고드프루아 드 바리Godefroy de Barry란 사람이었는데 칼빈은 이 사람을 가리켜 '인격적인 미덕이라고는 조금도 없는 사람'이라고 칭했다. 그는 칼빈의 지지를 얻고 제네바에서 원군을 끌어모으기 위해 칼빈을 찾아 왔다. 칼빈은 불링거에게 "나는 즉시 그의 허풍을 중지시키고 내가 그의 음모에 절대 찬성할 수 없음을 밝했소"⁴⁰⁾라고 편지했다. 그럼에도 불구하고 드 바리는 칼빈이 자신을 지지하기로 했다고 발표했다. 이런 허술하기 짝이 없는 아마추어적인 음모를 가지고 그는 제네바에서 동조자들과 소위 비밀 회담이라는 것을 열었다. 그리고 자원하는 자들을 모집했다. 칼빈은 이들에게 그들이 미친 것이 분명하다고 밝히면서 도대체 무엇을 얻으려고 하는가를 물어보았다. 이들은 콩데 공이 복음주의 자유 선언의 일종으로 『제네바 고백』을 왕에게 제출할 것이며 만일 기즈가가 콩데 공을 체포하려고 할 경우에는 그를 지키기 위해 사방에서 무력 봉기가 일어날 것이라고 대답했다. 칼빈은 그들이 아무리 살상이 일어나지 않도록 주의한다 해도 자신은 결코 안심할 수 없다고 했다. "왜냐하면 한 방울의 피라도 흘리면 필연적으로 프랑스 국토가 피로 물들 것이기 때문이었다."⁴¹⁾

물론 음모는 실패로 끝나고 말았다. 칼빈은 스트라스부르의 슈투름 Sturm에게 음모의 원칙뿐 아니라 그 아마추어적인 실행 방식의 역겨움을 이같이 표현했다. "그들의 결의도 우스웠거니와 그들의 계획은 더 이상 치졸할 데가 없을 정도였소."⁴²⁾ 이 앙부아즈Amboise의 음모로 인해 칼빈이 예언한 대로 피가 강물이 되어 흘러 내렸고 프랑스에 종교 전쟁이 불붙게 되었던 것이다.

이 후로 계속되는 숱한 사건들 가운데서 칼빈은 모든 사태에 대한 정보를 낱낱이 알 수 있었을 뿐 아니라 복음주의 지도자들과도 긴밀하게 연락했다. 그의 생애 마지막 부분에 쓴 대부분의 편지는 프랑스 문제를 다룬다. 1562년의 내란 중에 칼빈은 제네바 의회에 위그노를 위한 차관

---

40) OC 18, 84-5; English Translation of Calvin's letters 4, 104.
41) OC 18, 81-2; English Translation of Calvin's letters 4, 107.
42) OC 18, 38-9; English Translation of Calvin's letters 4, 91.

을 요구하고 그들이 갚지 못할 것인데 스위스로부터 자원 병사들을 보내는 것을 후원해 줄 것을 요청하는 정도로 기정 사실로 인정하고 있다. 1563년 4월에 앙부아즈 화약和約으로 전쟁이 종식되었을 때 그는 위그노가 수락한 불리한 조건 때문에 다시 한번 분통이 터지지 않을 수 없었다. 그러나 그가 하나님께 자신을 따르는 자들에게 하나님을 섬길 수 있는 두 번째 기회를 주십시오라고 말했을 때[43] 그가 또 다른 전쟁을 의미한 것은 아니었다. "나는 항상 무기를 사용하지 말 것을 충고하고 있습니다. 그리고 우리 모두가 방금 목도한 무질서로 두 번 다시 되돌아가기보다는 차라리 우리 모두가 멸망하는 편이 낫다고 늘상 충고하고 있습니다."[44] 이것은 칼빈이 콩데의 처제인 드 루아 백작 부인에게 보낸 편지의 일부분이다. 휴전은 칼빈의 일생동안 제대로 지켜졌기 때문에 그는 그의 조국 프랑스에서 두 번째 내란이 일어나는 것은 보지 못했다.

---

43) OC 20, 8; English Translation of Calvin's letters 4, 305.
44) OC 19, 688; English Translation of Calvin's letters 4, 302.

제10장
사나 죽으나
그리스도는 내게 유익이라

1558년 9월에 돌발적인 사건이 하나 터졌다. 파렐이 결혼을 하겠다고 나선 것이었다. 칼빈은 젊은 남자 청년들을 위한 색시감을 얻어달라는 부탁을 수없이 받고 있었다. 불과 2달 전에 칼빈은 바로 파렐에게 한 젊은이를 대신해서 편지를 보내 비록 자기 주변에도 매우 아리따운 아가씨가 2명이 있기는 하나 혼인 지참금이 적어 문제이니 아름답고 덕이 있으며 지참금도 풍부히 지니고 올 수 있는 처녀 3명만 즉시 소개해 달라고 부탁한 적이 있었다. 파렐은 그 때 하루 지나서 이야기하자고 했었다. 칼빈은 뒤로 연기하는 것을 보고 별로 기대를 하지 않았었다.

이제 69세나 된 파렐은 자신의 가사일을 돌보아 주던 피난민 여인의 딸인 이제 겨우 소녀티를 벗은 앳된 처녀와 약혼을 한 것이었다. 더욱이 그 처녀는 예전에 한 때뿐 아니라 그 당시도 파렐과 한 지붕 밑에 살고 있었다. 그의 가장 친하며 오랜 친구인 칼빈이 그 결혼을 좋게 받아들이려고 했을까? 아니었다. 그는 좋게 받아들이려고 하지도 않았을 뿐 아니라 파렐에게 퉁명스럽게 안 된다고 말했다. 열정적인 사랑의 꿈의 세계에서 나날을 보내고 있었을 불쌍한 친구 파렐은 칼빈이 무슨 말을 하는지 이해하지 못하고 집에 돌아와서야 생각을 바꾸어 달라고 편지를 썼다. 칼빈은 이렇게 답했다. "내가 단도직입적으로 말하겠소. 이것은 있어서는 안 될 뿐 아니라 내 생각에도 지혜롭지 못하기에 나는 약혼식뿐 아니라 결혼식에도 참석하지 않을 작정이오. 따라서 나는 형이 나를 다시 초대한 것을 보고 적이 놀라지 않을 수 없었소."[1] 파렐은 좋지 않은 일이 더 악화되지 않게 하기 위해서는 될 수 있는 한 빨리 결혼식을 올려야만 했다. 왜냐하면 그도 그럴 것이 벌써부터 소문이 파다하게 났기 때문이었다.

파렐의 동료들이 칼빈에게 편지를 보냈다. 이들도 적지 않게 놀란 모양이었다. 이들은 "도대체 어떻게 해야 한단 말입니까? 파렐에게 파혼하라고 강요할 수가 있을까요?"라는 등의 질문을 던져 왔다. 칼빈의 답변은 당혹감과 분노와 동정으로 가득 차 있었다―'불쌍한 형제 기욤 선생', '우리는 그의 인간적인 약함에 얼굴을 붉히지 않을 수 없소', '나는 놀라 말문이 막힐 지경이었소', '6개월 전만 해도 그 불쌍한 형제는 젊은 여인이랑 결혼하기를 원하는 늙은 놈들은 미친 놈들처럼 묶어 놓아야만 한다고 말했을텐데', '나는 그를 매우 신랄하게 비난한 바가 있소.' 칼빈은 그러나 아무런 변화도 일어날 수 없지 않느냐는 것이었다. 파렐은 그 처녀에게 약속했기 때문에 그 약속을 지켜야만 한다는 것이었다. 그 결혼은 불법적인 것은 아니며 따라서 아무도 그 결혼을 깨뜨릴 권리는 없다는 것이었다. 그러나 그를 판단할 때 "그가 36년 이상을 어

---

1) OC 17, 335; English Translation of Calvin's letters 3, 475.

떻게 하나님을 섬기고 어떻게 교회에 덕을 세웠으며 얼마나 큰 유익을 남겼으며 얼마나 분투하며 노력했는가"[2]를 생각하고 그의 과거를 잊어서는 안 된다는 것이었다. 칼빈 자신도 그를 완전히 저버리지는 않았으나 그 뒤에 서신 교환은 틈틈이 있었고 그 내용 또한 간략했다.

1558-59년에 사일열로 고생하던 칼빈은 잠시 회복하는가 싶더니 이제는 그의 폐병이 악화되었다. 그는 생 피에르 교회에서 너무 자주 설교하다보니 피로에 지쳐 집에 돌아와서는 심하게 기침을 해대곤 했는데 기침 증세가 얼마나 심했던지 폐의 혈관이 파괴되어 심한 각혈을 보이기도 했다. 이 때부터 그의 몸은 점점 허약해 가기 시작했다. 그는 결석과 치질로 크게 고생했고 폐결핵으로 몸은 점점 더 야위어갔다. 그러나 그는 비록 1563년 초부터는 "의자나 가마, 말 등에 앉아 근무지까지 옮겨졌으나"[3] 평상 업무를 계속 지속해 나갔다. 그가 비참한 지경에까지 이른 1564년 2월까지는 계속 자기 업무를 소홀히 하지 않았다. 이 사실은 도울 것이 없느냐는 몽펠리에에 의사들의 서신에 대한 칼빈의 편지가 증명해 준다.

"나는 내 저서들에서 당신들에게 필요한 영적인 의술을 이끌어 내보라고 천거하는 것 외에는 달리 당신들께 감사를 표할 길이 없소. 12년 전 나는 파리, 아카투스Acatus, 타강Tagant, 갈루아Gallois의 뛰어난 의사들로부터 당신들과 같은 정중한 보살핌을 받은 적이 있었소. 그러나 그 당시에 나는 통풍 증세는 없었고 결석으로 앓지도 않았으며, 복통으로 괴로워하지도 않았고, 치질이나 각혈로 고생하지도 않았었소. 그런데 지금

---

2) OC 17, 351-2; English Translation of Calvin's letters 3, 473-5.
3) OC 40, Prolegomena side 2; Calvin Translation Society Ezekiel 1, xlvii.

은 이 모든 적들이 마치 군대처럼 나를 공격하고 있소. 사일열에서 회복되는가 싶더니 이제는 장딴지의 심한 통증이 나를 괴롭히고 있소. 조금 낫는가 싶으면 다시 재삼재사 도지고 있소. 마침내 이 통증은 관절염으로 변해 발목부터 무릎까지 확산되고 있소. 또 나는 치질로 오랫동안 고생하여 왔소. …… 지난 여름에는 신장염에 걸렸소. 말 등에 타면 덜컹거리는 것을 견딜 수 없어서 나는 교외에 나갈 땐 들것으로 옮겨지고 있소. 귀가할 땐 될 수 있으면 조금이라도 걸으려고 하고 있소. 그러나 1마일도 못가 허리가 아파서 더 이상 걸을 수 없게 되고 소변을 보고 싶게 되오. 그런데 놀랍게도 소변 대신 피가 쏟아져 나오는 게 아니겠소. 집에 돌아오는 즉시 나는 침대에 눕소. 신장염은 매우 고통스럽고 치료를 해도 잠시뿐 고통은 심하기만 하오. 마침내 나는 무진 고통을 무릅쓰고 결석 하나를 제거했소. 그랬더니 통증이 조금 덜한 것 같았소. 그러나 그 결석이 너무 커서 요도를 찢어 놓았기 때문에 흐르는 피를 부인의 젖을 주사함으로써 간신히 막을 수 있었소. 그 후 여러 개의 결석을 제거했으나 아직도 내 허리가 무거운 것을 보면 아직도 결석이 더 남아있음이 분명하오. 그러나 제거해야 할 결석이 상당히 작은 결석이라는 점은 매우 반가운 사실이 아닐 수 없소. 발목 통증으로 밖에서 생활할 수 없다는 사실이 치료의 희망을 앗아가고 있소. 나는 또한 앉아 있어도 불편하기에 운동을 전혀 할 수가 없소. 왜냐하면 치질 덩어리가 아직 나타나지는 않았지만 혈관이 매우 확장되어 있소. …… 그러나 당신들의 의견은 들어보지도 않고 나의 사소한 의견을 읽게 만드는 수고까지 끼치게 하니 당신들의 친절의 대가로 이중의 수고를 하게 하면서 경솔하게도 당신들을 더 이상 참을 수 없게 만들지나 않나 모르겠소."[4]

---

4) OC 20, 253; English Translation of Calvin's letters 4, 358ff.

1564년 4월 6일에는 불링거에게 이렇게 썼다.

"비록 고통은 덜 느끼고 있으나 내 폐는 담으로 가득 차 있어 호흡하기 힘들고 가쁘기만 하오. 방광 속의 결석이 지난 12일 동안 나를 매우 괴롭혔소. 더욱이 치료가 별 효과가 없어 근심만 더욱 심해갈 뿐이오. 승마가 제일 좋으나 치질이 심지어는 앉아 있을 때나 누워 있을 때도 나를 괴롭히니 승마는 더 더욱 할 엄두도 못 내고 있소. 게다가 지난 3일 동안은 통풍까지 매우 심하게 나를 괴롭혔소. 이런 수많은 고통 때문에 비록 내가 게을러진다 해도 놀라지 않기를 바라오. 나는 거의 한 숟가락의 음식도 먹질 못했소. 포도주 맛도 쓰기만 할 뿐이오."[5]

2월 2일 수요일 오전에 칼빈은 열왕기상을 설교하고 오후에는 65번째 에스겔서 설교를 다음과 같이 결론지었다.

"그의 옛 백성들이 가나안 땅에 돌아오자 그들에게 이렇게 말씀하신 것을 보면, 그의 하늘 왕국을 우리를 위해 여시고 우리를 하늘 위 자신 곁으로, 그리스도를 통해 우리를 위해 획득해 놓으신 영생의 희망으로 부르시는 지금, 우리는 얼마나 더 하나님의 선하심을 높이 찬양해야 하겠는가?"

그리고 그는 이렇게 기도로 끝을 맺었다.

"전능하신 하나님, 우리가 이미 우리의 영원한 기업의 문턱을 넘어 영원

---

5) OC 20, 382-3; English Translation of Calvin's letters 4, 362.

한 희망 안으로 들어갔음을 깨닫게 하옵시고, 우리의 머리시며 구원의 첫 열매이신 예수 그리스도께서 하늘에 들어가신 후에 우리를 위해 처소를 예비하셨음을 알게 하옵소서. 우리가 마침내 목적지에 도달할 때까지 당신의 거룩한 소명의 경로 안에서 더욱 전진하게 하시고 당신이 이 세상에서 우리에게 맛보게 하신 영원한 영광을 향유하게 하옵소서. 우리 주 예수님의 이름으로 기도하옵나이다. 아멘."[6]

그는 그 주간의 남은 날에는 설교나 강의를 할 수 없었으나 주일 오전에는 다시 복음서 대조를 설교했다. 이 설교 후 다시는 생 피에르 교회의 강단에 서지 못했다. 그러나 그 후에도 금요일 집회에는 계속 자주 참석해서 짧게 자신의 소견을 이야기하고 기도로 자신의 말을 끝마쳤다.

소의회는 행정관들에게 그의 집을 방문해서 그에게 25크라운Crown의 돈을 주고 오라고 명령했다. 이 사실은 감동적이긴 하나 꼴사나운 동정의 표현이 아닐 수 없다. 칼빈은 행정관들의 방문은 받아들였으나, 일하지 않았기 때문이라는 이유로 돈은 받기를 사양했다. 3월 후반에 그는 병세가 호전되어 자신이 더 오래 살 수 있을 것이라고까지 생각했다. 그러나, 상호 비판을 위한 월례 모임을 자기 집에서 개최하고 프랑스어 신약 성경의 몇몇 부분의 개정 문제를 놓고 목사들과 논의하느라고 신경을 쓰고 흥분하다 보니 건강이 다시 악화되었다. 그는 한 번 더 의회를 방문했고 부활절에 생 피에르 교회의 성만찬에 참여했으며, 계속해서 편지를 받아쓰게 하는 일을 했다. 좀 쉬시라는 말을 들을 때마다 그는 "무어라고! 주님이 오신다면 그대들은 주님께 나의 빈둥거리는 모습을

---

6) OC 40, 516; Calvin Translation Society Ezekiel 2, 345.

보여주겠다는 것인가?"라고 말하곤 했다.

4월 25일에 그는 유언을 했는데 그에게는 남길 유산이 그리 많지 않았다. 대학에 10크라운을 남겼고 망명자단에도 10크라운을 남겼다. 여동생 마리의 딸에게 10크라운을, 그리고 앙투안의 두 아들에겐 각기 40크라운씩을, 그리고 그의 딸들에겐 각기 30크라운씩을 남겼다. 자신의 불순종하는 아들 다비에게는 단지 25크라운만을 남겼다. 만일 자신의 소유를 팔아서 다 나눠 주고도 남았을 경우에는 유산 수취인들에게 분배해 주라고 했다. 그러나 사실상 그의 계산은 거의 정확했다. 앙투안에게는 트리에게서 받은 은잔을 남겼다.

소의회에 작별 인사를 하는 것이 그의 소원이었기에 소의회 의원들이 그를 방문했다. 그는 그들에게 자신의 인생을 짧았다고 말하고 자신에게 보여준 그간의 친절에 감사하고 싶다고 했다. 왜냐하면 더 이상의 친절을 보여줄 수 없었기 때문이라는 것이었다. 사실상 그가 제네바에서 많은 고초를 겪었으나 그것이 그들의 잘못만은 아니었다. 칼빈은 자신이 최선을 다하지 못했음에 대해 용서를 구하고 자신의 뜻이 원래 선한 의도였음을 밝히고 만일 하나님이 자신을 전혀 사용하지 않으셨다고 말한다면 자신은 위선자일 것이라고 했다. 칼빈은 또한 자신의 참을성 없는 나쁜 성질이 천성이나 이를 부끄러워하며 용서를 구한다고 했다. 의회 의원들은 항상 권면의 말을 해야 한다고도 했다. 어려울 때와 마찬가지로 일이 순조롭게 잘될 때에도 범사에 하나님을 신뢰해야 한다고 했다. "왜냐하면 우리는 왕국을 건설하고 태평해졌을 때 하나님께서 그를 긍휼히 여기시지 않자 정신을 차리지 못하고 도덕적으로 크게 타락한 후에 회개한 다윗의 예를 잘 알고 있기 때문입니다." 모두가 각기 자신의 소명을 따라 시기하거나 미워하지 말고 하나님을 바라보고 성령의

인도하심을 기도하면서 공공의 복지를 위해 자신의 임무를 다해줄 것을 부탁했다.[7]

그 다음날 목사들이 그의 집에 모였고 그는 그들에게 그의 마지막 메시지를 전했다. 그는 자신이 지금까지 자주 병으로 고생해 왔으나 이제는 전에 느끼지 못했던 것을 느끼고 있다고 말했다. 지금은 너무 약해서 침대에 누워 있을 때도 기절하며 이 때는 내내 호흡을 제대로 하지도 못하나 "나는 다른 병자와는 전혀 다릅니다. 그들은 자신의 종말이 다가오면 감각은 둔해지고 헛소리를 하기도 합니다. 사실상 나도 감각을 잃은 것을 느낍니다. 그러나 이런 모든 것이 마치 하나님께서 나의 모든 내적 감각을 집중하기를 원하시는 것처럼 보입니다. 나는 내 앞에 많은 어려움이 있고 죽음이란 매우 힘든 일이란 것을 압니다"[8]라고 말했다. 자신이 언어의 능력을 잃을까봐 꽤 두려워했다.

"제가 처음 이 교회에 왔을 때 저는 이 교회 안에서 거의 아무것도 발견할 수 없었습니다. 설교가 행해지곤 있었으나 그것이 전부였습니다. 사실 그들이 우상을 찾아내어 불사른 것은 분명했습니다. 그러나 개혁은 없었으며, 모든 것이 무질서 그대로였습니다. 물론 파렐 선생과 시각장애인 쿠로 목사 같은 훌륭한 분도 계셨습니다. 그 외에도 앙투안 소니에 선생과 훌륭한 설교자 프로망도 계셨습니다.

"저는 여기서 끊임없는 투쟁 가운데서 살아왔습니다. 어느 날 저녁엔 저의 집 문 앞에서 저를 조롱하기 위해 쏘아대는 40-50발의 화승총 소리로 인사를 대신 받기도 했습니다. 사실 겁이 많은 제가 그 날 얼마나

---

7) OC 9, 888-9; English Translation of Calvin's letters 4, 370.
8) OC 9, 891; English Translation of Calvin's letters 4, 373.

놀랐을까 한 번 상상해 보십시오.

"그 후에 저는 이 도시에서 추방되어 스트라스부르로 갔습니다. 거기서 얼마를 보내다가 다시 이곳으로 불리어 왔습니다. 그러나 제 임무를 다하려고 했을 때는 고충이 전보다 다를 바가 없었습니다. 그들은 "이 어리석은 놈아! 이 어리석은 놈아!"라고 소리치면서 개들을 풀어 나를 쫓았고 개들은 내 가운과 다리를 물어댔습니다. 그들이 서로 싸울 때 저는 200인 의회에 갔었습니다. 저는 거기서 할 일이 없는데도 불구하고 그곳에 가려는 사람들을 못가도록 말렸습니다. 드 소de Saulx나 니콜라 데 갈라르 같은 사람처럼 그들은 마치 자신들이 모든 것을 하는 양 으스댔습니다. 제가 그 곳에 도착해 들어가니까 그들은 저에게 '가시오, 선생. 그들이 당신을 반대하는 것은 조금도 없으니까.' 라고 소리쳤습니다. 저는 대답했지요. '나는 그런 일을 하려는 게 아니오. 오시오, 이 악한 사람들아, 와서 나를 죽이시오. 당신들을 향해 내 피가 격노해 펄펄 끓어오르고 있소. 그리고 바로 이 의자들이 그 피를 요구하고 있소.' 이렇게 저는 투쟁 속에서 살아 왔습니다. 여러분들은 저보다 못한 사람이 아니라 더 나은 사람들이 있음을 알게 될 것입니다. 여러분의 나라는 악하고 불행한 나라입니다. 비록 선한 사람들도 있지만 이 나라는 고집 세고 사악한 나라입니다. 하나님께서 저를 불러가신 후 여러분은 여러 문제에 직면하게 될 것입니다. 비록 제가 아무 것도 아니지만 제네바에서 일어날지도 모를 3,000여 폭동을 제가 미리 방지해 놓았다고 저는 확신합니다. 용기를 가지고 담대하십시오. 왜냐하면 하나님께서 이 교회를 사용하고 유지하실 것이며 그가 이 교회를 보호하실 것임을 여러분께 확신시켜 주실 것이기 때문입니다.

"저는 여러분이 마지 못해 참아주신 여러 약점을 가지고 있습니다. 게다가 제가 한 일은 모두 별 가치가 없는 것들입니다. 또한 제 자신은 비참한 한 피조물에 불과합니다. 그러나 이것 하나만은 분명히 말씀드릴 수 있습니다. 즉 저는 선을 의도했으며 제 자신의 악 때문에 항상 슬펐으며 항상 마음에 하나님을 두려워하는 근본 뿌리는 있었다는 사실 말입니다. 아마 여러분도 그런 경향은 인정하실 것입니다. 저는 제 악이 용서받기를 기도하고 있습니다. 그리고 만일 제게 조그마한 선이라도 있다면 여러분이 그것을 본받아 실천해 주기를 기도하고 있습니다.

"제 교리에 대해서 저는 신실하게 가르쳤으며 하나님께서 내 능력 안에서 신실하게 책을 쓸 수 있는 은혜도 주셨습니다. 저는 성경 한 구절도 거짓으로 만들지 않았으며 내 지식이 미치는 한에서는 단 한 번도 잘못 해석하지 않았습니다. 내가 비록 교묘하게 배웠었기 때문에 교묘한 의미도 삽입하고도 싶었으나 그런 유혹을 이기고 항상 명백성을 나의 목표로 삼으려고 했습니다.

"저는 누구를 미워해서 글을 쓴 적이 없었습니다. 저는 항상 하나님의 영광을 위하는 길이라고 생각되는 것을 썼을 따름입니다.

"우리 내부 사정에 대해서 이야기합시다. 여러분은 베자 씨를 선출해서 제 뒤를 잇게 했습니다. 책임이 너무 막중해 무게를 견디지 못하고 밑에 깔리지 않도록 그를 잘 보필해주십시오. 그리고 그를 밀어주십시오. 저는 그가 선의를 가지고 있고 능력껏 일을 잘하리라 믿고 있습니다.

"각자가 순경이나 역경이나 열심히 봉사하겠다고 약속한 교회와 시에 대해 지고 있는 책임을 잘 수행해 나가도록 하십시오. 각자가 맡은 소임을 잘하도록 하시고 뒤로 물러서거나 당을 짓는 일이 없도록 하십시오. 왜냐하면 사람들이란 몰래 모여서 음모를 꾸미게 되면 깊이 숙고하지 않은 것을 그냥 말하게 마련이고 괜히 이것 저것을 목표로 삼게 되기 때문입니다. 따라서 각자가 하나님 앞에서 엄숙히 맹세한 책임이 무엇인가를 잘 생각하도록 하십시오.

"또한 여러분 사이에 말다툼이나 남을 아프게 하는 말들이 오고 가지 않도록 주의하십시오. 왜냐하면 항상 인격을 우롱하는 말들은 떠돌아다니기 쉽기 때문입니다. 사실상 농담으로 하기는 쉬우나 이런 말은 마음에 상처를 남깁니다. 이런 모든 것은 무익할 뿐 아니라 기독교 정신에 정면으로 어긋나는 것입니다. 여러분은 이런 실수를 범하지 않도록 주의하시고 서로 사이좋게 우정과 진실을 나누며 살도록 하십시오.

"한 가지 잊어버렸군요. 저는 여러분이 변화나 혁신을 일으키지 않기를 기도합니다. 대중들은 가끔 신기한 것을 원합니다. 제가 세운 것이 그대로 지속되고 사람들이 더 나은 것을 바라지 않았으면 하는 저의 속된 야망에서 그런 것이 아닙니다. 단지 모든 변화는 위험하고 때로는 해로울 때가 있기 때문입니다.

"저는 스트라스부르에서 돌아오자마자 급히 『요리 문답Catechism』을 작성했습니다. 왜냐하면 그들이 두 가지 점, 즉 요리 문답과 권징을 보수할 것을 맹세하기 전에는 제네바에서 사역하지 않겠다고 결심했기 때문이었습니다. 제가 그것을 쓰고 있는 중인데 그들이 와서는 제 원고를 가져다가 그냥 인쇄소에 넘겨 버렸습니다. 비록 그 당시 피에르 비레 씨가 이 도시에 계셨지만 제가 그에게 이에 대해 한마디라도 설명했을 것이라고 보십니까? 저는 전혀 시간이 없었습니다. 그래서 시간이 있으면 요리 문답을 마무리 작업해서 완성시켰으면 하는 생각을 계속해 왔습니다.

"주일 기도에 대해서 저는 스트라스부르의 양식을 채용했고 그것에서 많은 부분을 가져 왔습니다. 그러나 다른 기도는 스트라스부르 양식에는 없었으므로 전부를 성경에서 이끌어 내었습니다.

"또한 스트라스부르에 있을 때 세례의 공식을 작성해야만 했습니다. 왜냐하면 그곳의 재세례파 사람들이 자녀들을 세례받게 하기 위해 5리이그1리이그는 3마일나 6리이그 정도 멀리 떨어진 곳에서도 제게 데리고 왔기 때문이었습니다. 그래서 저는 이렇게 매우 서툰 공식을 작성했습니다. 비록 서툴기는 하나 위에서 제가 말한 대로 고치지 않는 것이 좋을 것 같습니다.

"베른 교회는 이 교회를 지금까지 배신해 왔습니다. 그들은 저를 사랑하기보다는 항상 두려워했습니다. 저는 그들에 대해 이렇게 생각한 채 세상을 떠났다는 사실을 알려 주었으면 싶습니다. 심지어는 지금도 그들은 저를 사랑하기보다는 두려워하고 있으며 제가 그들 식의 성찬식을 뒤엎을까봐 내내 전전 긍긍해 왔습니다." [9)]

그는 다시 파렐에게 감동적인 편지를 보냈다.

"형이 나보다 오래 사는 것이 하나님의 뜻인 것 같소. 부디 우리의 우정을 기억해주길 바라오. 그것이 하나님의 교회에 유익했고 그 열매가 하늘에서 우릴 기다리고 있소. 나는 형이 나 때문에 지치는 것을 원하지 않소. 나는 매우 힘들게 숨을 쉬고 있고 매 순간이 나의 마지막 호흡인 양 생각하고 있소. 내가 그리스도를 위해 살고 또 죽으니 그것으로 족하오. 그리스도는 그를 따르는 모든 자에게 살아서나 죽어서나 유익인 것이오." [10)]

---

9) OC 9, 891-4; English Translation of Calvin's letters 4, 373-7.
10) OC 20, 302-3; English Translation of Calvin's letters 4, 364.

『빌립보서 주석』에서 빌립보서 1 : 21에 대한 칼빈의 번역은 이와 같다: "왜냐하면 그리스도는 삶에 있어서나 죽음에 있어서나 내게 유익이기 때문이다." 파렐은 마지막으로 그를 보러 왔다. 그러나 이후로 칼빈은 방문하기 원하는 자들에게 방문하기보다는 자신을 위해서 기도해줄 것을 요청했다. 그 이후로 칼빈은 2주일간 낙망과 고통 가운데 있으면서도 일을 하려고 애썼으며 시편 구절들을 계속해서 반복했다. 그는 자신이 예언한 대로 끝까지 자신의 지성을 통제할 수 있었던 것이다. 5월 27일자 의회 서기록은 이렇게 적고 있다. "오늘 저녁 8시 책임감이 강한 칼빈은 하나님께 감사드리면서 감각과 정신이 온전한 채로 하나님께 갔다."[11]

처음에 그의 시신은 정장한 채 안치되었다. 그러나 많은 사람들이 이것을 보러 오자 복음주의자들은 새로운 성인 숭배를 만들어냈다는 비난을 받게 될까 두려워했다. 따라서 그는 자신이 원한 대로 5월 28일 주일에, 묘비 없이 공동묘지에 장례되었다. "그리고 거기에 그가 오늘날도 자신이 우리에게 가르쳤고 굳게 믿고 있던 부활을 기다리며 누워 있다."[12]

---

11) OC 21, 815.
12) Colladon, OC 21, 106.

부 록

JOHN CALVIN

부록 1 **칼빈의 회심**
부록 2 **칼빈의 연대 재추정**

자료와 참고도서 목록
색인

부록 1

칼빈의 회심

칼빈의 생애 중에 그의 회심의 연대, 모습, 원인, 그리고 작인에 대해서보다 더 많은 학자들이 정력을 쏟고 더 많은 독창성이 발휘된 부분도 없다. 우리의 주된 전거들이 제공해 주는 자료들은 때로는 서로 모순되기도 하고 그의 초기 생애에 대해 알고 있는 확실하거나 추정적인 지식과 모순되기도 한다. 지금까지 매우 다양한 견해, 매우 다양한 연대가 제시되어 왔다. 더욱이 칼빈 연구의 세기가 막 지났는데도 불구하고 우리가 확실히 아는 것은 그리 많지 않다. 따라서 누구든지 칼빈 전기를 쓸 때는 아무리 임시적이고 성급한 결정일지라도 어떤 결정을 내리지 않고는 1525-34년간의 사건들을 묘사할 수 없기에 잠시 멈추어서 생각을 가다듬어야 한다. 최근의 두 학자 슈프렝거(P. Sprenger), 『칼빈의 회심에 관한 수수께끼, Das Rätsel um die Bekehrung Calvins』, 가노치(A. Ganoczy), 『청년 칼빈, Le jeune Calvin』의 접근 방법은 매우 권장할 만하다. 전자는 칼빈의 회심에 관한 언어를 매우 자세하게 연구했으며, 후자는 칼빈의 이야기를 교인으로서의 칼빈과 관련해서 회심이 어떤 의미가 있는지를 이해하려고 애쓰면서 신학적으로 연구했다. 나는 주로 연대를 확정지으려는 데 목적을 두는 학자들보다는 위의 학자들에게 더 공감을 느낀다. 그러나 슈프렝거와 가노치의 연구 부산물로 칼빈의 회심의 연대가 어떤 특정 기간 사이인 것이 드러나는 것 같다.

무엇을 증거로 채택하느냐가 무엇보다도 중요하다. 지금까지는 (1) 칼빈의 『시편 주석』 서문의 일부1557년, (2) 『베스트팔에 보내는 두 번째 충고Second Admonition to Westphal』의 일부, (3) 『사돌레토에게 보내는 답변Reply to Sadoleto』, (4) 베자와 콜라동의 이야기 등이 주로 증거로 사용되었다. 슈프렝거는 이밖에 (5) 사도 바울의 회심을 다룬 사도행전 9장에 대한 칼빈의 주석을 첨가했다. 이것들 중에서 나는, 『베스트팔에 보내는 두 번째 충고』는 연대 문제에 관해서는 아무 것도 입증해주지 못한다고 주장한다. 『사돌레토에게 보내는 답변』은 로마 가톨릭에서 개종한 한 평신도의 입을 빌린 신앙 고백이다. 연극 작가를 그가 쓴 연극의 등장 인물로 동일시하면 안 되듯이 위 답신에 나오는 평신도를 칼빈과 동일시할 특별한 이유는 없다. 슈프렝거가 『시편 주석』 서문에 쓴 칼빈 자신의 회심 이야기와 사도 바울의 회심에 대한 칼빈의 이야기를 비교한 것은 유익이 되는 동시에 오해의 소지가 있다. 즉 사전 편찬적인 면에서는 유익하나 칼빈의 회심과 바울의 회심을 연결시켰다는 점에서는 오해의 소지가 있다. 칼빈 자신이 이런 연결을 시도하지 않는데 이는 그의 이런 침묵이 어떤 함축성을 띠고 있는 것이다. 왜 그가 자신을 바울과 연결시키지 않았는지 그 이유를 대는 것은 어려운 문제가 아니다. 한편으로 바울은 개종 전에 교회의 박해자였다. 그러나 결코 칼빈은 로마 가톨릭이든 복음주의든 교회를 핍박한 적이 없었다. 한편 칼빈은 자신을 하늘로부터의 어떤 기적적인 계시, '신령한 것들'과 관련시키기를 원하지 않았다.

따라서 우리는 『시편 주석』 서문을 다시 한 번 살펴보는 것이 좋겠다.

"하나님께서는 나를 어둡고 천한 시작으로부터 끌어 올리셨고 나에게 가장 영예로운 사자使者와 복음 사역자의 직무를 부여해 주셨다. 아버지는 내가 어렸을 때부터 신학을 시킬 의도를 가지고 계셨다. 그러나 법률가가 되는 것이 어디서나 소득이 많다는 생각을 하시고는 그만 갑작스럽게 마음을 바꾸셨다. 공교롭게도 나는 철학 공부를 하다가 법학 공부를 하지 않을 수 없게 되었다. 아버지의 소원에 대한 순종에서였으나 나는 열심히 공부하려고 최선을 다했다. 그러나 하나님께서는 마침내 자신의 섭리의 비밀 고삐로 나의 진로를 다른 방향으로 돌리셨다. 제일 처음 일어난 일은 하나님께서 예기치 못한 회심으로 다년간 완악해진 마음을 온순하게 길들이신 것이었다. 왜냐하면 나는 교황제의 미신에 너무 강하게 빠져 있었기에 이보다 못한 그 무엇으로는 나를 그렇게 깊은 수렁에서 끌어 낼 수 없었을 것이기 때문이었다. 결국 이렇게 참 경건의 맛을 본 것이 그 안에서 진보하려는 나의 갈망에 불을 붙이게 되어 나는 비록 전적으로 포기하지는 않았으나 남은 공부를 열의 없이 더 냉랭하게 하기에 이르렀다. 1년도 채 못 되어 순수한 교리를 배우기 갈망하는 사람들이 아직도 초보자요 신참인 나에게 배우기 위해 몰려왔다."

처음 세 문장에 시간을 소비할 필요가 없다. 따라서 바로 네 번째 문장부터 시작하도록 하자.

공교롭게도 ……비록 고정된 연대를 확정지을 수는 없으나, 우리는 그가 철학 공부즉 학예 과정를 하다가 법률 공부를 하게 되었다는 사실에서 대강의 기간은 잡을 수 있다. 이 문장은 칼빈이 파리에서 교황제로부터 점점 멀어지기 시작했다는 베자와 콜라동의 주장을 받아들일 수 없게 만든다.

나는 열심히 공부하려고 최선을 다했다 ……즉 법학 공부를 말이다. 이 문장은 우리가 위에서 방금 말한 것을 확증해 준다. 회심은 그가 법학 공부를 하던 중에 일어났다.

그러나 하나님께서는 마침내 ……칼빈의 진로는 법률가로 정해져 있었다. 그러나 하나님께서 그의 진로를 재조정하셨다.

제일 처음 일어난 일은 ……이 '제일 처음'이 언제 놓여져야 하는가? 다음 문장에 따르면 그가 열심히 공부하고 있는 도중이었는데 이 일이 일어남으로써 결국은 그가 법학 공부로부터 멀어지기 시작했다는 것이다. 그러나 우리는 대강 공부하던 시간뿐 아니라 열심히 공부하던 시간도 계산에 고려해야 한다. 어쨌든 우리는 그의 회심이 법학 공부 전도 아니요 후도 아닌 그 중간에 일어났다는 사실을 알게 된다.

예기치 못한 회심 ……보통은 '갑작스런'으로 번역된다. 그러나 수비타 *subita*는 '갑작스런' sudden을 의미할 수도 있고 '예기치 못한' unexpected을 의미할 수도 있다. 칼빈이 이 단어의 모호성을 알고 있었다는 것은 그의 『관용론 주석』에 나타나 있다: "수비타*subita*— 갑작스런*repentina* 뿐 아니라 예기치 않은inconsiderata의 뜻도 된다. 왜냐하면 즉석에서 일어나는 일은 어떤 목적도 가지지 않기 때문이다. 그러므로 수비툼subitum은 의논도 없이inconsulto의 뜻으로 해석된다"Battles & Hugo, pp. 55-56. 현재 우리 본문의 문맥은 '예기치 않은'을 요구하는 것 같다. 즉 회심은 칼빈의 소원이나 의도의 결과가 아니라 예기치 않게 일어난 것이다. 갑작스럽게 회심이 일어났는지 아닌지의 여부는 이 문맥과는 아무 상관이 없다. 회심 그 자체칼빈의 회심, conversio의 용법은 슈프렝거의 pp. 45ff을 보시오는 이 문장에서 큰 위치를 차지하지 않는다. 수비타 콘베르시오네subita conversione라는 구句가 만일 빠진다 해도 이 문장은 문법적으로나 논리적으로 충분히 말이 된다. '그는 다년간 완악해진 내 마음을 온순하게 만드셨다.' 그러나 '제일 처음' 일어난 것은 회심이다. 여기서 그가 이제 수렁에서 건짐을 받고 교황제의 미신에서 해방되었는지는 말하지 않는다. 단지 그가 길들여졌고 온순해졌다는 것만을 말할 뿐이다.

다년간 완악해진 마음 ……즉 로마 가톨릭 종교에 집착함으로써 완악해진 것을 말한다. 이 구절은 칼빈이 언제 회심했는지를 보여주는 좋은 구절이다. 우리는 그의 마음이 이미 결정되고 결심이 서 있을 나이에 회심의 연도를 놓아서는 안 된다. 결국 16세기에 지적 성숙이 이른 점을 기억하면 그가 20대 중반즉 1534년, 많은 학자들이 좋아하는 연도에 회심했다고 보는 것은 너무 늦은 것이다. 브린Q. Breen은 이 점에서 실수를 범했다. "칼빈은 그의 인생에 있어서 조금 늦게 회심했다. 그는 24세까지 인문주의적 이상에만 거의 도취되어 있었다. 일반적으로 젊은 사람은 18세 전에 변화를 체험하는데 비해"p. 146.

하나님께서……온순하게 길들이신 것이었다. 야생 동물이나 길들지 않은 동물을 길들인다는 표현은 칼빈이 자주 사용하는 은유법이다. 여기서 강조점은 그 전 구절의 '완악해진'에 반대되는 '온순하게'에 놓여 있다.

왜냐하면 나는 교황제의 미신에 너무 강하게 빠져 있었기에…… 한 면에서 보면 칼빈이 가고 있던 방향은 법률가가 되는 방향이었다. 그러나 다른 면에서 그는 후기 중세 종교의 길을 따라가고 있었다. 슈프렝거는 '미신'은 주로 성물 숭배와 성상聖像의 제의적 사용을 가리킨다고 본다. 그러나 이것은 '미신'이란 용어를 너무 좁게 본 것이다. '교황제의 미신'은 분명히 칼빈이 기독교의 타락한 형태로 간주한 것 모두를 가리키는 일반적인 용어이다. 미신은 반종교가 아니라 거짓 종교이다. 그것은 하나님의 자기 계시에 순종하는 것과는 반대로 하나님에 대한 거짓된 관념을 붙잡는 것을 의미할 수도 있으며『기독교 강요』, I. iv. 1, xi. 1, 등 아니면 하나님이 아닌 것에 하나님께만 속한 것을 돌리는 것을 의미할 수도 있다『기독교 강요』, II. viii. 16. 칼빈은 자신이 교황제 안의 미신적인 행습이나 신념에 빠졌다고 말한 것이 아니라 교황제라는 미신적 종교에 빠져 있었다고 말하는 것이다.

결국 이렇게 참 경건의 맛을 본 것이…… 그의 회심이 법학 공부에 미친 영향. 요지는 이렇다. '나는 열심히 공부하기 위해 최선을 다했다. 하나님께서 예기치 않은 회심으로 내 마음을 길들이셨다. 나는 나의 다른 공부는 더 냉랭하게 열의 없이 하게 되었다.' '임부투스'Imbutus는 한 가지 의미 이상을 지닌다. 여기서는 시작의 의미가 가장 적합하다 참조. 아우구스티누스, '처음 기독교 신앙을 시작한 이들'(qui fide christiana primitus imbuti sunt),『요리문답 I. I』, 다른 예들을 보려면 블레즈(A. Blaize), 『기독교 저술가들의 라틴어-프랑스어 사전, Dictionnaire Latin-Français des Auteurs Chrétiens』을 참조하라. 이와 일치하여 '맛 봄' taste도 칼빈에겐 채워지는 것being filled의 반대 의미로 쓰인다. 영어로는 '단지 맛 봄' mere taste으로 번역해야 한다히브리서 6 : 4-5; 베드로 전서 2 : 3에 대한 칼빈의 주석을 참조하라. '참 경건' 은 '교황제의 미신' 과 반대로 해석되어야 한다. 교황제도 피에타스경건라고 잘못 불리고 있으나 이제 칼빈이 맛본 것은 참 피에타스pietas이다.

남은 공부 ······ 칼빈은 법학만 언급했을 뿐 다른 공부는 말하지 않았다. '렐리쿠아' Reliqua는 '다른' other으로만 해석할 수 있기에 그것이 무엇이든 간에 그 구절은 '나의 다른 공부들' 이라고 볼 수 있다. 그러나 만일 우리가 그의 논지- '철학 공부', '법학 공부', '나는 열심히 공부하기 위해 최선을 다했다', '예기치 않은 회심', '나는 남은 공부는 열심 없이 더 냉랭하게 하기에 이르렀다' -를 따른다면 렐리쿠아는 그의 법학 공부의 '남은 부분' 의 의미가 된다. 그는 법학 공부는 완전히 포기하지 않았지만 참 경건 안에서 진보하려는 열심 때문에 그 중요성이 감소되거나 상대화된 것이다. 비교급 '프리지디우스' frigidius, 냉랭하게-역자 주는 결국 '엑사르시' exarsi뿐 아니라 '열심히 하려고 최선을 다했다' 와 관련된다. 요지는 이와 같다. '나는 진보하고 싶어 못견뎠다. 나는 남은 공부는 열의 없이 더 냉랭하게 했다', '나는 열심히 공부하려고 애썼다. 그러나 이제는 남은 공부는 열의 없이 더 냉랭하게 하기에 이르렀다.'

1년도 채 못 되어 ······이것이 보통 말하는 역년calendar year을 가리키는 것으로 해석해야 하는가? 이 구절에 기초하면 회심은 매우 늦게 위치하게 된다. 왜냐하면 우리는 약 1534년까지는 사람들이 칼빈에게 배우러 왔다는 이야기를 듣지 못하기 때문이다. 이런 침묵의 논증argumentum e silentio을 반박하기 위해서 우리는 칼빈의 초기 생애에 대해 확신할 만한 많은 지식을 가지고 있지 못하다는 점을 말할 필요가 있다. 만일 아누스annus가 여기서 1역년이라면 우리는 칼빈을 우리가 가능하다고 생각할 수 있는 것보다 일찍이 복음전도 활동을 한 중심인물로 생각해야만 한다. 이것이 아누스의 가장 적합한 의미이다. 그러나 나는 또 다른 이론을 제기하려고 한다.

아직도 초보자요 신참인 ……약간 주저하면서 나는 회심conversio, 온순하게docilitas, 초보자novitius, 신참tiro, 그리고 1년annus이란 단어들이 하나의 이미지, 즉 수도 생활 진입의 이미지를 형성하고 있지 않느냐고 질문하고 싶다. 수도원으로의 첫 번째 진입은 이 세계로부터의 '회심'이다. '초보자'는 수습 기간 중의 수도사를 가리킨다. 한편 원래는 신병을 의미하는 군대 용어인 '신참'은 기독교 저자들에 의해 세례 지원자란 뜻으로 쓰였다참조, 콤모디아누스(Commodianus), 『교훈, Instruct』, 2, 4, 5; 혹은 아우구스티누스, "믿음을 얻기 위해 오는 자는 그리스도의 신병으로 불린다"(tiro Christi loquitur, cum accedit ad fidem), 『시편 주석』 26. 1. 1.. 초보자의 기간은 보통 1년이다. 결국 칼빈이 자신의 생애를 이런 은유적 의미로 바라보면서 그의 회심을 모든 것을 하나님께 드리고 헌신하는 종교적인 삶으로의 회심으로 본 것은 아닐까?

우리가 『시편 주석』 서문을 읽고 나면 칼빈의 회심의 연대를 알 수 있으리라고 보는가? 한 가지는 필연적인 것 같다. 만일 칼빈이 사건의 순서를 정확히 기억했다면 그의 회심은 법학 공부 중에 일어난 것이 틀림

없다. 회심 연도를 오를레앙 대학 전前 시기로 보는 것은 그가 면허소지자가 된 후 시기로 보는 것이 부당한 것과 마찬가지로 부당하다. 만일 1525년1526과 1531년 3월 사이 어디라면 우리는 그가 열심히 공부하던 시간과 냉랭하게 공부하던 시간을 계산에 고려해야 한다. 그렇다면 1528년과 1530년 초 사이의 어디일 것이다. 그러나, 만일 부르주 대학으로의 전학이 칼빈의 법률 공부에 대한 계속된 영광을 보여주는 표시라면 우리는 1529년 봄을 지난 후로 연대를 잡아야 한다. 한편, 만일 부르주에서 그가 설교했다는 이야기가 사실이라면 이에 대한 시간도 고려해야 한다. 따라서 1529년 후반부나 1530년 초가 그의 회심 시기인 것 같다. 이후에 칼빈이 그의 법학 공부를 완전히 포기한 것은 아니었다. 그는 1530년 10월?에 법학과정의 마지막 부분을 위해서 오를레앙으로 돌아와서 면허증을 획득했다. 그는 더 공부하기 위해 파리로 갔고 거기서 『관용론 주석』을 마무리했다.

  1534년 5월, 그의 목사직 사임에 대해 생각해 보자. 칼빈과 같이 양심적인 사람이 그것이 폐습임을 알면서도 그런 큰 폐습에서 나오는 유익을 계속 얻으려고 했을까라는 질문이 제기된다. 이렇게 본다면 이 행동 바로 직전에 그가 회심했다는 결론이 나오게 된다. 그러나 그가 경건의 맛을 보았다는 사실이 그가 모든 윤리적 문제를 한꺼번에 명확히 깨달았음을 의미하는 것은 아니다. 사실상 25년 후에 그는 회개하지 않은 이단을 사형에 처하는 것이 국가의 의무라고 생각했다. 그렇다면 그는 분명히 그런 수익의 원천을 그의 교육 보조금으로 생각했을 것이다. 그러나 이제 그는 25세가 되었다. 그의 학창 시절은 지났다. 그는 더 이상 사제가 될 마음은 없었다. 따라서 그는 그의 목사직을 계속 유지할 권리가 없었던 것이다.

부록 2
칼빈의 연대 재추정

칼빈의 초기 생애 연도에 대한 일반적인 이론은 다음과 같다.

1509년 7월 10일	출생
1523-27년 혹은 1528년	파리 대학
1527년 혹은 1528-29년	오를레앙 대학
1529-31년	부르주 대학
1531-33년	파리와 오를레앙에서
1533-34년	파리와 앙굴렘과 누아용에서
1534년	바젤로 향함

그의 회심 연도는 1527년에서 1534년까지 다양하게 나타난다. 본 논문의 목적은 이런 연대의 신빙성을 검토해 보는 것이다.

1. 전거典據가 되는 문서들

베자 1은 단지 출생 연도와 바젤로 간 연도만을 제기하는데 바젤로 간 해에 『기독교 강요』 첫판이 나왔다고 말한다 OC*21, 30. 베자 2는 이보다 더 정확하지 못하나 바젤로 간 연도를 1534년으로 고수하려는 것 같다. 콜라동은 출생연도와 대략적이고 부정확한 『관용론 주석 Commentary on De Clementia』 출판 연도 '그는 불과 24세였을 것이다', OC 21, 56와 바젤로 간 연도 1534년를 제시한다. 그는 또한 칼빈이 프랑스를 떠나기 전에 오를레앙에서 그 해를 보냈는데 거기서 『혼수론魂睡論』을 썼다고 말한다. 이렇게 해서 우리는 그의 초기 생애에 관해서는 단지 세 연도밖에는 알 길이 없는데 게다가 그 중의 한 연도는 부정확한 것이 분명하다. 다른 자료가 없다면 우리는 그가 1509년에 출생했고 1534년에 바젤로 간 것밖에는 확실히 아는 게 없을 것이다.

그러나 우리는 누아용과 관련된 자료들, 르프랑이 펴낸 참사회 서기록의 발췌 요약집, 데스메의 『단평Remarques』, 르 바쇠르Le Vasseur의 『연대기 Annales』와 오를레앙 대학과 관련된 자료들을 가지고 있다. 르프랑의 연도들은 뮐러K. Müller의 『칼빈의 회심Calvins Bekehrung』에 의해 수정되어야 한다. 마지막으로 우리는 칼빈이 주고 받은 편지 16통을 OC 10b, 1ff에서와 에르맹자르의 책 2, 3권에서 발견할 수 있다보네(Bonnet)의 서신집 영역판은 번역과 연대 추정에 오류가 너무 많아 깊이 연구하기에는 무익한 책이다. 칼빈의 자필 초기 서신들은 현존하지 않으나OC 10b, 25-6, No. 18의 예외를 제외하곤, 칼빈과 서신을 교환하던 사람의 아들인 피에르 다니엘이 베낀 것들이 있다. 칼빈은 이 초기 서신에 연대를 쓰지 않았다. 그런데 다니엘이 여기에 연대를 단 것이다. 그러나 그 연대는 오늘날 일반적으로 받아들여지고 있는 연대에 주로 책임이 있는 에르맹자르의 연대보다 거의 일 년이나 그 이상 앞선 것이 특징이다. OC의 편집자들은 주로 다니엘의 견해를 따르는 것으로 만족했다.

---

*) 이후로 나오는 OC는 Opera Calvini (Corpus Reformatorum)의 약자임.

누아용의 서기록은 칼빈과 참사회에 대한 연대는 확정해 주지만 누아용 밖에서의 칼빈의 생애에 관해서는 단지 추정적인 도움만을 줄 뿐이다. 거의가 내증內證, internal evidence에 의존할 수밖에 없는 서신들은 믿을 만한 지침이 더 없는 실정이다. 에르맹자르의 연대 중 하나 이상은 가정에 의존하고 있다.

2. 칼빈은 언제 파리 생활을 시작했는가

칼빈이 언제 파리에서 학창 시절을 시작했는가? '1523년'이라는 것이 거의 일반적인 대답이다. 이 연대는 거의 모든 학자에 의해 문제시되지 않고 그대로 받아들여지고 있다. 내가 아는 유일하게 반대 의견을 가진 사람은 앵바르 드 라 투르Imbart de la Tour이다. 이런 흐름을 근원까지 추적해 올라가 보도록 하자. 전거典據를 댈 필요가 있다고 느끼는 사람들은 우리에게 르프랑이나 아니면 에르맹자르 2권 p. 279, n.2를 댈 것이다. 우리가 먼저 르프랑을 들춰 보면 그 역시 에르맹자르를 참조하라고 하는 사실을 발견하게 된다. 결국 현대의 자료는 에르맹자르뿐이다. 그렇다면 그의 전거는 무엇인가? 그의 전거는 데스메와 『칼빈의 데살로니가전서 주석』이다. 후자는 코르디에에게 부친 헌정사를 의미하는 것임이 분명하다. 그러나 이 헌정사는 어떤 연대도 언급하지 않으며 암시조차도 하지 않는다. 결국 1523년이라고 에르맹자르가 주장하는 유일의 전거는 1세기나 후에 쓰여진 데스메에게서 나온 것이다. 그렇다면 데스메의 전거는 무엇인가? 그의 전거는 제라르 코뱅이 그 당시 창궐하던 흑사병에서 존을 보호하기 위해 10월 1일까지는 누아용에서 딴 곳으로 보내도 좋다는 허락을 받았다는 내용이 적힌 1523년 8월 5일자 누아용의 참사회 서기록의 기록이다. 여기서 존의 목적지에 대해서는 아무런 언급도 없다. 그러나 그가 파리에서 학업을 시작하기 위해 보내진 것이 바로 이 기회였다는 사실보다 더 개연적인 것이 무엇이 있는가라고 데스메는 반문한다. 이 이론은 사실상 그럴싸한 분명한 가능성이 제시되지 않는다면 아무도 주의를 기울이지 않을 빈약한 논증이다. 오히려 1523년 8월에 존의 나이 14세가 되었는데 이 정도의 나이가 되면 16세기에는 소년이 대학에 들어갈 나이가 아니냐고 말하는 것이 더 개연성이 있어 보인다.

따라서 이제는 대학 입학에 대해서 더 자세히 알아보도록 하자. 먼저 이것은 명확하지 못한 주제이며 이것이 확실하다고 너무 강하게 주장하는 것은 어리석은 일임을 지적하고 넘어가야 한다. 그러나 적어도 일반적인 사실은 이끌어 낼 수 있으며 반대 증거가 없는 한 이것이 칼빈에게도 사실이었을 것이라고 추측할 수 있다.

16세기 초기에는 10대에 들어서면 거의 모든 학생들이 대학 공부를 시작했던 것 같다. 튀로Thurot는 이렇게 썼다. "학생이 라틴어를 읽고 쓸 줄 알고 문법의 기초를 이해하면 논리학 코스를 밟을 수 있다는 판정을 받습니다. 그러면 그는 파리 대학에 갈 수 있습니다. 보통 15세 이전에 학예 학부the Faculty of Arts의 강좌를 들을 수 있습니다"p. 37. 결국 일반적으로 15세가 나이 상한선인 것이다. 튀로는 또한 하한선도 보여준다. "이 가르침학예 과정을 위한 준비 과정은 12세 혹은 13세에 끝마치는데 이 때가 학예 학부에 들어가는 나이이다"p. 94. 결국 "14세에 학사bachelor가 될 수도 있다"p. 39.

우리는 파리 대학이 칼빈의 첫 대학임을 알고 있다. 그러므로 그는 그 때 예외적으로 나이가 많은 학생이 아니라 12-15세 사이의 그룹에 속했던 학생이었다. 이 그룹에서 많은 나이가 일반적으로 학습 지진아를 가리킨다고 보면 '특별한 암기력' 과 '좋은 머리' 를 소유한 칼빈은 나이가 들어서보다는 어린 나이에 학예 학부에 들어갔을 것이다. 그러나 그가 파리에 도착하자마자 학예 과정을 바로 시작한 것이 아니라 예비적인 문법 과정을 거쳤던 것으로 보인다. 그러므로 만일 그가 1523년에 파리에 갔다면 그는 1524년에 똑똑한 소년 같으면 이미 학사가 될 나이인 15세의 나이에 학예 학부에 들어간 것이 된다. 그러나 칼빈은 그의 동료들베자, 콜라동, 마송보다 뛰어난 특별히 총명한 소년이었다고 한다. 그러므로 이 이론은 즉시 모순에 빠지게 된다.

이제 튀로의 하한선 나이를 칼빈에게 적용해 보자. 만일 그가 학예 학부를 12세 혹은 13세에 들어갔다면 그 연도는 1521년 혹은 1522년이 될 것이다. 우리는 그가 라 마르슈La Marche 대학에서 얼마나 예비 과정을 공부했는지 그 기간을 알 수 없다. 그러나 우리는 그가 서투른 라틴어 선생의 어설픈 강의를 듣느라고 고생하던 시간과 코르디에에게서 제대로 공부하던 시간을그 자신의 말대로 하면 수개월간 고려해야 한다. 학년도 혹은 학년도의 주요 부분이 또 고려되어야 할 것이다. 이 모든 것을 고려하면 1520년 혹은 1521년에 그가 라 마르슈 대학에 입학한 것이 거의 확정적이다. 앵바르 드 라 투르는 교육 보조금이 분명한 성직록이 1521년 5월에 칼빈에게 주어진 것은 그의 대학 입학 직전의 일이라고 주장한다. 이것이 '흑사병' 이론보다는 더 사리에 맞는 것이 분명하다. 그러나 이것이 대학 입학 연도가 바로 1521년이라는 것을 필연적으로 요구하는 것은 아니다. 왜냐하면 보조금이 대학 재학 중에 주어질 수도 있기 때문이다. 그러나 비록 1520년이나 1521년이 1523년보다 더 개연적인 연대이긴 하나 1520년을 지지하는 논증이내게는 이것이 더 옳아 보임 1521년을 지지하는

부록 2 칼빈의 연대 재추정 357

논증에 대항하기 위해 무리하게 만들어 낸 것은 아니다.

3. 파리 대학에서의 학예 과정 기간

우리가 갖고 있는 전거들은 상세한 면에서는 차이가 나나 결국에는 거의 차이가 없음을 보여준다.

헤이스팅스 래시덜Hastings Rashdall은 이렇게 언급한다. "4년 반을 완전히 파리에서 거주하는 이들의 시간은 보통 다음과 같이 구분되었던 것 같다. 그들은 10월에 올라와서, 두 번째 년도 봄에 문학사B. A.학위를 받고, 그 후 2년 뒤에 면허증을 획득하며 같은 해 말에 '석사 학위를 받는다'……16세기에는 이것이 3년 반으로 단축되었다"463-64.

르노데Renaudet는 이와는 다른 시간표를 보여 준다. 만일 한 소년이 문법에 능통하면 학예 학부는 14세의 나이에 철학 코스를 밟을 수 있도록 허락한다『전 종교 개혁(Préreforme)』, p. 26. 2년이 걸리는 이 과정은 학사 학위를 받음으로 끝이 난다. 그 위에는 석사 학위 공부가 있다. 그는 면허증에 대해서는 전혀 언급이 없다.

튀로Thurot는 그의 복잡한 계산을 요약하며 다음과 같이 말했다. (1) 문학사 학위에 '응시하기' 위해서는 학생은 적어도 14세이어야 하며 논리학 코스 이수 3년째 해여야 했다p. 43. 결국 12세의 나이에 시작할 수도 있었다는 계산이 나온다. (2) 15세기에는 학사가 1년을 더 공부하면 보통 면허소지자licenciés가 되었다p. 53. 그러나 여기에 불일치가 있다. 왜냐하면 1452년도 법령에 의해 면허소지자는 자신이 파리에서 3년아니 정확히 말하면 2년 반간을 공부했음은 물론 적어도 나이가 21세였음을 맹세해야 했기 때문이었다. (3) 면허소지자는 보통 면허증을 받은 그 학년도 말에 석사 학위를 받았다. 면허소지자는 자신의 나이가 적어도 21세이며 학예 과정을 6년간 공부했음을 맹세하였다. 이 모든 진술이 다 정확할 수 없다는 것은 수학자가 아니라도 쉽게 알 수 있다.

결국 우리가 갖고 있는 전거들 사이에는 상당한 차이가 있는 것 같다. 그러나 아래 도표는 그 차이가 결국 그렇게 큰 게 아님을 보여준다.

	래시덜	튀로	르노데
대학 입학에서 학사 학위까지	1½학년도	2½년	2년
학사 학위에서 면허소지자까지	2년	1년	1년
면허소지자에서 석사 학위까지	같은 해	같은 해	
총계	3½–4년	3½–4년	3년

그러나 16세기에는 시간이 3년으로 단축되었다는 래시덜의 마지막 문장을 주의하라. 이것은 비요슬라다Villoslada에 의해 제시된 대학 기록 보관소의 기록에 의해 확증되고 있다pp. 22f..

이 계산을 칼빈의 파리 학창 생활에 적용해 보도록 하자.

1520년 혹은 1521년	칼빈은 예비 문법 과정을 거치기 위해 라 마르슈 대학에 입학하려고 파리로 간다.
1521년 혹은 1522년	그는 철학 과정을 이수하기 위해 학예 학부에 입학한다.
1523-25년	그는 문학사B. A. 과정을 이수한다.
1525년 혹은 1526년	그는 면허소지자가 되기 위한 공부를 한다.
1525년 혹은 1526년	그는 석사 학위M. A.를 획득한다.

그의 석사 학위 획득 연도가 그렇게 이르다는 점과 그가 1529년 4월 30일 이전에는 누아용의 서기록에 석사라고 불린 적이 없다는 사실 사이에는 모순이 있는 것처럼 보일 수도 있을 것이다. 그러나 뮐러Müller는 후의 기록에도 칭호가 빠진 점을 지적했다. 예를 들면, 1529년 5월 1일, 1530년 6월 20일, 1533년 1월 7일과 8월 23일.

이 때에 칼빈은 파리를 떠난다.

4. 오를레앙 대학에서의 시민법 과정 기간

우리는 이제 두메르그가 '연대에 관한 한 수수께끼' 라고 부른 시대에 들어서게 되었다. 127. 뮐러는 좀더 진지하게 마치 이전 시대는 연대가 확실했던 것처럼 "그것에 대해서는 연대가 확실치 못하다"고 말한다. 나는 1523년을 대학 입학 연도로 받아들이고 따라서 칼빈의 전학 연도를 1528년이나 혹은 1527년 가을 초로 잡지 않을 수 없게 되면 연대가 필요 이상으로 더욱 복잡해진다는 사실을 밝히려고 하는 것이다.

우리는 그의 법학 공부에 관해서 법률적으로 입증된 한 가지 사실은 확신할 수 있다. 1532년 2월 14일자 선서 진술서에는 그가 '법률 면허소지자, 석사 예앙 코뱅' 으로 불리고 있다. 결국 이 때 벌써 그의 법학 공부는 면허증을 획득하기까지 진척된 것이다. 그에게 이 학위를 준 대학이 오를레앙인지 부르주인지는 그리 중요하지 않다. 오를레앙 대학일 가능성이 크다. 그러나 만일 부르주 대학이라고 우긴다면 우리는 부르주 대학이 그가 오를레앙에서 보낸 시간을 그의 학위 획득 과정 이수 시간에 넣어 계산해 주었다는 추론을 해야만 할 것이다. 부르주 대학에서는 학사 학위를 위해서 40개월 아니면 적어도 3년, 면허소지자가 되기 위해서

3년 과정을 이수해야 했던 것 같다.

우리는 이제 오를레앙 대학의 학칙과 관례를 살펴볼 때가 되었다. 뱅브네Bimbenet는 1512년까지는 학사 과정 이수에 5년이 걸렸다고 말한다p. 323. 그는 그 기간이 2년으로 단축된 1679년까지 이 기간이 단축되었다는 데 대해서는 전혀 언급하지 않으나 그것은 별로 문제가 되지 않는다. 1512년 이후부터는 학사 학위에서부터 면허증을 소지하기까지 걸리는 기간은 3년이었다p. 325. 결국 뱅브네에 따르면 전 과정을 이수하는 데는 8년이나 걸렸던 것이다. 푸르니에Fournier의 『프랑스의 법학사』는 16세기에 대해서는 고려하지 않기 때문에 우리는 그의 시간표를 확증 없이 적용하는 데는 신중을 기울여야 한다. 그는 학사 학위 획득에 5년 걸린다는 사실에 동의한다. 또 그는 면허증은 5년 공부 끝에 받는 것이 보통이라고 말한다p. 115. 그러나 1447년에 학사 학위와 면허증 획득 기간이 각기 40개월 정도로 단축되었다. 이 계산이 1학년도를 10개월로 계산하는 방법에 따른 계산이라고 가정한다면그런 언질은 없지만 이것은 각 학위 획득에 4년이 걸리며 결국 도합 8년이 걸린다는 계산이 나온다. 그러나 푸르니에는 각주에 "기간이 이 때는 전보다 상대적으로 약간 짧았음을 보여준다"라고 덧붙인다p. 117 n. 1.

박사 학위는 또 다른 시험 없이 면허증을 준 후에 즉시 면허소지자에게 수여되었다. 에르맹자르가 어떤 전거를 가지고 오를레앙 대학에서 박사 학위를 받는 데 1년 반이면 족하다고 했는지 알 수가 없다2, 279 n. 2. 그것은 마치 그가 칼빈이 1528년 초에 오를레앙으로 갔다가 1529년 여름에 부르주로 떠났는데 이 기간이 약 1년 반이 된다는 가정에서부터 단순히 추론해낸 것처럼 보인다. 두아넬Doinel의 계산은 매우 진실하게 보이나 뱅브네와 푸르니에 모두에 의해 반박되고 있다. 그에 따르면 박사 학위까지 취득하는 데 모두 3년, 그러니까 학사 학위에 1년, 면허소지자가 되는 데 1년, 박사 학위에 1년이 걸린다는 것이다.

만일 우리가 뱅브네와 푸르니에의 견해를 칼빈의 법학 공부에 적용시킨다면 그가 1525년, 혹은 1526년에 시작했으니까 8년쯤 지나서 1533년, 혹은 1534년에 면허소지자가 되었다는 결론을 내릴 수 있다. 그러나 이것은 그럴 수가 없다. 왜냐하면 그는 1532년 2월 14일에 이미 법률 면허소지자가 된 것이 분명할 뿐 아니라 간단한 방문 몇 번을 빼고는 1532년까지는 그가 오를레앙에 없었던 것으로 보아서 1531년 3월 이전에 아마 졸업했던 것으로 보이기 때문이다. 배틀스와 위고『칼빈의 관용론 주석』, p. 6는 르프랑의 연대인 1531년 2월 14일을 따르는 데서 실수를 범한다. 프랑스에선 한 해는 3월에 시작했다. 더욱이 그 문서 자체에 의하면 제라르는 이미 죽었고 이것은 이미 1531년 5월 26일에 일어났었다.

결국 이렇게 보면 그는 6년 만에 법학 과정을 모두 마치게 된다. 이것은 오를레앙 대학에서 그가 매우 탁월했다는 베자와 콜라동의 이야기와 잘 조화된다.

이 시기의 기간은 그의 오를레앙 대학으로의 전학 연도를 결정짓는 데 사용될 수 있을 뿐 아니라 결국은 그의 대학 생활 시작 연도를 확정짓는 데도 사용할 수 있다. 우리가 알고 있는 움직일 수 없는 날짜는 1532년 2월 14일이다. 당분간 푸르니에와 뱅브네의 8년 기간을 받아들이도록 하자. 그러면 그가 1524년에 오를레앙 대학으로 간 것이 된다. 이것은 불가능하다. 왜냐하면 이렇게 되면 그가 1519년 말에 라 마르슈 대학에 입학했으며 그가 불과 11세인 1520년에 학예 학부에 들어간 것이 되기 때문이다. 그러나 분명한 것은 그가 1527년 가을 때까지 그렇게 늦게 오를레앙에 간 것은 아니라는 점이다. 1525년으로 보면 법학 공부가 6년 걸린 셈이고 1526년으로 보면 5년 걸린 셈이다.

결국 파리 대학에서의 학예 과정 기간뿐 아니라 오를레앙 대학에서의 법학 과정 기간이 라 마르슈 대학 입학 연도를 1523년으로 보는 것을 거의 불가능하게 만든다. 1520년이나 1521년의 가능성을 더 높여준다.

1529년에 칼빈은 부르주 대학으로 전학한 것 같다. 1529년이란 계산은 (1) 알치아티Alciati가 1529년 4월에 그 곳에서 강의를 시작했다는 점, (2) 부르주 근처 메이앙으로부터 온 칼빈의 편지에 근거한 가정에서 계산한 결론이다. 에르맹자르는 이 편지 연도를 1530년 9월로 잡고 있으나 그는 이 편지가 칼빈이 1529년에 부르주에 있었다는 증거를 포함한다고 믿는다. 우리는 1529년을 받아들이나 결정적인 확신이 있는 것은 아니다. 만일 우리가 칼빈이 오를레앙에서 학사 학위를 취득하고 면허소지 과정을 시작하는 데 충분한 시간, 즉 3학년이나 4학년을 인정한다면 그것은 1525년혹 1526년–1529년에 딱 들어맞을 수 있다.

우리는 아래와 같은 연도 재추정 도표를 작성할 수 있다.

1520년 혹은 1521년	마르슈 대학 입학
1521년 혹은 1522년	학예 학부 입학
1525년 혹은 1526년	석사 학위 취득
1525년 혹은 1526년	오를레앙 대학으로 전학
1529-30년	부르주 대학 재학
1530년 10월-1531년 3월	오를레앙 대학 재학
1531년 초	면허증 취득

결론적으로 나는 위의 논증이 비록 문서적 증거에 의존한 것이지만 확

실성을 지닌 것이 아니라 필연적인 개연성만을 지닌다는 점을 재삼 강조하려고 한다. 개연성을 유지하라는 충고는 오래 전 아리스토텔레스가 극작가들에게 한 충고이다. 역사가들과 전기 작가들약간은 역사가들이기도 한도 역시 개연성을 추구해야만 한다. 그러나 그들은 실제 삶 속에 일어나는 것은 개연적인 불가능이 아니라 비개연적인 가능임을 명심해야 한다. 나는 나의 연대 재추정이 현재 받아들여지고 있는 연대보다 더 개연적이라는 동의를 받기 원한다. 그러나 "개연성의 법칙은 일반적으로는 그렇게 진실일 수 없으나 자세히 보면 또 그렇게 거짓일 수가 없다"는 기봉의 말이 새삼 떠오른다. 그러나 이것은 데스메나 에르맹자르에게도 역시 적용되는 것이다!

JOHN CALVIN

자료와 참고도서 목록

칼빈의 생애에 관한 주요 자료 출처는 네 가지가 있다. 첫째는 그 당시의 서기록들이고, 둘째는 서신들이며, 셋째는 그 당시 연대기들이고, 넷째는 그 당시나 약간 후대의 전기들이다.

서기록들 지금은 분실된 누아용의 참사회 서기록들은 몇몇 사본들과 18세기의 발췌 요약집을 통해서만 알려지고 있다. 칼빈과 관련된 자료들은 르프랑의 『칼빈의 청년기 La Jeunesse』에 모아져 있다. 이 자료들에 대한 뮐러의 몇몇 연대 수정은 잘 주목해야 한다 Calvins Bekehrung. 칼빈의 생애 후반부에 대해서는 제네바 의회 서기록들과 목사 총회 서기록들이 있다. 전자에서 발췌한 것들은 OC 21에 들어 있고, 후자는 베르지에 Bergier와 킹던 Kingdon의 편집으로 2권이 나와 있고 요약된 것은 영어로 휴스 Hughes에 의해 발행되었다.

서신들 칼빈의 서신들은 OC 10b-20권을 차지하고 있다. 칼빈과 그의 측근들과 관련된 다른 많은 자료들은 1544년에 중단되고만 에르맹자르의 9권의 저서 속에 들어 있다. 컨스터블 D. Constable과 길크라이스트 M. R. Gilchrist에 의해 영역된 칼빈의 영역 서신집은 너무 일찍

자료와 참고도서 목록 365

출간되었기 때문에 에르맹자르와 OC의 귀중한 주註보다 뛰어나지 못하다. 더욱이 번역이 매우 서툴렀기 때문에 OC는 그 주에서 이에 대해 신랄하게 비평하였다.

연대기들 이것들은 주로 제네바와 관련된 것들인데 예상대로 일찍부터 철저히 연구되어 왔다. 이것들은 제네바 시의 초기 개혁 시대를 살았던 여수도사 잔 르 쥐시Jeanne le Jussie와 의회 서기인 미셸 로제Michael Roset, 초기 복음주의자의 한 사람인 앙투안 프로망Antoine Froment, 그리고 시용의 죄수인 프랑수아 보니바르François Bonivard에 의해 쓰여진 것들이다.

전기들 칼빈의 최초의 자서전적인 글은 그의 『시편 주석』 서문에 들어 있다OC 31, 23ff. 이 글은 그의 목회 단계를 보여주는 자신의 생애에 대한 대략적 개요이다. 그 다음의 세 전기들은 서로 관계가 있다. 첫 번째 전기는 베자가 프랑스어로 쓴 것으로서지금까지 베자 1이라고 칭한 것 칼빈이 죽은 후 출판된 『여호수아 주석』의 서문 형식으로 되어 있다1564년. 두 번째 전기 역시 『여호수아 주석』 서문1565년인데 베자의 이름으로 나왔으나 실상은 콜라동의 작품이다. 세 번째 전기는 『존 칼빈의 생애Ioannis Calvini Vita』라는 제목으로 베자가 라틴어로 쓴 것으로서 그가 편집한 『칼빈의 서신과 답신Calvini Epistolae et Responsa』1575년안에 들어 있다. 이 것을 나는 지금까지 베자 2로 불러 왔다. 이 전기들의 가치는 그것들이 칼빈을 가까이서 알았고베자는 그를 아마 부르주 대학에서 알았을 것이다 그의 초기 친구들과도 접촉이 있었던 사람들에 의해 쓰여졌다는 데 있다. 콜라동의 글은 칼빈의 설교와 강의의 연대를 보여주는 주요 자료이기도 하다. 이 전기들은 부정확한 면도 없지 않으나 이들의 일반적 정확성에 대한 몇몇 학자들의 회의는 과도한 점이 많다. 이 전기들은 확정된 증거단순한 추측이 아니라에 의해 오류로 드러나지 않는 한 사실로 받아들여도 무방할 것이다. 자신의 옛 숙적을 비방하는 데만 관심을 둔 볼세크의 『존 칼빈의 생애, 도덕, 인내 그리고 죽음의 역사Histoire de la vie, moeurs, constance et mort de Jean Calvin』1577년는 무시해도 좋을 것이다. 그러나 바쇠르의 『연대기』1633년는 이와 못지 않게 적의에 차 있음에도 불구하고 비록 2차적이지만 구전을 이야기할 수 있는 제네바 시의 몇몇 노인들뿐 아니라 누아용의 서기록들을 참조해 보는 수고를 아끼지 않았다. 데스메 또한 그의 『단평』을 누아용의 서기록들과 "칼빈의 동시대 인물들과 함께 살았던 사람들과의 대화"p. 398에 기초해서 썼다. 그의 저서 전체가 지금 현존하진 않고 단지 생베르Cimber와 당주Danjou의 신기한 기록들을 통해서만 알려지고 있는데 이들은 데스메의 저서의 연대를 1621년으로 보고 있다. 이 편집자들은 "칼빈의 친척들에 대해 별로 중요한 정보를 알려주는 것이 없다는 이유로" 데스메의 저서 첫 1-30페이지를 삭제했다387n. 1. 대영 박물관 도서관에 가면 데스메의 저서 사본이 하나 있다. 그러나 이 사본의 앞 페이지엔두메르그가 보았고 내가 확인한 바에 의하면 영국 성공회의 예배의식에 관한 소론이 실려 있다. 파피르 마송의 『다양한 금언Elogia varia』 속에 나오는 칼빈 전기는 누아용의 구전을 이용하고 있다.

후기 전기들 가운데는 두메르그가 편파적이고 독특한 관점마저 결여되어 있는 약점에도 불구하고 자세한 정보가 많다는 점에서는 단연 독보적이다. 르프랑의 『칼빈의 청년기』는 타의 추종을 불허하는 선구자적 저서이다. 그의 약점은 칼빈의 모계의 후손으로서 칼빈을 너무 배타적으로 누아용의 견지에서만 다루었다는 데 있다. 그 역시 우리가 소유한 것보다 더 많은 상세한 지식을 소유한 것처럼 주장한다.

아래에 언급한 목록은 각주에 언급된 저서들만 포함하고 있다. 좀더 자세한 참고 도서 목록은 (1) 1900년까지는 OC 59, 517-86 (2) 1901-59년은 니젤W. Niesel, 『칼빈-참고도서 목록Calvin-Bibliographie』 (3) 1960-72년은 틸렌다J. N. Tylenda, 『칼빈 참고도서 목록Calvin Bibliography』과 드 클레르P. De Klerk, 『칼빈 참고도서 목록Calvin Bibliography』, 『칼빈 신학교 잡지 Calvin Theological Journal』 6권 2호, 7권 2호를 참조하도록 하라.

1. 칼빈의 저서

Ioannis Calvini Opera quae supersunt omnia 존 칼빈의 현존하는 작품 전집. Ediderunt G. Baum, E. Cunitz, E. Reuss. Brunswick and Berlin 1863-1900. 59 volumes (Corpus Reformatorum edition).

Joannis Calvini Opera Selecta 존 칼빈 선집. Ediderunt P. Barth, W. Niesel, D. Scheuner. München 1926-52. 5 volumes.

Supplementa Calviniana. Sermons inédits 수플레멘타 칼비니아나. 미발간 설교들. Neukirchen (1936) 1961ff. Inprogress.

Calvin Translation Society 칼빈 번역 연구회. Edinburgh 1843ff. 47 volumes.

Calvin: Theological Treatises 칼빈 : 신학 논문들. Translated with introductions and notes by J. K. S. Reid. Library of Christian Classics vol. XXII. London 1954.

Calvin's Commentary on Seneca's 'De Clementia' 세네카의 관용론에 대

한 칼빈의 주석. With introduction, translation and notes by F. L. Battles and A. M. Hugo. Published for the Renaissance Society of America. Leiden 1969.

Correspondance des Réformateurs dans les pays de langue franc aise . . . recueillie et publiée . . . par A. L. Herminjard A. L. 에르맹자르에 의해 수집되고 편찬된 프랑스어권 국가들의 종교 개혁자들의 서신. Second Edition. 1878-97. 9 volumes.

Letters of John Calvin 존 칼빈의 서신들. Compiled from the original manuscripts and edited with historical notes by Dr Jules Bonnet. Volumes 1-2, translated by David Constable. Edinburgh 1855, 1857. Volumes 3-4, translated by M. R. Gilchrist. New York 1858 (1972 and 1973).

2. 서기록과 연대기

Noyon. 관련된 자료들이 요약되어 Lefranc: *La Jeunesse* 『칼빈의 청년기』 193-201와 Le Vasseur: *Annales* 연대기에 인쇄되어 있다.

Orléans. 관련된 자료들이 요약되어 Doinel: *Calvin a Orleans* 오를레앙의 칼빈에 인쇄되어 있다.

Geneva. *Registre du Conseil* 의회서기록. 관련된 자료들이 요약되어 OC 21에 인쇄되어 있다. *Registres de la compagnie des pasteurs de Geneve au temps de Calvin* 칼빈 시대의 제네바 목사 총회 서기록, Edited R. M. Kingdon and J. F. Bergier. Geneva 1962, 1964, 1969, (*Travaux d'Humanisme et Renaissance*: 인문주의와 르네상스의 작품들, 55 and 107) 3 volumes. *The*

Register of the Company of Pastors in the Time of Calvin 칼빈 시대의 목사 총회 서기록. Edited and translated by P. E. Hughes. Grand Rapids 1966.

François Bonivard. *Chroniques de Geneve* 제네바 서기록. Edited G. Revelliod. Genève 1867.

Antoine Froment. *Les Actes et Gestes Merveilleux de la Cite de Genève* 제네바 시의 기적적인 행동과 운동. Edited G. Revelliod. Geneva 1854.

Jeanne le Jussie: *Le levain du Calvinisme* 칼빈주의의 효모. Geneva 1865.

Jean Roset. *Les Chroniques de Genève* 제네바의 연대기. Edited H. Fazy. Geneva 1894.

3. 초기 생애 자료

Bèza 1. *Theodore de Besze au Lecteur chrestien* 기독교 신학 강사 테오도르 드 베자, *Commentaires sur le livre de Iosue* 여호수아 주석 서문. Genève 1564. (OC 21, 21-50) 안에 들어 있음.

Colladon. *Commentaires de M. Iean Calvin sur le livre de Iosue* 칼빈의 여호수아 주석. Avec une Preface de Theodore de Besze, contenant en brief l'histoire de la vie et mort d'iceluy. Genève 1565. (OC 21, 51-118).

Bèza 2. *Ioannis Calvini Vita* 존 칼빈의 생애. 이것은 *Calvini Epistolae et Responsa* 베자의 칼빈과의 서신과 답신. Genève 1575. (OC 21. 119-72)안에 들어있다.

Jacques Desmay. *Remarques sur la Vie de Jean Calvin, tirées des Registre de Noyon, ville de sa naissance* 고향인 누아용의 서기록으로 비추어 본 존

칼빈의 생애에 대한 단평. L. Cimber and F. Danjou: *Archives Curieuses de l' Histoire de France depuis Louis XI jusqu' a Louis XVIII* 루이 11세부터 루이 18세까지의 프랑스 역사의 신기한 기록. t. 5, 387-98. Paris 1835에 들어있다.

Jacques Le Vasseur. *Annales de l' Eglise Cathedrale de Noyon, jadis dites de Vermand* 한 때 베르망이였던 누아용의 교회 참사회의 연대기. Paris 1633.

Masson. Cl. *Viri Io. Papirii Massonis... Elogia Varia... Paris* 1638. 여호수아 주석, 마송의 파피루스……다양한 금언.

4. 기타 초기 참고문헌

Bayle. *The Dictionary Historical and Critical of Mr Peter Bayle* 피터 벨의 역사적 비평적 사전. The Second Edition. London 1734-8. 5 volumes.

Cellini. *The Life of Benvenuto Cellini written by himself* 벤베누토 첼리니의 자서전. Translated by A. Macdonell. (Everyman edition). London 1960.

Corpus Iuris Civilis 로마법 대전. Editio stereotypa. Edited P. Krueger, T. Mommsen, R. Schoell and G. Kroll. Berlin 1872, 1877, 1895.

Cranmer. *The Miscellaneous Writings and Letters of Thomas Cranmer* 토머스 크랜머의 잡다한 글과 서신들. Edited for the Parker Society by J. E. Cox. Cambridge 1846.

Das Doctrinale des Alexander de Villa-Dei 비야 데이의 알렉상드르의 원리. Kritisch-exegetische Ausgabe, mit Einleitung... bearbeitet von Dietrich Reichling. Berlin 1893.

Desiderii Erasmi Roterodami Opera Omnia... Lugduni Batavorum

바타비아 루그두디 출신……데스데니우스 에라스무스 로테로다무스 전집. 1703-06. 9 volumes.

Opus Epistolarum Des. Erasmi Roterodami denuo recognitum et auctum per P. S. Allen & H. M. Allen P. S. 앨런과 H. M. 앨런에 의해 재검토되고 증보된 데스데리우스 에라스무스 로테로다무스의 서신집. Oxford 1934.

Jewel. *The Works of John Jewel, the Third Portion* 존 주웰의 작품, 제3부. Edited for the Parker Society by J. Ayre. Cambridge 1848.

François Rabelais. *The Histories of Gargantua and Pantagruel* 가르강투아와 팡타그뤼엘의 역사. Translated by J. M. Cohen. London 1955.

Ridley. *The Works of Nicholas Ridley* 니콜라스 리들리의 작품. Edited for the Parker Society by H. Christmas. Cambridge 1841.

5. 기타 참고문헌

J. E. Bimbenet. *Histoire de l'Université de Lois d'Orléans* 오를레앙 법과대학사. Paris and Orleans 1853.

Biographie universelle 보편적 전기, Michaud. Nouvelle édition. Paris and Leipzig 1843-7.

A. Blaise. *Dictionnaire Latin-Français des Auteurs Chrétiens* 기독교 저술가들의 라틴어-프랑스어 사전. Paris 1954.

J. Bohatec. *Calvin und das Recht* 칼빈과 법. Graz 1934.

C. Bourgeaud. *Histoire de l'Université de Genève: I 칼빈의 대학사 I l'Academie de Calvin* 1559-1798 칼빈의 학술원, 1559-1798. Geneva 1900.

J. Boussard. 'L'Université d'Orléans et L'Humanisme au début du

XVIe Siècle' 16세기 초의 오를레앙 대학과 인문주의 in *Humanisme et Renaissance* 인문주의와 르네상스 5, 1939, 209-30.

Q Breen. *John Calvin* 존 칼빈: A Study in French humanism 프랑스 인문주의의 한 연구. Second edition. Hamden, Conn. 1968.

V. Carrière. 'La Sorbonne et L'Evangélisme au XVIe siècle' 16세기의 소르본과 복음주의 in Aspects de l'Université de Paris 파리대학의 양상들. Paris 1949.

C. Cuissard. *L'Etude de Grecà Orléans depuis le IXe siècle jusqu'au milieu du XVIIIe siècle* 9세기부터 18세기까지의 오를레앙의 헬라어 연구. Orléans 1883.

J. Dagens. 'Humanisme et Evangélisme chez Lefèvre d'Etaples' '르페브르 데타블르의 인문주의와 복음주의' in *Courants Religieux et Humanisme à la fin du XVe et au début du XVIe Siècle* 15세기 말부터 16세기 초까지를 풍미하던 종교들과 인문주의 (Collogue de Strasbourg 9-11 Mai 1957). Paris 1959.

H. Dörries. 'Calvin und Lefèvre': 칼빈과 르페브르 in *Zeitschrift fur Kirchengeschichte* 44/4, 1925, 544-81.

J. Doinel. 'Jean Calvin à Orléans. Date Précise de son sejour d'aprés des documents inédits' 오를레앙의 존 칼빈. 미발간된 문서들에 따른 그의 체류의 정확한 연대 in *Bulletin de Société de l'histoire du Protestantisme français* 프랑스 신교 역사 연구회지, t. XXVI, 1877, 174-85.

E. Doumergue. *Jean Calvin. Les hommes et les choses de son temps* 존 칼빈, 그 시대의 사람들과 사건들. Lausanne 1889-1927. 7 volume.

M. Fournier. *Histoire de la science du droit en France* 프랑스의 법학사 t. 3, Les *Univérsites Françaises et l'enseignement du droit en France au*

자료와 참고도서 목록 373

moyen-àge. 중세의 프랑스 대학들과 법학 교육. Paris 1892. Réimpression Aalen 1970.

B. Gagnebin. *L'incroyable histoire de Sermons de Calvin* 칼빈의 설교의 믿기 어려운 역사. Geneva 1955.

A. Ganoczy. *Le jeune Calvin: Genèse et évolution de sa vocation réformatrice* 청년 칼빈 : 그의 종교의 기원과 발전. Wiesbaden 1966.

P. F. Geisendorf. *L'Université de Genève* 제네바 대학. Geneva 1959.

M. Godet. 'Le Collège de Montaigu' 몽테귀 대학 in *Revue des Etudes Rabelaisiennes* 라벨르 연구지, t. VII, 1909. Paris. 285–305.

M. Godet. *La Congrégation de Montaigu* 몽테귀 회중, 1490-1580. Paris 1912.

K. Holl. 'Joannes Calvin' 요안네스 칼빈. 1909. In *Gesammelte Aufsätze* 3, 254ff. Tübingen 1928.

W. A. Hunter. *Introduction to Roman Law* 로마법 서론. Revised by F. H. Lawson. Ninth edtition. London 1934.

P. Imbart de la Tour. *Les Origines de la Réforme* 종교 개혁의 기원. T. 3, *L'Evangélisme* 복음주의, 1521-38. Paris 1914.

H. F. Jolowicz. *Historical Introduction to the Study of Raman Law* 로마법 연구의 역사적 서론. Cambridge 1939.

P. Kibre. *The Nations in the Mediaeval Universities* 중세 대학의 국민단. Cambridge, Mass. 1948.

H. Lecoultre. 'Une grève d'étudiants au XVIe siécle 16세기의 학생들의 한 항의, in *In Memoriam. Mélanges*, 67–83. Lausanne n. d.

A. Lefranc. *La Jeunesse de Calvin* 칼빈의 청년기. Paris 1888.

J. W. Marmelstein. *Etude comparative des textes latins et français de l'Institution de la religion chrestienne par Jean Calvin* 존 칼빈의 기독교 강요 라틴어판과 프랑스어판 본문 비교 연구. Groningen, Den Haag 1921.

P. Mesnard. 'Jean Calvin, étudiant en droit, à Orléans 오를레앙의 법학도 존 칼빈, in *Actes du Congrès sur l'ancienne Université d'Orléans* 오를레앙 대학에 대한 의회의 행동, 81-91. Orléans 1962.

E. W. Monter. *Calvin's Geneva* 칼빈의 제네바. New York 1967.

M. Mousseaux. *Briçonnet et le mouvement de Meaux* 브리소네와 모의 운동. Paris 1923.

J. B. Mozley. *A Treatise on the Augustinian Doctrine of Predestination* 아우구스티누스의 예정 교리에 관한 논문. London 1878.

E. Mülhaupt. *Die Predigt Calvins, ihre Geschichte, ihre Form und ihre religiösen Grundgedanken* 칼빈의 설교, 그 역사, 형식, 기초적인 종교적 사고. Berlin 1931.

K. Müller. 'Calvins Bekehrung' 칼빈의 회심, in *Nachrichten von der Königl. Gesellschaft der Wissenschaften Zu Göttingen.* 왕립학 협회에서 괴팅겐에 보내는 보고, Gottingen 1905, 188-255.

H. Naef. *Les origines de la Réforme à Genève* 제네바의 종교 개혁의 기원, Geneva 1936.

W. Niesel. *The Theology of Calvin* 칼빈의 신학. Translated by H. knight. London 1956.

J. Pannier. 'Comment Calvin a révisé les éditions successives de l'Institution' '기독교 강요 후속판 개정에 대한 칼빈의 견해' in *Bulletin du Société de l'histoire du Protestantisme français* 프랑스 신교 역사 연구회지, t. LXXIX,

1930, 79-81.

T. H. L. Parker. *Calvin's Doctrine of the Knowledge of God* 하나님의 지식에 관한 칼빈의 교리. Edinburgh 1969.

T. H. L. Parker. *Calvin's New Testament Commentaries* 칼빈의 신약 성경 주석. London 1971.

T. H. L. Parker. *The Oracles of God. An Introduction to the Preaching of John Calvin* 하나님의 계시, 존 칼빈의 설교의 서론 London 1947.

R. Peter. 'John Calvin. Avocat du Comte Guillaume de Furstenberg: Eléments d'un dossier' '퓌르스텐베르의 기욤백작의 변호사 존 칼빈 : 사건 기록의 요소들, in *Revue d'Histoire et de Philosophie Religieuses* 역사와 종교 철학에 대한 평론, No 1, 1971, 63-78.

R. Peter. 'Notes de Bibliographie Calvinienne à propos de deux ouvrages récents' 최근의 두 연구의 주제별로 본 칼빈 참고도서 목록에 대한 평, in *Revue d'Histoire et de Philosophie Religieuses* 역사와 종교 철학에 대한 평론, No 1, 1971, 79-81.

J. Quicherat. *Histoire de Saint-Barbe, Collège, Communauté, Institution* 생트바르브 대학, 학료, 제도, 기구의 역사. Paris 1860. 2 volumes.

Hastings Rashdall. *The Universities of Europe in the Middle Ages* 중세 유럽대학. Edited by F. M. Powicke and E. B. Emden. Oxford 1936. 3 volumes.

L. Raynal. *Histoire du Berry depuis le temps les plus anciens jusqu'en* 1789 고대로부터 1789년까지의 베리의 역사. t. 3. Bourges 1844.

A. Renaudet. *Préréforme et Himanisme à Paris pendant les premières guerres d'Italie*(1497-1517) 이탈리아의 초기 전쟁 중의 파리의 전(前 종교 개혁과 인문

주의. Second edition. Paris 1953.

A. Renaudet. 'L'Humanisme et l'Enseignement de l'Universit de Paris au temps de la Reniassance 르네상스 시대의 파리대학의 인문주의와 교육in *Aspects de l'Université de Paris* 파리대학의 양상, 133-55. Paris 1949.

A. Renaudet. 'Paris de 1494 à 1517: Eglise et Université ; Réformens Religieuses; Culture et Critique humaniste' 1494년부터 1517년까지의 파리 : 교회와 대학; 종교 개혁자와 종교 : 문화와 인문주의의 비평in *Courants Religieux* 15세기 말부터 16세기 초까지를 풍미하던 종교들과 인문주의, 5-24.

A. Renaudet. 'Unproblème historique, la pensée religieuse de Lefèvre d'Etaples' '한 역사적 문제, 르페브르 데타플의 종교적 사고' in *Humanisme et Renaissance* 인문주의와 르네상스, 201-16. Geneva 1958.

M. Reulos. 'Les attaches de Calvin dans la région de Noyon' '누아용에 있을 때 칼빈의 측근들' in *Bulletin du Société de l'Histoire du Protestantisme français* 프랑스 신교 역사 연구회지, 1964, 193-200, Paris.

K. Reuter. *Das Grundverstä ndnis der Theologie Calvins* 칼빈 신학의 기초 이해. Neukirchen 1963.

H. Y. Reyburn. *John Calvin, his life, letters and work* 존 칼빈 그의 생애, 서신, 저서. London 1914.

A. Richardson. *Dictionary of Christian Theology* 기독교 신학 사전, London 1969.

A. Roget. *Histoire du peuple de Genève depuis la Réforme jusqu' à l'Escalade* 종교 개혁부터 에스칼라드까지의 제네바 시민의 역사. Geneva 1870-87. 7 volumes.

F. C. de Savigny. *Histoire du Droit Romain au Moyen-Age* 중세시대 로

마법의 역사. Translated by C. Guenoux. Paris 1839. 4 volumes.

P. Sprenger. *Das Rätsel un die Bekehrung Calvins* 칼빈의 회심의 수수께끼. Neukirchen 1960.

L. Thorndike. *University Records and Life in the Middle Ages* 중세의 대학 기록들과 대학 생활. New York 1949.

C. Thurot. *De l'Organisation de l'Enseignement dans l'Université de Paris au Moyen-Age* 중세 파리대학의 조직과 교육. Paris and Besançon 1850.

P. E. Viard. *André Alciat* 1492—1550 안드레 알치아티. Paris 1926.

R. Villoslada. *La Universidad de Paris durante los estudios de Francisco de Vitoria* 1507—22 비토리아조 프랑시스코 왕 재위 기간의 파리대학, Analecta Gregoriana XIV. Rome 1938.

W. Walker. *John Calvin, the Organizer of Reformed Protestantism* 1509—64 개혁교회 창설자 존 칼빈. New York 1906 and 1910.

B. B. Warfield. *The literary History of the Institutes of the Christian Religion* 기독교 강요 문헌사. Philadelphia 1909.

F. Wendel. *Calvin. The Origins and Development of his Religious Thought* 칼빈 : 그의 종교적 사고의 기원과 발전. Translated by P. Mairet. London 1969.

칼빈의 생애 Calvin's life

~와 제네바 and Geneva
  도착 arrival 92, 163, 190
  목사의 임무 pastorate 195, 196, 231, 337
  베른식 예식 Bern ceremonies 162
  복귀 return 192
  추방됨 banished 163
강의 lecturing :
  초기 early 56, 78, 82, 97
  후기 later 168, 180, 286ff.
설교 preaching
  초기 early 67-69
  후기 later 207-221, 244, 317, 331-333, 350
학생 student :
  법학도 law 49-62, 72ff
  유언 will 335
  학예 학도 arts 31-47
가명 pseudonyms 57-58, 176, 180
가정 생활 domestic life 231-237
결혼 marriage 31, 174-175
목사직 chaplaincy 29, 63, 101
바젤 시절 in Basel 92-94, 165
박해 persecution 88-92
병 illness 330ff
부르주 시절 in Bourges 62-72
사별 bereavements 170ff. 232
성직록 benefices 28-29, 60, 90. 355
세례받음 baptized 29
소년 시절 childhood 25ff
스트라스부르 시절 in Strasbourg 164-193
이탈리아 시절 in Italy 132
오를레앙 시절 in Orléans 50-62, 72-74, 83-85, 90
우정 friendships 57-63, 234
죽음 death 340-341
파리 시절 in Paris 31ff, 73-76, 134
회심 conversion 69-71, 342-350
~와 누아용 참사회 and Noyon chapter 29, 62, 85, 90, 353
~와 라틴어 and Latin 33, 34
~와 스코틀랜드 and Scotland 317-318

~와 영국 and England 316-319

~와 프랑스 교회 and French church 97ff, 318ff.

~와 폴란드 and Poland 318

~와 퓌르스텐베르 and Furstenberg 169-170

~와 헬라어 and Greek 66, 67, 74, 213

~와 히브리어 and Hebrew 213

칼빈의 신학 Calvin's theology

교회 church 109-110, 172, 289-290

구원 salvation 102

권위 authority 146-154, 181

권징 discipline 150ff. 154

그리스도인의 삶 christian life 236

기도 prayer 110, 111

믿음 faith 106ff

설교 preaching 149, 207-221

성찬 eucharist 91, 114-119, 164, 220, 302ff

성경 Scripture 105, 149ff, 183-184, 207ff

성령 Holy Spirit 107, 114, 147, 152

성례 sacraments 114-126

세례 baptism 114-115

소유 possessions 110

시민 정부 civil government 274, 291

신조 creeds 118, 159, 171, 290

예수 그리스도 Jesus Christ 107ff, 146ff, 298ff.

예정 predestination 252-254

율법 law 101ff, 127-128

인간 man 102-103

자유 liberty 126-130

통일성 unity 108, 110

하나님에 관한 지식 knowledge of God 289-290

하나님의 부성 Fatherhood of God 103, 107, 108, 119, 129, 146, 186, 215, 296

칼빈의 저서 Calvin's writings

기독교 강요(1536) Institutes 89, 92, 95-131, 134, 144, 151, 175, 180, 290

기독교 강요(1539) Institutes 175-182, 187, 250, 290

기독교 강요(1541) Institutes 187

기독교 강요(1543-50) Institutes 238, 239, 291

기독교 강요(1559) Institutes 234, 289-292, 325

기독교 강요(1560) Institutes 293

성경 주석 Commentaries on Scripture 176ff, 234, 242, 318, 337

고린도전서 주석 I Corinthians 241,

309

고린도후서 주석 *I Corinthians* 241

공동 서신 주석 *Catholic Epistles* 181, 244, 317

구약 주석 *on Old Testament* 286-288

데살로니가전후서 주석 *I, II Thessalonians* 242

디모데전후서 주석 *I and II Timothy* 242

로마서 주석 *Romans* 179ff, 186, 240, 302

모든 서신 주석 *all Epistles* 243-244

바울 서신 주석 *Pauline Epistles* 240-244

베드로전서 주석 *I Peter* 348

빌립보 주석 *Philippians* 341

사도행전 주석 *Acts* 288

시편 주석 *Psalms* 69, 135, 144, 288, 343ff, 349

신약 주석 *on New Testament* 239-244

여호수아 주석 *Joshua* 364

이사야서 주석 *Isaiah* 244, 288, 289, 317

히브리서 주석 *Hebrews* 242

세리에르 성경 *Serrières Bible* 92, 170

성찬에 관한 논문 *On the eucharist:*

베스트팔에 대한 반박 *against Westphal* 280, 343

소논문 *Petit traicté* 189

헤스후지우스에 대한 반박 *against Hesshusius* 304

논쟁적인 저술 Polemical:

개혁에 관한 논문들 *Treatises on reformation* 300

방종파에 대한 반박 *Against the Libertines* 310

사돌레토에게 보내는 답변 *Response to Sadoleto* 189, 343

성물론 *Traité des reliques* 300

다른 저서들 Other works:

관용론 주석 *Commentary on De Clementia* 83, 345, 352, 360

니고데모파에 보내는 변명 *Excuse to the Nicodemites* 320

서신 *Letters* 303-317, 352

정통 신앙의 수호 *Defensio orthodoxae fidei* 274

제네바의 요리문답 *Catechims of Geneva* 339

혼수론 *Psychopannychia* 91, 352

ㄱ

교회 church:
  교구 parishes 196
  권징 discipline 151-167, 195
  목사총회 Venerable Company of Pastors 206, 251, 272
  사역 ministry 146-152, 198-208, 212, 222, 286, 339
  시편 찬송 Psalter 205
  신앙 고백 Confession of Faith 156-158, 321
  예배 worship 154, 201ff
  요리 문답 교육 catechizing 196
  조직에 관한 조문 Articles on Organization 154ff
  주의 만찬 Lord's Supper 154, 197-198
  집회 Congregation 201, 206, 251, 334
  치리 법원 Consistoire 196, 206, 224, 226, 227, 247, 259, 276, 277
  초기 개혁 early reform 141-144
  직령 Ordinances 194-201, 206, 207, 224, 277, 286

가노치 Ganoczy 342
갈루아 Gallois 331
겔리우스 Gellius 81

귀에룰 Guéroult 267
그레테 Greiter 204
그루테 Groote 36
그뤼에 Gruet 244-246
그리고리 1세 Gregory I 240
기즈 Guises 325-327
길크라이스트 Gilchrist 364

ㄴ

나바라의 마르그리트 Marguerite, of Navarre 23-24, 63, 66, 86-89, 132, 133, 310
나바라 대학 Navarre, Collège 파리 Paris 를 보라.
나바라 왕 Navarre, King of 311, 326
네로 Nero 77
노니우스 마르셀루스 Nonius Marcellus 80
녹스 Knox 314, 317-318
뇌샤텔 Neuchâtel 160, 165, 259
니고데모파 Nicodemites 320
니젤 Niesel 366

ㄷ

다니엘 Daniel, P. 352
다니엘 Daniel, F. 58, 72ff, 84, 144, 312
다를로 Darlot 277
다비드 칼빈 Calvin, David 334

색인

다이으 d' Ailly 47
단 Danès 74
당부아즈 d' Amboise 30
당주 Danjou 365
당데로 d' Andelot 312
데 갈라르 des Gallars. 260, 287, 337
데모스테네스 Demosthenes 285, 300
데스메 Desmay 29, 62, 79, 352, 353, 362
도나투스 Donatus 17, 33
두메르그 Doumergue 68, 82, 90, 266, 358, 365
두아넬 Doinel 359
뒤셴 Duchesne 15
뒤 벨레 du Bellay 67
뒤 슈맹 Du chemin 58, 66, 73, 82, 311
뒤 티예 du Tillet, J. 89, 171
뒤 티예 du Tillet, L. 89, 91, 132, 135, 170-172
드 바리 de Barry 326
드 뷔르 de Bure, I. 175
드 라 봄 de la Baume 140, 172
드 콜몽 de Collemont 135
드 코낭 de Connan 58
드 카니 de Cany 311
드 에클레시아 de Ecclesia 250-252
드 레스핀 de l' Espine 235

드 라 퐁텐 de la Fontaine 271
드 라 포르주 de la Forge 91
드 팔레 de Falais 236, 309
드 콜린 de Colines 183
드 클레르 De Klerk 366
드 라 플라스 de la Place 89
드 노르망디 de Normandie 234, 311, 313
드 레몽 de Raemond 89
드 레스투알 65
드 투르농 de Tournon 268
드 뱅글 de Wingle 92-142
드 트리 de Trie 267, 336

ㄹ

라그니에 Raguenier 212, 287
라 마르슈 대학 La Marche, Collège 파리 대학을 보라.
라블레 Rabelais 38
래시덜 Rashdall 356, 357
라시우스 Lasius 94
라지비우 Raziwill 319
라토무스 Latomus 181
라티스본 회의 Ratisbon, Colloquy of 299
람프리디우스 Lampridius 72
랑드랭 Landrin 83

레오 대제 Leo the Great 240
레오 10세 Leo X 16, 19
르냐르 Regnard 29
레이번 Reyburn 4
로레 Loré 58, 83
로렌의 추기경 Lorraine, Cardinal of Guises (기즈)를 보라.
로마 가톨릭 Roman Catholic 68, 87, 112, 114, 123, 136, 142, 146, 150, 153, 163, 165, 190, 293, 298
로마법 대전 Corpus Iuris Civilis 52, 64, 80
로베르 Robert, P. 59, 92, 135, 142
로제 Roset 364
루이즈 Louise de Savoie 24
루셀 Roussel 20, 86, 311
루터 Luther 5, 13ff, 50, 71, 87, 117, 126, 181, 231, 264, 295
륄랭 Lullin 189
르노데 Ranaudet 356
르 루아 le Roy 77
르 바쇠르 Le Vasseur 352, 349
르 장드르 Le Gendre 76
르클레르 Leclerc 24
르쿨트르 Lecoultre 65
르페브르 Lefévre 16-19, 21, 23, 24, 60, 93

르프랑 Lefranc, A. 90, 135, 175, 344, 352, 353
리들리 Ridley 42
리베르테 Libertet 93
리비우스 Livy 285
리샤르데 Richardet 189
리에주의 헤르만 Hermann, of Liège 166
리옹 칙령 Lyon, Edict of 134
리헬 Rihel 176, 180, 239, 241

■

마로 Marot 133, 205
마르쿠르 Marcourt 189
마를로라 Marlorat 68
마리 코뱅 Cauvin, Marie 135
마송 Masson 29, 355, 365
마쥐리에 Mazurier 20
맥키넌 MacKinnon 4
메간더 Megander 161
메그레 Meigret 248
메디치 은행 Medici bank 138
메르시에 Mercier 284
메이저 Major 45
멜란히톤 Melanchthon 96, 131, 177, 231, 234, 267, 299, 301, 303, 306
명사론 Terminism 신학파, 현대적 방법 via moderna을 보라.

색인

모네 Monet 250
모랑 Morand 189
모어 More 11
모리송 Morrison 314
모이바누스 Moiban 242
모즐리 Mozley 253
몽모르 Montmor, L. 30
몽모르 Montmor, Y. 30
몽모르 Montmor 30, 234
몽테귀 대학 Montaigu, Collège 파리를 보라.
무스쿨루스 Musculus 235
뮌스터 Münster 92
뮐러 Müller 352, 358, 363
뮐하우프트 Mülhaupt 373
미코니우스 Myconius 199

ㅂ

바뒤엘 Baduel 282
바르텔레미 Barthélemi 15
바르톨루스 Bartholus 53, 64
바르트 Barth, K 5
바타블 Vatable 20
바젤 Basel 132, 138, 261, 272, 351
발라 Valla 54, 256
방델 Vandel 225, 247, 250, 259, 281
방델 Wendel 82

방종파(영적) Libertines (spiritual) 310
배틀스 Battles 360
뱅브네 Bimbenet 359, 360
베르길리우스 Virgil 81, 285
베디에(혹은 베다) Bédier (or Béda) 15, 38, 86, 320
베로 Bérauld, F 285
베로 Bérauld, N 285
베롤두스 Beroaldus Bérauld, N (N. 베롤)을 보라.
베르지에 Bergier 363
베르텔리에 Berthelier, Ph. 225, 231, 250, 258, 271, 276-278, 281
베른 Bern 139-145, 161-162, 187, 192, 247, 276, 285, 295, 340
베를리 Werly 142, 244
베스트팔 Westphal 280, 304
베자(혹은 드 베즈) Bèza (or de Bèza) 32, 56, 88, 145, 183, 234, 284, 289, 318, 338, 351, 354, 360, 341, 345, 364
벨 Bayle 15
'벽보 사건' Placards 91, 133
보니바르 Bonivard 273, 364
보들리 Bodley 314
보르자 Borgia 132
보름스 회의 Worms, Colloquy of 190, 299

보스 Bosch 294
보에티우스 Boethius 44
보젤스페르제 Vogelsperger 169
보죄 Beaujeu 68
보네 Bonnet 352
본나 Bonna 259
볼세크 Bolsec 252ff. 365
볼마르 Wolmar 59, 60, 66, 234
부르주 Bourges 62ff. 97
부르주 칙령 Bourges, Pragmatic Sanction of, 22
부르구앵 Bourgoin 251, 260
부처 Bucer 165, 172, 192, 250, 263, 287, 299, 302
불가타 성경 Vulgate 72, 182
불링거 Bullinger 92, 234, 301, 305-306, 309, 318, 326, 333
뷔데 Budé, F 234
뷔데 Budé, G. 54, 66, 75, 80, 183, 233, 267
뷔데 Budé, J. 287, 293
뷔르크 Burke 172
브리소네 Briçonnet 11, 18-22, 160.
브린 Breen 346
블레즈 Blaise 348
블랑셰 Blanchet 200
비레 Viret 136, 142, 160, 188, 192, 199, 230, 248, 272, 308
비예뇌브 Villeneuve Servetus (세르베투스)를 보라
빌 디외의 알렉상드르 Alexander of Ville-Dieu 33
비요슬라다 Villoslada 357

ㅅ

사돌레토 Sadoleto 188
사보이 Savoy 139, 141, 188, 248, 315
사보이 공 샤를 Charles, Duke of Savoy 141, 143
샤를 코뱅 Cauvin, Charles 27, 28, 61, 73, 134
샤포루주 Chapeaurouge 189
샤를 앙제스트 Hangest, Charles 29
샤프하우젠 Schaffhausen 274
생베르 Cimber 365
생탕드레 Saint-André 252
생트바르브 대학 Sainte-Barbe, Collège 파리 Paris 를 보라.
서머싯 공 Somerset, Duke of 316
세네카 Seneca 77ff
세르베투스 Servetus 88, 262-275
세실 Cecil 317
세트 Sept, B. 225, 259, 281
세트 Sept, M. 224

색인

소니에 Saunier 187, 282, 336
쇼베 Chauvet 259
수에토니우스 Suetonius 81
술피키우스 Sulpicius 33
슈발리에 Chevalier 285
슈투름 Sturm 172, 302, 327
슈프렝거 Sprenger 342, 343
쉬케 Succuet 59, 73
스태퍼드 Stafford 314
스탄동크 Standonck 36
스테파누스 Stephanus 234, 240, 243
스트라스부르 Strasbourg 164ff. 263
스피팜 Spifame 315
신학파, 현대적 방법 Via moderna 46, 54, 98

ㅇ

아그네투스 Agnetus 83
아리스토텔레스 Aristotle 35, 43, 116, 177, 362
아르네 Arneys 268
아르눌레 Arnoullet 267
아모 Ameaux 226
아우구스티누스 Augustine 13, 68, 104, 180, 205, 240, 253, 294, 347
아카투스 Acatus 331
아쿠르시우스 Accursius 53

아풀레이우스 Apuleius 81
아피아노스 Appian 285
안 드 브르타뉴 Anne de Bretagne 30
알치아티 Alciati 63-67, 361
암브로시우스 Ambrose 240
앙부아즈의 음모 Amboise, Conspiracy of 327
앙부아즈 화약〈和約〉 Amboise, Peace of 328
앙제스트 Hangest, A. 30
앙제스트 Hangest, J. 30, 58
앙제스트가(家) Hangest family 30-31, 57-58
앙투안 코뱅 Calvin, Antoine 27, 28, 77, 134, 175, 233, 271, 292, 335
영국왕 메리 1세 Mary I, of England 314, 317, 319
영국왕 에드워드 6세 Edward VI, of England 181, 244, 316
영국왕 엘리자베스 Elizabeth I, of England 289, 314, 317
에라스무스 Erasmus 13ff, 34, 59, 72, 77, 78, 83, 87, 92, 182, 264
에르맹자르 Herminjard 169, 352-353, 359, 361
에티엔 Estienne Stephanus (스테파누스)를 보라.

엥바르 드 라 투르 de la Tour, Imbart 344, 353, 355
오를레앙 Orléans 49-66, 72-83, 97
오를레앙 대학 시민법 학부 Orléans, Faculty of Civil Law 50-57, 85, 358-361
오리 Ory 269
오베르 Aubert 281
오비디우스 Ovid 81
오키노 Ochino 315
오이콜람파디우스 Oecolampadius 92
오컴 Ockham 44, 47
오포리누스 Oporinus 145
올리베탕 Olivétan Robert, P (P. 로베르)를 보라.
요세푸스 Josephus 183
위고 Hugo 360
유스티니아누스 Justinian 52, 272
유클리드 Euclid 44
율리우스 2세 Julius II 19
워커 Walker 4, 145
웨슬리 Wesley 160

ㅈ

제네바 Geneva :
　경제 economy 138-139, 313, 322
　교육 education 194-198, 280-286
　망명자단 compagnie des pauvres etrangers 212
　방종파(혹 페랭주의자 Libertines (or Perrinists) 225-226, 247-250, 258-261, 262, 272, 276-280
　사회 개혁 social reforms 228-231
　외국과의 관계 foreign relations 138-139
　'제네바' 성경 'Geneva' Bible 314
　제네바 시 city 137-140
　제네바의 아들들 enfants de Genève …… Libertines(방종파)를 보라.
　정부 government 141-143
자크 코뱅 Cauvin, Jacques 26
재세례파 Anabaptists 91, 96, 127, 166, 175, 294, 340
잔 르 프랑 Le Franc, Jeanne 26, 77
장 르 프랑 Le Franc, Jean 26
제라르 (혹은 지라르) Gérard (or Girard) 20, 239
제라르 코뱅 Cauvin, Gérard 26ff, 30, 77, 353
젠틸레 Gentile 275, 276, 316
존 칼빈 Calvin, Jean 60 92, 95, 133, 176, 190, 242
종비예 Jonviller 287, 307

ㅊ

첼리니 Cellini 133
취리히 Zürich 138, 162, 257, 261, 274, 295, 306
취리히 대회 Zürich, Synod of 162
취리히 협정 Zürich, Consensus of 306
츠빙글리 Zwingli 15, 18, 72, 92, 96, 117, 153, 295

ㅋ

카라촐로 Caracciolo 316
카롤리 Caroli 20, 160, 172
카스텔리오 Castellio 200
카토 Cato 43
카트린 드 메디시스 de Medici, Catherine 326
카피토 Capito 92, 165, 187
코로넬 Coronel 45
코르디에 Cordier 34, 200, 234, 282, 284, 353
코른 Corne 227
코뱅 Cauvin, J. 31-47
코프 Cop, M. 229
코프 Cop, N. 58, 87, 88, 92, 233, 234
컨스터블 Constable 364
콘스탄츠 회의 Constance, Council of 22

콜라동 Colladon, G. 271
콜라동 Colladon, N. 49, 45, 56, 57, 59, 89, 145, 235, 237, 292, 352, 355, 360, 343, 345
콜로뉴의 주교 헤르만 Hermann, Archbishop of Cologne 309
콜리니 Coligny 285, 312
콤모디아누스 Commodianus 349
콤플루툼 다국어 대조 성경 Complutensian Polyglot 182
콩데 공(公) Condé, Prince de 312, 326, 327, 328
쿠로 Courauld 162, 170, 172, 336
쿠르탱 Courtin 29
쿠아파르 Coiffart 75
쿤츠 (혹은 콘첸) Kuntz (or konzen) 161
퀸틸리아누스 Quintilian 300
크랜머 Cranmer 306
크리소스토무스 Chrysostom 183, 204
크리스팽 Crispin 287, 314
크세노폰 Xenophon 285
클레르보의 베르나르 Bernard of Clairvaux 240
클로드 앙제스트 Hangest, Claude 58, 62, 82
클리크토베우스 Clichtoveus 16
키프리아누스 Cyprian 166, 240, 297

색인 389

키케로 Cicero 81, 83, 177, 285, 300
킹던 Kingdon 363

ㅌ

타강 Tagant 331
탕페트 Tempête 38
테오도레투스 Theodoret 240
토마스 아퀴나스 Thomas Aquinas 46, 253
튀로 Thurot 33, 354ff
트레멜리우스 Tremellius 284
트리엔트 회의 Trent, Council of 11, 182, 299
트롤리에 Trolliet 277
티소 Tissot 258, 271
틸렌다 Tylenda 366

ㅍ

파리 대학 Paris, Collège ;
  나바라 대학 Navarre 86
  라 마르슈 대학 La Marche 32ff, 355-357, 361
  몽테귀 대학 Montaigu 15, 36-40, 59
  생트바르브 대학 Sainte-Barbe 38
  포르테 대학 Fortet 79, 88
파그니누스 Pagninus 264
파렐 Farel 20, 23, 92, 96, 135, 142, 144, 145, 164, 165, 169, 170, 172-174, 186-188, 190, 199, 228, 231, 234, 240, 252, 258, 259, 265, 272, 274, 278, 306-308, 329-330, 336, 340
파리 대학의 신학부 Paris, Faculty of Theology 15, 85-87
파리 대학의 학예 학부 Paris, Faculty of Arts 31-35, 41-47, 354-355, 356, 360
파리 대회 Paris, Synod of 321
파리 대학 Paris, University of 83, 84, 354ff
파리 의회 Paris, Parlement of 16, 319
파브르 Favre, F. 225, 232, 244
파브르 Farvre, G. 225, 231, 244, 259, 272
파브리 Fabri, C. 리베르테 Libertet를 보라.
파브리 Fabri, J. 251
파울루스 3세 Paul III 133, 229
파울루스 4세 Paul IV 316
페라라 Ferrara 132, 133, 170
페라라의 르네 Renée, of Ferrara 132-134, 311
페라라 공작 에르콜레 데스테 Ercole II d' Este, of Ferrara 132
페랭 Perrin, F. 225, 226, 250

페랭 Perrin, A. 190, 226-228, 231, 246-249, 250, 258, 271, 272, 279-281
페컴 Pecham 44
페테르 Peter, R. 169
페트루스 롬바르두스 Peter Lombard 180
펠라기우스주의 Pelagianism 254, 257
포르테 대학 Fortet Collège 파리대학을 보라.
포메라누스(부젠하겐) Pomeranus (Bugenhagen) 302
폴란드 Poland 318
폴란드의 지그문트 2세 Sigismund II, of Poland 318
폴리비우스 Polybius 285
폴리치아노 Poliziano 54
푸르니에 Fournier 359
푸팽 Poupin 229-230, 272
풀랭 Poullain 239, 241
퓌르스텐베르 Furstenberg 169
프랑수아 코뱅 Cauvin, François 27
프랑수아즈 파브르 Favre, Françoise …… Perrin, F. (F. 페랭)을 보라.
프랑스왕 루이 12세 Louis XII, of France 30, 132
프랑스왕 앙리 2세 Henri II, of France 247, 319, 324, 326

프랑스왕 프랑수아 1세 Francis I, of France 22-24, 62, 87, 94, 97, 132, 169, 247
프랑스인 교회 French church 165-168, 201-203
프렐롱 Frellon 264
프로망 Froment 142, 336, 364
프리부르 Fribourg 140, 142, 143
프톨레마이오스 Ptolemy 44, 264
플라터 Platter 94
플리니우스 Pliny 183
피르크하이머 Pirckheimer 11
필리프 Philippe 189

ㅎ

헌트 Hunt 4, 5
헤스후지우스 Hesshusius 304
홀 Hall, R. 314
황제 카를 5세 Charles V, Emperor 250
휴스 Hughes 363
휘팅엄 Whittingham 314
히에로니무스 Jerome 80, 100, 182, 240

생명의말씀사

사 | 명 | 선 | 언 | 문

> 너희가 흠이 없고 순전하여……세상에서 그들 가운데 빛들로
> 나타내며 생명의 말씀을 밝혀 (빌 2:15-16)

1. 생명을 담겠습니다.
만드는 책에 주님 주신 생명을 담겠습니다.
그 책으로 복음을 선포하겠습니다.

2. 말씀을 밝히겠습니다.
생명의 근본은 말씀입니다.
말씀을 밝혀 성도와 교회의 성장을 돕겠습니다.

3. 빛이 되겠습니다.
시대와 영혼의 어두움을 밝혀 주님 앞으로 이끄는
빛이 되는 책을 만들겠습니다.

4. 순전히 행하겠습니다.
책을 만들고 전하는 일과 경영하는 일에 부끄러움이 없는
정직함으로 행하겠습니다.

5. 끝까지 전파하겠습니다.
모든 사람에게, 땅 끝까지, 주님 오시는 그날까지
복음을 전하는 사명을 다하겠습니다.

생명의말씀사 서점안내

광화문점 110-061 종로구 신문로1가 58-1 구세군 회관 2층
TEL. (02) 737-2288 / FAX. (02) 737-4623

강 남 점 137-909 서초구 잠원동 75-19 반포쇼핑타운 3동 2층 전관
TEL. (02) 595-1211 / FAX. (02) 595-3549

구 로 점 152-880 구로구 구로 3동 1123-1 3층
TEL. (02) 858-8744 / FAX. (02) 838-0653

노 원 점 139-200 노원구 상계동 749-4 삼봉빌딩 지하1층
TEL. (02) 938-7979 / FAX. (02) 3391-6169

분 당 점 463-824 경기도 성남시 분당구 서현동 269-5 서원프라자 서현문고 서관 4층
TEL. (031) 707-5566 / FAX. (031) 707-4999

신 촌 점 121-806 마포구 노고산동 107-1 동인빌딩 8층
TEL. (02) 702-1411 / FAX. (02) 702-1131

일 산 점 411-370 경기도 고양시 일산구 주엽동 83번지 레이크타운 지하 1층
TEL. (031) 916-8787 / FAX. (031) 916-8788

의정부점 484-010 경기도 의정부시 금오동 470-4 성산타워 3층
TEL. (031) 845-0600 / FAX. (031) 852-6930

파 주 점 413-012 경기도 파주시 금촌 2동 68번지 송운빌딩 2층
TEL. (031) 943-6465 / FAX. (031) 949-6690

인터넷서점

http://www.lifebook.co.kr